HORTFUNDE DER SPÄTBRONZE- UND FRÜHEISENZEIT

Ein prozesslogischer Paradigmawechsel

HORTFUNDE DER SPÄTBRONZE- UND FRÜHEISENZEIT

Ein prozesslogischer Paradigmawechsel

José Eduardo M. de Medeiros

© 2021 José Eduardo M. de Medeiros

Published by Sidestone Press, Leiden
www.sidestone.com

Imprint: Sidestone Press Dissertations

Lay-out & cover design: Sidestone Press
Photograph cover: Umzeichnung durch Kelvin Wilson von Schmuckobjekten aus dem Depot von Mathay (dép. Doubs, Frankreich), dokumentiert von Jean-François Piningre und ausgestellt in Musée du Château à Montbéliard.

ISBN 978-94-6428-006-7 (softcover)
ISBN 978-94-6428-007-4 (hardcover)
ISBN 978-94-6428-008-1 (PDF e-book)

Contents

Vorwort — 7

1. Einleitung — 11
    1.1 Entstehungsgeschichte und Struktur der Arbeit — 11
    1.2 Sinn und Zweck — 12
    1.3 Prämisse — 13
    1.4 Die Einleitung — 13

2. Paradigmenwechsel in den Geisteswissenschaften — 19
    2.1 Wandel der Erklärungsschemata — 22
    2.2 Drei Ausprägungen der Logik — 25
        2.2.1 Archaische Logik — 25
        2.2.2 Existenzielle Logik — 30
        2.2.3 Prozessuale Logik — 35
    2.3 Mythos und Geschichte — 37
    2.4 Drei Momente des Mythos in der Urgeschichte — 41

3. Die ästhetische Verfasstheit der Lebenswelt — 47
    3.1 Ihre triebtheoretische Erklärung — 47
    3.2 Ihre Lektüre — 54
    3.3 Ihre phänomenologische Beschreibung — 59
    3.4 Fazit — 67

4. Symbolismus in der Urgeschichte — 69
    4.1 Sozialontologie und die institutionellen Dinge — 69
    4.2 Symbolismus: die Logik der Assoziationen und Zeichen — 76
    4.3 Dinge institutioneller Art und die Dynamik der Welt — 81
    4.4 Ein ideologietheoretischer Ansatz am Beispiel der iberischen Stelen — 90
    4.5 Die Faszination der Gewalt in der Forschung — 115
    4.6 Fazit — 121

5. Ein Fundbild der spätbronzezeitlichen Hortfunde **125**
    5.1 Definition einer Quellengattung   126
    5.2 Deutungsansätze   129
    5.3 Brucherzhorte: die Regel im europäischen Raum   141
    5.4 Waffenhorte: Eine altbewährte Befundkategorie.   144
    5.5 Gefäßhorte der Spätbronzezeit: Symposium oder Magie?   152
    5.6 Schmuckhorte der späten Bronze- und frühen Eisenzeit in Frankreich.   164
6. Fazit **191**
7. Literaturverzeichnis **197**

Vorwort

Diese Arbeit geht auf meine Dissertation zur Erlangung des Doktorgrads zurück, die ich 2019 unter dem Titel „Der prozessuallogische Paradigmenwechsel und seine Auswirkung auf die archäologische Heuristik: Hortfunde der Spätbronze- und Früheisenzeit" der Universität Freiburg vorgelegt habe. Der neue Titel geht auf einen Vorschlag von Prof. em. Günter Dux zurück, woran ich nichts ändern wollte. Die Schreibweise „Paradigma-wechsel" ist bei Dux (2017b, 259) zu finden und sie scheint mir dem Originalbegriff näher zu sein. Trotzdem habe ich im Text die vom Duden empfohlene Schreibweise „Paradigmenwechsel" respektiert. Demgegenüber waren „prozesslogisch" und „prozessuallogisch" in meiner Arbeit sowieso als Synonyme verwendet. „Prozesslogisch" ist allerdings kürzer und hat so besser auf das Deckblatt gepasst. Ich habe versucht, die Verwendung im Text für die Publikation entsprechend zu ändern – immer dort, wo eine Änderung grammatikalisch sinnvoll war. Somit sollte eine Verwechslung mit „Prozessual" wie in „Processual Archaeology" vermieden werden. In diesem Kontext möchte ich mich auch für meinen Umgang mit einer gendergerechten Sprache entschuldigen, wie in der 1. Fußnote geschildert (hier S. 12). Da es schon zu spät war, das vor der Publikation zu ändern, dokumentiert dies den Lernprozess, der mit der Promotion stattgefunden hat: Heute bemühe ich mich darum, doch „*Innen" zu benutzen wie in diesem Vorwort.

Die Promotion ist mit Unterstützung des CNPq-Brasilien erfolgt und das Stipendium war in Partnerschaft mit dem DAAD-Deutschland ausgeschrieben. Ich bin froh, dass ich trotz der Inkompatibilitäten zwischen der brasilianischen Wissenschaftsförderung und dem deutschen Promotionssystem geschafft habe. Auch meine Eltern haben mich finanziell und moralisch unterstützt, sowohl im Laufe des Studiums als auch während der Promotion. Daher bin ich dankbar für meine Familie, die für mich in allen diesen Momenten da war, und zwar häufig bewegt durch die für die Entwicklungsländer typische Hoffnung der Mittelschicht, dass man alles tun sollte, um im Ausland – im entwickelten Ausland – zu schaffen. Dass es in Deutschland geschehen ist, hat niemand erwartet – ebenso wenig ich selbst. Und das Urteil, ob es gelungen ist, steht noch aus.

Meinem Doktorvater, Prof. Dr. Christoph Huth, danke ich für den Vorschlag des ursprünglichen Themas der Dissertation, nämlich eine Untersuchung der Schmuckhorte der Spätbronzezeit in Frankreich. Diese Idee führte zu einer kritischen Beschäftigung mit den Hortfunden und schließlich zu einer lebensverändernden Begegnung mit dem Werk des Freiburger Soziologen Günter Dux. Diese Elemente bildeten zusammengenommen die Motivation für eine Revision der Annahmen archäologischer Erklärungen. Auf der

Grundlage dieser eher allgemeinen Revision archäologischer Postulate versuche ich hier eine Perspektive für die Hortfundforschung zu eröffnen und eine Interpretation der Schmuckhorte anzubieten, die sie in den Rahmen eines rekonstruierbaren Kontexts bestimmbarer sozialer Praxen stellt. Meinem Doktorvater danke ich auch dafür, dass ich überhaupt weiter studiert habe. Ich konnte mir nicht vorstellen, einen anderen Akademiker so lange zu tolerieren und mit ehrlicher Wissenslust weitermachen zu wollen. Der Besitz des Tischfußballpatents würde möglicherweise finanziell bessere Verhältnisse schaffen.

Prof. Dr. Sergio L. de C. Fernandes danke ich für die Einführung in das, was ich hier existenzielle Logik nenne. Prof. em. Dr. Christoph Hallpike half mir mit Literaturhinweisen und praktisch mit Privatunterricht in Kulturanthropologie per E-Mail. *Last but not least* gilt meine herzlichste Dankbarkeit Prof. em. Dr. Günter Dux, der mich ermutigte, diese Arbeit abzugeben und einen m. E. unangebrachten Optimismus gegenüber meinen intellektuellen Kompetenzen pflegt. Außerdem ist er – und das erlaube ich mir hier zu behaupten – ein Freund geworden, der mir auch in diesen schwierigen Zeiten nach der Promotion sehr konkret hilft. Seine intellektuelle Leistung ist unmöglich für mich zu übertreffen. Ich beneide ihn, weil er das tat, was im letzten Jahrhundert zu tun war. Die Leser*innen werfen mit meiner Schrift nur einen sehr verkürzten Blick darauf, denn in dieser Arbeit interessiert „nur" die Auswirkung auf die archäologische Forschung. Aber auch seine Menschlichkeit werden wenige übertreffen können. Ihm und seiner Frau, Dr. med. Rosemarie Dux, gilt der herzlichste Dank. Laura Kuhn M. A. hat meine Arbeit sprachlich korrigiert, lektoriert, kommentiert und kritisiert, wofür ich ewig in ihrer Schuld stehen werde und ich bleibe auch ziemlich gern in dieser Situation, denn es erzwingt zukünftige Kontakte. Daniela Heller M. A. entwarf einige schöne Abbildungen für meine Arbeit und hat dadurch einen sehr wertvollen, entscheidenden Beitrag für diese Publikation und somit für meinen erfolgreichen Abschluss geleistet. Dr. Ralph Araque Gonzalez gab mir frühzeitig die Erlaubnis, seine Bilder der iberischen Stelen zu verwenden. Jean-François Piningre danke ich für die Erlaubnis, die Bilder von Mathay und Evans zu benutzen und dem Landesamt für Archäologie Sachsen danke ich für das Bild von Dresden-Dobritz, insbesondere Dr. Robert Reiß für eine leichte Kommunikation. Die Illustration für das Deckblatt stellte Kelvin Wilson freiwillig bereit, wofür ich sehr dankbar bin. Ich bedanke mich auch bei Frau Christine Peres und bei den Mitarbeiterinnen von *Musée archéologique de Dijon* für das Bild von Blanot und für den sehr freundlichen Umgang.

Schließlich werden intellektuelle Leistungen immer aus einer sehr kurzen, organischen Lebensform heraus erbracht, die durch Sinnstrukturen vermittelt wird. Für die Sinnstiftung in meinem Leben danke ich meiner Frau Ikuko Oda M. A. Ihr ist mein ganzes Leben, worin dieses Werk hoffentlich nur ein kleiner Teil sein wird, gewidmet. Tragen wir den Felsblock zurück auf die Spitze hinauf, bis ich nicht mehr kann. Hoffen wir, es dauert noch lang an.

José Eduardo M. de Medeiros
Freiburg im Breisgau, 20.01.2021

Non pas la fable divine qui amuse et aveugle, mais le visage, le geste et le drame terrestre où se résument une difficile sagesse et une passion sans lendemain. (Camus 2006, Bd. I S. 300).

1

Einleitung

Was eigentlich veranlaßt Denker der Neuzeit zu der Absicht, „ganz von vorne" anfangen zu wollen? Woher stammt die auf sich selbst zurückgewendete Dauerreflexion des Menschen? (Dux 2017b, 5)

1.1 Entstehungsgeschichte und Struktur der Arbeit

Die Struktur dieser Arbeit wird verständlich, wenn ihre Entstehungsgeschichte erläutert wird. Vor dem Anfang meiner Promotion kam ich zusammen mit und durch Anregung von meinem Doktorvater auf die Idee, die Schmuckhorte der späten Bronze- und frühen Eisenzeit in Frankreich zu untersuchen. Diese Fundgruppe schien uns lange vernachlässigt, obwohl sie einen Erkenntnisgewinn für die Erforschung von Hortfunden darstellen kann. Aber meine Beschäftigung mit der Literatur zu den Hortfunden, insbesondere mit dem Teil, der sich den Interpretationen widmet, führte zu einer enttäuschenden Einsicht: Die Diskussionen scheinen sich stets wiederholend im Kreis zu drehen. Die Unzufriedenheit mit diesem Missstand trieb mich zu einer tiefgreifenden Revision der Grundlagen urgeschichtswissenschaftlicher Heuristik an. Mit anderen Worten ging es mir darum, zu verstehen, welche Fragen die Menschen dazu bringen, sich mit der Vorgeschichte auseinanderzusetzen. Denn von den Fragen hängen sowohl die an die Antworten gestellten Erwartungen als auch die Vorstellung dessen ab, welche wissenschaftliche Aussagen überhaupt aus der Urgeschichte herzuleiten möglich sind. Diese fundamentalen Umstände sind Determinanten dessen, was in der Fachwelt als Aussagewert der archäologischen Quelle bezeichnet wird. Angelehnt an diese Reflexion bezweckte ich, den Aussagewert der Hortfunde im Allgemeinen und der Schmuckhorte im Besonderen neu zu bestimmen. Daraus ergeben sich zum einen der erkenntnistheoretische lange Anlauf , bevor die Rede auf Funde kommt, und zum anderen eine für die Arbeit mit den Hortfunden umgesetzte Struktur, die sich vom Allgemeinen und Grundsätzlichen zur spezifischen Fundgruppe vorarbeitet. Meine Absicht war, dass die theorieunterstützten Einsichten zu einer realistischen, reflektierten Anerkennung des akkumulierten Wissens über die spätbronze- und früheisenzeitlichen Hortfunde in Mitteleuropa beitragen. Denn die These lautet: Eine veraltete Struktur in der archäologischen Heuristik führt zu den unversöhnlichen, manchmal doktrinären Standpunkten in der Hortfundforschung und zu den Deutungsdivergenzen, die trotz zahlreicher Konvergenzen über Aspekte des Fundbildes fortbestehen.

1.2 Sinn und Zweck

Wir leben in einer Zeit vom Widerstreit zweier Logiken – darauf weist die hier übernommene historisch-genetische Erkenntnistheorie hin. Jahrtausendlang wurden die Welt und das Leben über einer Logik aufgebaut und verstanden, wonach alles immer einen präfixierten Sinn haben und jede vorfindliche Situation ihre Legitimation erfahren konnte. Der Umbruch im Weltbild der Neuzeit führt allerdings dazu, dass die jahrtausendalte Logik ins Schwanken kam. Solange keine Ersatzlogik artikuliert werden konnte, auch wenn die alte Erklärungsstruktur kritisch thematisiert werden konnte, konnte sich die traditionelle Denkweise immerwährend neu zur Geltung bringen. Diese historische Konstellation führte zu den bekannten Formen des Nihilismus, die Philosophen wie Friedrich Nietzsche als Thema diskutieren. Häufig handelt es sich bei dieser Denkrichtung um verzweifelte Versuche das neu gewonnene Wissen mit der alten Logik zu verarbeiten, z. B. dadurch, dass die sinnhaften Handlungen der Subjekte reduktiv auf die sinnfreien Strukturen der Natur zurückgeführt werden. Damit ist eine intellektuelle Einstellung entstanden, die die Menschen in eine Wüste von Sinnlosigkeit verbannt. Albert Camus, der dem Nihilismus abgeneigt war, sah bereits in den 40er Jahren des letzten Jahrhunderts, dass das Problem eine Lösung haben muss, denn der Wandel weist eine historische Dimension auf: Was tun, wenn eine uralte Logik ihren Sinn verliert, ohne dass eine andere Denkweise bereits vorliegt? Weiterdenken, da das Problem eine Sache der Gewohnheit ist. In der instabilen Situation zu Beginn eines Strukturwandels gilt die Intuition Camus', dass das einzige ernsthafte philosophische Problem der Selbstmord ist, und damit die Frage, ob sich das Leben lohnt. Konsequenterweise sollte die zweite ernsthafte Frage für jeden Urgeschichtswissenschaftler[1] lauten: Angenommen, dass das Leben sich lohnt, warum ist die Vergangenheit von Bedeutung?

Anderswo habe ich bereits die Argumente dafür dargelegt, dass die urgeschichtliche Archäologie, in Museen, Denkmalpflege oder Wissenschaft, einige Aufgaben in der heutigen Zeit hat, nämlich in der Förderung eines modernen Bewusstseins und demokratischer Lebensformen (de Medeiros 2018). Offenkundig geht es dabei um pädagogische Aufgaben, deren Relevanz und Bedeutsamkeit jedoch nur vor der Folie einer die prähistorischen Perioden einschließenden Rekonstruktion der Menschheitsgeschichte dargestellt werden können. Das weist darauf hin, dass sich Sinn aus der Tätigkeit und als Konsequenz dieser Tätigkeit ergibt und nicht vorausgesetzt werden kann. Es ist nicht länger möglich für ein modernes Verständnis, die Bedeutsamkeit der Beschäftigung mit der Vorgeschichte aus abstrakten Prinzipen *a priori* abzuleiten. Den Sinn einer Handlung in einer bestimmten historischen Konstellation zu verstehen, bedarf der historischen Aufklärung der Entstehungsgeschichte der genannten Konstellation. Das ist Geschichte und aufgrund dieser Historizität spielen auch biographische bzw. kulturelle Unterschiede eine bestimmende Rolle. Was für europäische Kollegen in der Untersuchung der als europäisch aufgefassten Vergangenheit offensichtlich erscheint, ist nicht für alle Menschen auf der Erde in derselben Weise selbstverständlich.

Über eine Tätigkeit, die zur Gewohnheit wird, denkt niemand mehr nach. Die Beschäftigung mit der Urgeschichte erscheint auf diesem Pfad der Gewohnheit

---

1 Angesichts der Diversität in unseren Gesellschaften beziehe ich mich hier mit dem Maskulinum auf alle möglichen Identitäten. Auch im Rest der Arbeit wird die maskuline Form lediglich als eine Art Abkürzung verwendet, gemeint sind alle denkbaren, nicht zwangsläufig kategorisierbaren Gender.

selbstverständlich sinnvoll für diejenigen, denen die Tätigkeit sowohl das tägliche Brot als auch Sinn im Leben verschafft. Glücklich ist derjenige, der die sinnfreie Subsistenz des Organismus an die sinnhafte Lebensführung so vermitteln kann, dass die Sinndimension eines über Handeln, Denken und Sprache geführten Lebens am biologischen Organismus eingebaut wird. In diesem Sinne werden glückliche Archäologen nicht dieselbe Notwendigkeit empfinden, ihr Weltbild respektive ihre Arbeitsparadigmen zu wechseln oder ihre Arbeitsweise zu ändern. Gleichzeitig erleben auch die glücklichen unter uns die Absurdität des (post-)modernen Lebens, die moderne Erfahrung vom Verlust der Welt, die Spaltung zwischen der Welt und dem Subjekt. Diese Erfahrung lässt sich durchaus ideologisch verarbeiten. Ideologisch will heißen: Mit Hilfe von veralteten Erklärungsstrukturen. Das Problem einer ideologischen Überwindung liegt in dem durch diese Strukturen ermöglichte Verfahren, Sinn grundhaft zu verstehen und aus einem ewigen Absoluten herzuleiten. Diese Überwindung durch Glauben, d. h. durch eine Denklogik, die langsam Gültigkeit verliert, kommt für ein modernes Verständnis nicht in Frage, zumal die Logik selbst nicht länger sinnvoll wirken kann. Denn der Säkularisierungsprozess setzt sich in der Geschichte in Einklang mit dem Umbruch der Weltbilder der Moderne fort, den ich hier Paradigmenwechsel nennen werde. Es liegt mir jedoch fern, die Sinndimension der kulturwissenschaftlichen Aktivitäten abzuwerten. Eine veraltete Denkweise kann immer noch Sinn stiften, insofern alle Handlungen sinnhaft sind. Nur, ein gleichgültiger erkenntnistheoretischer Relativismus geht mit den folgenden Gefahren einher: Die Urgeschichtswissenschaften werden zu einer Art marginaler Exzentrizität (Adam 1975), wenn die Öffentlichkeit im Wechseln der Weltbilder und im Tausch von Erklärungsparadigmen weiterkommt, als die Wissenschaftler in unserem Fach; oder sie fungiert als ideologisches Instrument der Macht und verlangsamt die Entwicklung des Teils der Gesellschaft, der nicht dieselben Bildungschancen wie die Archäologen selbst hatten (de Medeiros 2018).

1.3 Prämisse

Der Ausgangspunkt ist eine historische Konstellation der Gegenwart, unten deren Bedingungen keine Erfahrung markanter ist als die des Weltverlusts. Die Erfahrung, dass sich keine Welt dem Subjekt in seiner inneren Natur einbauen lässt, geht auf eine zugrundeliegende Perspektive auf die Welt zurück und bringt wohl auch eine Haltung gegenüber dem Dasein zum Ausdruck, die sich noch unterhalb dessen entwickelt hat, was sich als wissenschaftliche Handlungs- und Denkschemata bildet. Diese Erfahrung fungiert als Prämisse. Aber es wäre verfehlt, von dieser Arbeit anzunehmen, indem man den französischen Existenzialisten Albert Camus paraphrasiert, dass das Absurde die einzige Voraussetzung dieses Werkes ist. Richtig ist vielmehr, dass das Absurde als diese Spaltung zwischen dem Subjekt und seinem Leben, d. i. die instabile Vermittlung zwischen einem sinnhaft geführten Leben und der sinnfreien Subsistenz des Organismus, erkenntnistheoretische Folgen zeitigt. Zwei Konsequenzen ergeben sich unmittelbar aus dem Umstand, dass sich die Subjekte der Neuzeit keine Welt aneignen können. Die Welt verliert an Materialität und die Lebenspraxen an Selbstverständlichkeit. Ebendiese historische Situation nötigt zu grundsätzlichen Fragen.

1.4 Die Einleitung

Die archäologischen Wissenschaften konservieren bereits im Namen, nämlich Archäologie, eine veraltete Vorstellung von einer Wissen-schaffenden Wahrheitssuche, was eigentlich im Gegensatz zum Stand der Wissenschaft in unserer eigenen Zeit steht. Diese althergebrachte und veraltete Geschichtsauffassung sieht in der Archäologie einen Diskurs über den Ursprung. Denn *archaios* bedeutet nicht nur ‚alt' oder ‚vergangen', sondern *archē* wurde anfänglich auch als ‚Ursprung', ‚Grund' und ‚Prinzip' aufgefasst, was nicht nur die Verse der Vorsokratiker eindeutig zum Ausdruck gebracht haben, sondern auch die biblische Nutzung des Begriffs *archē* im Satz „Am Anfang war das Wort" bestätigt. Wenn man sich die Geistesgeschichte der Menschheit vor Augen führt (Dux 2017a; 2017c), stellt man fest, dass diese Art der Beschäftigung mit der Vergangenheit zu allen Zeiten die Regel ausmachte. Geschichte war, so aufgefasst, eine Umsetzung dieser Suche nach einem Ursprung, von dem aus sich eine Erklärung für die vorfindliche Situation der Gegenwart herausstellen ließe. Anders hätte man diese Suche nach den wahren Verhältnissen der Vergangenheit also nicht ausdrücken können, als mit der altgriechischen Wortverbindung, die auf legitime Weise der abendländischen intellektuellen Tradition Rechnung trägt, und zwar sowohl in der „Archäo-logie" als auch in der „Ur-geschichte".

Die Vergangenheit war irgendwie da und sie hat Spuren hinterlassen. Die Frage nach dem Zustandekommen der Spuren taucht zunächst ursprungslogisch auf und verlangt in universaler Weise eine Herkunftserklärung – woher kommen diese Spuren (ders. 2014, 108 f.). Universell[2] ist die herkunftslogische Frage, denn jedes neue Artmitglied der Menschheit entwickelt in der Kindheit eine Logik im Weltverständnis, die auf dem Muster subjektiver Handlungen basiert. Das Selbst projiziert die eigenen Handlungen auf die objektive Welt, um die Zusammenhänge der Welt zu begreifen. Das Subjekt findet in den sorgenden Bezugspersonen, die seine frühkindliche Umgebung prägen, eine Bestätigung für diese Projektion des Subjektiven auf das Objektive. Diese in der Kindheit entwickelte Logik ist virulent, da sie in ihrer Struktur von jedem neuen Kind derart neu gebildet wird, dass sich ihr Erhalt auf die Wissenschaft auswirken kann. Aber gerade deswegen, weil die Logik seit dem Zeitpunkt der Geburt und ab dem Beginn der Sozialisation entwickelt wird, ist sie universell. Die allen Menschen gemeinsame Herkunftslogik ist im Namen dieses wunderlichen Faches zweifach umgesetzt worden: zum einen in der Archäo-logie, zum anderen in der Ur-geschichte, denn die Vergangenheit wurde schon immer als Ursprung der vorfindlichen Verhältnisse verstanden (ders. 2017b; vgl. Marx 2013). Diese Überlegung gilt insbesondere für den Bereich der Sozial- und historischen Kulturwissenschaften. Gleichwohl haben wir in den letzten Jahrhunderten gelernt, dass der wissenschaftliche Umgang mit dem Vergangenen allein darauf abzielen kann, die vergangenen Verhältnisse rekonstruktiv nachzuvollziehen, ohne sie als Ursprung von einem monolithischen Heute darzustellen. Die Vergangenheit wird eigentlich dadurch erklärt, dass man die Entstehungsprozesse der archäologischen Quellen aufklärt, um da, wo die Quellenlage günstig ist, einen rekonstruktiven Ansatz zu versuchen, bei dem ein Verständnis für eine bestimmte Bedeutungskonfiguration in der Vergangenheit im rekonstruierenden Subjekt hervorgerufen werden kann. Die rückwärtsgewandte Bewegung des Denkens sucht somit nicht mehr nach einem Ursprung, in dem die vorfindliche Realität gründet, sondern das Denken sucht nach den Bildungsprozessen von sozialen Tatsachen, die der Vergangenheit

---

2 „Die allen gemeinsame Logik ist eine genetische Logik, d. h., eine Logik des Herkommens" (Dux 2014, 109).

als dem vorangehenden virtuellen Bereich einer bis heute und darüber hinausgehenden Zeitachse angehören. Eine Lehre wird man vergeblich daraus ableiten wollen.

Nicht nur der Begriff „Urgeschichte" ist gewissermaßen problematisch, sondern auch der Begriff „Vorgeschichte". Die Einführung des zuerst einmal neutral klingenden Begriffs der Vorgeschichte zeugt jedoch von Änderungen des Blickes auf die Zeitachse, da der reale und historische Bildungsprozess der Schriftkultur die virtuelle Linie darstellt, vor der sich die Geschehnisse der primären Zeiten ereignen, die bloß Zeiten ohne Schriftquellen oder ohne in Schriftsprache fixierten Erzählungen sind. Der Knackpunkt liegt hier woanders, denn ein Vor und ein Nach gibt es nur relativ zu einem Akt oder einem Ereignis, welches, wie die Handlung eines Subjekts, einen Anfang setzen kann. Die Zeitachse der Natur mit Brüchen zu versehen zeugt also von dem Bildungsprozess der Ursprungslogik in der frühkindlichen Reflexion des Subjekts über sich selbst. Sie verweist strukturell nämlich auf eine menschliche Handlung, die wirklich in der Lage ist, Anfänge in der Welt zu setzen (Dux 2017c, 89 f.). Mit dem Begriff der Vorgeschichte sind wir zwar imstande, uns von einer Ursprungssuche zu distanzieren. Aber damit ist noch kein struktureller, paradigmatischer Wechsel vollzogen, denn auf der Folie der subjektivischen Handlungslogik ist mit der Zeit vor der Geschichte eines weiterhin gemeint, nämlich hinter den Erfindungsakt der Schriftzeugnisse zu gehen, um auf die Gründe zu blicken, warum Geschichte entsteht.

Immer sind es Menschen, welche diese vorgeschichtlichen Zeiten konstruiert und erlebt haben. Alles, was von Menschen wie uns konstruiert worden ist, können wir durch Rekonstruktion verstehen (ebd. 11 f.), was für die Gegenwart genauso gilt wie für historische Zeiten. Aber für viele unter uns stellt sich die Frage, wozu die rekonstruktive Bemühung, wenn wir daraus weder eine Lehre ableiten noch eindeutige Schlüsse in der Form von wenn-dann für die Gegenwart ziehen können[3]. Zu diesen Fragen gibt es ausreichend Literatur, v. a. aus der Urgeschichtlichen Archäologie, die dem metaphysischen Bedürfnis nach Ursprungsfragen gerecht wird und, bewusst wie unbewusst, Erklärungen in mythischer Form anbietet, indem die vorgeschichtlichen Erscheinungen auf einen prinzipiellen Ursprung zurückgeführt werden, der nach dem Muster von „subjektivischen"[4] (ders. 2018, 38-41) Strukturen gedacht wird. Denn der absolute Ursprung ist das Substanzsubjekt, wie Georg W. F. Hegel bereits verkündete (ders. 2017c, 309), indem er dabei gleichzeitig seinen Absolutismus öffentlich machte (ders. 2018, 13-16, 30 f.). Eine Auseinandersetzung mit den Strukturen und Denkgewohnheiten, die eine mythische Beschäftigung mit der Vergangenheit ausmachen, ist nicht nur Bedingung für die Bestimmung dessen, was Mythos eigentlich ist bzw. nicht ist, sondern vielmehr wissenschaftliche Geschichte. Sie ermöglicht auch ein Verständnis für die Welten der Urgeschichte, welche auf solchen Strukturen konstruiert worden sind. Die Beschreibung der Logik ist ebenso wichtig wie die Aufklärung ihrer Entstehung. Ihre Erläuterung liefert den Schlüssel für das historische Verstehen und stellt, in gewissem Sinne, die Bühne bereit für ein Verständnis der vergangenen Sinnwelten; während die Aufklärung

---

3   Man könnte noch fragen, ob eine Quelle des Selbst aus der Urgeschichte noch zugänglich werden kann? Die nationalistischen, ethnischen Deutungen der Vergangenheit sind ein hervorragendes Beispiel dafür, wie die Urgeschichte als Ursprung des Selbst bzw. dessen Eigenschaften, Denk- und Handlungsweisen, dienen könnte (vgl. Brather 2004; Taylor 1996).

4   Günter Dux hat den Begriff der subjektivischen Handlungslogik erfunden für den historisch-genetischen Befund einer anfänglichen Logik, wonach die Welt durch subjektive Kräfte erklärt wird (Dux 2018; 2017b; 2017c; 2017a). Diese Arbeit baut auf seinem Begriffssystem auf.

des Bildungsprozesses der Logik im Subjekt unabdingbar bleibt für den Fortschritt der Wissenschaft, die sich von den Zwängen der subjektivischen Handlungslogik befreien muss. Manche Beschäftigungen mit der Urgeschichte mögen zwar nicht bedenkenlos nach Mythos aussehen; sie bleiben indes strukturell an archaischen Erklärungsmustern hängen. Das sich anschließende Kapitel handelt davon. Im Folgenden werden drei Themen skizziert, die in den übernächsten Kapiteln thematisiert werden.

Der Blick auf die Welt, welche nachzuempfinden das Ziel eines phänomenologischen Zugangs zur Vergangenheit ist, ist als Erlebnisakt nicht zu rekonstruieren. Anstatt dessen ist das, was wir erreichen können, wenn wir in Kontakt mit den konkreten Formen der Gegenstände kommen, die Menschen in der Vergangenheit hergestellt haben, ein Verständnis dafür, dass auch wir bestimmte Strukturen der Wahrnehmung und Verarbeitung von der Welt entwickeln. Diese würden sich nicht unterscheiden von denen der Bronzezeit, wenn die historischen Verhältnisse nicht anders wären. Das Nachvollziehen der Absichten und Motivationen der historischen Akteure, wie es der naive Realist oder der nicht mehr so naive Phänomenologe anstreben, gibt es in der Form nicht. Die Probleme der triebtheoretischen Ansätze (mit dem Rekurs auf Absichten und Motivationen), der strukturalistischen Erwartung der Lektüre von kulturellen Zeichen und die Grenzen des phänomenologischen Zugangs zu vergangenen Lebenswelten werden im dritten Kapitel erläutert. Leitobjekte für diesen Gedankengang sind die Schmuckgegenstände, welche weiter unten in der Diskussion der Hortfunde auch eine eigenständige Kategorie einnehmen, der die spätbronzezeitliche und früheisenzeitliche Hortfundforschung bisher nicht gerecht wurde und welche, als funktionale Gegenstandskategorie, das Thema der Unmittelbarkeit der Erfahrung am besten exemplifizieren.

Als Pendant zu der Unmittelbarkeit der durch die Sinne wahrnehmbaren Gestalt der Schmuckgegenstände werden im darauf folgenden Abschnitt die Waffen hervorgehoben, die entscheidende Bedeutung für die Deutung des gemeinschaftlichen Lebens in der Bronzezeit gewonnen haben, während der mögliche Erkenntnisgewinn aus der Beschäftigung mit den Waffen weder eindeutig noch allgemein anerkannt wurde. Problematisch ist ihr angenommener Bezug zur sozialen Ordnung. Mit der Überinterpretation von Waffen als mit Gewalt verbunden geht eine Fehleinschätzung der hierarchischen Ordnung dieser Gemeinschaften einher. Allerdings verhält es sich hierbei ähnlich wie mit den Schmuckgegenständen. Es soll gezeigt werden, dass wir es in der Urgeschichte zumeist mit einem archaischen Symbolismus zu tun haben, der aus Assoziationen besteht, weniger aus konkreten Symbolen, die in der Lebenswelt eine eigenständige Rolle einnehmen, denn Symbole werden aktiv gelesen. Dieser archaische Symbolismus gründet in der Art und Weise, wie diese Lebenswelten kognitiv von den erlebenden Subjekten aufgebaut werden, wobei ein wichtiger Punkt die unscharfe Differenz zwischen Denken und Materialität im archaischen Bewusstsein ist, neben einer archaischen Logik des Weltaufbaus.

Schließlich werden Hortfunde des Übergangs von der Spätbronzezeit zur frühen Eisenzeit behandelt. Das Fundbild, wie es sich langsam herauskristallisiert, lässt erkennen, dass wir von unterscheidbaren Hortfundkategorien reden können, sodass wir nicht im alten Gegensatzpaar von profanen und sakralen Hortfunden verbleiben müssen, sondern auch zwischen Hortfunden bestimmter Gegenstandskategorien unterscheiden können. Forschungsgeschichte und Deutungsversuche zeugen von der subjektivischen Fixierung in der Suche nach einer Deutung, die in einem Prinzip gründet, von dem aus eine Erklärung hervortritt, die auch für alle mit dem Deponierungsprozess zusammenhängenden Handlungen gelten sollte. Der in den ersten Kapiteln entwickelte Unterschied zwischen Mythos und Geschichte verdeutlicht, wie diese Suche nach einer einheitlichen Deutung zwei Eigenschaften des vorwissenschaftlichen Denkens aufweist. Es wird entweder nach einem Grund in subjektiven Strukturen, wie Absichten und Motivationen, gesucht oder nach einem ursprünglichen Prinzip, dessen Erklärungskraft alle Phänomene durchzieht. Die raumtheoretische Erklärung ist typisch für diesen Trugschluss. Wenn der Ort als Grund für das Deponieren von Gegenständen gilt, gilt er auch als Prinzip aller Erklärungen. Warum dort? Weil der Ort dort wichtig ist. Warum überhaupt deponieren? Weil der Ort dort als Ort markiert werden soll usw. Das Deutungssystem, mittels dessen ein so verfahrender Forscher auf die Welt der Bronzezeit blickt, arbeitet pyramidal von der Spitze des absoluten Prinzips, was bereits vorentschieden als Erklärung gilt, nach unten hin zu den konkreten Problemen der Forschung. Aber das ist nicht, was als Ergebnis von all den Jahren der Hortfundforschung herauskommen kann und sollte. Was wir als Forschungsstand haben, wird im fünften Kapitel behandelt. Darauf folgt ein abschließendes Fazit, in dem die Ergebnisse der Arbeit dargestellt und daraus folgende Konsequenzen aufgezeigt werden.

2

Paradigmenwechsel in den Geisteswissenschaften

Man entzieht sich den Denkformen von gestern nicht dadurch, dass man das mit ihnen Gemeinte ignoriert. Man muss klären, dass und weshalb sie sich nicht länger denken lassen, wie sie vormals gedacht wurden. (Dux 2017a, 3)

Unter einem Paradigmenwechsel ist die Veränderung der Strukturen der sinnhaften Artikulation über die Welt zu verstehen. Mit dieser Definition distanziere ich mich von der berühmtesten Einführung des Begriffs der Paradigmen durch Thomas S. Kuhn (1997). Er definiert sie als „allgemein anerkannte wissenschaftliche Leistungen, die für eine gewisse Zeit einer Gemeinschaft von Fachleuten maßgebende Probleme und Lösungen liefern" (ebd. 10). Der Rekurs auf die Leistungen verdeutlicht den Vorteil seiner Theorie, dass die Betätigung der Wissenschaft auf die Handlungen der Wissenschaftler zurückgeht. Aber Kuhn deutet ein Verständnis von Wissensfortschritt an, das einer idealistischen Haltung gefährlich nahekommt. Die wissenschaftliche Entwicklung ist der methodische Bildungsprozess eines Wissensbestands, wo kombinierte Aspekte oder isolierte Teilaspekte eines Wissensgebiets zusammengebracht werden (ebd. 16). Seine bahnbrechende Vorstellung kann zur Verzerrung führen, weil sie die aktive und häufig chaotische Auseinandersetzung der Forscher mit einer vorfindlichen Welt stark vereinfachen. Paul Feyerabend stellt mit Recht fest, dass die Wissenschaftsgeschichte nur dann „flacher, simpler, einförmiger, objektiver" erscheint, wenn ihre Akteure simplifiziert werden (Feyerabend 1995, 16). Das kann geschehen und es findet seinen Ausdruck in dem Phänomen, das man Forschungstraditionen nennt. Die Frage ist, inwieweit derartige einzelne konkrete Phänomene als Muster gelten sollen für den gesamten Verlauf der Geschichte. Kuhns Einsicht ist wahr und wichtig, dass Wissenschaftler „Begriffe, Gesetze und Theorien niemals in abstracto" lernen (Kuhn 1997, 60). Den geistigen Werkzeugen begegnet man in einem historisch und pädagogisch vorgegebenen Kontext. Seine Einsicht ist auch richtig, dass Paradigmata als vorhergehende Leistungen mit unmittelbarer Vorbildwirkung jedem möglichen abstrakten Korpus von Regeln und Methoden vorgeordnet sind. Die Regeln, Methoden und die Annahmen werden aus diesen Vorbildern abgeleitet. Die als Vorbild fungierenden erfolgreichen Arbeiten, die Paradigmen selbst bedürfen nicht den diskursiv artikulierten Regeln, um ihren Einfluss auf die Wissenschaft zu entfalten. Dies ist wichtig, weil es der Theorie Kuhns ermöglicht, sich von dem idealistischen Beigeschmack zu distanzieren. Problematisch in Kuhns Theorie ist nicht nur der „monolithische" und „geschlossene" (Kuhn 1997, 63) Eindruck, den die alltägliche ordentliche wissenschaftliche Aktivität unter der Leitung eines Paradigmas erweckt. Kuhn ist sich dessen bewusst und er weist selbst auf die Vielfalt der Paradigmata hin, welche die Mannigfaltigkeit von wissenschaftlichen Gebieten und Teilgebieten als historisches „wackeliges Bauwerk" erscheinen lässt (ebd. 63 f.). Der Vorrang der Gemeinschaft, die in seiner Beschreibung dem Individuum vorgeordnet erscheint (ebd. 189 f.), steht dem Versuch entgegen, die Entstehung und die Etablierung wissenschaftlicher Erklärungsstrukturen aus den Bemühungen der Gemeinschaftsmitglieder heraus zu erklären.

Das Problem mit seiner Beschreibung von Paradigmenwechsel für die Archäologie liegt außerdem darin, dass der vorgegebene pädagogische Kontext in diesem Fall die ganze Lebenswelt ist. Möglicherweise trifft dies eher auf die Geisteswissenschaften als auf die Naturwissenschaften zu. Die Aneignung der geistigen Werkzeuge geht mit der Aufgabe der Konstruktion von Weltbildern einher. Deshalb kann es hier nicht um eine Paradigmenveränderung oder um eine Anpassung einer vorherrschenden Theorie an neuen Phänomene gehen. Es geht auch nicht um eine Korrektur der Verfahrensweise, Anwendungen, Gesetze, Theorien und Erwartungen für einen Teil der wissenschaftlichen Gemeinschaft, die sich durch Begriffssysteme und Experimente mit Vorbildfunktion leiten lässt. Sondern es geht um eine tiefgreifende Veränderung der Struktur, die dem Weltbild der einzelnen Wissenschaftler zugrunde liegt – ob sie wollen oder nicht. Die Ad-hoc-Korrektur von Paradigmaverfahren bzw. -anwendungen, z. B. durch Verbesserung einzelner Annahmen der Sprachphilosophie, der Narrationstheorie, der Sozialontologien oder der Systemtheorie, kann den hier besprochenen Wandel nicht in seiner Gesamtheit umfassen. Derartige punktuelle Anpassungen verlangsamen nur den Wechselprozess der Grundlage der Geisteswissenschaften.

Paradigmen ändern sich in der Regel nur langsam. Denn auch die Wissenschaft wird von den realen Subjekten im Medium des Denkens und der Sprache vorangetrieben und sie wird nicht, wie viele in der wissenschaftlichen Gemeinschaft sie bis heute noch versteht, von Ideen und Einsichten regiert, für die die Menschen bloß das Medium sind. Diese letztgenannte Denkform kann auch als abstruse „Hegelei" bezeichnet werden (Marx und Engels 1973, 334 f.), von der sich Wissenschaftler auch in unserer Zeit nur langsam distanzieren[5]. Das alte, idealistische Paradigma kann mentale Zustände nur aus weiteren mentalen Erscheinungen ableiten (Dux 2017c, 37). Denn es handelt sich um ein Denken vom Vorrang des Geistes. Das prozessuale Paradigma hingegen fängt mit der Materie bzw. der Natur an und versucht, die Entstehung von geistigen Zuständen in ihrem realen Prozess zu rekonstruieren, ohne dass der Geist in der Materie vorausgesetzt wird. Forschungsströmungen wie der *„linguistic turn"* (ebd. 105-114 insb. 109 f.) oder der ganz junge *„narrative turn"* (Czarniawska 2004, 1-15) sind noch unter dem alten Paradigma einzuordnen. Die Medialität der Sprache wird dort zu dem finalen Prinzip, das selbst keiner Erklärung bedarf. Ähnlich verfahren auch systemtheoretische Ansätze (Araque Gonzalez 2014), worauf ich im Bezug auf die Bilderwelt der Spätbronzezeit am Beispiel der iberischen Stelen eingehen werde. Dennoch kann das gemeine Bewusstsein in diesem Fall schneller von Veränderungen künden, als die Wissenschaft selbst, da Wissenschaftler

---

5   Es lohnt sich für eine historische Kontextualisierung, einen Blick auf Karl Löwith (1981) zu werfen, insb. 78-96, 105-118, 168-175, 198-206.

sich auf Denk- und Sprachtraditionen beziehen müssen, die für die meisten Menschen keinesfalls lebensrelevante Themen bilden.

Die Ideengeschichte wird von Menschen vorangetrieben und dieser Prozess geht unter anderem einher mit weiterhin ausgeprägten Machtbeziehungen im universitären Kontext. Überdies kann den Geisteswissenschaften eine schwierige Umbruchphase attestiert werden, denn die geisteswissenschaftlichen Deutungssysteme bedienen sich überwiegend noch einer Sprache, die sich – im Gegensatz zu den Kollegen der Naturwissenschaften – nicht von unseren alltäglichen Sprachspielen künstlich absetzt (Dux 2018, 27). Diesem Umstand ist es zuzuschreiben, dass sich auch wenig qualifizierte Menschen als kulturwissenschaftliche Experten ausgeben können, insbesondere wenn es um die Kultur der Anderen (Kiesel 2012) geht. Wenn dann noch, wie im Fall der Urgeschichte, die Anderen, bzw. die Fremden, schon seit Jahrhunderten tot sind, oder innerhalb des politischen Systems durch keine gewichtige Stimme vertreten werden, dann können sich in einseitig geführten Diskussionen leicht die kulturanthropologisch weniger Informierten durchsetzen.

Dieser Umstand ist mit zwei unmittelbaren Folgen verbunden. Ein Charakteristikum der akademischen Community ist es, dass Veränderungen der Logik äußerst langsam erfolgen, was sich strukturell in den wissenschaftlichen Aussagen und den Deutungssystemen niederschlägt. Darüber hinaus wird in gewissen Disziplinen wie in der Urgeschichtlichen Archäologie – z. B. aber auch in den juristischen Wissenschaften (Dux 2018) und in der Philosophie (ders. 2017c, Kap. 9.2-3) – an der althergebrachten Logik festgehalten, solange eine umfassende Kritik an diesen Zuständen nicht adäquat propagiert worden ist.

Ein nachhaltiger Wandel in den Strukturen wäre verbunden mit einer wirklichen Veränderung in den Erklärungsschemata, mit Strukturen, die, einem Gerüst gleich, die Ausbildung von wissenschaftlichen Deutungssystemen in neue Bahnen bringen könnten. Auf der historischen Bühne käme dies einem Paradigmenwechsel gleich.

Für die Soziologie hat Günter Dux (2017c) einen solchen Paradigmenwechsel vollzogen und in seiner historisch-genetischen Theorie formuliert. Viele erkenntnistheoretische Aspekte des alten Paradigmas sind dabei bereits von Theodor W. Adorno erkannt, beschrieben und als absolutistisch bezeichnet worden (Adorno 1955; 1993; 1995). Dux schließt sich so mit seiner historisch-genetischen Theorie an eine lange Tradition an, die in der Soziologie für die Kritik an dem logischen Absolutismus sorgt. Er betont ausdrücklich: „Mit der Strategie einer historisch-genetischen Theorie wissen wir uns im Einklang mit einer Erkenntniskritik, die am Beginn der Wissenschaftsgeschichte der Soziologie gestanden hat" (Dux 2017c, 371, Anm. 3-7 für Literaturverweise). Im Denken zeichnet sich der Absolutismus durch eine Erklärungslogik aus, für die Dux den Begriff der subjektivischen Handlungslogik geprägt hat. Die Handlungslogik ist konstitutiv für den Aufbau des Weltbildes jedes neuen Artmitglieds (ders. 2017b). Das hat weitreichende Konsequenzen für das Verständnis der Geschichte (ebd.) und für den Wechsel der Paradigmen in den Wissenschaften (ders. 2017c, 3-4, 6, 9-13, 26). Im Gegensatz zu den Ansichten anderer Kulturanthropologen (Hallpike 1979) zeigt Dux auch, dass die Kategorien von Raum, Zeit, Substanz, Identität und Ursache beim Menschen der Kategorie des Ursprungs unterzuordnen sind (Dux 2017c, 89-94). Seit Dux (2017b; 2017c) rechnen wir zu den Eigenschaften des pristinen Denkens und des logischen Absolutismus, welcher die abstrahierte Form der primitiven Struktur darstellt, wenn Ursache und Substanz ursprungslogisch und subjektivisch aufgefasst werden.

Dux' Gesamtwerk ist die Basis für diese Arbeit, denn sein System eignet sich sowohl zu einer konstruktiven Anwendung in der Archäologie insgesamt als auch für die Dekonstruktion vieler Interpretationen von urgeschichtlichen Quellen[6]. Die Deutungen, die es zu dekonstruieren gilt, folgen dem alten Paradigma, indem sie auf die eine oder andere Weise die subjektivische Erklärungsstruktur wiedergeben. Sie zeichnen sich durch ein pyramidales Denken aus, wo alle zu erklärenden Erscheinungen von dem einen Prinzip an der Spitze des Systems abhängen. Wenn das Prinzip, wie z. B. das Konzept der Sprechakte[7], als irrelevant enttarnt wird, wird man sich ein neues Erklärungsprinzip suchen müssen, wie z. B. Narration, denn das anfängliche Denksystem zerfällt. Aber die Struktur, über die das Denksystem ausgedacht wurde, bleibt. Solche Ansätze fangen in der Regel so an, dass man zunächst angibt, was z. B. Narration ist, um von der Definition her auf die empirischen Daten zuzugreifen. Der Paradigmenwechsel ist hingegen ein empirischer, historischer Befund, den Dux sowohl in der Geschichte als auch in den Strukturen des Verstehens im Subjekt verfolgt und ausführlich vorgelegt hat (Dux 2018 (1976); 2017b (1982); 2017c (2000)). Aus der Perspektive des erkennenden Subjekts handelt es sich hier um den Wandel der Erklärungsstruktur. Worum es dabei konkret geht, soll im nächsten Abschnitt ausgeführt werden.

2.1 Wandel der Erklärungsschemata

Bei dem Wandel der Erklärungsstruktur geht es um die kognitive Veränderung im erkennenden Subjekt. Prinzipiell setzen kognitive Schemata Sachverhalte in Beziehung zueinander. Das Interesse richtet sich hier auf die sprachlich hergestellten Beziehungen zwischen Elementen der Umgebung.

Eine Analyse von Erklärungsmustern ergänzt zum Teil die Diskussionen über das methodische Vorgehen in der Archäologie durch andere Autoren, die sich mit den grundlegenden, regulativen Verfahren der historischen Kulturwissenschaften beschäftigen und dabei drei Verfahren unterscheiden, nämlich: Heuristik, Quellenkritik, Interpretation (Brather 2004, 324). Eine erkenntniskritische Beschäftigung mit der Erklärungsstruktur, wie ich sie hier vorhabe, gehört zur Heuristik. Sie definiert Sebastian Brather (ebd.) wie im Folgenden: „Die Heuristik umfaßt das historische Fragen und steht damit am Beginn der Untersuchung. Sie entscheidet bereits über das Ergebnis der Forschungen, denn Fragen präformieren Antworten, weil sie mögliche (nicht wirkliche) Antworten bereits enthalten". Fragestellungen präformieren die Forschungsergebnisse nicht, weil die Antwort bereits in der Frage potenziell angelegt ist, sondern vielmehr setzt die Frage bereits die Struktur um, welche das Muster der Erklärung als Erwartung vorschreibt, wenn die Erklärung als sinnvoll erscheinen soll.

Erklärungen bestehen schematisch aus zwei Teilen: einem Explikandum und einem Explikans. Das Phänomen, das es zu erklären gilt, nennt man ein Explikandum. Voraussetzung für eine Erklärung sind kognitive Schemata im Organismus respektive im Subjekt. Die Schemata müssen das Umfeld organisieren. Dafür müssen Elemente der Umgebung von anderen unterschieden werden. Kognitive Schemata sind deswegen

---

6 Diese Tatsache wird spätestens bei der Diskussion über die Hortfunde in Kap. 6 deutlich.
7 Die Sprechakttheorie geht auf die Anfänge der Sprachphilosophie zurück. Ich übernehme den Begriff der Sprechakte wie bei Dux (2017c, 247-254).

in der Lage, Erscheinungen zu vereinzeln. Die Vereinzelung befähigt das Subjekt, seine Aufmerksamkeit auf ein Objekt zu richten, welches in einer satzförmigen Rede zum grammatikalischen Subjekt des Satzes werden kann. Dadurch können Menschen ein Objekt in Beziehung zu anderen realen oder intendierten Objekten stellen. Der zweite Teil einer Erklärung besteht aus dem Explikans, welches das Explikandum sinnhaft erweitern, bestimmen oder aufklären soll.

Strukturen bilden in diesem kognitionstheoretischen Kontext „das innere Gerüst eines Beziehungssystems" (Dux 2018, 9), sofern man sie „als Deutungsschema der Beziehung zwischen Explikans und dem Explikandum" versteht (ebd.). Strukturen bestimmen daher den ‚geistigen Leitfaden' eines Deutungssystems. Einen Sachverhalt zu erklären geht einher mit einem Austausch des Explikandums durch ein Explikans und dieses Verfahren setzt das strukturelle Muster dessen voraus, was als Erklärung gilt (ebd.). Die Verknüpfungen zwischen den Teilen eines Deutungs- bzw. Begriffssystems des Weltverstehens werden an das Muster dessen angepasst, was als ausreichende Erklärung gelten soll. Die Verknüpfungen werden so gebildet, dass das Deutungssystem, in der Form von Aussagen, Sprachspielen oder anderen sozialen Repräsentationen, die verfolgten Paradigmen in ihrer Konstruktion erkennen lässt.

Die primären Erklärungsschemata verfahren so, dass man „etwas auf seinen hinter ihm gelegenen Ursprung zurückführt" (ebd. 10). Die Untersuchung der soziologischen Studie und des Entstehungsprozesses der primären Erklärungslogik im Aufbau der Welt wurde von Dux bereits erbracht. Er nennt diese primitive Logik eine subjektivische Handlungslogik. Die Handlungslogik ist „primitiv" in dem Sinne, dass sie sich als die „erste" sowohl in der ontogenetischen Entwicklung der Artmitglieder als auch in der Geschichte der Art darstellt. Die Logik ist außerdem subjektivisch, weil wirkende Prinzipien nach dem Muster der eigenen Handlungen dem Gerüst überzogen werden, über das sich die Subjekte ihre Welten vorstellen.

Mit dem Zweck, eine sachhaltige Repräsentation der Welt zu entwickeln, wenden die Subjekte ihre Sensorik und Motorik pragmatisch an. Sie entwickeln eine offene Erwartung oder eine Öffnung zur Welt (ebd. 42). Durch die Widerständigkeit der Objekte lernen alle Subjekte die Eigenständigkeit der Objektwelt kennen (ebd. 43). In dem Prozess wird dem Objekt ein virtuelles Zentrum zugeschrieben, das zum Bezugspunkt wird für alle weiteren Verhaltensweisen in der Beziehung zum Objekt. Die Summe aller Verhaltensweisen nennt Dux Substanzen (ebd. 44). Auch unser Ereignisschema wird konstituiert über diese subjektivische Struktur in der Form, dass wir ein Ereignis nicht wahrnehmen können, ohne davon auszugehen, es sei die Folge einer Ursache. Das hat einleuchtende, ontogenetische Gründe, denn die Entwicklung des Kindes in der Frühkindheit wird von den sorgenden Anderen geprägt, wobei die meisten überlebenswichtigen Veränderungen in der Umgebung des Kindes wirklich ein Subjekt als Ursache hatten. Außerdem müssen die Enttäuschungen gegenüber den noch nicht assimilierten Widerständen in der Welt verarbeitet werden. Das geschieht zunächst dadurch, dass das Subjekt seine Aufmerksamkeit auf sich lenkt, um Fehler in der Motorik zu koordinieren, und zwar unter der Anleitung des Bewusstseins. Das hat eindeutige Konsequenzen: Der Bildungsprozess des Objektverständnisses geschieht zur gleichen Zeit wie das Subjektverständnis, derart, dass die subjektive Struktur des handelnden Subjekts auf beide Pole der Erfahrung, d. s. die Objekt- und Subjektseite, als Struktur des Verstehens angewandt wird.

> Das soll heißen: Alle Ereignisse, gleich welcher Art, werden so aufgefaßt, als würden sie von einem eigens sie bestimmenden Agens verursacht. Auch die Eigenschaften eines Objekts haben Ereignischarakter. Da an jedem Objekt eine Vielzahl von Eigenschaften haftet, fest zugeordneten ebenso wie wechselnden, erscheint jedes zugleich als von einem zumindest virtuellen Zentrum bestimmt, in dem jede ihrer Eigenschaften aufgehoben ist und von dem sie ausgeht. Alle Objekte, belebte wie unbelebte, werden deshalb so aufgefaßt, als würden sie von einem eigens sie bestimmenden Agens geformt und bewegt. Dieses Agens kann mehr oder weniger eng und mehr oder weniger dauerhaft mit ihnen verbunden sein. Entscheidend ist, daß jede dem Objekt zugeschriebene Eigenheit auf ein Aktionszentrum in oder hinter ihm zurückweist. In diesem Sinn wird jeglichem Objekt Subjektivität zuerkannt. Auf eine knappe Formel gebracht läßt sich deshalb feststellen: Primitive Gesellschaften zeichnen sich gegenüber fortgeschritteneren dadurch aus, daß in ihnen ein subjektivisches Deutungsschema dominiert. (Dux 2018, 40 f.)

Das heißt keineswegs, dass subjektive Agenzien in Objekte immer und überall eingebaut werden. Nur, wenn eine Beirrung in der Selbstverständlichkeit der Realität stattfindet oder wenn ein Problem in einem gewöhnlichen Handlungsfeld auftritt, dann erfolgt der Rückgriff auf den subjektivischen Grund.

Eine wichtige Eigenschaft dieser früheren Logik besteht darin, dass sie einen Regress im Denken möglich macht, der sein Ende nur an einem Absoluten findet, d. i. an einem absoluten Ursprung in subjektivischer Form. Eine Erklärung ist also gültig und sie gilt dann auch als ausreichend, wenn sie den wahren Grund hinter der Erscheinung enthüllen kann. Eine Suche nach dem wahren Wesen hinter der Erscheinung findet solange statt, bis eine Erklärung in einem absoluten Punkt aufgezeigt werden kann, der sich aus sich selbst heraus in der Welt setzt. Ähnlich der Selbstreflexion eines Subjekts. Die Reflexion hört nur in dem Moment auf, wo Denker und Vorstellung als absolut identisch gelten.

> Jene Art der Erklärung, in der Reihe der Argumente zurückzugehen und sich nicht eher zufriedenzugeben, bis ein Explikans gefunden ist, das keiner weiteren Erklärung bedarf, weil es, wie man sagt: sich aus sich selbst begründet, resultiert aus der Eigenart des Subjekts, Zurechnungspunkt seiner Handlung zu sein. Handlungen nehmen im Subjekt ihren Anfang. Folglich können Erklärungen in ihm ihr Ende finden. Der Regreß ist kein Regreß ad infinitum. Er bricht auch nicht einfach ab. Der Regreß dauert genau so lange an, bis er im Subjekt sein Ziel erreicht. Eben weil das Subjekt Neues zu schaffen in der Lage ist, kann die Begründung in ihm zur Ruhe kommen. Soweit und solange Ereignisse im Schema der Handlung konzipiert sind, ist es deshalb notwendig, sie in dem zu ihnen gehörigen Subjekt ihren Anfang nehmen zu lassen. (ebd. 49)

Im Gegensatz dazu sieht Günter Dux in der neuzeitlichen Geschichte die langsame Entfaltung einer neuen Logik. Die prozessuale Logik der Moderne sucht eine Explikation in dem Entstehungsprozess eines Explikandums so, dass man von den objektiven Bedingungen ausgeht, die ein Ereignis ermöglichen, ohne dieses auf seine anfänglichen Faktoren zu reduzieren. Prozesse werden als Teil eines Innenzusammenhangs der objektiven Welt aufgefasst. Prozesse und Ereignisse können in der Moderne nach dem Muster einer

Handlung zwar empfunden werden, aber diese Empfindungen dienen bloß als Metapher oder regulative Ideale der Wissenschaft[8]. Wir müssen sie einfach akzeptieren als unsere menschliche Art und Weise, mit komplizierten systemischen Bedingungen umzugehen. Außerdem bilden sich in der Welt mehrere Prozesse gleichzeitig. Diese Konkurrenz von Ereignissen innerhalb einer einzigen Zeiteinheit wird in der Moderne als System aufgefasst, welches handlungstheoretisch als eine Zeit mit mehreren Handlungen gedacht werden kann. Nur, systemisch bedingte Prozesse stehen in Beziehung zueinander und können sich gegenseitig beeinflussen. Ebendieses Verständnis der systemischen Bedingtheit der Welt fehlt in der frühen Phase der Handlungslogik vollkommen, da sie noch zentriert ist, d. h. das Subjekt kann im Verstand allein eine Handlung pro Zeiteinheit vereinzeln. Ein modernes, prozessuales Erklärungsschema wendet also Systemdenken an[9]. Die Prozesse schaffen Bedingungen, die immer neue Systeme hervorbringen können. Die entstandenen Systeme, wie vorher schon erwähnt, sind irreduzibel auf ihre vorhergehenden Prozesse. Aber da so eine Erklärung funktional-relational und systemisch-prozessual ist (Dux 2017c, 15 f.), macht sie nicht mehr den bloßen Austausch zwischen Explikandum und Explikans aus. Die moderne Denkform im Bereich der archäologischen Wissenschaften wird als Rekonstruktion angesprochen, welche auf eine empirische Verfolgung der Entstehungsprozesse der Quelle zielt. Das ist die eigentliche Logik im Aufbau von wissenschaftlichen Deutungssystemen der Welt, insbesondere die der vergangenen.

2.2 Drei Ausprägungen der Logik

2.2.1 Archaische Logik

Aus dem Zeitraum der Urgeschichte sind die ersten Lebenspraxen und ihre Vernetzungen bekannt, die in der Menschheitsgeschichte auftreten. Als erste Lebensformen darf man sie primitiv nennen, denn darauf geht die etymologische Bedeutung des Wortes zurück. Dennoch ist ohne ein Maß für die Primitivität für die Beschäftigung mit urgeschichtlichen Themen nicht auszukommen (Dux 2017b, 88). Dass dieser Begriff immer wieder seinen Weg in die Diskussion findet, ist darauf zurückzuführen, dass „sich in ihm eine historisch unverzichtbare Kategorie verbirgt" (ebd.).

Natürlich ist mit Begriffen wie primitiv oder archaisch, von dessen Anwendung ich lieber Gebrauch machen werde, keineswegs die Vorstellung von Inferiorität zu verbinden (ebd.). Niemand wird heute noch eine deterministische Evolutionstheorie der Gesellschaft verteidigen können. Man kann die Sozialevolution nicht teleologisch auf ein besseres Ziel hinarbeitend verstehen. Auf ein Ziel strebend können eben nur Handlungen eines Einzelnen sein. Auch eine moralische Evolution zum besseren ist durch die Entwicklungen in der rezenten Geschichte (z. B. den Totalitarismus) selbst widerlegt. Außerdem sind Gesellschaften nur segmentär primitiv (ebd. 87). Heute besteht jedoch eher die Gefahr einer Romantisierung: eine „Sehnsucht nach einfachem Leben, stabiler Selbsterfahrung" (ebd. 87 f.).

---

8 Schon bei Kant verschwindet die Notwendigkeit, die Kette der Ursache-Wirkung mit einem absoluten Anfang abzubrechen. Für ihn sind solche Konstrukte bloß von einem heuristischen Wert: eine regulative Idee der Vernunft (Dux 2018, 117). Die rückwärts gerichtete Kette der Wesen bzw. der Ursachen ist so nicht mehr in den Dingen zu finden.

9 Indem man die Gesellschaft als relationale Kategorie denkt, d. h. als Vernetzung der Lebenspraxen, ist man fast gezwungen, die Gesellschaft als eine Gruppierung von Handlungen und nicht als eine Vereinigung von Subjekten zu sehen (Dux 2017c, 67).

Wenn man die Geschichte aus der Ontogenese rekonstruiert, ist man fast dazu gezwungen, von primitiven oder archaischen Weltbildern zu reden. Jeder einzelne Mensch ist seiner anthropologischen Verfassung nach dazu gezwungen, Wissen zu erwerben, um zu überleben. Die Einsicht ist von einer widerständigen Universalität: „Zu allen Zeiten und in allen Gesellschaften hat der Prozeß des Wissenserwerbs auf der frühesten Stufe der Lebensgeschichte jedes einzelnen begonnen" (Dux 2017b, 88). Daran schließt Dux seine Konzeption von Primitivität, die meine Zustimmung hat:

> Denn der Prozeß des Wissenserwerbs beginnt zwar auf der frühesten Stufe der Lebensgeschichte, aber er wird in der Erwachsenenwelt fortgesetzt: Primitiv sind Gesellschaften darin, daß sie sich in der Weiterentwicklung ebenso der kategorialen Formen wie der Inhalte von dem gemeinsamen Ausgangspunkt weniger weit entfernt haben als entwickeltere. Gesellschaften lassen sich deshalb auf einer virtuellen Linie der Weiterentwicklung primitiver Formen anordnen. (ebd. 89)

Er erklärt im Voraus jedoch mögliche Missverständnisse:

> Es geht nicht darum, Menschen primitiver Gesellschaften auf einen irgendwie gearteten inferioren Status des Menschlichen zu drücken. Es geht auch nicht darum, diese Menschen zu Kindern zu machen. Es geht schlicht um die Anerkennung einer anthropologischen Kategorie, die zugleich die eigentliche Kategorie der Geschichte ist: Menschen bilden ihre Lebenswelt aufgrund erworbenen Wissens aus. Sie entwickeln dieses Wissen; und sie entwickeln dabei auch die Grundlagen ihres gesamten Weltbildes. Schließlich formen sie es um. Jeder irgendwie qualifizierte Begriff von Geschichte verlangt deshalb der Sache nach den Begriff des Primitiven. (ebd.)

Nur, ich werde den Begriff „archaisch" in diesem Text bevorzugen, um Empfindlichkeiten zu vermeiden. Wenn der Begriff „primitiv" vorkommt, dann in dem Sinn von ersten, frühesten, ältesten.
Es geht auch nicht um eine Gleichheit zwischen erwachsenen Menschen und Kindern.

> Es scheint ratsam, alsbald einem Mißverständnis vorzubeugen: Die kognitiven Systeme primitiver Gesellschaften sind **keineswegs einfach identisch mit den kognitiven Systemen, die Kinder in fortgeschritteneren Gesellschaften** ausbilden. Zwei Umstände stehen dem entgegen: In allen Gesellschaften werden auf der Ebene der Erwachsenen Erfahrungen gemacht, die Kinder nirgendwo machen. Und ohne Zweifel ist ihre psychische Konstellation eine andere als die von Kindern, gleich wo letztere aufwachsen. Das ist das eine. Das andere ist, daß in den Sozialisationsprozeß der Kinder in kognitiv fortgeschritteneren Gesellschaften frühzeitig Erfahrungswissen einfließt, das sie nicht selbst erworben haben. (ebd. 90, Herv. d. Verf.)

Es geht hauptsächlich um die Anerkennung einer gemeinsamen Entwicklungslogik im Prozess von Wissenserwerb. Diese Perspektive steht in Kontrast zu einer modernen Sicht, die ein Bewusstsein für die Konstruktivität der menschlichen Lebensformen verabsolutiert und versucht, „Welten als freischwebendes Konstrukt einer unauslotbaren Geistigkeit" (ebd. 88) zu verstehen.

> Wenn man davon ausgehen muß, daß der Prozeß der Ausbildung des Wissens für jeden immer von der kulturellen Nulllage des Organismus aus beginnt, wenn weiter die kategoriale Ausgangslage gleich ist und die Entwicklung nur durch Zuerwerb von Wissen erfolgt, dann dürfen wir strukturell eine **allerwärts gleiche Entwicklungslogi**k erwarten, notabene: strukturell, **nicht auf der semantischen Ebene der Ausdeutungen**. Eben das sichert interkulturelles Verstehen. (Dux 2017b, 90 f., Herv. d. Verf.)

Gerade das ermöglicht Verständnis und bildet das Fundament für Vergleiche und Analogien (vgl. Eggert 1995; 1998; 2003).

> Wir verstehen primitive Gesellschaften nicht deshalb, weil wir den gleichen metaphysischen Trieb, die gleiche poetische Ader oder die gleichen einschmiegsamen Gefühle hätten – solche Erklärungen muß man nehmen, wie sie entstanden sind: als Ausdruck der überwältigenden Erfahrung, daß wir primitive Gesellschaften tatsächlich verstehen, für Feldforscher nicht selten auch des beglückenden Gefühls menschlicher Gemeinsamkeit. Allein sie erklären nicht wirklich den Prozeß, der dieses Verstehen möglich macht. Der wird nur einsichtig, wenn man auf die Bedingungen sieht, unter denen überhaupt Wissen, in primitiven Gesellschaften so gut wie bei uns, zustande kommt. Wir verstehen primitive Gesellschaften, das ist die Quintessenz, weil jeder von uns in der Ontogenese von den gleichen Bedingungen ausgegangen ist und die gleichen Strukturen ausgebildet hat. (Dux 2017b, 91)

Die weite Verbreitung einer prozessualen Deutung der Welt bedarf eines langen historischen Prozesses (ders. 2017a; 2017c) von Zunahme der Herrschaft und Verfügungsgewalt über die Natur- und Sozialwelt und Zuerwerb von neuem Konstanzwissen über stabile Beziehungen in der Welt, in Kombination mit der Akkumulation dieses Wissens in Schriften. Darum gehe ich davon aus, dass für alle prähistorischen Zeiten das subjektivische Deutungsschema mehrheitlich zu erwarten ist. Das hat Auswirkungen sowohl auf das Welt- als auch auf das Selbstverständnis. Schließlich hat das eine Konsequenz für die begriffliche Organisation der Welt: für die Produktion von Zeichen und von gemeinsamer sozialer Bedeutung als auch für die Organisation der ‚wirtschaftlichen' Produktionsformen. Das führt zu einer Erwartung an die archäologische Quelle: Sie legt Zeugnis von konkreten Operationen, von Ursprungs- und Substanzlogik und von ontischen Kategorien ab.

Man kann deswegen für die urgeschichtlichen Zeiten auch nicht mit einem Schub in der Auseinandersetzung mit der Innenwelt rechnen, welcher Subjektivität und innere Zustände stärker thematisieren würde, wie in unseren post-romantischen Zeiten (ders. 2017b, 239 f. 2017c, 70-73; vgl. hier Kap. 3). Noch kann man ein Bewusstsein für die Konstruktivität der Innen- und Sozialwelt erwarten, welches alles zum Konstrukt erklären und der Natur ihren natürlichen Vorrang als Ausgang vom Konkreten absprechen würde. Nur, es geht dabei gar nicht mehr um eine bloße theoretische Voraussetzung. Es handelt sich ebenso wenig um eine Übertragung eins zu eins der ethnologischen bzw. ethnographischen Untersuchungen auf die Vergangenheit. Sondern die chronologische Einordnung der archäologischen Hinterlassenschaften zwingt dazu, die biologisch notwendige Konstruktivität von Wissen anzuerkennen. Anderenfalls verfällt man der rassistischen Annahme, die im Endeffekt besagen möchte, die weite Verbreitung von primitiven Deutungsmustern in der Urgeschichte sei durch biologische Eigenschaften oder durch den Rekurs auf einen unveränderlichen, absoluten Kultur- oder Ethniebegriff erklärbar. Bevor man einen solchen Fehlschluss begeht, wendet man lieber einen neutralen Begriff des Primitiven an.

Die Organisation der Lebenswelt der Menschen ist nicht von Natur aus vorhanden (Dux 2017b, 66). Die „Vorgabe der Sinne als organische Ausstattung" setzt „den Aufbauprozess des Wissens in Gang" (ebd. 65). Dabei kommt den Sinnen „die Rolle eines unerlässlichen Mittlers zwischen Subjekt und Außenwelt" zu. Aber „die ganze Arbeit der Wirklichkeitserfassung fällt doch dem Denken zu" (ebd.). Das anfängliche Denken ist nach dem Muster der subjektiven Handlung strukturiert. Die Wirklichkeit wird so in den anfänglichen Stufen der menschlichen Kognition über die subjektivische Handlungslogik erfasst. Und das hat eine Bedeutung für Objekte und eine andere für Ereignisse. Objekte werden aufgefasst, als würden ihre Eigenschaften und unterschiedlichen sinnlichen Qualitäten aus einer virtuellen Substanz in oder hinter dem Objekt emanieren. Ereignisse werden immer wahrgenommen als die Folge einer statischen Ursache, von der aus die Ereignisse entstehen. Substanz und Ursache werden so ursprungslogisch aufgefasst und häufig in Ursprungsschemata zusammengedacht. Das führt dazu, dass alles, was in der Welt existiert oder passiert, in einem Verhältnis zum Grund der Welt steht. Alles, was es in der Welt gibt, ist in der Substanz der Welt angelegt. Diese gedankliche Konstruktion hilft beim Verständnis von Assoziationen und des Symbolismus, denn die Assoziationen der archaischen Symbolik folgen der Logik, die Dux subjektivisch nennt. Sie ist eine Substanz- und Ursprungslogik zugleich (ders. 2017c, Kap. 7). Indem die primitive Logik Objekte nach dem Schema der Substanz, Ereignisse nach dem der subjektivischen Ursache und beides nach dem der Handlung auffasst, ist die Vorstellung eines Grundes für das archaische Weltbild konstitutiv[10].

Ein eklatantes Beispiel für den Erhalt der pristinen Logik auf der Ebene von High-Level Theorien ist die in der Archäologie langsam übernommene Hypothese von Artefakten als sozialen Akteuren, die von Alfred Gell vorgeschlagen wurde. Er plädiert dafür, dass wir die Agenzien von Gegenständen akzeptieren. Der Grund für seine Feststellung ist teilweise richtig. Menschen bauen soziale Beziehungen zu Dingen auf. Beispiele dafür wären die Verhältnisse von Kindern zu Puppen oder Erwachsenen zu Autos. Wenigstens in den Augen dieser Subjekte in diesen Situationen scheinen den Dingen subjektivische Eigenschaften anzuhängen. Aber Gells Argumentation folgt selbst der subjektivischen Logik, die er in seinem Befund der Anthropomorphisierung von Puppen oder Autos beschreibt. So führt er in einem Abschnitt mit dem Titel *„Paradox Elimination"* das Beispiel von Soldaten und ihren Waffen an.

> *It seems senseless to attribute ‚agency' to a mere lethal mechanical device, rather than its culpable user. But not so fast. A soldier is not just a man, but a man with a gun, or in this case with a box of mines to sow. The soldier's weapons are parts of him which make him what he is.* (Gell 1998, 20)

Mit diesen Aussagen ist die Substanzlogik evident. Der Soldat wird nicht nur als fertiges Produkt verstanden, mit Attributen wie Waffen, die miteinander verbunden das Wesen des Soldaten bestimmen und definieren. Sondern es besteht auch eine Identität zwischen den

---

10 Die ethnologische Analyse ist bereits dargelegt (Hallpike 1979) und ausreichend verarbeitet worden (Dux 2017b; 2017c). Weitere Literaturhinweise sind ebendort zu finden.

Attributen und der Substanz, von der aus die Attribute emanieren. Da die Emanationen etwas von der Substanz im Ursprung erhalten, haften an den Waffen die Eigenschaften der Soldaten – in diesem Fall werden ihre Agenzien übertragen.

> *As agents, they* [die Soldaten] *were not just where their bodies were, but in many different places (and times) simultaneously. Those mines were components of their identities as human persons […] I describe artefacts as 'social agents' not because I wish to promulgate a form of material-culture mysticism, but only in view of the fact that objectification in artefact-form is how social agency manifests and realizes itself, via the proliferation of fragments of 'primary' intentional agents in their 'secondary' artefactual form.* (Gell 1998, 21)

Im Rahmen der Untersuchung des Mensch-Ding-Verhältnisses richten Chris Gosden und Yvonne Marschall ihre Aufmerksamkeit auf die Gegenstände (*material objects*) und verfolgen die Idee einer kulturellen Biographie von Gegenständen (*cultural biography of objects*) (Gosden und Marshall 1999). Die Hauptthese lautet, dass Veränderungen in Subjekten und Objekten eng zusammenhängen (ebd. 169). Interaktionen zwischen Menschen und Gegenständen schaffen Bedeutung. Eine Objektbiographie sollte bei der Klärung der Frage helfen, wie Objekte dadurch mit Sinn versehen werden, dass sie in soziale Beziehungsnetze verwickelt sind (ebd. 170).

Und auch hier kommt die Substanzlogik zum Ausdruck, in der Annahme, dass Gegenstände Geschichten akkumulieren. Die Formulierung ist subjektivisch: „[…] they [objects] *often have the capability of accumulating histories* […]" (ebd.). Und die These ist substanzlogisch, denn sie setzt voraus, dass Sinn an den Objekten selbst haftet. Aus den Gegenständen stammt die Bedeutung nicht. Sinn und Bedeutung sind Kategorien, die auf die wahren Subjekte konvergieren. Diese Einsicht teilt auch Bryan Pfaffenberger (2001), der bereits dagegen argumentierte, die Bedeutung von Symbolen in dem Medium zu suchen. Demgegenüber spricht er sich dafür aus, dass die Tätigkeiten der Subjekte mit diesen Objekten Bedeutung haben, welche wir *ex post facto* den Objekten selbst zuschreiben. Er fasst seine Sicht der Sache gut zusammen in der folgenden Formulierung: „*Symbols do not create meanings; activities do*" (ebd. 84).

Es gibt eine Traditionslinie, die das Mensch-Ding-Verhältnis mit Begriffen von Marx (Waren, *commodities*) und Mauss (Gabe) untersucht. In diesen Beispielen werden häufig die Unterschiede von der westlichen Gesellschaft zu der bewunderten Melanesischen angeführt. Dort erscheinen die Bezüge zu Gegenständen tatsächlich für uns fremd. Der Unterschied ist durch die Gültigkeit der archaischen Logik zu erklären. Die subjektivische Handlungslogik gilt in vielfältigeren Lebensbereichen unter archaischen Subsistenzbedingungen als unter modernen. Der Versuch Gells ist in dieser Tradition zu Hause und der Ansatz der Objektbiographie führt diese Forschungslinie fort (Gosden und Marshall 1999, 172 f.). Aber das Problem in Gells Sicht von Artefakten als sozialen Akteuren und in dem Ansatz der Objektbiographien liegt eindeutig darin, dass im Mensch-Ding-Verhältnis nur eine Seite wirklich handelt und eine Biographie hat. Anscheinend hat Janet Hoskins (1998) das wohl bemerkt. Sie untersuchte, wie Biographien mit Objekten verwickelt werden. Ihre Einsicht war, dass Menschen mehr über ihr Leben erzählen, wenn man sie über bedeutende Gegenstände fragt, als wenn man sie direkt über ihr Leben fragt (Gosden und Marshall 1999, 174). Aus der Perspektive der Objektbiographie wirkt Hoskins *common sense* Ansatz

(Menschen haben Biographien, in denen Objekte eine Rolle spielen) wie eine Subversion. *„She shifts the focus from the biographies that objects may accumulate to the way in which objects are used to create and sustain the meanings of peoples lives"* (Gosden und Marshall 1999, 174). Das ist jedoch der einzig moderne Ansatz. Objekte mit Biographien oder Agenzien zu versehen ist ein hervorragendes Beispiel für Rudimente der archaischen Logik.

2.2.2 Existenzielle Logik

Zum Vorwurf eines Relativismus erwiderte Thomas Kuhn, dass spätere wissenschaftliche Theorien doch besser als vorangegangene sind. Sie sind besser hinsichtlich ihrer Fähigkeit, konkrete Probleme zu lösen. Demgegenüber geht das vorherrschende Verständnis von wissenschaftlichem Fortschritt davon aus, dass eine Theorie besser als ihre Vorläufer sei, weil sie ein besseres Bild der Welt, wie sie wirklich ist, darstellt. Das wesentliche Kriterium für die Beurteilung der besseren Theorie ist eine vermutete Übereinstimmung zwischen den Entitäten, die eine Theorie der Welt zuschreibt, und „dem, was ‚wirklich vorhanden' ist" (Kuhn 1997, 218). Kuhn kommt zu dem Schluss, dass „[...] es keine von Theorien unabhängige Möglichkeit [gibt], Ausdrücke wie ‚wirklich vorhanden' zu rekonstruieren" (ebd.). Was seine Theorie nicht beantworten kann, sind Fragen wie die folgende: Warum gibt es überhaupt eine Vorstellung der möglichen Übereinstimmung zwischen der Ontologie eines Begriffssystems und ihrem realen Gegenstück in der Welt? Und wie entsteht diese Vorstellung? Die durch die ontologische Erwartung entstandene Problemsituation ist durchaus komplex. Man denke an die Aussage, dass sich die Erde um die Sonne dreht. Sie ist sicherlich nicht besser, weil sie uns in die Lage versetzt, Probleme effizienter zu lösen, sondern weil sie ein besseres Bild der Natur skizziert, das man sofort sehen wird, wenn man in den Weltraum reist. Es liegt auf der Hand, dass sich nur aus den Antworten auf die obigen Fragen nach der Entstehung eines Existenzurteils eine passende Kritik an der Annahme des ontischen Gehalts wissenschaftlichen Fortschritts herleiten lässt. Der Schlüssel dieser Problematik liegt in einem Verständnis für den Bildungsprozess eines Urteils, das man trifft, wenn man mitteilen will, dass etwas „wirklich vorhanden" ist.

Die Vorstellung von einem Grund der Welt ist weiterhin existent. Sowohl im frühen Denken als auch in der alltäglichen Praxis vergessen die Subjekte auf gewisse Weise die Differenz zwischen der Medialität des Denkens und der Objektivität der Materie. Denken und Materialität teilen so eine gemeinsame Substanz, die ich Existenz oder Dasein nennen möchte. Der Grund der Welt wandelt sich in der Moderne langsam in den Maßstab der Existenz, insofern, dass das Absolute nicht mehr außerweltlich begriffen wird (z. B. Gott), sondern in einem Innenzusammenhang in der Welt, um die man bemüht ist, sichere Erkenntnis zu gewinnen. Das gesamte Inventar der Welt unterscheidet sich durch seine Teilnahme, d. h. Existenz, oder Nicht-Teilnahme, d. h. Nicht-Existenz, an der grundhaften Substanz der Welt. Eine Vorstellung von dieser substanziellen Quelle der Welt wiederum überzieht die Wahrnehmung der Welt wie eine transparente Folie. So bildet sich eine Perspektive, welche zwischen Materialität und Denken wieder nicht scharf genug differenziert, wie es eben im Alltag üblich ist. Diese fixe Folie fällt im Prinzip weg mit der Entwicklung der prozessualen Logik im erkennenden Subjekt. Sie wird opak und man distanziert sich davon. Aber sie stellt für die Kulturwissenschaften gar kein dramatisches, erkenntnistheoretisches Problem oder Hindernis dar, gerade als Rudiment der primären und in jeder Kindheit neu entwickelten Versuche, Welt zu gewinnen. In diesem Punkt ist Dux zu ergänzen: Gerade die strukturelle Parallelität verschafft eine Chance für das

Verstehen von fremden und archaischen Lebenswelten, ohne dafür allein die prozessuale Erklärungsform der historisch-genetischen Theorie anwenden zu müssen. Der absolutistische Gedankengang bleibt weiterhin ein Fehlschluss, der daraus besteht, vom Aufzeigen auf die in der Welt festgestellten Elemente eine eindeutige Schlussfolgerung ableiten zu wollen, deren Allgemeingültigkeit für alle erkennenden Subjekte eindeutig sein und Überzeugung in den anderen erwirken sollte. Dieser Fehlschluss sollte offensichtlich vermieden werden. Aber die Folie der Existenz kann weiter unten nützlich sein (Kap. 4.1). Existenz bedeutet: die gemeinsame Substanz des Denkens und der Materialität.

Jetzt geht es zunächst darum, die strukturellen Gemeinsamkeiten im gegenwärtigen Denken hervorzuheben, welche von dem Erhalt der alten Logik zeugen. Die Situation können wir zusammenfassen durch eine schlichte Feststellung: Daseinsaufzeigen oder -zuschreibung ist eine ursprungslogisch formulierte Aussage über eine Erscheinung in der Welt. Die Aussage besagt, dass die Erscheinung einen Ursprung in der Realität ‚wirklich' (sic!) hat.

Unsere Sprache nutzt im Alltag einen primitiven Satzaufbau. Das passiert problemlos und ohne dramatische Folgen für den erfolgreichen Ablauf des Tages. Beispiele dafür sind Aussagen wie „der Schnee ist weiß", wo die Farbe aus dem Schnee zu emanieren scheint, obgleich die wahre wissenschaftliche Aussage den gesamten Prozess von der Lichtstrahlung bis hin zum empfangenden Organismus und seinem Hirnsystem und sogar die subjektiven Eigenschaften der Erfahrung umfassen müsste. Die subjektivische Struktur zeigt sich außerdem in Aussagen wie „die Sonne geht unter", wo die Sonne sich selbst unter den Horizont zu bringen scheint. Aber auch im Moment der Verunsicherung im Umgang mit der Welt greifen Menschen und Philosophen auf ein Urteil zurück, mit dem sie glauben sicherzustellen, dass sie die Welt wiedergewonnen haben. Dabei ist das Urteil so widersprüchlich, wie alle anderen, die noch von einem Grund der Welt ausgehen. Es geht um das Existenzurteil oder die Daseinszuschreibung.

Mit dem neuzeitlichen Wissen, dass die Welt der Menschen auf die erkennenden Menschen konvergiert, entsteht eine neue Problemsituation für die Erkenntnistheorie auf der abstrakten Ebene. Das neue Bewusstsein der Konvergenz der Welt stellt den erkennenden Menschen in eine unversöhnliche Gegenlage gegenüber der Objektwelt. Die ersten Verarbeitungen der Erkenntnis der Konvergenz in den Individuen erfolgt nur zögerlich und noch ursprungslogisch. Auf der theoretischen Ebene erhielt sich lang noch die althergebrachte Logik, die nach dem Grund eines Sachverhalts sucht. Wenn Subjektwelt und Objektwelt nicht *a priori* übereinstimmen und es keine präetablierte Harmonie gibt, die einen Schluss vom subjektiven Wissen auf den objektiven Gehalt ermöglichen könnte, dann gehen Objekte und Subjekte auf verschiedene Ursprünge zurück, denn Erscheinungen, die keinen gemeinsamen Ursprung teilen, müssen, dieser Logik zufolge, verschiedenen Ursprüngen entstammen. Objekte hätten einen Grund, über den unser Erkenntnisapparat bloß Vorschläge formulieren kann. Die Subjektwelt hätte einen anderen Grund. Nach den Grundsätzen der primitiven Logik gehören diejenigen Elemente, die unterschiedliche Ursprünge haben, auch anderen Dimensionen an. Nur ein absoluter Anfang ist eine Einheit, die Widersprüche versöhnen kann und versöhnen muss, wenn er ein wahrer Anfang ist, der subjektivisch gedacht sich selbst setzt. Die Logik zwingt eine Suche nach dem echten unitären Ursprung auf. Und sowohl Subjektwelt als auch Objektwelt existieren. Also laufen die Gründe der Subjekte und der Objekte auf die Existenz hinaus. Beide Ebenen nehmen so „eigentlich" teil an der Daseinsdimension, von der aus der Realitätsgehalt unserer Vorstellungen emanieren würde. So lautet die alte

Logik in einer ihrer modernen und postmodernen Versionen, die das Bewusstsein der Konvergenz mit absolutistischen Mitteln zu überwinden versucht.

> Das Bewußtsein der Konvergenz revolutionierte das Verständnis des Wissens. Durch die Geschichte hindurch bestand die Vorstellung, das Wissen komme dem Menschen von den Dingen selber zu. „Woher weiß ich aller Dinge Art?" fragt Laozi, und er antwortet: „Eben durch sie". Das Denken haftet am Seienden. (Dux 2017c, 25)

Das moderne Denken hält hingegen an einer Vorstellung von Existenz, Dasein und dessen Urteil fest, welches über den Wahrheitsgehalt eines Wissenskonstrukts entscheidet. „Es gibt", „es ist doch da", „es existiert" wird mit „es ist wahr" gleichgesetzt, weil man meint, dass die Erscheinungen im Grund einer Welt fußen würden, deren Substanz für alle erkenntnisinteressierten Subjekte gleich bleibt. Die Folie der Existenz überzieht die Welt und funktioniert als Medium des Verstehens, das Kommunikation ermöglicht. Das ist Voraussetzung für das Verständnis der von manchen Forschern noch besprochenen „Ontologien". Auf diese Weise sollten wir auch die Sozialontologie von John Searle verstehen (Kap. 4.1). Nun, wir müssen auf die primitive Konstruktion dieser Theorien achten. Denn diese Sicht der Welt, auf die eine Sozialontologie aufbaut, besteht aus einer für Zeiten des Umbruchs in Weltverständnissen charakteristischen Mischung, nämlich aus dem unumgänglichen modernen Bewusstsein des Vorrangs der Natur für die legitimen Erklärungen über die Vorgänge in der Welt, zusammen mit der Abwesenheit einer endgültigen Kritik der subjektivischen Logik. Das Primat der Naturvorgänge wird so durch den Schleier der Existenz absolut vermittelt. Die Widerständigkeit der Dinge in der Welt wird als eine Existenzbestätigung empfunden, mit der man das Inventar der Welt in einer Liste der Existenz aufzählt. Es gibt erstens die natürlichen Tatsachen und sie haben einen zeitlichen Vorrang. Zweitens gibt es andere wie die Sozialen. Der Begriff der Tatsache lässt den vorausgehenden Bildungsprozess dieser Denkweise in einer subjektivischen Handlungslogik transparent werden.

Existenzurteile geben so das Rudiment der primitiven Logik im Schaltkreis des alltäglichen Verhaltens wieder[11]. Wirklichkeit ist selbstverständlich, denn sie ist die Welt, wie sie sich in unseren Konstrukten darstellt. Wenn die Realität an unser naturgewachsenes Sensorium, an die Motorik und an unsere Erklärungsschemata ohne große Konsequenzen angepasst ist, dann ist die Welt immer eine, der man sich nicht versichern muss. Dennoch gibt es einige kommunikative Strategien der Versicherung. Ich möchte hier nun auf ein ganz sprachpragmatisches Verhältnis hinweisen, nämlich auf die alltägliche Nutzung

---

[11] Panayot Butchvarov (1979) stellt eine interessante Analyse des Existenzurteils vor. Er weist darauf hin, dass Identität und Substanz wichtige Annahmen in diesem Urteil sind. Seiner Auffassung nach besagt ein Existenzurteil, dass zwei Objekte (Erscheinungen oder Sinnesdaten) eigentlich nur eine Entität sind. Ein Existenzurteil führt er also auf eine materielle Identität (a=b im Gegensatz zu einer absoluten Identität a=a) zwischen zwei Objekten zurück. Gleichzeitig ist die Bejahung einer Identität zwischen zwei Objekten auch eine Aussage über eine dritte Entität, die als Substanz der Objekte fungiert. Sergio L. de C. Fernandes (1995; 2005) erweitert die Definition auf eine undefinierte Zahl von Identitäten (a=...) und auf die bloße Möglichkeit von unzähligen materiellen Identitäten, die in seinem Werk auch auf die Entität erweitert wird. Eine Auseinandersetzung mit diesen Werken wird den Zusammenhang zwischen Identität- und Substanzlogik deutlich machen, auch wenn oder gerade weil diese Arbeiten der Ursprunglogik verhaftet sind. Durch die von Butchvarov initiierten Diskussion verdichtet sich der Verdacht, dass Existenz ebenso zu den Kategorien gehört, die bisher von der subjektivischen Struktur bestimmt werden.

der früheren Logik. Diese Reflexion kann sowohl unsere Haftung an der früheren Logik erhellen, als auch das Sprungbrett bereitstellen, von dem aus wir einen Schritt weitergehen können in der Konstruktion einer kommunikativen Gemeinschaft. Gleichzeitig schafft die Anerkennung der Absurdität der Aussage, dass **etwas** *wirklich* da ist, Einsicht in die Art und Weise, wie man heute noch mit dem Konzept des Grundes umgeht. Das heißt übrigens jedoch auch, dass die ursprüngliche Logik uns allen nicht so fremd ist und wir Verständnis für sie entwickeln können. Die Haftung an der Logik öffnet sogar sehr schnell die Tür zum Verständnis der fremden Lebenswelten der Vergangenheit, solange man sich bereit erklärt, in den eigenen Erklärungen jederzeit über sie hinauszugehen, um den kritischen, höheren Blick zu erreichen, welcher nämlich ermöglicht, über die Logik zu reden, ohne sie im eigenen Denken umzusetzen.

Ein gutes Beispiel, wie die Vorstellung des absoluten Grundes sich in den Maßstab der Existenz verwandelt hat, zeigt die 3-Welten Lehre eines Karl Popper: Ideen und wissenschaftliche Probleme (Welt-3) existieren separat sowohl von deren Verarbeitung im Gemüt einzelner Individuen (Welt-2) als auch von der Welt der objektiven Realität natürlicher Art (Welt-1) (Popper 1984, 158-197). Existenz als Maßstab und Existenzurteil als kommunikative Praxis bilden nämlich ein Paradigma für Erkenntnisfortschritt, natürlich nur unter der Prämisse einer Vorstellung von einem Grund der Welt. Dass der Grund auch als Fundament für die geistigen Konstrukte gedacht werden kann, folgt naturgemäß aus der subjektivischen Eigentümlichkeit dieser Denkform. Alasdair MacIntyre bringt dieses Bewusstsein deutlich zum Ausdruck in seiner Vorstellung von wissenschaftlichen Revolutionen:

> […] [S]*cience has certainly shown us decisively that some existence-claims are false just because the entities in question are not really there – whatever any theory may say. Epicurean atomism is not true, there are no humors, nothing with negative weight exists; phlogiston is one with the witches and the dragons. But other existence-claims have survived exceptionally well through a succession of particular theoretical positions: molecules, cells, electrons. Of course, our beliefs about molecules, cells, and electrons are by no means what they once were. […] Perhaps Einsteinian physics will one day be overthrown just as Newtonian was; perhaps, as Lakatos in his more colorfully rhetorical moments used to suggest, all our scientific beliefs are, always have been, always will be false. But it seems to be a presupposition of the way in which we do natural science that fallibilism has to be made consistent with the regulative ideal of an approach to a true account of the fundamental order of things and not vice-versa. If this is so, Kant is essentially right; the notion of an underlying order – the kind of order that we would expect if the ingenious, unmalicious god of Newton and Einstein had created the universe – is a regulative ideal of physics. We do not need to understand this notion quite as Kant did, and their antitheological beliefs may make some of our contemporaries uncomfortable in adopting it. But perhaps discomfort at this point is a sign of philosophical progress.* (MacIntyre 2007, 21 f.)

Das Zitat macht eines deutlich. Die binäre Erklärungsform von „wenn-dann" wird umgestaltet, in eine Existenzformel. Wenn etwas existiert, dann folgt daraus etwas anderes mit Notwendigkeit. Nur, eine Existenzbehauptung geht nicht über eine perzeptionsbedingte Feststellung hinaus und sie bildet somit keine synthetische

Aussage *a priori*[12]. Diese Erwartung, aus der Existenz, d. i. aus einer Tatsache, einen eindeutigen Schluss ziehen zu können, gestaltet sich nach dem Erklärungsmuster der absolutistischen Logik, unter deren Paradigma eine eindeutige binäre Relation zwischen Explikandum und Explikans möglich ist. Diese binäre Schlussfolgerung versieht eine bloße Feststellung über die Existenz mit einer Macht, nämlich Quelle für die Überzeugung Anderer zu sein. Sie stellt einen Denkvorgang dar, welcher nicht länger haltbar ist. In diesem Sinne ist Existenz eine sog. regulative Idee für jede Aussage mit einem objektiven Geltungsanspruch.

Existenzbehauptungen erfüllen weiterhin eine pragmatische Rolle, denn die Zuschreibung vom Dasein ist bloß eine Art und Weise eines erkennenden Subjekts, Objekte in einer sich verändernden Welt im Verstand zu vereinzeln und dabei sicher zu gehen, dass man Welt gewonnen hat. Diese moderne Strategie sicherzustellen, dass wir Welt gewinnen, bildet den Maßstab der Existenz heraus. Dieser ist ein wissenschaftliches Werkzeug, womit wir sorgfältig und kritisch umgehen und nicht wie im Supermarkt bloß die Produkte aufzählen, die es so in den Ontologien der Anderen bzw. der Fremden zu kennen gibt.

Die Entdeckung dieses Maßstabs ist nur der Anfang. Wenn wir allein bei seiner Feststellung blieben, würden wir der typischen Denkblockade der absolutistischen Logik verfallen, wie Ian G. Barbour sie deutlich zum Ausdruck bringt:

> *We believe in the reality of the external world as ordered mainly by the left brain, though we can't prove its existence. Similarly, says d'Aruili, we can believe in the reality of absolute unitary being, which is primarily grasped through the right brain, though we can't prove that it exists.* (Barbour 1997, 266)

Denn wir wissen es besser, nämlich dass Existenzurteile erste natürliche Reaktionen auf Objekte sind, deren Dogmatismus ein Rudiment der subjektivischen Handlungslogik darstellt. Dennoch gilt für die Wissenschaft: Die Eigenständigkeit der Objektwelt anzuerkennen ist für die Wissenschaft nur der Anfang eines Weges, der über die Konstruktion eines Bewusstseins für die Konvergenz der Welt auf einen Erkenntnisprozess des Subjekts hinaus verläuft. Der Weg läuft darüber hinaus, weil wir gezwungen sind, unseren Konstrukten Wahrheitsgehalt zuzuschreiben, wenn auch nur ein Körnchen Wahrheit. Aus pragmatischen Gründen für den Zweck der Kommunikation gehen wir von einem Anfang aus, nämlich der Existenz. Das Existenzurteil ist dabei ein Rudiment der alten Logik.

Ich benutze diese Idee in Kapitel 4.1 in der Form einer Ontologie, welche für alle bisher konstruierten Sozialwelten gültig sein dürfte. Dabei ist das rekonstruktive Verstehen beabsichtigt und keine Reduktion auf die existierenden Elemente, denn reduktive Ansätze folgen der überholten Subjektlogik. Ich bediene mich zwar der Sozialontologie des amerikanischen Philosophen John Searle weiter unten in diesem Text, aber die Anwendung ist kritisch, weil ich davon ausgehe, dass eine ontische Methodologie nicht mehr den Ansprüchen der historisch-genetischen Aufklärung genügt. Die Ansprüche stellte Dux ganz am Anfang seines Lebenswerks wie im Folgenden dar:

---

[12] Diese bildeten für Kant ein zu erreichendes Ideal für apodiktische Sätze. Sätze, die zweifellos wahr sein müssten, ohne dass sie tautologisch wären.

> Die Kritik des logischen Absolutismus [...] ist offenbar nur dann erfolgreich, wenn sie zwei Bedingungen erfüllt: Sie muß zeigen, weshalb es notwendig ist, diese Struktur der Erklärung preiszugeben, und sie darf sich dabei nicht ihrerseits einer absolutistischen Logik bedienen. (Dux 2018, 31)

Der ersten Bedingung folge ich, nur die zweite will ich flexibilisieren. Immerhin plädiere ich für die Nutzung solcher Theorien aufgrund ihrer Strukturkonformität mit dem strukturellen Aufbau von früheren Weltbildern. Das kann ich nur machen, weil Dux die konkreten Gründe für die Entstehung von Theorien dieser Art bereits aufgeklärt hat. Seine historisch-genetische Theorie erklärt auch, warum es zu einer Strukturparallelität überhaupt kommen kann. Der Rückgriff auf die alte Logik ist mithin strukturell und nicht reduktionistisch. Immerhin fordert Dux selbst dazu auf: „Man muß einen Zugang finden zu den Strukturen, über die Sinnwelten sich bilden, um zu verstehen, welcher Sinngehalt in ihnen steckt" (ders. 2017c, 11).

2.2.3 Prozessuale Logik

Das moderne Weltverständnis zeichnet sich durch einen Umbruch in den Weltbildern aus, die bisher entworfen wurden (Dux 2017c, 129-136). Der Umbruch im Weltbild ist als Wechsel der Logik zu verstehen (ebd. 129). Das entworfene Bild der Welt wird durch die Erklärungsstruktur zusammengehalten, die die Elemente der Welt miteinander auf sinnvolle Weise verbinden soll. Es handelt sich konkret um einen Wechsel von einer subjektivischen zu einer systemisch-prozessualen Erklärungslogik. Alles, was im Universum vorgefunden wird, findet dadurch seine Erklärung, dass es in eine „systemische Relationalität des Kontextes seiner Entstehung" eingebunden wird (ebd. 130). Das Subjekt, seine kognitiven Kompetenzen und seine Haltung gegenüber dem Dasein werden ebenso in den systemischen Bedingungszusammenhang der Natur eingebunden. Die prozessuale Logik ermöglicht historisches Verstehen dadurch, dass sie „die Konstruktivität des menschlichen Geistes aus ihren systemischen Bedingungen einsichtig werden läßt" (ebd. 130 f.). Die Welt im Verständnis der systemisch-prozessualen Logik kann immer wieder Neues hervorbringen. Das ist für ein Denken vom Vorrang des Geistes kaum möglich, denn „alles, was in der Welt geschieht, [war] zuvor schon in ihrem Grunde angelegt" (ebd. 130). Die prozessuale Logik verfährt hingegen offen in der Rekonstruktion der Bildungsprozesse, und zwar so, dass etwas Neues zu entstehen vermag, was zuvor nicht da war, „auch nicht potentialiter" (ebd. 132). Die Konstruktion des modernen Weltbildes über die Strukturen der prozessualen Logik hat die Abkehr von religiösen Weltverständnissen ermöglicht, wobei das Universum jeder Geistigkeit entsetzt wird (ebd. 129). Ein prozessuales Denken vom Vorrang der Natur zieht auch Konsequenzen nach sich für das Verständnis der Menschen in der Welt. Eine Erklärung, die den Anspruch hegt, sinnvoll zu sein, geht von der Natur aus und setzt bloß den biologischen Organismus voraus. Dabei erkennt sie ebenso an, dass die menschliche Lebensform nicht allein aus der biologischen Ausstattung besteht. Aber diese Konstruktivität der menschlichen Lebensform ist nicht unerklärbar. Konstrukte kann man dadurch erklären, dass man ihre Bildungsprozesse nachvollzieht.

Das moderne Bewusstsein der Konstruktivität ist ebenso ein Konstrukt. Aber dieses Bewusstsein ist in den historischen Kontext seiner Entstehung eingebunden. Die Einbindung der Konstrukte in den realen Bildungsprozess ihrer Entstehung in einem Denken vom Vorrang der Natur verhindert eine Verabsolutierung des Bewusstseins der Konstruktivität. Dieses würde sonst dazu führen, dass es kein Verständnis zwischen verschieden konstruierten Kulturen geben könnte. Aber das moderne Weltverständnis ist ein Konstrukt, dessen historische Entstehung erklärbar ist (Dux 2017c). Ganz im Gegenteil geht das Bewusstsein der Konstruktivität der menschlichen Lebensform auf eine evolutive Naturgeschichte zurück, die die Menschen dazu nötigt, in einer konstruktiv geschaffenen Welt im Medium des Denkens und der Sprache zu handeln. Das moderne, prozessuale Verständnis der Welt verhindert, dass man die menschliche Lebensform bereits in dem Organismus angelegt sieht. Sie muss erst entstehen bzw. von den Subjekten selbst geschaffen werden. Die Konstruktion hängt jedoch von den naturalen Bedingungen ab. Diese Einsicht hindert die modernen Subjekte daran, die Konstruktivität absolutistisch zu verstehen. Kommunikation, Sprache, Narration und alles, was zum kommunikativen Aufbau der menschlichen Welt gehört, kann man prozessual durch die Einbindung in seine Bildungsprozesse verstehen.

> Wie immer man die Konstruktivität verstehen mag, darüber braucht nicht schon im vorhinein entschieden zu werden, sie ist an die naturalen Bedingungen der Spezies *Homo sapiens* gebunden und muß aus diesen Bedingungen deshalb auch verständlich werden. [...] Das Theorem der Unhintergehbarkeit des Denkens respektive der Konstruktivität wird ganz einfach obsolet, wenn sich erweist, daß mit dem konstruktiv geschaffenen Wissen vom Universum sich in einer prozessualen Logik der Bildungsprozeß des Wissens und der ihm eigenen Konstruktivität verständlich machen läßt. (ebd. 136)

Zusammenfassend kann man die prozessuale Erklärungslogik anhand der Erwartung bestimmen, was als sinnvolle Erklärung gilt. Offensichtlich ist die Erklärung prozessual, weil sie auf eine Rekonstruktion von Bildungsprozessen zielt. Sie baut auf Systemdenken auf, denn der Bildungsprozess beschreibt einen dynamischen, vielfältigen Bedingungszusammenhang. Der Erklärungsverlauf setzt nichts anderes als die Natur als Prämisse voraus – das macht ein Denken vom Vorrang der Natur aus. Eine Ahnung vom Existenzurteil erleichtert das Verständnis, denn Natur bedeutet – auch für Dux – wortwörtlich das, „was ohne den Menschen da ist – die feste Erde, der gestirnte Himmel, das weite Universum" (ebd. 57). Dazu kommen weitere Postulate, die als Verständnisvorgaben für ein modernes Bewusstsein dienen[13]. Das Postulat der Konvergenz besagt, dass wir die Natur nur kennen „in den Konstrukten, die wir uns von ihr machen" (ebd.). Aber die Menschen sind gezwungen, die Eigenständigkeit der Natur zu akzeptieren. Es ist überlebensnotwendig, alle handeln danach und „auch die Erkenntnistheorien konzedieren es" (ebd.). Der Bildungsprozess der Konstrukte hilft jedoch, das Problem der Konvergenz aufzuklären. Die Subjekte entwickeln ihre Konstrukte in der frühen Kindheit „in der Interaktion mit einer immer schon vorfindlichen Außenwelt" (ebd. 59). Die Natur ist somit ein Konstrukt, „in das die Erfahrungen, die wir mit der immer schon vorgefundenen

---

[13] Die Dokumentation des historisch-genetischen Entstehungsprozesses hat Dux (2017c) veröffentlicht.

Objekt- und Ereigniswelt machen, eingegangen sind" (Dux 2017c, 61). Die menschlichen Organismen entwickeln sachhaltige Konstrukte, indem die Subjekte nicht verfügbare Bedingungen verarbeiten – und verarbeiten müssen.

Das Bewusstsein, dass die Welt auf einen Erkenntnisprozess im Subjekt konvergiert[14], und die Entgeistigung der Natur lassen den Verdacht aufkommen, dass sich die sozialen Organisationsformen aus Macht und Gewohnheiten bilden (ebd. 28). Macht als Selbstbehauptung eines Organismus, der sich um sich selbst sorgen muss, und Gewohnheit als ein durch die Zeit erlerntes Verhaltensmuster könnten nur zufällige, soziokulturelle Lebensformen hervorbringen, die sich ohne einen bestimmten Zweck erhalten haben[15]. An diese Einsichten schließt sich das Postulat der Historizität an. Die menschliche Daseinsform ist nur verständlich in einem geschichtlichen Prozess. Geschichte ist die „Folge der von Menschen selbst geschaffenen Lebensformen" (ebd. 29). Sie ist offen zur Zukunft und kann immer neue Organisationsformen hervorbringen, denn ihr Verlauf liegt nicht schon in den anfänglichen Verhältnissen beschlossen (ebd. 31)[16]. Die einzige Vorgabe ist eine anthropologische Verfassung, die selbst wiederum soziokulturelle Lebensformen erst konstruktiv entstehen lässt. Erst im Verlauf der Geschichte selbst gestaltet sich die Art, wie „sich die soziokulturelle Verfaßtheit der menschlichen Daseinsform entwickelt" (ebd.). Die Postulate der Konvergenz, der Konstruktivität und der Historizität bilden die Prämissen einer neuzeitlichen Logik. Die Postulate selbst formen sich im Bewusstsein dadurch, dass sich die prozessuale Logik immer weiter auf neue Wissensfelder erstreckt und die subjektivische Struktur durch eine prozessuale ersetzt.

2.3 Mythos und Geschichte

Subjektivische Erklärungen sind reduktive Erklärungen schlechthin. Wenn eine Erklärung einen Sachverhalt benennt, der strukturell einer Handlungskette entspricht, läuft die Erklärung oder das Bedürfnis, überhaupt nach einer Erklärung zu suchen, aus. Da sie genetische Erklärungen sind, bedarf diese Erklärungsstrategie eines Ursprungs; wird dieser enthüllt, „ist das Ereignis soweit erklärt, daß nichts weiter zu erklären ist" (Dux 2017b, 106). Die Aufmerksamkeit richtet sich dabei auf das Wesentliche, „und das ist die letzte, die eigentlich bestimmende Ursache" (ebd. 107). Der Grund wird im Schema der Handlung derart aufgefasst, dass Anfang und Ursprung subjektiv gedacht werden (ebd.). Darum enden alle Diskussionen abrupt und endgültig, wenn der Anfang eines Prozesses auf Prinzipien wie Grundwerte, Absichten, Geschmack, Wille oder Entscheidungen zurückgeführt wird (ders. 1987).

---

14 Günter Dux geht davon aus, dass ein Bewusstsein für die Konvergenz der Welt auf einen Erkenntnisprozess im Subjekt seit Kant systematisch dokumentiert ist. Er erwähnt ausdrücklich das Veröffentlichungsdatum für die „Kritik der reinen Vernunft". „Das Bewußtsein der Konvergenz ist seit Montaigne gut dokumentiert, seit 1781 liegt dieses Bewußtsein auch in systematisch ausgearbeiteter Form vor" (Dux 2017c, 164). Eine Auseinandersetzung mit diesem Denksystem ist für die Archäologie extrem relevant. Eine Einführung liefert Fernandes (1985). Der Vergleich mit Popper ist didaktisch und erleichtert das Verständnis für unsere Zeit. Gerd Buchdahl (1969; 1992) stellt historisch präzise Kontextualisierungen dar, die bereits zu den Klassikern der Erkenntnistheorie gehören.

15 Das macht den Unterschied zwischen dem Prinzip der Selektion in der biologischen Evolution und dem der Konstruktion in der sozialen „Evolution" bzw. Fortentwicklung aus. Es geht um sehr verschiedene, divergierende Evolutionstheorien (Hallpike 2014).

16 Das gilt ebenso für eine historisch-genetische Theorie. Die konkreten Ausgestaltungen der zeitlich und räumlich getrennten Sinnwelten sind nicht in der Ontogenese bereits entschieden.

Eine subjektivische Erklärung folgt einer absolutistischen Logik (Dux 2017c, 89-94), denn sie stellt eine Ursache-Wirkung-Relation zwischen dem, was erklärt werden muss, und seiner Explikation her (ebd. 89). Der Prozess ist die exakte Umkehrung einer Handlung, die vom Handelnden weg zum Ziel hin verläuft (ebd.). Die Kausalkette der Handlungen kann beliebig verlängert werden, da immer andere Bedingungen dem Subjekt vorliegen können (ebd.). Das ändert nichts an dem Umstand, dass die endgültige Erklärung aus einer Subjektivität stammt. Ganz im Gegenteil ist es gerade die Selbstreflexivität der ersten Ursache, welche den Erklärungszug zur Ruhe bringen kann, indem der relevante Grund zum absoluten Anfang erklärt wird. Absolut ist ein Anfang, welcher sich selbst setzt wie ein Subjekt und hinter dem keine weiteren Ursachen zu suchen sind. Darum ist diese Logik subjektivisch. „Wenn es gilt, ein Phänomen in der Welt zu erklären, geht das Denken vom Phänomen aus, führt es in die Subjektivität eines Agens zurück, um es aus ihm herausgesetzt zu sehen" (ebd.). Aber das Problem dieser Logik liegt nicht darin, dass Ereignisse durch die Subjekte in Geschehen umgesetzt werden (ebd. 90). Die Subjekte sind wirklich in der Lage, Anfänge zu setzen (ebd.). Nur bleibt dieser Logik zufolge die Erklärung in dem Anfang stecken, aus dem das Geschehen herausgesetzt werden sollte. „Der Anfang ist ein absoluter Anfang und als solcher Ursprung" (ebd.). Problematisch für die Wissenschaft ist also diese Vorstellung vom Ursprung. Zum einen läuft das Denken Gefahr, sich in einem infiniten Regress zu bewegen, da hinter jedem vermeintlichen Ursprung noch ein anderer, ‚wahrer' Anfang stecken könnte. Denn wenn ein Grund genannt wird, der selbst im Verstand noch vereinzelt werden kann, von dem man sagt, er sei als Folge zu denken, so verfolgt das Denken die Kausalkette der Handlungen bis hin zu dem ersten Anfang. So geht es sehr lang weiter, denn es kann immer sein, dass hinter dem Anfang der ‚wahre' Anfang steckt (ebd.). „Die Erklärung kommt [...] nicht zur Ruhe, bis der Ursprung, aus dem das Geschehen herausgesetzt wurde, benannt ist" (ebd.). Zum anderen ist die absolutistische Denkform redundant, zirkulär und tautologisch, und daher irrelevant für wissenschaftliche Aussagen. Denn der Form nach liegt „das Explikandum immer in unentfalteter Potentialität im Absoluten beschlossen" (ebd.). Das bedeutet, „die Explikation besteht darin, dem, was ist, den Grund im Absoluten beizustellen" (ebd.).

Eine reduktive Erklärung versucht das zu verarbeitende Problem als Ganzes verständlich zu machen, indem sie den Grund nennt, in dem alles wurzelt. Das ist die größte Schwäche solcher Erklärungen. Sie verfahren tautologisch, indem sie annehmen, was eigentlich rekonstruiert werden sollte. Das Verhalten von Menschen wird beispielsweise auf ihren Charakter zurückgeführt. Die Menschen verhalten sich so, weil sie von Anfang an so sind. Der Charakter wird, wie Heraklit bereits proklamiert hatte, zum Schicksal des Menschen. Wir sind aber weitergekommen als die Vorsokratiker. In der Archäologie verhält es sich ähnlich. Die archäologische Quelle sieht so aus, weil die Menschen sie damals so hinterlassen haben. Die Hortfunde sind auf irgendeine bestimmte Weise zusammengesetzt, weil man sie so zusammensetzten wollte. Was für einen Gewinn stellt diese Methode dar? Keinen. Diese Struktur kennt nur eine nützliche Funktion in der Konstruktion von Mythen, in der Dramaturgie oder als politisches Marketing.

Demgegenüber liegt der Erkenntnisgewinn einer Rekonstruktion darin, Einsicht in die Entwicklungslogik zu gewinnen, die dem historischen Veränderungsprozess von Sinnwelten unterliegt (ders. 2017b, 11-13). Während sich die subjektivische, reduktive Erklärung noch in der Lage sieht, das Ganze der Welt in ihrer Einheit im Verstand zu vereinzeln und als Objekt zu behandeln und mit dem Anspruch einer zusammenfassenden Deutung aller

Ereignisse in einem ideologischen System zusammenzubringen, setzt die Rekonstruktion, die ich Geschichte nenne, viel bescheidenere Ziele, die empirisch mühsamer zu erarbeiten sind und auch schriftlich anders aussehen als eine Erzählung (Dux 2017b, 131-135). Die wissenschaftliche Rekonstruktion verfährt also gerade umgekehrt wie die subjektivische, reduktive Erklärung, welche die vorfindliche Realität eigentlich verklärt, anstatt die Züge der Menschheitsgeschichte in irgendeiner erhellenden Weise aufzuklären.

Archaische Erklärungsschemata nenne ich Mythologie. Prozessuale Erklärungsschemata nenne ich Geschichte. Die mythische Struktur verschwindet nicht von alleine aus der Geistesgeschichte. Manche Nischen in der Wissenschaft schaffen es sogar, sie zu erhalten und auf fruchtbarem Boden zu kultivieren. Das geschieht unter anderem aus Gründen, die auch in früheren Zeiten und in anderen Gesellschaften für den Erhalt von mythischen Erklärungen gesorgt haben, zumal wenn das soziale Wissenschaftssystem keinen Anlass hat, die althergebrachte Logik zu hinterfragen. Nur wenn eine Skepsis diesbezüglich notwendig und unausweichlich ist, finden Änderungen im und durch das Denken der Subjekte selbst statt. Allein wenn die Herausforderung groß und lebenswichtig ist, werden solche revolutionierenden Änderungen des Verstandes durch die Subjekte selbst versucht. Ohne einen Anreiz und die Motivation fehlt jegliche mögliche Bedingung für einen Wandel in der Logik. Sicherlich spielt es auch eine Rolle, dass die Logik jede mögliche Macht legitimiert (ders. 1992; 2004; 2009; 2013), so dass die Machthaber mit der Möglichkeit zur Ausgestaltung der sozialen Organisation von Wissenschaft von deren Erhalt profitieren konnten. Außerdem weiß keiner von uns schon alles über jeden Erkenntnisbereich. Die Menschen werden alle ohne Wissen bzw. ohne kulturelles Vorwissen geboren. Mit dem Eintritt in die Welt müssen wir alle unser Weltverständnis im Kontakt mit anderen ausbilden und mit jedem neuen nachkommenden Artmitglied wird die naturwüchsige Struktur der Welterklärung neu gebildet. Es ist also menschlich, dass man in den Wissensgebieten, mit denen man weniger vertraut ist, in die alte Logik zurückfällt.

Bereits Karl Marx wies darauf hin, wie ein Denken ohne den realen Vorrang der Natur, das die „voraussetzungslosen Deutschen" vertraten, zu Irrtümern in der Rekonstruktion der Vergangenheit führt. Dabei geht das Denken präferenziell zu den Urzeiten zurück, wo es einen von der Empirie befreiten Raum findet, welcher mythischen Spekulationen fruchtbaren Boden bietet.

> Hieran zeigt sich sogleich, wes Geistes Kind die große historische Weisheit der Deutschen ist, die da, wo ihnen das positive Material ausgeht und wo weder theologischer noch politischer noch literarischer Unsinn verhandelt wird, gar keine Geschichte, sondern die „vorgeschichtliche Zeit" sich ereignen lassen, ohne uns indes darüber aufzuklären, wie man aus diesem Unsinn der „Vorgeschichte" in die eigentliche Geschichte kommt – obwohl auf der anderen Seite ihre historische Spekulation sich ganz besonders auf diese „Vorgeschichte" wirft, weil sie da sicher zu sein glaubt vor den Eingriffen des „rohen Faktums" und zugleich, weil sie hier ihrem spekulierenden Triebe alle Zügel schießen lassen und Hypothesen zu Tausenden erzeugen und umstoßen kann. (Marx 2013, 29 f.)

Die Reflexion der Logik allein reicht nicht aus, um sie loszuwerden. Man kann der Logik widersprechen und sie dennoch dabei benutzen. Marx selbst proklamiert einen anderen Mythos, nämlich den der Schöpfung durch den Produktionsakt der Subsistenzmittel.

Es ist egal, ob man von Akten, Werten oder Entscheidungen spricht. Alle diese Erklärungen beruhen auf derjenigen Logik, die wir überwinden wollen. Und auch dieser Drang darauf hinzuweisen, was es alles in der Welt gibt und was alles existiert, kann den Weg versperren. Das Hindernis kommt deutlich in der Inventarisierungsfixation der existenziellen Logik zum Ausdruck, die von einem Fakt zum nächsten hinübergeht. Die Auflistung der Tatsachen der Welt hat kein Ende, wenn man keinen absoluten Grund zu setzen weiß. Das Aufzeigen der Fakten aber reicht nicht aus für eine wissenschaftliche Rekonstruktion, die Geschichte heißt, und es ist Zeit, anzuerkennen, dass das ‚rohe Faktum' der gegenwärtigen Verhältnisse auch eher zur Flucht in die Vergangenheit einladen kann.

Die subjektivische Handlungslogik zeichnet sich durch eine spezielle Bewegung des Denkens aus. Es geht von der vorfindlichen Realität aus. Auch dieser Anfang aus der Lebenswelt, wie sie bereits dasteht, ist wichtig. Denn in der Bewegung dieses abstrahierenden Denkens wird der vorgefundene Bestand erhalten und als Potenz in den Anfängen der Bildungsprozesse eingebildet.

Die Mythen der Frühzeiten beinhalten diese subjektivische Denkform. Wie bereits angedeutet, kann die mythische Struktur z. B. in der Dramaturgie nützlich sein. Schließlich liegt dem Mythos eine Erzählstruktur zugrunde, die sich an der Handlungslogik orientiert. Diese Art der Kausalität ist im alltäglichen Kontext unmittelbar einleuchtend, insbesondere in Bezug auf die Menschen und ihre alltäglichen Lebenspraxen. Aber Mythen sind außerdem Deutungen der Welt, die über den Ursprung der Welt und ihre Ordnung berichten (Dux 1992, 22), wobei sie auf einen Ursprung nach der Struktur der Handlung rekurrieren. Demzufolge wird eine Erklärung geliefert, wenn man das Vorfindliche, wie im Handeln, auf seinen Anfang zurückführt (ebd.). Einzelne Geschehnisse, wenn sie als Teil der ganzen Ordnung wahrgenommen werden, können ebenfalls auf den Ursprung des Ganzen zurückführen (ebd.). Die Frage nach den Urzeiten ist für das mythische Denken konstitutiv.

Die unter dem Zwang der Handlungslogik gestellten Fragen wenden sich übrigens auch an die Urgeschichte als Ursprung und enthüllen die mythische Struktur in der Schilderung. Immer wenn die Vorgeschichte Züge der gegenwärtigen Situationen annimmt, ist Vorsicht angebracht, denn es handelt sich wahrscheinlich um einen Anachronismus, der aufgrund dieser mythischen Theoriebildung auftaucht. Das geschieht nicht, weil unser Blick auf die Vergangenheit erst einmal einen soziokulturellen Bildungsprozess durchlaufen hat, sondern das geschieht nur, solange sich die Forscher der althergebrachten Logik nicht entledigen, denn es ist das mythische Denkverhalten, das die vorfindliche Situation als Prämisse für den ursprünglichen Grund aufrechterhält. Das Verständnis für die mythische Praxis kann nicht ohne einen Abstand zu ihrem Verfahren geschehen. Wir müssen lernen, diesen Abstand zugunsten der Wissenschaft zu nutzen.

Mythen sind also

[...] Erzählungen, die auf irgendeine Weise durch die erzählte Geschichte das, was bedeutsam ist in der Welt, mit dieser uranfänglichen Zeit verbinden. Das geschieht nicht aus Lust am Fabulieren. Dadurch, daß zu dem, was bedeutsam ist, eine Geschichte erfunden wird, die es dem uranfänglichen Geschehen verbindet, versichern sich die Menschen, die die Mythen erzählen und hören, seiner uranfänglichen Dauer. Mythen werden mit anderen Worten erzählt, um sich des Bestandes der Welt zu versichern. (ebd. 23)

Sowohl Mythen wie auch Geschichte sind Erzählungen über die Welt. Das ist wahr. Aber das ist auch alles, was beide Erklärungsformen gemeinsam haben. Der wissenschaftliche Umgang mit der Vergangenheit, den ich hier Geschichte nenne, ist der Wahrheit verpflichtet, verstanden als Übereinstimmung mit der empirisch vorfindlichen Welt. Für das, was sie wirklich aussagen können, muss man die archäologischen Quellen bewerten. Wenn man das nicht tut und nicht bereit ist, das Fundbild quellenkritisch zu untersuchen und die Quelle von Unreinheiten aus rezenten Auswahlprozessen zu bereinigen, dann wird man Deutungen anstellen, die dem Interesse dienen, sich des Bestands der eigenen Welt zu versichern. Da die mythische Logik immer neu in der Kindheit jedes neugeborenen Artmitglieds gebildet wird, liegt die Vermutung nahe, dass man sie auch anwendet, sobald Verunsicherungen in Wissenschaftsfeldern auftauchen.

2.4 Drei Momente des Mythos in der Urgeschichte

Der Erhalt der subjektivischen Handlungslogik in der gegenwärtigen Archäologie hat einige Folgen, die eine irrationale Begegnung mit der Vergangenheit fördern. Das ist erstens schon dem ‚großen' Déchelette geschehen, und zwar in einer Abhandlung über Dekoration. Zweitens geschieht es noch in den Überlegungen zur symbolischen Kraft der Gegenstände und zur Macht der Ideologie. Letztlich zeigt sich die mythische Struktur besonders deutlich in der Auseinandersetzung mit der Kategorie der Hortfunde, deren Kategorisierung bereits den Grund verneint, weil man sie als eine positive Auslese aus unbekannten Gründen definiert. Diese drei Momente in der Behauptung der alten Logik sollen in der vorliegenden Arbeit widerlegt werden.

Die bewusste Erfahrung und die sinngebundenen Empfindungen, selbstverständlich immer wieder die der anderen und die der fremden, verschwinden langsam aus dem wissenschaftlichen Befund, wenn die bewusste Erfahrung derart mystisch gedacht wird. Solche Denkblockaden werde ich in dem Kapitel über Schmuckgegenstände überwinden. Ausgangspunkt für das erste Beispiel ist eine Anmerkung von Joseph Déchelette über die Armringverzierungen der Bronzezeit. Er stellte fest, dass die Verzierungen eigentlich nicht wiederholt werden. Für ihn sieht es so aus, als wären die damaligen Menschen beim Herstellungsprozess bewusst bemüht gewesen, die größtmögliche Vielfalt an geometrischen Verzierungen hervorzubringen (Déchelette 1924, 500). Er bespricht die Vielfalt der Dekoration trotz der Armut an zur Verfügung stehenden Motiven und führt diese Kombinationsvielfalt auf die Motivation der Hersteller zurück, eine Einheitlichkeit der Verzierungen zu vermeiden:

> *Si les ornemanistes de l'âge du bronze ne disposaient que d'un nombre de motifs assez restreints, ils s'appliquaient du moins à introduire le plus de variété possible dans l'exécution. Beaucoup de dépôts se composent d'objets en apparence semblables et sortis d'un même atelier. Or, si l'on compare attentivement les divers exemplaires d'une même série, on reconnaît que leur ornementation comporte presque toujours quelques variantes. La figure 212 [Abb. 1] montre combien le fabricant des bracelets du dépôt de Bard s'est appliqué, par exemple, à éviter l'uniformité dans le tracé des gravures.* (ebd.)

Déchelette weist zurecht in seiner Reflexion auf die Vielfältigkeit der geometrischen Formen hin. Aber er stützt seine Argumentation auf eine heute veraltete Vorstellung über die Hortfunde, nämlich, dass sie eine stabile Abfolge von hinzugefügten Gegenständen

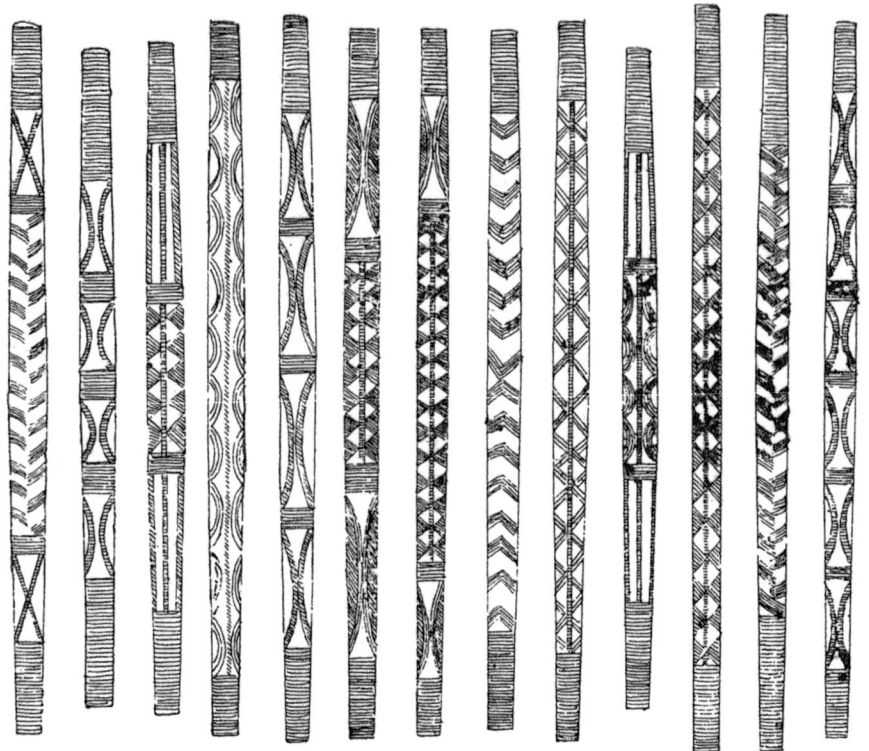

Abb. 1: Einige Objekte der Reflexion Joseph Déchelettes: Die Verzierung von Ringschmuck aus dem Depot von Bard (dép. Loire, FR) (Déchelette 1924, 499 Abb. 212).

aus einem einzigen Atelier oder einer Werkstatt darstellten. Wie aber kann die Absicht des Herstellers, die Uniformität der Dekoration zu vermeiden, überhaupt empirisch nachgewiesen werden? Welche Rolle spielt dieser Rückgriff auf die Motivation der herstellenden Subjekte in seiner Argumentation gerade hier an dieser Stelle seiner Schrift? Gibt es wirklich einen Trieb, der die Menschen zur Vermeidung der Langweile in der Empfindung bringt? Déchelettes Reflexion findet hier ein frühes Ende: Der folgende Absatz beschließt den Text in diesem Band. Aber auch argumentativ dreht sich das Denken hier in einer Schleife. Die Reichhaltigkeit der geometrischen Ornamentik gibt es wirklich. Sodann ist es auch berechtigt, danach zu fragen, woher sie kommt. Diese Erklärung ist darauf eingestellt, in der subjektiven Motivation ihren Grund zu finden. Es gibt eine Vielfalt, weil man sie wollte, weil man sie von Anfang an beabsichtigt hat und diesen Standards, absichtlich und gewollt, gefolgt ist. An so eine Einsicht können sich weitere Überlegungen anschließen, über Kleidung und ihre mögliche kulturelle Rolle in der sozialen Ordnung. Die Vielfalt ist schöner, sie individualisiert. Menschen wollten aus den unterschiedlichsten Gründen einen „guten" Eindruck machen, oder schlicht sexy aussehen. Die Frage ist nur, ob das alles aus den Funden und Befunden, die der Archäologie zur Verfügung stehen, überhaupt zu entnehmen ist.

Denn so werden viele Lebensbereiche angesprochen, von denen die Funde und Befunde selbst keineswegs oder nur mittelbar zeugen. Wie bereits von Déchellete bemerkt ist Langeweile, und damit auch das Bemühen diese zu vermeiden, eine rein subjektive

Empfindung. Seine Überlegung ist elegant, weil sie den Schein erweckt, nichts außer der Natur und des Organismus vorauszusetzen. Bezüglich des Tragens von Schmuck stellt sich immer auch die Frage nach der jeweiligen Situation, nach dem Publikum und den anderen Beteiligten. Sich schön machen z. B. hängt vom Blick des anderen ab. Sowohl das Bedürfnis oder die Notwendigkeit etwa einen Armring zu tragen, als auch der Blick des anderen sind sozialwissenschaftlich zu untersuchen. Auch in unseren Gesellschaften ist die Behauptung fraglich, dass man sich allein für sich selbst schön machen würde. Auch im Badezimmer denken viele mit. Es sind Fragen, die nur mit der Erwähnung der Bedürfnisse nicht geklärt werden können, denn es geht gerade darum, den Grund für die Entstehung solcher Bedürfnisse aufzuklären. Dies sind keine ungewöhnlichen Fragestellungen an die Verzierungen der Vorgeschichte, wo das Denken, gemäß der subjektivischen Strukturierung der Kommunikation, hinter den Zeichen immer eine fixierte Bedeutung erwartet. Das Denken sucht so hinter den auf den ersten Blick sinnlosen empirischen Erscheinungen nach dem wesentlichen Sinn der Sache. Auch sinnlose empirische Gestalten können affektiv aufgeladen sein. Aber die Affektivität wird so unmittelbar erfahren, dass wir tatsächlich keine große Erwartung einer Rekonstruktion hegen können. Es gibt wenigstens zwei Gründe, warum die Empfindung fasziniert. Einerseits ist die Affektivität subjektivisch strukturiert. Das führt dazu, dass alles, was als die Subjekte affektiv betreffend empfunden wird, sich wie ein kommunikativer Akt darstellt. Andererseits geht die Reflexion über die Grenzen der Lebenswelt in der subjektiven Erfahrung mit der Einsicht einher, das Individuum sei die Grenze der Sozialwelt. Natürlich spricht die ontogenetische Entwicklung der Subjekte dafür, dass das Leben der Gefühle subjektivisch strukturiert ist.

Wenn der Blick auf die bewusste Erfahrung substanzlogisch ausgelegt ist, dient er als ein Rückverweis auf die Gegenwart, wovon man eigentlich absehen sollte, solange man sich mit der Vergangenheit beschäftigt. Wie unter den Vorgaben der subjektivischen Handlungslogik geht das Denken vom Vorfindlichen aus und es reist geistig in die Urzeit, die es auf die gegenwärtige Erfahrung zurückverweist, als Emanation des einen und gleichen, allen menschlichen Subjekten gemeinsamen Bewusstseins. Nur, wenn es seine Aufmerksamkeit auf die Gegenwart zurück richtet, dann mit einer Versicherung, die es aus den Urzeiten hervorzieht. Auch diese Denkbewegung ist mythisch. Sie schafft ein identitätslogisches Verhältnis zwischen Gegenwart und Vergangenheit, unterstützt von einer substanzlogischen Auffassung der Erfahrung, an der sowohl die anderen als auch man selbst teilnimmt.

Mit Erfahrungen beschäftigt sich die Phänomenologie. Eine phänomenologische Herangehensweise in der Archäologie versucht, der vergangenen Perspektive auf die Welt nachzugehen. Der subjektive Blick in die Welt der Gegenstände ist symbolisch-medial vermittelt. Dieses Bewusstsein der Medialität bedingt das Verständnis der Deutungssysteme, die Subjekte gegenüber einer objektiven, eigenständigen Welt entwickeln. Die durch Denken vermittelte Welt wird in Sprache so fixiert, dass man die Erfahrung gegenüber dieser nicht verfügbaren Realität versteht. Aber jeder subjektive Blickwinkel fällt ja auch unter den transparenten Schirm des Bewusstseins. Dieses begleitet die Erfahrung. Die Verarbeitung der Erfahrungsfelder in den Medien des Denkens und der Sprache kann man in Objektivationen des subjektiven Geistes darstellen, das sind soziale Repräsentationen. Sozial will heißen: intersubjektiv. Dabei versteckt sich die subjektive Erfahrung ‚transzendental', um mit Kant zu sprechen, hinter diesen Objektivationen. Eine subjektive, bewusste Erfahrung ist also Bedingung der Möglichkeit jeder Handlung in der Welt. Denken und Sprechen über die Welt sind ebenso Handlungen, die etwas über die Befindlichkeit in der Welt und die Haltung gegenüber dem Dasein eines Subjekts auszudrücken vermögen. Da Handlungen in der Zeit geschehen, können wir davon ausgehen, dass die Umsetzung der Erfahrung des Denkens immerhin eine Erfahrung voraussetzt, über die man reden könnte. Dieses reflexive, bewusste Befinden der humanen Lebensform bereitet Schwierigkeiten, vor allem wenn sie phänomenologisch angegangen werden.

Das nächste Thema verlangt die Beachtung der medialen Dimension des Denkens und der Sprache, denn die symbolisch-mediale Organisation der Welt ist Bedingung der Möglichkeit des Symbolismus im Umgang mit Gegenständen. Symbolisch-medial bedeutet: durch Zeichen vermittelt. Zeichen sind Kommunikationsmittel. Man versteht sie besser als Element im Prozess des kommunikativen Aufbaus der Welt seit der Kindheit. Aber man gewinnt wenig Verständnis dafür, wenn man mit ihnen umgeht, wie Richard Harrison (2004) es mit den Bildern auf den iberischen Stelen der Spätbronzezeit tut. Er schreibt den bildlichen Zeichen die Aufgabe zu, für Überzeugung und Gehorsamkeit zu sorgen. Um auszuschließen, dass die Zeichen nicht wie intendiert verstanden wurden, greift Harrison auf eine Konzeption von Ideologie zurück. Seinen Begriff der Ideologie wendet er subjektivisch an. Aber es gibt gar keinen Grund zu der Annahme, dass sich unsere Intentionen in der (Zeichen)Sprache substanzlogisch übertragen und wie ein Subjekt den Empfänger der Botschaft wortwörtlich erreichen. Allein, Harrison hat manchen Zeichen eine ideologische Rolle zugeschrieben, als wären die Zeichen selbst in der Lage, andere Menschen zu manipulieren. Diese Prämisse hat für unser Schema des Kommunikationsaktes ganz konkrete Folgen: Ein Subjekt setzt ein Zeichen in der Welt und das Zeichen selbst (sic!) verursacht in den anderen Subjekten eine Wirkung[17]. Nach dieser Auffassungsart der Kommunikation werden Ideologie, geistige Konstrukte, Ideen, Kommunikationsmittel und Symbole demiurgisch verstanden. Eine derartige Missachtung der realen Akteure der Menschheitsgeschichte ist Mythos schlechthin.

Die allerschlimmste Folge des subjektivischen Erklärungsmusters in der urgeschichtlichen Forschung ist diese: Die Diskussion um die Hortfunde, eine der wichtigsten Quellengattungen der Bronzezeit, ist in der Zeit stehengeblieben. Denn eine Erklärung wird erwartet, die die Intentionen und Motivationen hinter der Handlung aufzeigt. Ein Erklärungsverfahren, das in einem offensichtlichen Widerspruch steht zur Definition dieser archäologischen Quellengattung selbst. Der Teufelskreis der Deutungsfrage hat sich bis in unsere Zeit erhalten können, obgleich viele Forschungen zur menschlichen Kognition in den Nachbardisziplinen wie Soziologie, Anthropologie und Ethnologie für alle Augen offenstehen, mit Hilfe derer Fortschritte in der Rekonstruktion der Deponierungskontexte möglich werden. Das geschieht dadurch, dass das Denken weiterhin darauf fixiert ist, den Täter und seine Motive hinter der Handlung aufzudecken, anstatt den Sinn in der Entwicklung der prähistorischen Prozesse aufzuklären, die zu Deponierungsphänomen führen, d. h. diese Entwicklungen in ihrer historischen Entfaltung prozesslogisch zu verfolgen.

---

17 Hierin liegt möglicherweise der einzige Vorteil eines narrationstheoretischen Ansatzes gegenüber anderen kommunikationstheoretischen Vorgehensweise, nämlich dann, wenn diese die konkreten Erzähltätigkeiten, d. s. die Erklärungen oder die aktive sprachliche Artikulierung über Objekte und Ereignisse in der Welt, der wahren Subjekte einsetzen, um auf die Bedeutung der Quelle zu schließen.

Solange die Archäologen an der subjektivischen Erklärungsstruktur festhalten, gehören ihre Explikationen dem Zeitalter des Mythos an. Die Suche nach einer Erklärung für den wirklichen Grund hinter der Erscheinung geht solange weiter, bis eine Begründung in einem Subjekt gefunden wird. Dafür reicht es, wenn die Begründung ganz allgemein in subjektivischen Strukturen wie Absichten und Motivationen angelegt ist. Dieser Regress könnte seine Ruhe nur in einer direkten Begegnung mit den Toten finden. Dies ist ja auch nur im Mythos möglich.

3

Die ästhetische Verfasstheit der Lebenswelt

Zunächst geht es in diesem Kapitel darum, subjektivische Auseinandersetzungen mit der breit gefassten Fundkategorie Schmuck zu kritisieren. Dabei gehe ich davon aus, dass Schmuck hauptsächlich schön respektive wohlgefallend wirkt. Damit steht er beispielhaft für die ästhetische Ebene der Lebenswelt. Die zu erklärenden Erscheinungen werden meist auf Absichten, Wünsche oder Bedürfnisse zurückgeführt (vgl. Bernbeck 2003). Diese Ansätze erklären Phänomene wie Schmuck, Kunst, Dekoration und andere Aspekte der bewussten Empfindung durch eine Reduktion auf Triebe. Diese werden so manchmal zur bewegenden Kraft der Geschichte. Im Anschluss daran wird der strukturalistische Ansatz thematisiert. Der Strukturalismus versucht, unterschiedliche Aspekte einer Kultur wie einen Text zu lesen. Er ist fehlerhaft in der Erwartung, hinter jeder kulturellen Erscheinung, und damit Konstruktion, eine Bedeutung zu finden. Bedingt ist dieser Ansatz ebenfalls durch eine subjektivische Deutungsstruktur. Schließlich bezweckt die folgende Abhandlung, die Grenzen eines phänomenologischen Zugangs zu den urgeschichtlichen Verhältnissen deutlich zu machen.

3.1 Ihre triebtheoretische Erklärung

Leitmotiv der Reflexion über Schmuckgegenstände ist ein gewisser Mythos über die sonderliche Eigenheit der sinnfreien Empfindung. Schmuck wird als ein wesentliches Merkmal des menschlichen Daseins und als Fundament des besonderen ontologischen Status der menschlichen Würde dargestellt (vgl. Dissanayake 2001; Uelsberg 2016). So wird Schmuck in paläolithischen Fundstellen dahin gehend interpretiert, dass die Menschwerdung zu ihrem vollkommenen Endstadium gekommen wäre. Gleichwohl sind solche Thesen einer kognitiven Vollendung der Menschwerdung in Europa zur Zeit der Felsbilder von Lascaux im Jungpaläolithikum ausreichend widerlegt und deren imperialistische Wurzeln[18] deutlich aufgedeckt worden (McBrearty und Brooks 2000; vgl. Porr 2013). Einer weiteren

---

18 Frühere Hypothesen sahen in den kognitiven Fortschritten das Erreichen einer Stufe, die spätere zivilisatorische Etappen auf dem europäischen Kontinent ermöglicht hätten. Sally McBrearty und Alison S. Brooks zeigen jedoch, wie die jungpaläolithische Kunst und andere Entwicklungen ebenso durch Migrationswellen von modernen Menschen aus Afrika erklärt werden können, während in Europa noch Neandertaler lebten. Sie zeigen dann, wie die Hypothese einer Migration aus Afrika unterschätzt und die Hypothese der menschlichen Vollendung in Europa überschätzt wird, weil sie eine Überlegenheit der Europäer gegenüber dem Rest der Welt fördert.

Argumentation zufolge hätten ästhetische Aspekte bei der Entwicklung und Nutzung der Metallurgie eine wesentliche Rolle gespielt, indem die Experimente mit diesen Materialien der Befriedigung ästhetischer Bedürfnisse archaischer Gesellschaften gedient hätten (Uelsberg 2016). An vielen Stellen des Ausstellungskatalogs „Eva's beauty case" (ebd.) kommt die triebtheoretische Annahme deutlich zum Ausdruck, und zwar mit Sätzen wie „[s]ich zu schmücken, ist ein zutiefst menschliches Bedürfnis. Schon für die frühesten Epochen der Menschheitsgeschichte lässt sich dies nachweisen" (ebd. 75). Der Katalog gibt so eine alte Ansicht wieder:

The desire for self-decoration, although a specifically human quality, is exceedingly old. The ancient barbarians [...] brought to their caves brilliant and ornamental objects. Nowadays there are savages destitute of almost everything which we regard as necessaries of life, but there is no people so rude as not to take pleasure in ornaments. The women of the wretched Veddas in Ceylon decorate themselves with necklaces of brass beads, and bangles cut from the chank shell. The Fuegians 'are content to be naked', but 'ambitious to be fine'. The Australian native, without taking the slightest pride in his appearance so as neatness or cleanliness is concerned, is yet very vain of his own rude decorations. And of the Tasmanians Cook tells us that they had no wish to obtain useful artefacts, but were eager to secure anything ornamental. (Westermarck 1925, 497 f.)

Es ist jedoch fraglich, ob „sich zu schmücken" auf dasselbe referiert von der Altsteinzeit über die Metallzeiten bis heute. Die Sorge um sich geht auf unterschiedliche, differenzierte Bedürfnisse zurück, die ihrerseits auch von der sozialen Situation abhängen, in der das Subjekt sich befindet. Ebenso ist die Befriedigung der Bedürfnisse von den Bedingungen der konkreten sozialen und systemisch verfassten Verhältnisse beeinflusst. Dabei sind Schmuckartefakte mit ihrer dekorativen Funktion genauso in die systemische Verfasstheit der sozialen Tatsachen verstrickt wie alle anderen Artefakte und sozialen Repräsentationen. Dies wird durch meine Untersuchung zu den Hortfunden in Frankreich deutlich.

In dem Ausstellungskatalog über den ästhetischen Wandel im Laufe der Zeit heißt es: „Von Beginn der Entwicklung des Homo Sapiens an besteht der Wunsch, sich zu schmücken, sich zu individualisieren und rituelle Zeichen zu verwenden" (Uelsberg 2016, 75). Indem ein Wunsch (ebd. 9) oder ein Bedürfnis (ebd. 75) an den Anfang einer Geschichte gesetzt wird, besteht eine deutliche Gefahr, die Unterschiede der Quellenkategorien zu übersehen. Schönheitsideale dürften wohl im antiken Griechenland eine wichtige Rolle gespielt haben, aber handelt es sich um Schönheit, Fetischismus oder Magie bei den „Venusstatuetten" (sic!) der Altsteinzeit? Gehen alle Manipulationen der Sinnlichkeit und alle Formen der Sorge um sich mit einer soziokulturellen Konstruktion von Schönheitsidealen einher? Welche Rolle spielt die libidinöse Ökonomie dabei[19]? Können wir z. B. fetischistische Fixierungen auf Teilobjekte (Pohl 2004), welche bei Statuetten oder Felsbildern in aspektiver Bildsprache zum Ausdruck kommen, überhaupt zurückführen auf das, was in unserer Zeit als Schönheitserfahrung angesprochen wird? Der Ausstellungskatalog erwähnt die „Fülle an Variation", die Schmuckhersteller allerwärts

---

19 Ich meine hier etwas anderes als bei Jean-François Lyotard (2007). Hier geht es nur um das ganz konkrete Verhältnis zwischen Organismus und Objekten der Libido, um den Schaltkreis der Gelüste – Objekt, Lust bzw. Unlust im Organismus und seine Reaktionen.

hervorgebracht hätten und weist darauf hin, dass die Ähnlichkeiten in der „Spanne der Schmuckstücke" erstaunlich seien (Uelsberg 2016, 10). Aber wie sind solche Ähnlichkeiten zu verstehen? Der Katalog geht von Parallelen aus mit dem alten Ägypten, wo universale Schönheitsformeln entstanden sein sollen (ebd. 26). Wenn es diese Parallelen überhaupt gibt, wie können wir sie dann erklären? Wie bilden sich solche Ähnlichkeiten? Wenn eines aus dem vorherigen Kapitel deutlich werden sollte, dann der erkenntniskritische Befund, dass sich historische, strukturelle Ähnlichkeiten nur durch den Hinweis auf die ontogenetischen Entwicklungsprozesse der Subjekte erklären lassen. Ontogenetisch liegt die Vermutung nahe, dass die Herausbildung der Sensorik vorsprachliche Urteile über Eigenschaften wie dick-dünn, klein-groß, hell-dunkel, winkelig-rund entstehen lässt (Hallpike 1979, 163). Zu untersuchen wäre, inwieweit historisch ähnliche Bedingungen eine strukturell ähnliche Konstruktion von Schönheitsidealen fördern. Eine Hypothese ist, dass vorgeschichtliche Gemeinschaften und moderne Gesellschaften sich darin stark unterscheiden werden. Welche die Unterschiede und wie sie zu erklären sind, ist jedoch ein Thema für ein anderes Buch. Eines will ich jedoch klarstellen: Die Entwicklung des Subjekts wird keineswegs allein von Trieben gesteuert. Und Triebe bleiben nicht immer gleich im Laufe des Lebens.

Demgegenüber hat man im 19. Jh. die Hypothese aufgestellt, dass Schmuck und Kleidung auf einen Wunsch nach sexueller Bescheidenheit zurückgeführt werden könnten. Das ist auch eine triebtheoretische Argumentation, welche die so typisch viktorianischen Anachronismen hervorgebracht hat. Sexuelle Bescheidenheit ist äußerst sozialisationsabhängig. Sie ist kulturrelativ und hängt stark von den vorfindlichen sozialen Konventionen ab.

> *Where it is the custom to paint or tattoo the body, people are ashamed to appear unpainted or untattooed. Where woman are in the habit of covering their faces, such a covering is considered indispensable for every modest woman. Where people for some reason or other have come to conceal the foot, the knee, or the ends of the fingers, their modesty prevents the exposure of the part which is hidden. Nobody would doubt that in these cases it is the covering that has caused the feeling of modesty and not modesty that has caused the covering. Or are we to believe that the shame we should feel if we walked about barefooted is the original cause of our wearing boots? The feeling of shame, as Bain puts is, 'is resolved by a reference to the dread of being condemned, or ill-thought of, by others.' Custom is a tyrant who threatens with condemnation, disgrace, or scorn anybody who acts in defiance of its rules. Whatever be the foundation for a certain practice, and however trivial it may be, people have a tendency to disapprove or deride any marked deviation from it for the simple reason that such a deviation is unusual.*
> (Westermarck 1925, 567 f.)

Eine absolutistische Logik ist ebenso eine Ableitungslogik, und zwar darin, dass jedes Phänomen im Leben eines Einzelnen oder einer Gemeinschaft, gleichgültig wie primär oder banal es auch ist, zu einer Diskussion über grundlegende Fragen der Menschheit führen kann. So konnte der Sokrates der Politeia z. B. jede Kleinigkeit nutzen, um den Anfang und das Fundament der sozialen Ordnung zu thematisieren. Ein Teil führt notwendigerweise zum Ganzen. Die Ordnung der Seele unmittelbar zur Ordnung der Gesellschaft. Dieser Logik zufolge muss in der sinnlichen Erfahrung ein Körnchen des Geistigen liegen. Nur so kann man zu dem Schluss kommen, dass in der dekorativen Empfindung das Wesentliche der humanen Lebensform zu finden sei (Dissanayake 2001). Das tut man auch heute noch, wenn z. B. eine Dekoration oder ein Kunstwerk eine sinnfreie Gestaltung sein soll. Allein der Mensch ist in der Lage, Sinn zu leugnen und dabei Sinn zu stiften. Im Vergleich dazu kann er auch, gegenüber der sinnfreien Natur, autonom handeln, indem er Ziele setzt, die über natürliche Strukturen hinausgehen. Einzig der Mensch ist weiterhin in der Lage, Sinn in der Welt zu setzen.

Dux spricht von einer konstruktiven Autonomie im Schaltkreis des Verhaltens im Gegensatz zu der instinktiven Verhaltensweise der anderen Lebewesen (Dux 2017c, 37-41, 79). Das heißt wiederum, dass auch die Autonomie, naturnahe Triebe und Gefühle zu leugnen, sinnhaft gestaltet ist. Darin steckt ein scheinbarer Widerspruch. Sinn ist zwar kennzeichnend für die menschliche Lebensform im Gegensatz zur sinnfreien Natur, deren Vorgänge im Körper die Empfindung menschlicher Form herausbilden, aber gerade die Möglichkeit der Sinnlosigkeit in der Empfindung soll das Leben menschlich machen. Man kann versuchen, dem Widerspruch dadurch beizukommen, indem man die sinnhafte Organisation des Lebens in der humanen Form, d. h. der Empfindung im Medium des Denkens und der Sprache, überhaupt leugnet. Dieser Weltansicht nach sind wir alle Menschenaffen, deren dekorativer Trieb eine Art naturwüchsige Selbstbefriedigung eines auf Lust gerichteten und Unlust vermeidenden selbstzentrierten Organismus ist. Inwieweit solche Überlegungen irgendein Stück Realitätsgehalt auffangen, untersuche ich weiter unten. Für diese Arbeit sind solche Überlegungen wichtig, weil Schmuck bisher missverstanden anachronistisch aufgefasst wird (Uelsberg 2016, 9) und in der Forschung eine untergeordnete Rolle gegenüber den urgeschichtlichen Waffen spielt (Egg u. a. 2016).

Aus einer solchen triebtheoretischen Prämisse resultieren zwei Einstellungen gegenüber einer breit gefassten Kategorie von Schmuck. Einerseits ist demnach sinnfreie Dekoration eines der wesentlichsten Erkennungsmerkmale menschlichen Verhaltens. Andererseits steht Schmuck für die höhere Stellung der sinnhaften Kultur im Gegensatz zu sinnfreien, natürlichen Trieben (Uelsberg 2016, 9). Dekorative Elemente werden, zum einen, als fundamentale Eigentümlichkeit der Entwicklung des kultivierten Menschen angesehen. Zum anderen ist es ein ästhetischer Drang, der die Gattung zufälligerweise zu den weiteren Stadien der kulturellen Evolution vorantreibt. Beide Ansichten stehen miteinander in Konflikt, denn die erste beschreibt Schmuck als Resultat bewussten, kulturellen Verhaltens, während die letzte dieses kulturelle Verhalten einer triebhaften Reaktivität auf die Natur zuschreibt. Auf der Suche nach der Verbindung des Geistigen mit der Natur steckt diese Denkweise in einer Aporie, deren Polemik sich bis in das letzte Jahrhundert zieht und unser Zeitalter noch zu bestimmen droht.

Bei der Unterscheidung zwischen Geistigkeit und Natur stellt sich schnell die Frage nach ihrer Wertigkeit. Der Natur kommt ein höherer Status nur zu, solange die Elemente der Existenz auf der subjektivischen Folie strukturiert und nach einem Prinzip hierarchisiert werden, welches besagt, das Frühere sei auch das Kräftigere. Davon hat Horkheimer um 1946 auch schon gesprochen:

> Die Gleichsetzung von Vernunft und Natur, wodurch die Vernunft erniedrigt und die rohe Natur erhöht wird, ist ein typischer Trugschluß des Zeitalters der Rationalisierung. Die instrumentelle subjektive Vernunft preist entweder die Natur als pure Vitalität oder schätzt sie gering als brutale Gewalt [...]. (Horkheimer 2007, 143)

Allein, das ist kein Trugschluss, sondern die Verfolgung einer stringenten Logik, die einen zwanghaften Charakter hat für diejenigen, die an diese Denkgewohnheit gebunden sind. Unter dem Zwang dieser subjektivischen Logik schwankt das Verständnis der Natur zwischen ihrem Lob als „pure Vitalität" und ihrer Geringschätzung als „brutale Gewalt". Aber Sinn ist nicht Natur, und Vernunft ist nicht Natur. Gleichwohl sind Sinn, Vernunft und allgemein mentale, sinnhafte Strukturen, egal welcher Art, nicht besser oder schlechter als Strukturen natürlicher Art. Diese Denkform impliziert Wertschätzungen und führt zu Widersprüchlichkeiten in der historischen Rekonstruktion. Denn in dem Blick auf die menschliche Vergangenheit kann man weder die mentalen Strukturen noch die komplizierte, systemische Bedingtheit der Sozialwelt umgehen, insbesondere dann, wenn man Geschichte schreiben will, und d. h. historisch-genetisch schreiben. Die Handlung der Menschen im Medium des Denkens und der Sprache und die Verbindung ihrer Praxis in der Gesellschaft sind vielschichtig, konstruktiv und nicht immer naturgemäß, wenigstens nicht in der Art und Weise wie wir die biologische Evolution verstehen (Hallpike 2011; 2014). Die Regelmäßigkeiten der Sozialwelt sind nicht auf die Konstanten der Natur zurückzuführen. Außerdem führt diese Einschätzung, eine höhere Stellung des Geistes in seiner möglichen Sinnfreiheit oder Zwecklosigkeit zu verankern, nur dazu, den Geist, die Vernunft oder den Verstand, d. i. Sinn, komplett aus dem Rekonstruktionsbild abzuschaffen und aus dem in der Rekonstruktion zu verarbeitenden Weltbild auszuklammern. Allein, eine Abschaffung der Sinnhaftigkeit in der menschlichen Lebensform durch eine andere ebenso sinnhafte Struktur wie z. B. absolute Triebe ist eine Ersetzung, also keine echte Abschaffung des Sinnes aus dem von den Einzelnen unabhängigen Prozess der Geschichte. So eine Ersetzung ist nur dann möglich, solange die Natur überhaupt noch als „pure Vitalität" oder „brutale Gewalt" gedacht werden kann, d. h. wenn die Natur wie ein handelsmächtiges Subjekt das Lenkrad der Geschichte übernimmt. Sie bekommt so jene Eigenschaften zugeschrieben, die einer Person eigen sind, die wiederum jedoch nur im Medium von Denken und Sprache und in Beziehung zu anderen Subjekten *realiter* zu handeln vermag.

Sicherlich ist die bewusste Empfindung humaner Art eine jüngere Erscheinung der Naturgeschichte. Aber die Rolle des Bewusstseins für die Organisation des menschlichen Organismus ist weder unerklärlich noch unverständlich (Dux 2017b; 2017c). Gewiss liegt triebtheoretischen Reflexionen eine mythische Struktur zugrunde (vgl. ders. 1992, 218-260), die psychologische Triebe substanzlogisch und als handlungsmächtige Subjekte der Geschichte begreifen will. Aber man kann die Formation der menschlichen Empfindung durchaus rekonstruieren und verstehen als eine kulturell und kategorial verarbeitete Form der Sensorik. Daher ist es ein Denkfehler anzunehmen, es gäbe nichts zu erkennen. Aber auch dieser Fehler folgt aus einer substanzhaften Strukturierung der Existenz, schließlich einer mythischen Struktur, welche droht, die Entfaltung eines aufgeklärten, wissenschaftlichen und historischen Verständnisses der Kulturgeschichte der Menschheit zu behindern[20]. Die Gegenstände, die mit der Empfindung zusammenhängen, werden dabei vernachlässigt. Wenn diese Gegenstände noch dazu als Merkmale eines marginalisierten Individuums dienen, wird dieses ins Absolute verabschiedet – auch zusammen mit der Natur, dem Innenbereich des Lebens und der sinnlichen Erfahrung.

---

20 Dieses Verhältnis zwischen Empfindung und Natur in der naturalen Vorgabe des Organismus kommt weiter unten zum Ausdruck, s. Kap 3.2.

Als Beispiel dient die Beschreibung der Geschlechterverhältnisse in Dux' Theorie (vgl. Dux 1994). Demnach ist das Leben von Frauen und Kindern in primitiven Gesellschaften auf den Innenbereich des Lebens beschränkt und dadurch fremdbestimmt. Die Frauen folgen in ihrer Lebensführung außerdem einem naturwüchsigen Bedürfnis der Sorge um die nachkommenden Artmitglieder, was eine Nähe des Frauenbildes zur Natur möglich macht. Ein Sachverhalt, der durch die reduktionistische, primäre Denkweise in der Form eines zwingenden Identitätsverhältnisses zwischen Frauen und Natur ausgedeutet wurde (ebd. 216-224). Denn die substanzlogische Veranlagung der früheren Logik fasst Gemeinsamkeiten zusammen und lässt diese auf eine Substanz konvergieren. Frauen wie Schmuck stünden also in einem Identitätszusammenhang, dessen mythische Erklärung in der Substanz der Natur zu suchen wäre. Was aus der Untersuchung einer der Natur unterliegenden Substanz herauskommt, ist uns allen bekannt. Entweder hat man eine mystische Einsicht in den Grund aller gesellschaftlichen, prähistorischen und sodann historischen Wandlungen, oder daraus tritt bloß Nichts als Ergebnis hervor. Weder Erkenntnis noch Verständnis für solche Themen ist dem reduktiven Denken möglich. Dies gilt insbesondere in Bezug auf Themen wie Verzierungen oder Schmuck, die durch eine gewisse Nähe zu der unmittelbaren Erfahrung gekennzeichnet sind. Wenn es nur um die materiellen Gegenstände ginge, könnten wir eventuell die Sache so belassen. Aber diese Logik hat Folgen auch für die Menschen, die solche Gegenstände getragen und hergestellt haben. Diese Denkweise tendiert dazu, die bereits und ausreichend gering überlieferte Partizipation von Frauen an der Geschichte zu verkleinern (ebd.). Das nächste Kapitel wird dies deutlich machen anhand der Diskussion der Waffensymbolik und Kriegerideologie der iberischen Stelen.

Die Analyse der gesellschaftlichen Rolle[21] von Schmuck in der Urgeschichte kann man anhand der Diskussion über die Anfänge der Metallurgie illustrieren. Eine Version des Ursprungs, der *archē* der Metallurgie sieht in den ästhetischen Bedürfnissen den Hauptgrund für die experimentelle Bearbeitung und für die gezielte Suche des neuen Werkstoffes. Bei der folgenden Kritik geht es nicht darum, die Einsicht zu verneinen, dass technologische Fortschritte die Produktionsmöglichkeiten zur Befriedigung ästhetischer Bedürfnisse erweitern. Aber allein mit dieser Einsicht ist noch keine wissenschaftliche Aussage getroffen. Die Verbindung zwischen dem Bedürfnis und der Organisation der Produktion ist eine ökonomische Hypothese, wonach Veränderungen in den Bedürfnissen zu neuen Produktionsverhältnissen führen. Dabei herrscht Knappheit, sodass Produzenten eine gewisse Auswahl treffen müssen. Für eine bestimmte Quantität eines Produkts benötigt man eine bestimmte Quantität eines anderen Produkts. Die Produkte können natürlicherweise unterschiedliche Bedürfnisse erfüllen, wie z. B. Waffen für die Sicherheit oder Schmuck für die Schönheit. Es wird angenommen, dass mit der Einführung eines

---

21 Richard Alford behauptet in einer Untersuchung „vorindustrieller" Gesellschaften, dass in der Regel Frauen dieser Gesellschaften Schmuck häufiger tragen als Männer. „In about one-half of preindustrial societies men and women are equally decorated, in 8 percent men are more decorated, and in 38 percent women are more decorated" (Alford 1996, 7). Diese Feststellung wurde auch von einer Studie Bobbi S. Lows unterstützt (ebd.). Schmuck als Ausdruck der Zugehörigkeit bildet ihm zufolge eher die Regel in den unterschiedlichen archaischen Gesellschaften. Diese Funktion ist jedoch kein universelles Element. In mehr als der Hälfte der von Alford untersuchten Gesellschaften kommt der Familienstand einer verheirateten Frau visuell zum Ausdruck. Männer werden in nur 12 % der Gruppen auf irgendeine Weise hinsichtlich des Familienstandes markiert. Im Gegensatz dazu findet sich der Ausdruck vom sozialen Stand der Männer durch prachtvolle Kleidung, Metall und Schmuck in 43 % dieser Gesellschaften, bei Frauen nur in 13 % der Fälle.

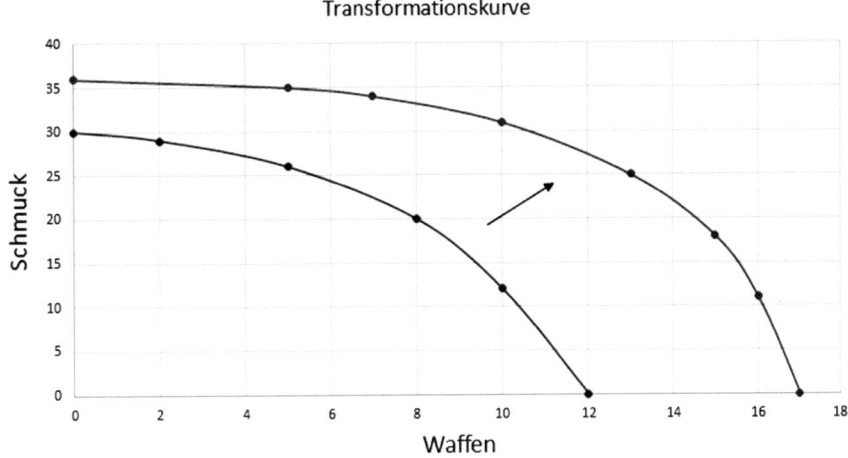

Abb. 2: Der Trugschluss des Ökonomen. Eine unwissenschaftliche Transformationskurve.

neuen Rohstoffs neue Produkte für die ästhetische Nachfrage bereitliegen. Mit dem neuen Rohstoff und den neuen technologischen Innovationen ergibt sich ebenso die Möglichkeit, weitere neue Geräte herzustellen. Wenn man solche technologischen Veränderungen für Fortschritte in der Befriedigung von Bedürfnissen hält, so nur weil man davon ausgeht, man könne jetzt mehr oder besser herstellen als früher mit den vorherigen Rohstoffen und technologischen Möglichkeiten. Man könnte diese Einsicht als eine Verschiebung der Produktionsmöglichkeitenkurve nach rechts veranschaulichen (Abb. 2). Eine effiziente Zunahme in der Herstellung einer Güterkategorie schließt eine höhere Produktion der anderen Güter aus, innerhalb ein und derselben technologischen Stufe. Mit den späteren Entwicklungen der Metallurgie konnte man durchaus mehr Schmuckgegenstände produzieren, ohne die Produktion anderer Metallgegenstände wie z. B. Waffen oder Geräte zu verringern. So könnte man sagen, das glänzende Metall ersetzt langsam die vergänglichen Materialien und der technologische Fortschritt ist „beabsichtigt" oder „gewollt", weil die Bedürfnisse jetzt gedeckt werden. Und da wo es eine Nachfrage gibt, oder ein Bedürfnis entsteht, bildet sich eine gewisse Instabilität in der Organisation der Produktion, welche allein mit einer neuen Technologie gelöst werden kann. Dieser rein ökonometrische Blick in die Vergangenheit sagt jedoch wenig über die urgeschichtlichen Gesellschaften, die wir untersuchen. Der hiesige Vorschlag wäre für die Urgeschichte nur ein theoretisches Modell, ohne empirische Nachweisbarkeit aufgrund der unzureichenden urgeschichtlichen Quellenlage. Man müsste nur danach fragen, welche Daten man nehmen soll, um die Menge von Schmuck und Waffen in einer Periode zu quantifizieren? Oder vielleicht möchte man Schmuck mit Werkzeugen vergleichen, aber wie schätzt man, wie viel davon gebraucht wurde? Oder welches Zeitfenster sollte man da eigentlich untersuchen? Außerdem haben wir es hier mit Gesellschaften zu tun, deren soziale Verhältnisse durch Reziprozität, Gabenschenkung und Objektfetischismus organisiert wurden (Sahlins 1995; Godelier 1999). Diesen Gegenständen werden häufig sehr unterschiedliche und manchmal auch widersprüchliche Werte und Funktionen zugeschrieben. Solche ökonomischen Deutungen sind anachronistisch und gehen darauf zurück, dass die Menschen unserer Zeit gewöhnlich alle Erscheinungen über eine Matrix von Angebot und Nachfrage betrachten.

Die naive Ansicht vom Anfang der Metallbearbeitung hinterlässt manchmal den Eindruck, dass das glänzende und farbige Gestein die Menschen verführt habe. Edward Westermarck schrieb z. B.: *„Scarcely anything has a greater attraction for the savage than showy colours"* (Westermarck 1925, 510). Die Farbe und der Glanz waren so unwiderstehlich, dass die Metallurgie naturgemäß stattfinden musste. Diese Auslegung unterstützt eine ökonomische Weltsicht, wonach Bedürfnisse befriedigt werden müssen und die Bedürfnisse den Antrieb für technologische Fortschritte ausmachen. Die menschliche Neugier wird auf diese Weise auf dieselbe Stufe der Neugier eines Kindes oder im schlimmsten Fall eines Tieres gesetzt. So überlebt der Mythos eines primitiven Volkes ohne Autonomie und ohne die Herrschaft über die eigenen körperlichen Reaktionen. Es ist nicht das menschliche Problemlösen oder eine gesunde, übliche Neugier, die sie dazu bringt, den neuen Rohstoff auszuprobieren, durch Impulse von einer bereits komplexen, sozialen Umgebung, sondern ein primitiver, blinder Trieb, der die Menschen zufällig weiterbringen sollte. Triebe sind eine treibende Eigenschaft außerhalb des Prozesses der menschlichen Konstruktion, welche weder beabsichtigt noch evolutiv zum besseren vorangeht. Die Geschichte von einem ästhetischen Motor bewegt zu sehen, ist die Folge des triebtheoretischen Ansatzes, wie bei der Theorie Freuds (Dux 1994, 218-260), welche auch in die urgeschichtlichen Zeiten zurückreicht, um daraus eine Erklärung zu ziehen für das Erbe gewisser Verhaltenskonstanten über Generationen hinweg. Man erwartet diese Strategie von Menschen, die im Kunstbereich beschäftigt sind und sich ihrer Tätigkeit versichern möchten, indem sie auf den Ursprung zurückgehen, aus dem heraus die vorfindliche Konstellation mit den neu entstandenen Lebensbereichen der Ästhetik emanieren würde. Die anachronistische Übertragung des Begriffs der Kunst auf urgeschichtliche Zeichen in Felsen oder Stelen ist eine unmittelbare Konsequenz davon. Die Veränderungen der humanen Lebensformen in den menschlichen Subjekten zu suchen zeugt zwar von Fortschritten im Bewusstsein, genauer von der Bildung eines Bewusstseins für die Konvergenz der Welt der Menschen auf die Subjekte. Indessen darf das Bewusstsein der Konstruktivität nicht in Vergessenheit geraten, denn die Lebensform der Menschen zeichnet sich durch eine konstruktive Autonomie aus, die zwar auf naturale Vorgaben aufgebaut, aber flexibel für historische Ausgestaltungen ist. Daher gibt es keinen absoluten Drang, welcher gleich mit sich selbst bleibt im Laufe der Menschheitsgeschichte. Auch der Versuch, die Geschichte triebtheoretisch zu verstehen, ist Mythos.

3.2 Ihre Lektüre

Kulturwissenschaftler gehen davon aus, dass Schmuck ein universaler Bestandteil von Kultur ist (Alford 1996, 7). Es ist allgemein anerkannt, dass verschiedene Kulturen sich unterschiedlich schmücken. Auch die bestehenden physiognomischen Unterschiede im äußeren Erscheinungsbild werden in den unterschiedlichen Kulturen durch Schmuck hervorgehoben (ebd.). Die kulturanthropologisch belegten Verwendungskontexte für Ornamente, Schmuck oder Kleidungen sind verschieden, die dokumentierten Motivationen und die beabsichtigte Wirkung bei ihrer Nutzung facettenreich. Sie dienen als Trophäen vom Kampf oder der Jagd. Sie werden als Symbole für Kraft, Stärke, Geschick, Kunstfertigkeit oder als Ersatz für gegenständliche Trophäen genutzt. Man kann sie auch anwenden, um den Eindruck von Reichtum oder Herrschaft zu erwecken (Westermarck 1925, 498 f.). Allerdings ist es ein Fehler zu glauben, dass diese Sachen ihre wohlgefallende Wirkung auf Artmitglieder eines anderen Geschlechts nur indirekt oder unbeabsichtigt durch Assoziationen mit

Sozialstand, Rang, Reichtum, Besitztum, Auszeichnung im Kampf oder Krieg, Könnerschaft und männliche oder weibliche Qualitäten im Allgemeinen besitzen (Westermarck 1925, 499). Eine derartige assoziative Verbindung ist nicht für jeden Fall nachgewiesen. Schmuck kann durchaus „nur" für das schöne oder sexy Aussehen benutzt werden (ebd.).

Schmuckobjekte sind auch Kennzeichen für Sozialstatus, wie die Halsketten und Ohrringe der Massai Frauen, die sie als verheiratet kennzeichnen. Oder sie fungieren als Heilszeichen oder Glücksbringer. Als Amulett kann man sie anwenden, um die Gunst einer Frau zu gewinnen oder Mut für einen Kampf zu beschaffen. Man nutzt sie auch für eine heilende Wirkung und als Schutz gegen Krankheiten, böse Geister, Hexerei oder böse Augen (ebd. 498 f.). Körperbemalung ist nützlich, um Feinde im Kampf zu erschrecken, um den Körper vor Witterungsverhältnissen oder Insekten zu schützen. Aber sie erfüllen auch dekorative Zwecke (ebd. 511). Henna in Marokko ist unter Frauen als Kosmetik sehr beliebt, aber sie dient auch als Schutz vor bösen Kräften, weil die Bemalungen als heilig angesehen werden (ebd. 511 f.). Die magische, apotropäische Funktion von Schmuck, Ornamenten und Kleidungen stand lange Zeit im Vordergrund der ethnologischen Untersuchungen. Eine dekorative Wirkung wurde als sekundär oder als emergente Nebenwirkung gedeutet. Zum Thema Piercing schrieb Westermarck, dass sie dem Körper einen Schutz bieten sollten, weil die mit ihnen geschmückten Körperteile wie Mund, Nase oder Ohren Eingänge in das Innere sind (ebd. 504). Demgegenüber wird die Skarifizierung in seinem Werk als bloßes Dekor angesprochen (ebd. 526), während die Tätowierung in Tahiti ein faszinierendes Phänomen darstellt: Im Prinzip erfüllt sie einen sexuellen ästhetischen Zweck, dessen Sinn sich ausschließlich vor dem Hintergrund komplexer mythischer Narrative erschließt (ebd. 520).

Kulturelle Konstrukte werden manchmal für einen Zweck gebaut und daraufhin mit anderen Absichten genutzt. Die motivationale Ebene ist vielschichtig. Eine triebtheoretische Reduktion auf den fundamentalsten Trieb erleichtert nicht das Verständnis. Am wahrscheinlichsten hat die Erwartung recht, dass viele Aspekte gleichzeitig eine Rolle spielen. Westermarcks Text wies schon auf diese Situation hin. Nur, die Stringenz der Ursprungslogik hat zur folgenden Schlussfolgerung gezwungen: Der sexuelle Impuls sei „primitiver" als der Glaube an numinose Mächte, so dass niemand mit Sicherheit wissen könne, ob magische Amulette ursprünglich nicht ausschließlich als sexueller Zauber oder gleichzeitig als solcher fungierten (ebd. 570).

Dennoch lassen sich Ähnlichkeiten in den Motiven und in der Funktion des Schmucks feststellen. In Schmuck kann sich sichtbar Zugehörigkeit zu einer bestimmten Gemeinschaft ausdrücken. Außerdem können Alter, Familienstand, Lebensphase, Geschlecht und Sozialstatus mit Hilfe von Schmuck visuell gezeigt werden (Alford 1996, 7). Aufgrund dieser Eigenschaften wird Schmuck häufig wie eine Art Sprache analysiert, wobei eine allgemeine Struktur den unterschiedlichen ‚Wortschätzen' unterliegen solle. Diese Vorgehensweise kann in Verbindung mit dem Strukturalismus in der Kulturwissenschaft gebracht werden. Die Auffassung aber beruht auf einem Missverständnis. Natürlich kann man mit den Schmuckobjekten den Versuch verbinden, die sinnfreie Sphäre der Gegenstände sinnhaft zu gestalten. Dies kann auch dadurch geschehen, dass der Sinn aus einer sinnlichen Manipulation entsteht, zur Erschaffung von diffusen Atmosphären wie der der Intimität oder der Sinnlichkeit. Aber aus dieser Sinnhaftwerdung erfolgt nicht unmittelbar, dass man die materialen Elemente einer Kultur wie ein Buch lesen kann.

> *Indeed, the work of Lévi-Strauss in particular has led many anthropologists to suppose that culture as a whole operates rather like language, e.g. '...it is just as meaningful to talk about the grammatical rules which govern the wearing of clothes as it is to talk about grammatical rules [...]'. And for 'interpretative' anthropologists [...] culture is a kind of text, whose meanings we divine in the manner of literary criticism.* (Hallpike 2004, 16)

Wenn wir unten die Zeichen auf Stelen besprechen, wird es noch deutlicher, dass die strukturalistische Interpretation von Gegenständen als Sprache zu falschen Einsichten führen und diese nicht für jeden Aspekt eines Zeichens zutreffen kann. Diese Auslegung übersieht wichtige Stufen der kontinuierlichen Lebenswelt. Denn es handelt sich bei der Erfahrungswelt um ein Kontinuum, welches eine diskrete Begrifflichkeit – so wie man sie in der Menschensprache zur Verfügung hat – mit Schwierigkeit erfasst. Wenn die strukturalistische Herangehensweise allein betrieben wird, kommt man unweigerlich nur zu falschen Schlüssen, denn es ist allgemein anerkannt, dass nicht jede Verzierung eine Bedeutung hat, und keineswegs auf dieselbe Art und Weise wie ein Schriftzeichen. Daraus folgt, dass wir nicht alle Verzierungen oder das Subjekt sensorisch betreffende Erscheinungen wie einen Text interpretieren können. Ein paradigmatisches Beispiel liefert Bryan Pfaffenberger (2001) mit seiner Kritik an der Idee, dass Artefakte Sinn tragen, weil sie eine Bedeutung kommunizieren, die wesentlich für die Instandhaltung von sozialen und politischen Beziehungen in einer Gesellschaft ist (ebd. 77). Demgegenüber vertritt Pfaffenberger die Ansicht: „symbols do not create meaning; activities do" (ebd. 84). Er nannte die weitverbreitete, falsche Überzeugung ‚das starke Programm in der symbolischen Anthropologie' (*The Strong Program in Symbolic Anthropology*) (ebd. 78). Das Programm setzt voraus, dass Menschen Symbole erschaffen, weil die sozialen Systeme ohne sie gar nicht oder nur schlecht funktionieren würden. Demnach müssen gewisse Informationen unbedingt kommuniziert werden, wenn die Gesellschaft bestehen soll. Darüber hinaus wirkte diese Ansicht über Jahrzehnte in der Archäologie durch die Theorie zu Informationsaustausch durch Artefaktstile (*Information exchange theory of artifact style*). Verfechter dieser Theorie vertraten die Meinung, dass Artefakte im Stil variieren, weil die Variationen soziale Information kodieren. Diese müssten öffentlich und sichtbar gemacht werden (ebd.), damit die sozialen Beziehungen reibungslos und ordnungsgemäß ablaufen. Pfaffenberger baut seine Kritik auf zwei wichtigen Gegenargumenten auf. Zum einen ist es ein Trugschluss, aus der Existenz eines Symbols auf seine unverzichtbare Funktion zu schließen (*post hoc ergo propter hoc*-Trugschluss) (ebd. 79). Zweitens sind Symbole anfällig für Missverständnisse oder Subversion. Eine Gesellschaft, die auf die Mitteilung von Botschaften mittels Artefakten vertraut, sollte unter ständigen Konflikten und Verwirrung leiden. Diese Kommunikationsart fördert nicht gerade den Zusammenhalt oder einen sozialen Konsens (ebd.).

Dennoch blieb diese Ansicht ziemlich wichtig für die Erforschung von Verzierungen, auch wenn ich sie als widerlegte Annahme gebrauchen möchte. Die Art und Weise, Schmuck im Sinne einer getragenen Verzierung als Kommunikationsmittel zu verstehen, kann man am besten durch eine literarische Erwähnung aus der Spätantike illustrieren. Boethius verfasste am Anfang des 6. Jahrhunderts n. Chr. den „Trost der Philosophie" (Boethius 1981). Sein berühmtes Werk wurde geschrieben, als der Autor im Gefängnis saß und auf sein Todesurteil warten musste. Ihn soll die Philosophie, von der er sich distanziert hatte, getröstet haben, indem die Philosophie selbst und personifiziert in der Gestalt einer

Frau den spätantiken Autor auf den Pfad der philosophischen Reflexion zurückführte. Der Rückweg in die Philosophie läuft in der Form der Erinnerung: Boethius' Seele wird also an Bekanntes zurückerinnert. Und Boethius erkennt die Philosophie anhand ihrer Kleidung und zweier Buchstaben am Gewand.

> Während ich solches schweigend bei mir selbst erwog und meine tränenvolle Klage mit Hilfe des Griffels aufzeichnete, schien es mir, als ob zu meinen Häupten ein Weib hinträte von **höchst ehrwürdigem Antlitz**, mit **funkelnden** und über das gewöhnliche Vermögen der Menschen **durchdringenden Augen**, von **frischer Farbe** und **unerschöpfter Jugendkraft**, obwohl sie so bejahrt war, daß *sie in keiner Weise unserem Zeitalter anzugehören schien*. Ihr Wuchs war von **wechselnder Größe**; denn bald zog sie sich *zum gewöhnlichen Maß der Menschen* zusammen, bald schien sie mit dem Scheitel *den Himmel zu berühren*; und als sie noch höher ihr *Haupt emporhob, ragte sie über den Himmel selbst hinaus und entzog sich so dem Blick der Menschen*. Ihr Gewand war von **feinstem Gespinst** und mit **peinlicher Kunstfertigkeit** aus **unzerstörbarem Stoff** gefertigt; sie hatte es, wie ich später aus ihrem eignen Munde erfuhr, mit eigner Hand gewebt. Seinen **Glanz** hatte wie bei rauchgeschwärzten Bildern ein **trüber Anflug** von Vernachlässigung und Alter überzogen. <u>An seinem untersten Rande las man eingewebt ein griechisches Π. An seinem obersten aber ein Θ</u>. Und zwischen beiden Buchstaben schienen wie an einer Leiter etliche Stufen eingezeichnet, die von dem unteren zum oberen Schriftzug emporstiegen. Doch hatten dieses selbe Kleid die Hände einiger Gewalttätiger zerfetzt, und jeder hatte die Stückchen, die er gerade fassen konnte, an sich gerissen. Ihre Rechte endlich trug Bücher, ihre Linke aber ein Zepter. (Boethius 1981, 3-5, Herv. d. Verf.)[22]

Im „Trost der Philosophie" wird Boethius in seinen sensorischen Fähigkeiten von dem „höchst ehrwürdigem Antlitz", von den „funkelnden Augen", die den Menschen nicht eigen sind, von der Gesichtsfarbe und der Körperkraft, sowie von der wechselnden Gestalt der Philosophie beeindruckt. Sensorische Aufmerksamkeit verursachen auch die Kleider von „feinstem Gespinst" und aus „unzerstörbarem Stoff", die mit „peinlicher Kunstfertigkeit" gewebt wurden. Ein genauer Blick auf den Text zeigt jedoch, dass die sensuellen Eindrücke nicht unbedingt bedeutungslos bleiben, sondern mit affektiven Werturteilen überzogen werden. Die Erwähnung der Jugendkraft ist mit Sicherheit auf eine Wertung zurückzuführen. Gleichwohl steht das jugendliche Element dem Anschein eines früheren Zeitalters entgegen. Der Widerspruch ist nicht zu lösen ohne Vorkenntnis über die erscheinende Gestalt, d. i. die Philosophie. Ebenso kann man ohne Wissen um den Vorstellungsgehalt, den der Himmel zu allen Zeiten beinhaltet, den Eindruck in seinen metaphorischen Nuancen nicht ganz verstehen, der durch ihr Haupt entsteht, wenn es über den Himmel ragt. Wenn Boethius den Schluss auf „Vernachlässigung und Alter" zieht, aufgrund des „trüben Anflugs", der den Glanz des Kleides überzieht, beanspruchen solche

---

22   **Fett**: sinnliche Eindrücke. *Kursiv*: sinnliche Eindrücke mit Bedeutungsnuancen. <u>Unterstrichen</u>: Symbole. Der letzte Textabschnitt verdeutlicht die jeder mythischen Erzählung zugrundeliegende Handlungsstruktur (Dux 1992, 22-27). Man achte, wie er vom feinsten Gespinst auf die Kunstfertigkeit schließt, die wiederum seinen Enthusiasmus für die Philosophie unterstreicht, nachdem er erfährt, sie habe das Kleid selbst gemacht. Möglicherweise geht dieser Eindruck mit einer Assoziation über Herkunft, Abstammung und soziale Klasse einher. Ob dies auch so beabsichtigt war, bleibt dahingestellt.

Anmerkungen das aktive Denkvermögen. All diese Aspekte weisen offenbar darauf hin, dass die Sinnlichkeit auch sinnhaft strukturiert ist. Dennoch setzen die Bedeutungsnuancen im Entstehungsprozess solcher Eindrücke noch keine hermeneutische Lektüre von metaphorischen Symbolen voraus. Die Reaktionen auf diese Eindrücke bilden noch kein aktives Lesen von institutionellen Symbolen. Diese Synästhesien rufen bloße Assoziationen hervor. Eigentliche Symbole trifft man in den letzten unterstrichenen Zeilen. Denn die letzten Elemente sind die Buchstaben, deren Botschaft Boethius als gebildeter Teilnehmer einer literarischen Gesellschaft entschlüsseln konnte. Π steht für Praxis und Θ für Theorie. Dieses letzte Moment ist das symbolische und das metaphorische Moment, das Abstraktion, Begrifflichkeit und soziale Konvention beansprucht.

Gemäß der Kognitionsentwicklung in der Kindheit liegt ein Abstraktionsprozess der Organisation der sinnlichen Eindrücke bereits zugrunde, wenn sie auch noch keine Symbole in dem hier angewandten Sinne vertreten. Abstraktion heißt in diesem sinnlichen, vorsymbolischen Kontext die mentale Isolierung irgendeiner Eigenschaft einer Sache, ohne auf andere Merkmale oder auf die Beziehung zu anderen Attributen zu achten (Hallpike 1979, 171). Gleichzeitig geht damit die Anerkennung einer Regelmäßigkeit einher, wobei man andere Sachen im Wahrnehmungsfeld nach dem Kriterium des abstrahierten Merkmals unter einer Menge zusammenbringt (ebd.). Diese Wahrnehmungsgestalt ermöglicht eine intuitive Organisation von Sinneseindrücken. Das geschieht z. B., wenn man sich einen unordentlichen Schreibtisch anschaut und sofort gewisse Gruppierungen von Gegenständen unterscheiden kann, und zwar nach Kriterien wie Größe, Dicke, Länge, Farbe oder Material.

These perceptual Gestalts are the most basic form of abstraction, in which things with similar qualities tend to come to perceptual attention in the form of a unit in which the apprehension of the equality of one property is dependent on a simultaneous awareness of contrast. (ebd. 172)

Die Empfindung hält so den Ball bereit und das Subjekt muss mittels des Denkens und der Sprache nur auf das Tor schießen. Nun, was geschieht, wenn die Empfindung auf die archaische, subjektivische Struktur aufgebaut ist?

Die attributiven Eigenheiten werden zu selbständigen Wesenheiten, die als Emanation eines Subjekts aufgefasst werden (Dux 2018, 71). Merkmale werden dadurch substanzialisiert. „Das Rot hat danach ebenso sein Wesen wie die Tapferkeit. Beide liegen als eigene Entitäten hinter dem Rot dieser Rose und hinter der Tapferkeit dieses Mannes" (ebd.). Diese Substanzialisierung von attributiven Gemeinsamkeiten ermöglicht z. B die kreativen und exzentrischen Satzkonstruktionen der Poesie mit den Qualitäten der subjektiven Erfahrung. Die auf die Kategorien der Substanz und der Ursache überzogene subjektivische Struktur lässt die phänomenale Lebenswelt als ein durch und durch kommunikatives Erfahrungsfeld erscheinen, insbesondere dann, wenn die Sinneseindrücke das Subjekt auch affektiv betreffen. Die Affektivität überzieht die empfindenden Eindrücke derart, dass Wertungen dieser Qualitäten möglich werden. Wertungen sind Urteile und das heißt Teil eines satzförmigen Konstruktes. Ein Urteil ist dadurch möglich, dass die qualitativen Merkmale selbst als Substanz aufgefasst werden. Substanzen können wiederum auch als Subjekt eines Satzes eingesetzt werden. So kann das Subjekt Werturteile darüber treffen, was es so affektiv betroffen hat. Darüber hinaus tritt der konzeptuelle Realismus – d. i. die unscharfe Differenz zwischen Begriff und Ding -, mit dem unsere Empfindung so unbedacht funktioniert, als einer der Gründe ein, warum die Empfindung auch voller Adjektive gestaltet werden kann, die ‚an den Dingen selbst' zu haften scheinen. Allein, in solchen Fällen, wo man über die Empfindungen auf subjektivische Art reflektiert, werden die Eindrücke als kommunikative Botschaften wahrgenommen. Das kann dazu führen, dass die Differenz zwischen den Verarbeitungsebenen von Sinneseindrücken verschwimmt.

Zusammenfassend will ich anhand von Boethius' Text auf drei Arten der Verarbeitung von Empfindungen hinweisen. Es gibt unbedachte Sinneseindrücke, die das Subjekt immerhin affektiv betreffen können. Dann gibt es Sinneseindrücke, über die man subjektivisch reflektiert, wobei das Subjekt diese bedachten Empfindungen als kommunikativen Akt empfindet mit unscharfem oder vielleicht noch gar nicht ausartikuliertem Bedeutungsgehalt. Schließlich sind manche Reize tatsächlich informativ und sie werden aktiv gelesen, was ich als Symbole bezeichne.

3.3 Ihre phänomenologische Beschreibung

Wenn man von Erfahrung redet, dann meint man auch eine gegenwärtige, subjektive Erfahrung. Die bewusste Erfahrung ist subjektiv und deswegen ist es sinnvoll davon auszugehen, dass andere Subjekte, einfach indem sie leben, auch Erfahrungsfelder verarbeiten, wobei die Verarbeitung selbst ein Phänomen der Innenwelt ist. Als solche, d. i. als innerweltliche Verarbeitung von subjektiven Qualitäten, ähneln sich die Erfahrungsformen der menschlichen Subjekte. Nur, der naturwüchsigen Logik ist eine Tiefendimension eigen, wobei ähnliche Phänomene auf die eine gleiche, absolute und ursprüngliche Substanz des Konzeptes konvergieren. Wenn man davon redet, dass man Erfahrungen hat, kommt die substanzlogische Auffassung deutlich zum Ausdruck in Verben wie „haben". Das weist nämlich auf eine Verdinglichung hin. Wenn man der Substanzlogik folgt, kann man sogar Erfahrungen sammeln. Der Gedankengang ist wichtig und im Einzelnen wie folgt zu beschreiben: Ich mache eine Erfahrung, subjektiv, irreduzibel und unwiederholbar. Die anderen, wie in der Urgeschichte, machen auch ihre Erfahrungen. Meine Erfahrung ist flüchtig, weil sie mit der Zeit wird. Ebenso sind es die Erfahrungen der anderen auch. Aber auch wenn sie flüchtig sind, weil sie werden (d. i. sich verändern), gibt es ein Subjekt des Werdens, welches gleich mit sich selbst bleibt. Die Erfahrungen haben Gemeinsamkeiten, wie ihre Flüchtigkeit, Subjektivität und Eigenartigkeit, weil beide an dieser numinosen und unerkennbaren Substanz der bewussten Erfahrung teilnehmen. Es handelt sich in dieser Argumentation um Strukturen des Subjektes, die separat vereinzelt und subjektivisch behandelt werden. Eine typische, moderne Erscheinung, welche das Ich als ein Erstes in der Ontologie der Existenz stellt[23]. Nur, dieses Ich nimmt einen transzendentalen, abstrakten Charakter an, von dem einige Eigenschaften in die anderen Ichs emanieren. Und so gehen die bewusste Erfahrung und die Empfindung an das Absolute verloren. Dabei kann man leicht vergessen, wie einfach alles angefangen hat. Man hat im Grunde festgestellt, dass Subjekte die Welt nur hier und jetzt unmittelbar erfahren und kein anderer dies für sie oder an ihrer Stelle tun kann. Die Fragestellung kann man zusammenfassen: Wie geht eine humanistische Reflexion mit der subjektiven, bewussten Erfahrung um?

---

23 Vgl. z. B. Jean-Paul Sartre (1966).

Und doch gibt es etwas Unmittelbares in der sinnlichen Wahrnehmung jedes Ornaments. Dieser Aspekt ist besser mittels der Entwicklungspsychologie und mit der Hilfe eines kantischen Wortschatzes zu verstehen, was bereits von Jean Piagets Theorie gezeigt wurde (vgl. Hallpike 1979). Die Kategorien der Sinneswahrnehmung und die für die Bearbeitung sinnlicher Erscheinungen eingesetzten Fähigkeiten werden in der sensomotorischen Phase der Entwicklung eines Kindes ausgebildet. Somit wird die Mehrheit der sinnlichen Reaktionen in den frühesten Phasen der Entwicklung des Gehirns angelegt. Außerdem geht der visuellen Kognition eine Kette von physischen Prozessen voraus, bevor die Reize unsere Aufmerksamkeit erreichen. Also ist es hilfreich, die visuelle Kognition in einem ontogenetischen Entwicklungsrahmen zu verstehen. Davor können wir den Prozess kurz auf die folgende Weise mit einem Zitat zusammenfassen:

> Zur visuellen Kognition gehört zunächst die Umwandlung elektromagnetischer Wellen (Licht) durch Auge und Gehirn in elektrische und chemische Impulse. Der visuelle Eindruck wird nach grundlegenden Kriterien wie Form, Farbe, Kontur, Kontrast und gegebenenfalls Bewegung analysiert. In diesem noch präkognitiven, unbewußt ablaufenden Prozeß findet auch die Figur-Hintergrund-Unterscheidung statt und das quasi automatische Segmentieren komplexer Bildeindrücke nach »einfachen« oder »guten« Gestalten, Mustern und Objekten. Bis zu diesem Punkt ist ein Vorwissen über das Gesehene nicht unbedingt notwendig. Auf die präkognitiven Prozesse folgen die kognitiven, in denen versucht wird, dem Gesehenen eine Bedeutung zuzuweisen. (Huth 2003, 21)

Hiermit beabsichtige ich nicht, die Wahrnehmung auf physikalische Tatsachen zu reduzieren, sondern möchte bloß den Umstand hervorheben, dass ganz am Anfang der visuellen Wahrnehmung physiologische Prozesse ablaufen. Wir sind so imstande, die Wahrnehmung in einen angebrachten Kontext vom zeitlichen Vorrang der Naturvorgänge einzubringen. Darüber hinaus betont der ontogenetische Entwicklungskontext der menschlichen Wahrnehmung einen weiteren, wichtigen Aspekt. Die Subjekte werden in den späteren ontogenetischen Entwicklungsstufen der Sinneswahrnehmung in die Lage versetzt, subjektive Repräsentationen im Gemüt zu bilden und letztendlich mit abstrakten Begriffen beschreiben zu können. Gewohnheiten, Bräuche und Traditionen können in diesen späteren Entwicklungsstufen eine wesentliche Rolle spielen. Wells' Einsicht in die Lebenswelt der frühen Europäer gilt für diese Stufen, wo die visuellen Erfahrungen mit subjektiven Repräsentationen und Begrifflichkeiten versehen werden:

> *Numerous studies in the fields of neuroscience, cognitive psychology, and ethnographic anthropology have shown that what we see depends upon what we have seen before – on our experience of seeing. What we see is not like a photographic replication of "what is out there". It is a hypothesis based on our personal experience, an interpretation that we create from our experience of seeing other things before. As the psychologist Richard Gregory has argued, our visual system develops from a very early age, [...] in concert with our sense of touch. [...] The developing sense of sight is calibrated by that of touch. Sight goes on developing and refining throughout our lifetimes [...].* (Wells 2012, 12)

Auf einen Menschen, der nur geometrische Verzierungen gesehen hat, würden figürliche Darstellungen und anthropomorphe Figuren in naturalistischer Form einen größeren Überraschungseffekt ausüben als auf ein gegenwärtiges Individuum, das 3-D Kino erleben kann. Dennoch ist Vorsicht angebracht, die visuelle Kraft mancher Gegenstände nicht zu überschätzen, wie im folgenden Zitat: „*In the Bronze Age images were rare.[...] And because they were so uncommon, images were potent in prehistoric Europe*" (Wells 2012, 12). Auf diese Weise beraubt man den Menschen seiner Intelligenz und konstruktiven Autonomie, als wären archaische Menschen von Bildern, Darstellungen, kunstvollen Objekten, Ornamenten oder Schmuck hypnotisiert. Die Erklärung ist eher auf die folgenden Eigenschaften des primitiven Denkens zurück zu führen: die unscharfe Trennung zwischen Zeichen und Referent, das subjektivische Kausalitätsprinzip, welches zur Erklärung des Verhältnisses Realität-Erscheinung herangezogen wird. Solch eine Erklärung kommt überhaupt nur in Frage aufgrund der Fähigkeit, Essenzen zu verdinglichen, oder sich diese bildhaft vorzustellen. Außerdem kommt mit der Gewohnheit, erweiterte technische Möglichkeiten des Bildschaffens zu erleben, ein Schub in der Verfügungsgewalt über die Bilder, wobei die subjektivische Kraft in der Bildwahrnehmung verloren geht. Die Subjekte verstehen den Wirkungsprozess prozesslogisch und nicht mehr subjektivisch. Die subjektivische Struktur jedoch ist das Phänomen, welches es zu untersuchen gilt und welches den Bildern in der Urgeschichte Kraft verleiht. Nur, wenn man dieses Phänomen untersucht, dann muss man auch untersuchen, ob die Bildmacher es selber auch noch so wahrnehmen, und unter welchen Umständen und welche Gruppen von Subjekten die subjektivische Struktur aufarbeiten. Allein zu behaupten, alle in einer bestimmten Periode würden die Welt subjektivisch verarbeiten, ist zu wenig, so wie die Behauptung „*images were potent in prehistoric Europe*" (ebd.) – wenigstens dem Autor – als wenig gehaltvoll erscheint.

Ich gehe davon aus, dass universalistische Züge der Wahrnehmung immer und permanent in den tiefsten und primitivsten Strukturen des Verstandes wirken. Strukturen, die sich in der sensomotorischen Entwicklungsstufe der Ontogenese herausgebildet haben, aber zu allen anderen Zeiten und Entwicklungsstufen anwesend bleiben. Zunächst bilden diese Strukturen die Empfindung, die in wechselseitiger Wirkung mit dem Verstand funktioniert. Über die darstellungstechnische Evolution hinaus zählen zum Entwicklungsvorgang der ästhetischen Erfahrung auch eine Zunahme an Inhalt und eine Bekräftigung des Universalanspruchs der Werturteile. Möglicherweise wäre für einen antiken Griechen der Spruch, durch einen Mitarbeiter von Le Corbursier geäußert, nämlich, dass Menschen auf Geometrie reagieren (Tatarkiewicz 2003, 241), verständlich aber unzureichend, wenigstens außerhalb der geometrischen Epoche. Die Effekte der Sinnesreize waren den Griechen sicherlich bewusst, so wie die Fähigkeit bereits seit Jahrtausenden gegeben war, diese Reize für den eigenen Genuss zu manipulieren. Aber ein Athener wollte außerdem mehr Inhalt, Politik, Theologie, Mythologie und Geschichte. Auch der Nervenkitzel der gegenwärtigen Kunst kann mit Inhalt zur Biographie des Künstlers oder zum sozialen Kontext des Werkes auf genussreiche Weise ergänzt werden.

Anstatt die elementaren Strukturen der Sinneswahrnehmung abzuwerten, ist es nützlicher für eine Geisteswissenschaft, die universale Eigenschaft der Wahrnehmungserfahrung hervorzuheben, die in den tiefsten und primären Strukturen des Geistes siedelt. Ontogenetisch entwickeln sich diese Strukturen in der sensomotorischen Stufe Piagets. Kantisch gesprochen entwickeln die Subjekte ganz am Anfang ihres Lebens die Strukturen der Sinnlichkeit oder der Empfindung, die zu einer späteren Zeit mit dem

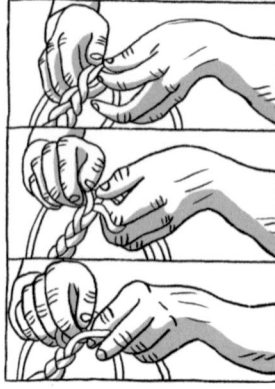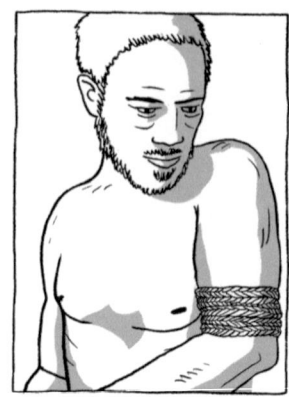

Abb. 3: Eine prozesslogische Erklärungsform versucht, die Herstellungsprozesse der Dinge aufzuzeigen (Umzeichnung D. Heller nach Pétrequin und Pétrequin 2006, 135 Abb. 133-135).

Verstand zusammenarbeiten. Der Verstand selbst verfügt über konzeptuelle Kategorien, die wiederum die Sprache und das Denken gestalten, womit Subjekte Urteile treffen.

Der Kunsthistoriker Heinrich Wölfflin behauptet: „Alle Fortschritte der Naturnachmachung verankert in der dekorativen Empfindung" (Wölfflin 2004, 268). Natürlich liegt hier ein typischer ursprungslogischer, triebtheoretischer Schluss vor. Wir können diesen Spruch so verstehen, dass er eine Trennung vorschlägt zwischen Repräsentationstechnik, die geübt und gelernt werden muss, z. B. die Zeichen oder die Bilder selbst, und Empfindung oder Sinnlichkeit, die ein Subjekt zur Handlung oder zur Wiedergabe des Erfahrenen bewegt. Unter diesem Blickwinkel sollten wir auch Joseph Déchelette verstehen, wenn er die rein geometrischen, unfigürlichen bronzezeitlichen Armringe beschreibt. Déchelette erklärt die Komposition der geometrisch verzierten bronzezeitlichen Armringe mit starken Variationen als bewusste Vermeidung einer Repetition. Demgegenüber würde eine prozessuale Erklärung die Verzierungsformen in ihren Entstehungskontext einbinden. Man würde untersuchen, ob vor der Einführung von Metall bei der Handhabung anderer Materialien bestimmte Gestalten bereits im Produktionsprozess auftauchen, die auf Metall übertragen wurden (Abb. 3).

In dieser Arbeit wird vorausgesetzt, dass Schmuck auf die eine oder andere Weise primär schön ist. Schmuckobjekte zielen hauptsächlich auf Wohlgefallen oder auf eine angemessene ästhetische Erfahrung. Wenn es eine bestimmte Klasse von Objekten gibt, die sich für libidinöse Besetzungsvorgänge und projektive Identifikationen eignet, von sexy Trachten bis hin zu den intimen Qualitätswahrnehmungen des Zuhausegefühls, und die eine Objektfixierung, auch seitens der Forscher, verursachen können, dann solche Gegenstände, denen Menschen eine dekorative Funktion zuschreiben (Pohl 2004, 122). Der Archäologe muss aufpassen, den Mechanismus der projektiven Identifikation nicht selber einzugehen, bei dem Teile des Selbst, wie die subjektiven Affekte und Regungen, abgespalten und auf ein Objekt, Teilobjekt oder eine Person, hier z. B. einen Schmuckgegenstand, projiziert werden. Die Projektion lässt die adjektiven, subjektiven Eindrücke als an den Objekten selbst haftend erscheinen. Dies geht weit über die undeutliche Unterscheidung zwischen Begriff und Objekt hinaus. Projektionen können an Stärke variieren und im Grad dermaßen wachsen, dass konzeptueller Realismus sich in Objektfixierung und Fetischismus verwandelt. Dabei wird das emotionsgeladene Objekt als Quelle der affektiven Regung wahrgenommen, z. B. im Fall eines mit einem Gefühl von Intimität aufgeladenen Schmuckgegenstands, welcher als reale Ursache und Ursprung des Gefühls aufgenommen wird. Die Situation kann man gut verstehen, indem man sich daran erinnert, dass die Fähigkeit der Gefühlsempfindung früh im Leben der Individuen einsetzt. Dies geschieht auch derart, dass der Empfindung subjektivische Strukturen grundsätzlich zugrunde liegen. Die Einsicht hat schon Max Scheler (1963, 36 f.) schön zum Ausdruck gebracht, wenn er behauptet, das Leben der Gefühle sei nicht stumm und blind, sondern es gäbe eine Klasse von Emotionen, welche seiner Auffassung nach einen Sinn und eine Bedeutung besäßen. Es sind Erscheinungen, die ein Subjekt derart affektiv betreffen, dass sie wie sinnhafte Kommunikationsakte aufgefasst werden, und zwar auf der Folie der primitiven, subjektivischen Strukturen der frühen kognitiven Entwicklung des Kindes. Das Bewusstsein der ontogenetischen Strukturentwicklung trägt außerdem zum Verständnis von Kants Definition des Schönen als „interessenloses Wohlgefallen" bei (Kant 1957, 279-281). Das Wohlgefallen ist „interessenlos", weil es mit Strukturen der Empfindung spielt, deren Entwicklung stattfand, als man selbst noch kein individualisiertes Subjekt war. Dies würde wiederum den Eindruck erklären, dass die ästhetische Erfahrung nicht unter der Kontrolle des Subjekts steht. Die Transzendentalphilosophie versucht, das Universale an jener Erfahrung des Schönen aus absoluten, abstrakten Prinzipien abzuleiten. Das gesuchte Axiom müsste über jeder möglichen Veranlagung des realen, ganz konkreten Subjekts stehen – unabhängig vom empirischen Subjekt. Währenddessen versucht ein historisch-genetischer Ansatz – wenn überhaupt – die Universalität durch die konkreten Entwicklungen in der Kindheit zu erklären. Kant definiert die Schönheit der Dichtkunst als „ein Spiel der Sinnlichkeit und des Verstands" (ders. 1980, 177). Die Aussage lässt sich verallgemeinern. Denn um es mit Kant zu sagen: Die menschliche Erfahrung setzt ein Zusammenspiel der Empfindung mit dem Verstand voraus. Aber sowohl die Empfindung (die sensorischen Kapazitäten) als auch der Verstand (die Kompetenz, die Welt begrifflich zu organisieren) müssen erst einmal Schritt für Schritt gebildet werden.

Die sensomotorischen Fähigkeiten sind vielleicht die primitivsten, im Sinne von fundamentalsten. Aber auch in dem Sinne, dass sie allen Menschen gemeinsam sind, denn sie werden seit der Frühkindheit entwickelt und das heißt, dass ihr Bildungsprozess zeitlich nahe an dem Beginn der Sozialisation stattfindet. Die Wirkung von Schmuck auf diese elementaren Fähigkeiten bleibt in gewissem Maße unbekannt für das abstrakte Denken. Mit der Ausnahme von solchen Fällen, wo Schmuck und Kleidung mit figürlichen Elementen versehen werden, wie z. B. bei den Fibeln der fortgeschrittenen Eisenzeit, verziert mit Mischwesen. Die bildliche Ornamentik z. B. an Situlen ist ein hervorragendes Beispiel für Verzierungen, die bewiesenermaßen szenische bzw. narrative Darstellungen abbilden. Diese beanspruchen jedenfalls die aktive Interpretation. Wenn ähnliche Darstellungen an Schmuck oder Kleidung bewiesen werden könnten, dann würde ich mit Sicherheit und gutem wissenschaftlichen Gewissen für diese behaupten, dass sie die höheren Fähigkeiten beanspruchen und von diesen im Verstand diskursiv bearbeitet würden und damit nach Urteilen verlangen würden. Aber hauptsächlich bewegt sich die Wirkung des Schmucks auf der primitiven Ebene der Empfindung[24]. Die wesentlichste, elementarste und langlebigste

---

24 Vielleicht liegt darin die Anziehungskraft der gegenwärtigen Kunst. Man wird heute mit so viel Inhalt bombardiert, dass man sich freut, das primitivste Organ, im Sinne von primär und fundamental, nämlich das Gehirn, mit sinnlichen Spielen zu kitzeln. Inhalt ist häufig trotzdem vorausgesetzt, in der Form der Erkenntnisse über die Entwicklung der Kunst, wenn nicht über andere Kontexte, wie die Biographie des Künstlers unter anderen Eigentümlichkeiten.

Wirkung auf die Empfindung begleitet jede Entwicklungsstufe der Repräsentationstechnik. Sie begleitet eine Zunahme an Inhalt und Komplexität, sowie die Abstraktheit und die damit zusammenhängende Zunahme an Universalanspruch der Urteilskraft, gleichgültig ob man diesen Anspruch kritisch oder eher unkritisch vertritt.

Allen Menschen gemeinsam und immer verstanden werden Eigenschaften, die elementare Urteile auslösen wie nämlich dick-dünn, klein-groß, hell-dunkel, winkelig-rund (Hallpike 1979, 163). Schmuck wirkt also auf die sensomotorischen Fähigkeiten eines empirischen Subjekts, zu dem man kaum noch epistemischen Zugang haben kann. Schmuck muss nicht zwangsläufig symbolisch sein. Dennoch besteht die Möglichkeit zur Entwicklung eines stabilen, symbolischen Klassifikationsschemas, welches auf nicht verbaler Ebene in kosmologische und soziale Kategorien der Gesellschaft integriert ist. Empirische Gestalten können auch affektive Reaktionen auf Familiäres oder auf Fremdartiges hervorrufen (ebd. 167). Eine gute Frage wäre, inwieweit dieser sensorische Reiz zum Zuhausegefühl beiträgt, d. i. das Gefühl *chez-soi* zu sein, und inwieweit er als Indiz für Familien- bzw. Gemeinschaftsmitgliedschaft dient. Auch Gestalten und synästhetische Eindrücke sind Medien für Gefühlsfelder. Und diese Gefühle werden sicherlich vor dem Hintergrund der subjektivischen Logik artikuliert. Man denke an die Philosophie eines Hermann Schmitz (2009), der den Gefühlen eine Autorität zuspricht (ebd. 79, 81). Diese subjektivische Logik spielt eine herausragende Rolle zur Zeit der Entwicklung von sensomotorischen Kompetenzen und diese Entwicklungsphase ist durch viele Affekte geprägt, unter anderem durch das Gefühl der Familiarität oder der Intimität mit der Umgebung.

Allein durch eine subjektivische Strukturierung der Lebenswelt werden Gefühlen, Eindrücken und Reizen auch kommunikative Eigenschaften hinzugefügt (vgl. Scheler 1963, 36-38; Schmitz 2009, 71-100). Das Subjekt ist von solchen Eindrücken affektiv betroffen. Schmitz (2009, 78) redet über Gefühle als in flächenlosen Raum gegossene autoritative Erfahrungsfelder. Solche Urteile sind diagnostische Beschreibungen eines realen Befundes für viele Subjekte. Nicht umsonst plädiert dieser deutsche Philosoph für eine Re-subjektivierung der Lebenswelt. Ich gehe davon aus, dass ein Schub der Reflexion in den Hochkulturen und in unserer Zeit anzunehmen ist. Eine Verdinglichung der Gefühle gibt es wirklich und durch die Geschichte hindurch, aber allein moderne Subjekte fassen die Gefühle als einen Anfang auf.

Im Leben der Empfindung unterscheidet sich die Lebenswelt nicht von unbedachten Handlungsfeldern. Die Lebenswelt besteht nämlich aus qualitativen Empfindungen, Gefühlsfeldern, reaktiven Werturteilen und aus durch Denken und Sprache vermittelten Handlungen. Ausgerechnet diese Unmittelbarkeit der Empfindungsqualitäten macht die ästhetische Welt so schwierig zu erkunden. Aber die Empfindung spielt eine wichtige Rolle bei der Konstitution eines Zuhausegefühls und sie bildet ein unentbehrliches Fundament der Strukturen, die das gestalten, was wir Verstehen nennen. Bereits bei den unartikulierten Sinnen zieht man die Linie zwischen Eigenwelt und Fremdwelt.

Zusammenfassend sage ich, dass es eine epistemologische, technische und sogar eine kognitive menschliche Evolution gibt, aber es hat noch nie, und es kann niemals, eine ontologische Evolution geben. Obwohl wir einige Stufen für die Entwicklung ästhetischer Urteile annehmen, bleibt die Wahrnehmung immer das, worüber man ein Urteil trifft. Daher befinden sich alle empfindungsfähigen Lebensformen auf einer ontologischen Nulllage. Diese Lage des Subjekts kann durch das morgenländische Konzept des „Sunyata" besser beschrieben werden, d. h. die von unendlichen Möglichkeiten schwangere Leere, als durch den abendländischen Begriff des Nichts, der den Existenzialismus lang prägte. Denn dieser Begriff der Leere als voller Möglichkeit ist gerade die handlungslogische Beschreibung des Subjekts. Die Transparenz des Bewusstseins ist tatsächlich da, bevor das Subjekt in der Welt eine große Zahl an Möglichkeiten in die Tat umsetzt. Gottfried W. Leibniz hat diese Idee fast poetisch in seiner Monadologie ausgedrückt. Eine optimistische Lektüre der Monadologie kann sogar dazu führen, dort das Atom der Geisteswissenschaften zu finden. Ein Atom, worauf sich gegenwärtige ontologische Kulturanthropologen bewusst oder unbewusst berufen (vgl. z. B. Maurice Blochs Konzept des „Blob" (Bloch 2012)). Ein Leser, der sich Blochs Werk näher anschaut, wird feststellen, wie stark die Ähnlichkeiten der Konzepte von „Blob" und der der Monade sind. Unglücklicherweise für Rationalisten und glücklicherweise für Empiristen haben wir mit Kant *"the pretensions of dogmatic metaphysics to give us supersensible knowledge"* (Strawson 1966, 22) gezähmt. Allein die Vernunft kann uns die Wahrheit nicht enthüllen. Aristoteliker und Phänomenologen dürften sie ebenso wenig gewonnen haben, da Kant auch *"curbed the pretensions of sensitivity to be coextensive with the real"* (ebd.).

Dennoch bauen Individuen in der Tat die soziale Realität über die Kategorien des Verstandes (z. B. Raum, Zeit, Ursache) und über die Formen der Sinnlichkeit (z. B. die Qualitäten der Erfahrung). Aber durch die Anwendung dieser Kategorien sind wir in der Lage, die subjektiven Qualitäten der sinnlichen Erfahrung diskursiv zu beurteilen. Also gibt es eine Erfahrung, die sich auf Denken, Sprache, Kategorien und kognitiven Fähigkeiten aufbaut. Aber diese Erfahrung zu beschreiben, oder zu rekonstruieren, ist eine neue Erfahrungsform. Eine, die wir jetzt konstruieren. Und diese jetzige Erfahrung können wir nicht im Verstand als Objekt einzeln herausgreifen, ohne dass es sich jetzt um eine neue Erfahrung handelt. Dennoch tun wir das. Wir versuchen, die Vergangenheit mit Hilfe von Sprache und Denken zu rekonstruieren. Aber die Sprache hat eine intersubjektive Eigenschaft, die sie von den subjektiven Qualitäten der Erfahrung unterscheidet. Dennoch besprechen wir unsere eigenen, privaten Erfahrungen. Warum halten wir es für selbstverständlich, dass wir über unsere Erfahrungen mit einem sozialen Werkzeug wie der Sprache reden können? Die intuitive Antwort scheint in Verbindung zu stehen mit der Idee von Autorität im wortwörtlichen Sinne und der Vorstellung von Ursprung im Subjekt. Wir nehmen es als erwiesen an, dass ein Subjekt die Autorität besitzt, Sprache und Denken zu benutzen, um seine Erfahrungsfelder kompetent zu manipulieren, nach dem Willen dieses Subjekts. Aber wenn wir uns für einen kurzen Moment vorstellen würden, dass Schopenhauer recht hatte und der Wille nicht subjektiv ist, so wie die Sprache für Wittgenstein nicht privat sein kann, oder selbst für Kant der Verstand zunächst objektiv sein muss, dann erahnen wir die Größe des Problems. Aus Konzepten als Regeln resultiert die intersubjektive Eigenschaft der Sprache. Das macht die hiesige Aufgabe zu einer Herausforderung: über die Erfahrungen von Anderen zu sprechen. Die Anwendung eines kollektiven Werkzeuges, wie der Sprache, zur Beschreibung unserer Erfahrungen ist bereits eine neue Erfahrung. Die Erfahrung, die wir glauben zu haben, die sind wir. Damit sind der Archäologe und der Geisteswissenschaftler bereits Imperialisten der Erfahrung anderer Menschen. Alles nämlich, was entdeckt und rekonstruiert werden kann, sind die objektivierbaren Aspekte der Manipulation von Erfahrungsfeldern, die insgesamt als inkommensurable und unwiederholbare Qualitäten erlebt worden sind. „Leben und Erleben ist etwas anderes als Rekonstruieren und Verstehen. Aber man hat das, was man haben kann: Ein Verständnis davon, warum etwas ist, wie es ist." (Dux 2017b, 120). Das sollte uns jedoch nicht erschrecken, da wir Wissenschaft betreiben und nach der Weiterentwicklung objektiver Erkenntnisse streben. So deutlich wie im obigen Zitat kommt der Sachverhalt nicht besser zum Ausdruck: „man hat das, was man haben kann" (ebd.). Die Einsicht der Phänomenologie liegt richtig, wenn sie besagt, die bewusste Erfahrung sei nicht wieder zu gewinnen durch historische Rekonstruktion. Aber sie liegt falsch, wenn sie glaubt, Geschichte sollte die ursprüngliche Erfahrung wiedergeben. Also trifft die folgende Feststellung zu: Rekonstruktionen lassen etwas zu wünschen übrig, nämlich die bewusste Erfahrung. Aber bewusste Erfahrung kennt man nur aus der ersten Person, welche kategoriell der Gegenwart gehört. Der Fehlschluss liegt in einer Verwechselung zwischen Vergangenheit und gegenwärtiger Rekonstruktion. Zusammenfassend handelt es sich hier wieder um einen Denkvorgang, der nicht mehr aktuell ist, einer noch mythisch aufgefassten Vergangenheit gehört und unreflektiert zu einer historischen Wissenschaft nicht wirklich beitragen kann.

Allerdings ist die Einsicht auf das durch Rekonstruktion nicht Erreichbare ernst zu nehmen. Allein, das, was für die Vergangenheit nicht zu kennen ist, ist ebenso für die Gegenwart kein Objekt wissenschaftlichen Urteils. Dies müssen wir erst einmal einsichtig machen.

Zusammengefasst haben sowohl ontologische als auch kognitive Kulturanthropologen zum Teil recht. Aber diese Kollegen antworten auf unterschiedliche Fragen. Erfahrung an sich ist nie wirklich Erkenntnisobjekt, nicht einmal für uns selbst, und dies ist so *a priori*, wie ich hier zu zeigen versuchte. Es ist auch kein Thema für mystische Einsichten. Auf der anderen Seite können die Resultate der Kognition, wie Propositionen, Sätze, Sprechakte, kollektive Repräsentationen und andere Umsetzungen subjektiver Operationen, ausschließlich Erkenntnisobjekt sein. Und genau darum geht es ja auch: um objektive Erkenntnis. Nichts mehr, aber auch nichts weniger als das. Ein kompetenter Transzendentalphilosoph, kritischer Denker oder Wissenschaftler empört sich nie über „die wirkliche Wirklichkeit", sondern stellt sie bloß ab, indem er mit Seelenruhe feststellt: Das ist nur, bloß die Wirklichkeit. Das sollte also kein Wunder sein. Dies bedeutet jedoch auch, dass der ontologische Status ein für die Archäologie ernstzunehmender Wert ist. Archäologen und Kulturwissenschaftler scheinen diesem Wert was auch immer zuzuschreiben, was sie als Erfahrungseinheit wahrnehmen, sei es ein Subjekt oder eine Kollektivität. Die Erfahrungseinheit wird zum Subjekt der Geschichte, denn die Denker heute sind sich der Konvergenz der Welt auf die erlebenden Menschen bewusst. Die Verabsolutierung vom Postulat der Konvergenz hat als Konsequenz, dass man sich ein absolutes Subjekt des Werdens vorstellt in Strukturen des wahren Subjekts, wie Bewusstsein und Erfahrung, und dieses als ein erstes postuliert und in den Grund der Welt legt. Darauf weisen ontologische Kulturanthropologen, Phänomenologen und kulturelle Relativisten hin. Darüber hinaus hat die Dekonstruktion von vielen traditionellen Begriffen durch die Post-Modernität zu der Ansicht geführt, dass die mit ontologischem Status zugeschriebene Erfahrungseinheit als ein Etwas zu sehen ist, ähnlich wie die Monaden des modernen Philosophen Leibniz (vgl. Bloch 2012). Deshalb lohnt es sich zu einer Reflexion über die ästhetischen Elemente der Lebenswelt auch Peter F. Strawsons Werk über Kants Kritik der reinen Vernunft „Die Grenzen des Sinns" heranzuziehen (Strawson 1966). Da erinnert er uns daran, dass das wirklich Unbekannte ausschließlich das Selbst bleiben soll, welches wir werden. Außerdem erinnert uns die kantische Philosophie, dass wir viel in wenigen Dingen erkennen würden, wenn wir mit den Augen der Urgeschichtler sehen würden. Aber dieses ist nicht die Art der wissenschaftlichen, objektiven Erkenntnis sowie der historischen Erhaltung, die wir mit Hilfe der Sprache zu erzielen versuchen. Eine Sprache, die häufig genug von abstrakten Konzepten Gebrauch macht und deren geläufige Abstraktheit uns dabei unterstützt, sehr wenig in vielen Dingen zu erkennen. Daran müssen wir uns immer wieder erinnern.

3.4 Fazit

Die Verknüpfung der ästhetischen Reize mit Trieben ist eine neuzeitliche Erscheinung aufgrund eines Schubes in der Innenwelt. Dies produziert ein typisch psychoanalytisches Dilemma: von Objektfreiheit und Bindungszwang. Denn z. B. die Intimität mit bestimmten Verzierungen ist ein subjektiver Vorgang, der unabhängig vom Objekt gedacht wird. Aber wie ein geläufiger Satz aus der psychologischen Literatur lautet, existiert das Gefühl nicht ohne das Objekt.

Die ästhetischen Empfindungen sind objektfrei, weil subjektive Bildungen. Insofern sie subjektiv sind, liegt die Erwartung des Forschers richtig, in diesen Erlebnissen und deren Urteilen eine Umsetzung von innerweltlichen Strukturen aufzudecken. Auf der anderen Seite setzt der bereits aus dem eigenen Leben bekannte Bindungszwang eine Fixierung auf das Objekt voraus, was für die Bildung eines Subjekt-Objekt-Verhältnisses sorgt, das vergeblich in der Vergangenheit wiederzufinden ist. Aber gerade unter dem Zwang, die Bedürfnisse nach Intimität und Bekanntschaft mit der Umgebung an die Objekte zu binden, fixiert sich auch der archäologische Blick auf die Gegenstände und ihre Merkmale. Sowohl Gegenstände wie auch Merkmale können im Verstand vereinzelt und substanzialisiert werden. So werden sie als ursprüngliche Quellen der subjektiven Reize verstanden, was in einem ursächlichen Verhältnis aufgefasst wird. In den Objekten selbst (z. B. Schmuckgegenständen) sei die Ursache für ihre Wirkung auf die Subjekte zu finden. Diese Auffassung ist substanz- und ursprungslogisch, wenn auch nicht ausdrücklich in der subjektivischen Handlungslogik artikuliert. Die Funde sind substanzlogisch aufgefasst im Sinne einer Übertragbarkeit ihrer Eigenschaften in die Vergangenheit. Sie werden außerdem ursprungslogisch verstanden, als Quelle von Sinn. Dieser projektive Vorgang bildet eine Art Warenfetischismus: den Fundfetischismus[25].

Der Kontrast, welcher zwischen der an sich sinnfreien Natur der Objekte und der Sinndimension ihrer Verwendung entsteht, bildet die Spannung der archäologischen Fixierung auf Objekte und ihre Formen. Dies wird problematisch, wenn ein Zugang zur Sinndimension nicht erkannt werden kann. Die Lektüre jeder möglichen Verzierung steht beispielhaft für das Verkennen eines möglichen Zugangs zu den Sinnwelten der anderen. Das Bewusstsein der Grenze unserer Untersuchung solcher Gegenstandkategorien für die Urgeschichte kann derart frustrierend sein, dass die Versuchung groß wird, einen phänomenologischen Sprung zu wagen in die rein naturalen Gegebenheiten der empfindenden Erfahrung, indem man an die Stelle der Sinnesorgane der Artmitglieder tritt. Die verlockende Versetzung in den Sinnesapparat der anderen gibt aber nicht nur die Rekonstruktion des Lebens einschließlich der Sinndimension auf, sondern dabei geht

---

25 Bei dem von Marx entliehenen Begriff von Warenfetischismus geht es um eine Ignoranz gegenüber dem Produktionsprozess der Waren, wobei die Waren nur als fertige Produkte begriffen werden. Bei einem Fundfetischismus gerät die Taphonomie in Vergessenheit.

auch der Sinn einer Wissenschaft verloren: sinnvolle Aussagen mittels Denken und fixiert in Sprache zu formulieren, verpflichtet auf Wahrheit als Korrespondenz.

Die Situation verschlimmert sich durch den ursprungstheoretischen Fehlschluss, wonach das, was nicht auf den gleichen Ursprung zurückzuführen ist, einen anderen Ursprung haben muss. Und da echte Ursprünge, d. s. ursprünglichere Ursprünge (sic!), nur eine Einheit bilden können, müssen ähnliche Ursprünge aus einem vorgeordneten, einheitlichen Ursprung emanieren. Ähnliche Ursprünge konvergieren so auf den einen, absoluten Ursprung. Die subjektive Erfahrung lässt sich nicht auf die Materialität allein zurückführen. Sodann geht sie auf einen anderen Ursprung als die Materialität zurück, von dem aus alle subjektiven Erfahrungen entspringen sollten. Der Schluss liegt auf der Hand. Wo auch immer direkte Einblicke in die Erfahrungsfelder oder in die Lebenswelt der anderen beabsichtigt sind, ist eigentlich ein Einblick in den Grund gemeint, von dem her qualitative Erfahrungen entspringen. Und dies tut man mit der Hoffnung, der Grund würde irgendwann einmal zurückblicken. Schließlich stelle ich fest: Phänomenologische Einblicke in die Vergangenheit sind aussichtslos.

4

Symbolismus in der Urgeschichte

Es ist angesichts von Thesen wie der der mangelnden Subjektivität in der Ur- und Frühgeschichte nicht unbescheiden, darauf zu verweisen, daß Philosophie und Sozialwissenschaft, wenn sie nicht historisch-genetisch argumentieren, für das Verständnis des Menschen in der Geschichte nicht diskussionsfähig bleiben. (Dux 1994, 161f.)

Das Erkenntnisinteresse in diesem Kapitel richtet sich auf die folgenden Ziele:

Zunächst stellt das Kapitel die Sozialontologie des amerikanischen Philosophen John Searle vor. Seine Unterscheidung dient als Anhaltspunkt für ein, wenn auch abstraktes Verständnis für die sozialen Strukturen in der Urgeschichte. Unterstützt durch seine Theorie stelle ich dann Christopher Hallpikes Beitrag zum Verständnis des Symbolismus in schriftlosen Gesellschaften vor. Ich schlage vor, dass zum einen Assoziationen die Rolle der kommunikativen Grundlagen von Institutionen problemlos erfüllen können, zum anderen kommt die institutionelle Struktur konkret bzw. dinglich oder handelnd bzw. enaktiv zum Ausdruck. Im Anschluss daran stelle ich auf Grundlage der Sozialontologie und des Konzepts des Symbolismus eine Hypothese auf, womit ich die Vorteile und die Nachteile einer kategorialen, ontischen Differenzierung kritisch abwägend erörtere. Schließlich untersuche ich am Beispiel der iberischen Stele einen ideologietheoretischen Ansatz. Der Kontrast zu einer historischen (Aspekte der relational emergierenden sozialen Ordnung), genetischen (Aspekte der Subjektbildung) Perspektive ist lehrreich. Die Lektionen, die sich daraus ableiten lassen, stellen den forschungsgeschichtlichen Hintergrund vor, vor dem die Ergebnisse der Untersuchungen im darauffolgenden Kapitel sinnvoll – gar notwendig – erscheinen.

4.1 Sozialontologie und die institutionellen Dinge

Wie auch immer eine Wesensbestimmung aussehen mag, finden wir in der Welt einige Gruppierungen, Menschen, Rechtsordnungen und -vorschriften vor, die wir Institutionen nennen. Eine eingehende Beschäftigung mit dieser Kategorie ist in anderen Wissenschaften zu Hause, aber immer, wenn in der Archäologie die Rede von Ideologie oder Religion ist, handelt es sich eigentlich um eine Frage nach den institutionellen Verhältnissen und wie diese von den urgeschichtlichen Subjekten aufgenommen wurden. Dabei kann man zwei Fragen unterscheiden. Die erste richtet sich auf den Konstruktionsprozess dieser Institutionen und die zweite auf die Genese ihrer Legitimierung. Der Konstruktionsprozess muss die Bedingungen aufklären, welche solche gesellschaftlichen Erscheinungen ermöglicht haben. Für die Frage nach dem Bildungsprozess müssen sowohl die Machtbeziehungen als auch die Aushandlung der Kräfteverhältnisse in ihrem historischen Ablauf beschrieben werden. Die zweite Frage ist die eigentlich ideologiekritische. Sie zielt darauf, aufzuhellen, auf welche Weise eine bereits durchgesetzte Machtverfassung der Gesellschaft legitim erscheint oder erscheinen kann.

Archäologen ordnen Grabstelen, Grabbeigaben, die Motive der spärlich überlieferten Bilderwelten der Vorgeschichte und andere Ergebnisse angenommen konventioneller, wiederholter Handlungen in eine soziale Ordnung ein. Es wird davon ausgegangen, dass diese so gegolten hat, sonst wären die Erscheinungen niemals sinnvoll gewesen noch deren Konstruktion für angebracht gehalten worden, vor allem nicht in den Augen der erlebenden Subjekte. Eben diese Ordnung versucht man durch historisches Verstehen zu rekonstruieren. Ideologiekritisch wird man feststellen, dass es in jeder Gesellschaft Menschen gibt, die von der bestehenden Ordnung profitieren und Interesse daran haben, alles so zu belassen. Aus der Situation geht die Frage hervor, wie das Bestehende dann für die Anderen, die davon nicht unbedingt profitieren, ausgesehen haben mag.

Die genaue Rekonstruktion der Entstehung prähistorischer institutioneller Gesellschaftsverfassungen ist in ihren konkreten Ausgestaltungen nicht zu erreichen. Häufig sind wir in der Urgeschichte konfrontiert mit einer Momentaufnahme, einer Spitze des Eisbergs, vom Ende des Bildungsprozesses der gesellschaftlichen und kognitiven Strukturen, deren (materielle) Umsetzung wir als Fundbild dokumentieren. Das, was zu tun ist, liegt auf der Hand: Man sollte sich auf die Rekonstruktion der allgemeinen Bildungsprozesse von archaischen Bedingungen konzentrieren, über die die Funde und Befunde einst konstruiert worden sind. Daran schließt sich ein Verständnis für den Kontext an, in dem die sinnhafte Nutzung der Funde auch als sinnvoll erschienen ist. Dieser Moment der Frage nach den Bedingungen, warum etwas sinnvoll ist, wenn die Frage sich auf die Machtverfassung der Gemeinschaft richtet, ist der Moment, wo die Reflexion über die Legitimation einsetzt.

Das naturwüchsige Deutungssystem ist pyramidal, hierarchisch, aber es ist die Denkform, die Subjekte ohne die Wissenschaft der Geschichte seit der Kindheit entwickeln. Sie setzt die Subjekte in die Lage, jede mögliche Machtverfassung zu legitimieren (vgl. Dux 2009; 2013). Aber das hierarchische Deutungssystem hinsichtlich der Sozialwelt allein erklärt nicht alles, was zur Legitimation gehört. Die pyramidale Lektüre der Welt, wobei alles seinen Ausgang und seine Legitimation im Absoluten hat, spielt natürlich eine wichtige Rolle in der Geschichte. Dieses Denksystem naturalisiert hierarchische Organisationsformen. Außerdem substanzialisiert die naturwüchsige Logik mächtige Subjekte, ebenso wie aufgrund der primitiven Logik Objekte subjektiviert werden. Diese Auslegung verabsolutiert substanzlogisch Institutionen als das, was hinter dem Veränderungsschein gleich bleibt. Wir finden diese Denkform überall ausgedrückt vor – in der Vergangenheit, in den Parteien, in den Strukturen der Marktgesellschaft und selbst unter den Unterdrückten dieser Welt. Eine autoritätsgebundene Lektüre der Welt gibt es wirklich.

Allein, die Bewegung des Denkens ist das Unabdingbare, worauf es ankommt, wenn es darum geht, eine vergangene Sinnkonstellation zu verstehen. Denn ein Denken ausgehend vom Vorfindlichen stellt das problematisierte Objekt vereinzelt dar, geht hinter es, um seinen Sinn in reflexiv-intentionalen Strukturen zu finden. Und das schafft eine dualistische Sicht auf die Wesenheiten der Welt, wobei deren reale Genese verloren geht. Dabei geht es eigentlich in einer Rekonstruktion darum, die reale Entstehung der sinnhaften Struktur aufzuklären. Und diese dualistische Bewegung vom Objekt hin zu seiner eigentlichen Bedeutung ist signifikant. Denn vor allem in nicht-demokratischen Organisationsformen reicht für die Legitimation eine fundamentalistische, absolutistische Überlegung. Man geht vom Vorfindlichen aus, reicht auf seinen Grund zurück, von dem aus die Erklärung hervortritt[26].

Diese dualistische Situation ist deutlich zu sehen in der Auseinandersetzung des amerikanischen Philosophen Searle mit der Sozialkonstruktion. Wenn man nach den Geltungsgründen des Geldes fragt, geht Searle von der Existenz des Geldes aus, so wie es vorgefunden wird, um aus dem Wesen dieser sinnhaften Erscheinung die Erklärung hervorzubringen, warum Papier überhaupt Geld geworden ist. Vorwegnehmend liegt der Fehler bereits in der Prämisse, dass Papier wirklich etwas anderes, nämlich Geld, sei. Das will ich genauer untersuchen, denn die Struktur, die er entdeckt zu haben glaubt, fasst gut zusammen, was man für die Vergangenheit erwarten darf. Gleichzeitig weist seine Analyse auf den Grund hin, warum Archäologen heute noch Schwierigkeiten mit dieser Problematik der Erscheinungen institutioneller Art erfahren.

Der Philosoph John Searle spricht von einer Ontologie der Welt, d. i. von dem, was eigentlich existieren soll. Er geht von einer einzigen existierenden Welt aus, und er stellt fest, dass es drei Arten von Grundgegenständen, sog. Tatsachen, gibt: Tatsachen natürlicher Art, Tatsachen sozialer Art und Tatsachen institutioneller Art. Während dabei eine Eigenständigkeit konstitutiv für die natürlichen Fakten ist, da sie ‚grundlegendere' seien, zeichnet die Abhängigkeit zum menschlichen Subjekt die Gegenstandsbereiche sozialer Art aus. Searle zufolge kennt die existenzielle Dimension sozialer Art eine Untergliederung in institutionellen Tatsachen (Searle 1995, 120-125).

Soziale Tatsachen erkennt man auf dem schnellsten Weg, so Searle, durch die Frage, was diese Dinge ohne die Menschen wären (ebd. 9-13, insbes. 11). Ein Steinwerkzeug wäre bloß ein Steinstück. Eine Funktionszuschreibung führt demnach zur Konstruktion gesellschaftlicher Objekte. Searle setzt als Beispiel das Herz ein (ebd. 14-16). Wenn man von einer Funktion des Herzens spricht, spricht man nicht mehr über ein Ding natürlicher Art (ebd. 13-23), sondern der Gegenstand wird in einer gesellschaftlichen Entität durch die teleologische Sinnstiftung umgewandelt. Das Herz hat als Funktion Blut zu pumpen nur insoweit man davon ausgeht, dass es das Ziel der Physiologie ist, den Organismus am Leben zu halten (ebd. 14 f.). Wäre der Tod das größte Ziel, dann müsste man zugeben, die Funktion des Herzens liegt darin, irgendwann damit aufzuhören, Blut zu pumpen (ebd. 15). In solchen Fällen redet Searle von kollektiven Zuschreibungen von Funktionen (ebd. 23-26). Die ursprungslogische Redeweise „das Herz hat eine Funktion" gehört zu Searles eigener Theorienwelt, denn nicht umsonst handelt das Werk des amerikanischen Philosophen von einer Ontologie[27].

Haupteigenschaften der institutionellen Tatsachen sind die Statusfunktion (ebd. 40-43), die konstitutiven Regeln (engl. *rules*) (ebd. 43-51) und die von Searle definierten deklarativen Sprechakte (ebd. 34, 54 f.). Die Statusfunktion unterscheidet sich

---

26 Im Unterschied dazu lernen die rezenten, demokratischen Lebensformen, dass Legitimation durch historisch-prozessuale, reale Argumentationen zu versuchen ist (Dux 2004; 2008; 2009; 2018; insb. 2013).

27 Die grundlegende Ursprungslogik bedingt die Wahrnehmung, dass die Funktion aus dem durch Begriffe vermittelten Objekt stamme.

z. B. von der oben erwähnten Funktion des Herzens, indem die Funktion nur entsteht, falls davor bereits ein bestimmter Status kollektiv und konventionell zugeschrieben wurde. Demgegenüber wird die Funktion der gesellschaftlichen Tatsachen direkt auf einen physischen Gegenstand zugeschrieben. Das heißt für die institutionellen Entitäten, ein König kann nur dann gewisse Funktionen erfüllen, solange er König ist und als solcher kollektiv anerkannt wird.

Konstitutive Regeln sind Normen, die ein Objekt selbst konstruieren (Searle 1995, 37, 43-51, 54 f., 59). Ein Schachspiel z. B. ist eine institutionelle Tatsache, da das Spiel ohne seine Regeln aufhören würde, ein Schachspiel zu sein. Auch hier werden die Regeln wie Merkmale auf das Schachspiel substanzlogisch projiziert. Searle aber kommt es auf die Struktur dieser Dinge institutioneller Art an. Denn er glaubt, die Struktur an den Regeln aufgedeckt zu haben. Und die Struktur der konstitutiven Regeln lautet, ihm zufolge, wie folgend: Ein X gilt als Y im bestimmten Kontext K (ebd. 43-51). Im Beispiel des Schachspiels zählt ein Stück Holz mit Pferdegesicht als Springer im Kontext des Schachspiels (ebd. 66-71, 115 f.). Der Springer selbst erfüllt gewisse Statusfunktionen innerhalb des Kontexts der kollektiv akzeptierten Regeln des Spiels. Dabei kann eine Rekursivität entstehen (ebd. 32-34, 52 f., 79-87), wobei das Holzstück als Springer im Kontext des Spiels eine Art obere Menge darstellt, innerhalb derer weitere konstitutive Regeln in den Spielregeln vorliegen, wie z. B. dass speziell für Springer bestimmte Züge erlaubt sind. Hiermit wird deutlich, dass die Entwicklung des Schachspiels eine komplizierte Koordinierung von konstitutiven Regeln beansprucht hat. Ein weiteres, typisches Beispiel ist das Fiatgeld (ebd. 37-43). Das konstitutive Gesetz lautet hierfür: Das Stück Papier zählt als Geld im Kontext von wirtschaftlichem Austausch in einer bestimmten geographischen Region.

Außerdem bestimmen Deklarationen oder deklarative Sprechakte solche Regeln und Statusfunktionen. Dies sind Sprechakte, die, laut Searles origineller und eigener Sprechaktkategorisierung, die Realität verändern, wie eine Taufformel, ein Schuldurteil oder eine Ankündigung, dass ein Paar von nun an „Ehemann und Ehefrau" ist (ebd. 43, 54 f.). Der zugeschriebene Status erlaubt einer Person oder einem Ding eine sozial anerkannte Funktion oder Rolle zu erfüllen. Diese Funktionen erscheinen legitim aufgrund einer kollektiven Haltung, eines zugeschriebenen Status oder einer kollektiven Akzeptanz.

Ein gutes Beispiel für die Differenz zwischen sozialen und institutionellen Tatsachen ist der Unterschied zwischen bronzezeitlichen Schwertern und spätbronzezeitlichen Stelen. Das Schwert versteht man schneller aufgrund seiner Eigenschaften, die auf die Ausübung von Gewalt hinweisen können. Man kann es noch mit bekannten Geschichten, Warnungen und Erzählungen verbinden, zum Verständnis ist dies nicht erforderlich. Hingegen versteht man die Bilder auf Stelen in ihrer Gesamtkomposition ausschließlich, wenn man die Hintergrundinformation dazu kennt (ebd. 127-147, insb. 147).

Was uns in dieser Erörterung jetzt interessiert, ist die Konstruktion der Theorie selbst. Während die gesellschaftlichen Tatsachen auf ein Subjekt konvergieren, in der Form seiner Ziele oder Wertungen, scheinen die institutionellen auf ein abstraktes Prinzip zu konvergieren, und zwar in der Form von konstitutiven Regeln. Mit größter Betonung weise ich darauf hin, dass Searle den deklarativen Sprechakt definiert als Sprechakt, der die Realität transformiert. Hiermit sind wir nah an dem primitiven Verständnis selbst. Wir erinnern uns, die Differenz zwischen Sprache und Realität hat sich nicht deutlich genug in das primäre Bewusstsein eingeprägt. Begriff und Materialität werden im Ursprung als Einheit derart gedacht, dass Begriffe in der Welt handlungsmächtig die Präsenz der ursprünglichen Substanz aufzeigen. Außerdem ist die Wesensbestimmung der Entitäten sozialer Art von entscheidender Bedeutung. Denn hiermit gibt Searle die grundhafte Struktur des primären Denkens eins zu eins wieder. Seiner Meinung nach haben soziale Tatsachen einen Grund in den Akteuren der Gesellschaft.

Genauso, das nehme ich an, waren Artefakte, die auch Searle für soziale Entitäten hält, im archaischen Verständnis aufgefasst:

> Artefakte sind zur Hand. Ihre Verwendung fügt sich dem Willen dessen, der sie gebraucht. Das Artefakt mit einem eigenen Willen zu versehen, wäre ganz abwegig. Bis in die Antike hinein hält sich die Vorstellung, daß in den Artefakten der Wille dessen substanzialisiert ist, der sie schafft. Der Natur wird geradezu Gewalt angetan. (Dux 2017b, 98)

Und die primären Konstruktionen der institutionellen Tatsachen, wie sollten diese aussehen? Wir dürfen erwarten, dass die Struktur der institutionellen Tatsachen bei Ritualia und magischen Substanzen wiederzufinden ist. Diese würden dann eine Art erste Institutionen bilden. Ritual und Magie geben institutionelle Verhältnisse wieder, insofern als dass es um rein physische Gegenstände (X) geht, die jedoch in einem bestimmten Kontext und in der richtigen Reihenfolge und Ordnung und mit der richtigen Verbindung zu anderen Gegenständen eine bestimmte Wirkung bekommen und damit zu einer neuen Entität (Y) werden (Hallpike 1972, 314 f.). Aber diese sind immer noch Transitionsformen von Institutionen, wenn man sie mit den heutigen Institutionen vergleicht. Denn die charakteristischen, konstitutiven Regeln fehlen in einer ausformulierten Propositionsform, wenn sie nicht in einem schriftlichen Corpus festgelegt werden, auf den man sich als Prinzip berufen könnte. Daher ist die Zentralisierung der realen Macht wichtige Voraussetzung für die Durchsetzungskraft von Statusfunktionen. Daraus wird das ersichtlich, worauf auch Searle hinweist, nämlich dass gesellschaftliche Tatsachen ihren Grund in einem Subjekt – dem Nutzer – haben, während Institutionen den Grund in einem vorgestellten Prinzip haben. Außerdem möchte ich bei der Anlehnung an Searles Begriffssystem zusätzlich die folgende Unterscheidung vorschlagen: Zunächst ist die Funktion der sozialen Tatsachen auf Handlungsebene bekannt, während institutionelle stärker von der Deutungsebene abhängen. Die Annahme von konstitutiven Regeln im Bezug auf institutionelle Tatsachen weist darauf hin, dass diese Tatsachen einer Erklärung oder einer Legitimation für ihre Funktionalität (Statusfunktion) bedürfen (Searle 1995, 37). Diese Erklärung bzw. die sprachliche Artikulation über diese Tatsachen bzw. Gegenstände werden in primitiven Welten durch die primitive Erklärungsstruktur durchzogen. Diese neigt zu Mythen und ihre handelnde Umsetzung in Ritualen.

Die subjektivische Logik ist die ursprüngliche, naturwüchsige Logik. Von Anfang der Kulturgeschichte an sind Institutionen unter der Vorgabe dieser absolutistischen Struktur aufgefasst worden. Da die subjektivische Erklärungslogik noch nicht überwunden ist, erfahren Institutionen bisher einen gewissen Zwiespalt in ihrer Legitimations- und Begründungsstruktur im Kopf vieler Menschen. Den Befund dieser Erhaltung der Begründungsstruktur zeigen Searles Analyse und seine strukturelle Definition selbst. Es geht mir jedoch nicht darum, zu zeigen, dass Searle selber rückständig denkt, sondern darum, dass der Philosoph diese Legitimierungsstruktur auch in der heutigen Gesellschaft vorgefunden hat, denn die subjektivische Struktur wird in der Kindheit jedes neuen

Artmitglieds erneut gebildet. Natürlich entwickelt nicht nur der kleine Mann auf der Straße diese Struktur, sondern auch der Professor für Philosophie Searle.

Wenn man heute vielleicht sagen würde, dass Menschen vergehen, aber Institutionen ihre eigene Logik behalten, hätte man früher gesagt, dass sie ihren eigenen Willen behalten. So fußt das Fundament der institutionellen Tatsachen auf einem Substanz-Subjekt in dem Grund der Sozialwelt, während das der gesellschaftlichen sich in einer Subjekt-Substanz verankert. Die Erwartung ist also nicht weit hergeholt, dass Institutionen für bestimmte Gruppen und zu bestimmten Zeiten ihre Rechtfertigung aus dem Absoluten behaupten und diese Entstehungsgeschichte sich in der von Searle vorgeschlagenen Struktur (X gilt als Y in Kontext K) widerspiegelt. Selbst der Aussage „Papier gilt als Geld" liegt das Ursprungsschema zugrunde, denn hier wird die konkrete, sinnfreie Natur des Papiermaterials vom Abstrakteren des sinnhaften Konstrukts „Geld" in ein Abhängigkeitsverhältnis gestellt. Die Welt ist durch Konzepte vermittelt und das führt zu der Denknotwendigkeit, auf das Abstrakte zurückzugreifen. Das sollte das Abstrakte aber nicht zum Fundament des Konkreten machen. Nur subjektivisch hängt das Konkrete vom Abstrakten ab (Dux 2018, 13-16). Dem abstrakten Prinzip kommt eine explikative Rolle zu, weil der Ursprungslogik zufolge dem vorgeordneten Prinzip die Kraft zugeschrieben wird, das nachgeordnet konkrete zu bestimmen. Solange die Vorstellung eines absoluten Ursprungs gilt, verleiht die eingebaute Subjekteigenschaft im Ursprung, das subjektivische Moment der Annahme Realitätsgehalt. In einem modernen Verständnis erfüllt der Rekurs auf das Absolute diese Funktion nicht mehr. Abstrakte Prinzipien sind bloß zusammenfassende Begriffe. Aus ihnen lassen sich nicht länger Erklärungen ableiten, für die konkrete Organisationsform, der das Prinzip vorgesetzt ist (ebd. 174). Die unterliegende Logik ist dieselbe, die pyramidale Begriffshierarchien entstehen lässt. Der abstrakte Begriff ist vorgeordnet, der konkrete nachgeordnet; beide sind wie Entitäten behandelt, wobei der Ursprung, als solcher ein Vorgeordneter im Abstrakten liegt. Dieses spendiert das Sein an das Konkrete. Die Logik zwingt den explikativen Rekurs auf das Abstrakte, denn von ihm aus stammt die das konkrete Seiende bestimmende Kraft (ebd.).

Ganz im Gegenteil denken wir in der Moderne vom Vorrang der Materialität, und d. h. des Konkreten. Sinnhafte Konstrukte wie das Papiergeld machen einen kommunikativen Kontext notwendig, welcher zuvor konstruiert werden muss. Aber Searle fragt nicht nach den realen Entwicklungsprozessen, wonach Menschen anfingen, eine Währung zu gebrauchen[28]. Diese Nutzung bildet in der Macht- und Eigentumsverfassung der Gesellschaft eine Eigendynamik, sodass niemand auf das Geld als Zahlungsmittel verzichten kann. Es wird zum Subsistenzmittel.

Aber nicht trotz der nicht mehr aktuellen Denkweise in der Theorie des amerikanischen Philosophen, sondern gerade wegen des Erhalts der Struktur unterstützt sein Schematismus die Kategorisierung einiger urgeschichtlicher Fragestellungen. Denn zusammenfassend lässt sich feststellen: Einst hat sich das Subjekt am Werkzeug als gesellschaftlicher Gegenstand substanzialisiert, was wir jedoch als Funktionszuschreibung

---

28 John Searle ist sich der Problematik bewusst, dass (Entstehungs-)Prozesse vor Produkten gedacht werden müssen. Er zeigt auch ein Bewusstsein dafür, dass die Welt sozialer Art auf dem verallgemeinerbaren Handlungsinteresse der Subjekte gründet. *„Social Objects are always, in some sense we will need to explain, constituted by social acts; and, in a sense, the object is just the continuous possibility of the activity. A twenty dollar bill, for example, is a standing possibility of paying for something"* (Searle 1995, 36). Auf eine gewisse Weise verstärken diese Einstellungen des Philosophen gerade seine Betonung auf die konstitutive Relevanz von Sprache für institutionelle Fakten.

heute noch identifizieren können. Einst fußten die Institutionen in einem absoluten Substanz-Subjekt, heute bekommen sie eine metaphorische, symbolische Gestalt, die menschabhängig aber konventionsbewusst ist. Dies ist verständlich vor dem Hintergrund der grundhaften subjektivischen Folie, denn aus kategorialen Verhältnissen schafft die subjektivische Struktur konkrete Beziehungen zu den Subjekten.

Faktisch gibt es die Möglichkeit, dass konstitutive Regeln nicht diskursiv zum Ausdruck kommen, sodass Institutionen sich ohne einen strengen, analysierten, propositionalen Charakter durchsetzen (vgl. Searle (1995, 72-76, 88 f.) um zu sehen, wie sich Searle mit dieser Tatsache und mit schriftlosen Kulturen quält. Insb. 74 für die Kontinuität mit Zeichen von *„preliterate societies"* und 88 für seine Argumentation für eine *„gradual transition"* oder graduellen Unterschied zwischen den sozialen und institutionellen Tatsachen). Dies bedeutet zum einen, dass diese Institutionen nicht auf einer propositionalen Haltung der Gemeinschaftsmitglieder basieren müssen. Zum anderen bedeutet es, dass in einer erlebten Sozialontologie das X vom Y analytisch nicht unterschieden werden muss. Und da im archaischen Denken eine klare Trennung sowohl zwischen Subjekt und Objekt als auch zwischen Referent und Zeichen Schwierigkeiten bereitet, ist die Absenz der bewussten, propositionalen Haltung sogar zu erwarten.

Die natürlich entstandene, unkritische Synthese der pristinen Logik sorgt sowohl für die ursprüngliche Undeutlichkeit und Untrennbarkeit in primitiven Gesellschaftsstrukturen als auch für die Verwirrung moderner Forscher. Soziale Strukturen werden durch homologisches Denken (Hallpike 1979, 143) noch weniger übersichtlich. Denn die Assoziationsfähigkeit im elementaren Symbolismus wird zur Konstruktion konstitutiver Regeln herangezogen, anstelle der sprachlichen Ausformulierung von Konventionen. Die Abwesenheit von propositionaler Fixierung und das Fehlen einer kritischen Tradition von diskursiver Erläuterung verstärkt die Abhängigkeit primitiver Institutionen vom erlebten Kontext. Dadurch bekommt die mit dem handelnden Denken konformgehende Performanz, z. B. in der Form von Sprechakten oder Ritualen, eine erklärende und eben dadurch auch legitimierende Rolle.

Wichtig dabei ist die folgende Anmerkung: Allein die zeichnerische Festlegung versetzt Gemeinschaften in die Lage, Institutionen von der Flüchtigkeit des konkreten Symbolismus zu „befreien" und für die Institutionen einen Raum in Platonia zu verschaffen, wo sie weiterhin menschgeschaffen bleiben, aber auch unabhängig von Einzelpersonen werden können. Zum Trotz der neuen wissenschaftlichen Mode der Narrative und des metaphorischen Denkens, das uns mit einem neuen, jedoch eigentlich alten Absolutismus droht, ist es in dem für die urgeschichtliche Archäologie schon fast unzugänglichen Land der Ideen also, wo Narrative, Metaphern und Symbolik eigentlich ihre höchste Überzeugungskraft erlangen. Diese erfährt in der mündlichen Übertragung eine wechselhafte Natur. Die unveränderliche Welt der Ideen nimmt an Bedeutung für die Schriftkulturen zu. Auf der Ebene der Gegenstände sind die unmittelbaren Assoziationen in ganz konkreten Handlungskontexten zu erwarten. Letztendlich hat Searle keine transzendentale Struktur der Existenz getroffen, sondern vielmehr eine empirische Hypothese aufgestellt, die den archäologischen Wortschatz bereichert, solange man darauf hinweist, dass diese Unterscheidungen *de jure* sind, welche beobachtete und beobachtbare Phänomene zusammenfassen, um diese verständlich darzustellen.

4.2 Symbolismus: die Logik der Assoziationen und Zeichen

Der symbolische oder metaphorische Wert von einfachen Gegenständen ist eher anhand der Verbindungen, die diese Objekte im Verstand der Betrachter mittelbar bis fast unmittelbar hervorbringen, zu verstehen, als durch komplizierte, kühne Mythologien. Die Nähe zu unseren primären Fakultäten des Sensoriums erschwert ausführliche diskursive Artikulationen über einen Symbolismus dieser Art, wie das letzte Kapitel erahnen lässt. Aber mithilfe der hier skizzierten Ontologie können wir wenigstens eine Kategorisierung vorschlagen. Denn wirkungsmächtige Gegenstände beanspruchen keine besondere große intellektuelle Leistung, um von Gemeinschaftsmitgliedern als soziales Faktum anerkannt zu werden. Wenn, wie oben erwähnt, ein Schwert z. B. als Machtsymbol oder Prestigegut einen Wert haben soll, dann liegt der Wert nicht in irgendeiner Metapher, die Menschen bewusst begreifen müssen. Natürlich kann er über die Assoziationen hinaus gehen, aber eine lange Brücke zwischen Sinnbild und Symbolträger bauen Archäologen und Akademiker. Allein, der Wert des Schwerts als Machtsymbol muss aus den das Objekt definierenden Erscheinungen (Erinnerungen, Schlachtfelderlebnisse, Erzählungen, Mythen, Fabeln, Schlaflieder usw.) stammen, die auf gewöhnliche Weise die gemeinschaftliche Lebenswelt bewohnen. Diese Erscheinungen sind die sog. motivierten Signifikanten, auf Englisch *motivated signifiers* (Hallpike 1979, 167).

> [...] *regular associations and properties of physical objects* [...] *provide a restricted set of motivated signifiers* [...] *and it is thus possible to express basic social and cosmological categories non-verbally by the use of concrete symbolism whose range of significance is defined and restricted by culturally generated rules.* (ebd.)

Die von der bisherigen archäologischen Forschung so komplex definierte symbolische Kraft der Gegenstände ist eine einfache Assoziation mit den zur Verfügung stehenden geistigen Mitteln. Um diese Assoziationen vielfältig zu begreifen, bedarf die Diskussion zur Interpretationsmöglichkeit von Waffen, Gefäßen oder Schmuckgegenständen in archaischen Kulturen einer Unterscheidung zwischen sozialen Tatsachen und institutionellen Tatsachen. Diese Kategorisierung liefert ein hilfreiches Mittel für die Analyse der Funde. Die materielle Kultur besteht im Ganzen aus sozialen Tatsachen, insofern Gegenstände von Menschen, Menschengruppen, mithilfe von intersubjektiven Ideen und Konzepten hergestellt werden. Artefakte sind materialisierte Gehirne, die von anderen Hirnen verstanden werden. Man denke an Searles Theorie über die zugeschriebenen Funktionen. Dennoch ist jede soziale Tatsache nicht automatisch eine institutionelle Tatsache, da Institutionen gewisse Gesellschaftsstrukturen, einen Grad an Abhängigkeit von der bestehenden sozialen Ordnung und die Anerkennung sozialer Rollen und Konventionen voraussetzen.

Allein, sobald man ein Schwert sieht, würde man den Gegenstand erkennen und die symbolische Wirkung würde sofort eintreten. Man erkennt an dem Schwert passiv und reaktiv das sogenannte ‚Symbol'. Aber ein ‚echtes' Symbol, wie der Ausweis des Polizisten, setzt ein aktives Lesen voraus. Die anderen sogenannten Symbole, also die meisten in der Urgeschichte, setzen nur eine Wahrnehmung voraus. Um diesen Unterschied klar zu machen, wird das archaische Phänomen als Symbolismus behandelt, im Gegensatz zu Symbolen wie einem Ausweis. Ein römischer Legionär tritt im Barbaricum mit seinen Waffen auf und nicht mit Texten an der Kleidung, die das bestätigen, was er offensichtlich mit sich bringt. Ein Legionär muss sich nicht auf die Stirn schreiben, er komme als

Vertreter des Römischen Reiches, um ein Gebiet zu erobern, daher bitte Platz machen. Selbst in Schriftkulturen greift man auf diese assoziativen Mittel, wenn es darum geht, die Botschaft am schnellsten und am eindrucksvollsten zu vermitteln. Als Erklärung für den hier skizzierten Kontrast zwischen sozialen und institutionellen Tatsachen dient der Vergleich mit Symbolen in der gegenwärtigen Gesellschaft.

> *Our symbols are isolated from each other because our society has articulated its official categories- by which I mean legal, constitutional, political, and economic- by purposive debate. Our way of life has largely excluded manifestations of the natural world from official consciousness, with the result that symbols function for us as metaphors and illustrations, not as potent entities in their own right which are parts of a total representative system.* (Hallpike 1979, 144)

Hiermit erklärt Hallpikes Psychologismus auch unsere Missverständnisse über die Vergangenheit, denn die moderne Gesellschaft ist viel stärker als die primitiven Gesellschaften von institutionellen Tatsachen bzw. Symbolen geprägt und umgeben. Und die moderne Gesellschaft als Schriftkultur greift viel stärker auf die schriftliche, ideelle und abstrahierte Ebene zurück, wenn es darum geht, Legitimation zu behaupten.

Dennoch geht es hier auch nicht darum, eine gewisse Metaphysik in der Erklärung der Wirkung dieser Objekte mit sog. symbolischer Kraft bei den archaischen Kulturen komplett zu leugnen. Aber bei der Aktivierung der Metaphysik und der diskursiven, subjektivischen Auseinandersetzung mit den sozialen Konstrukten spielen Rituale eine besondere Rolle. Die Riten, z. B. beim Bestattungsvorgang, rufen die Erklärung der „symbolischen" Kraft dieser Objekte in Erinnerung. Im Ritus wird man wieder dessen bewusst, welche Erscheinungen ein Objekt definieren. Substanzlogisch eröffnet sich ein Fenster für die Anerkennung vieler Merkmale für eine bestimmte Wesenheit der Welt. Im Anschluss daran werden auch andere Objekte und Ereignisse, Gegenstände und Erscheinungen der Lebenswelt und der Gemüter in der Gemeinschaft danach überprüft, welche am häufigsten in Verbindung mit dem Hauptobjekt gebracht werden können. Symbolismus als Assoziation besitzt also eine definierte Bedeutung in bestimmten Kontexten. Darüber hinaus wird die Legitimation von Verhältnissen institutioneller Art in solchen Situationen enaktiv erfahren, d. i. performativ.

> *While symbols do not have meaning but rather associations, and are instead motivated by their concrete associations in everyday life and experience, they have 'significance'; by this I mean that when used in a particular context by certain people in certain circumstances, one or some of their associations will thereby be selected as relevant, and others ignored.* (ebd. 143)

Dies setzt die Bildhaftigkeit von Grabstelen, wie z. B. der kupferzeitlichen oder der spätbronzezeitlichen Stelen der Iberischen Halbinsel, in Perspektive, da man ein vollständiges Ritual mit der Nutzung dieser Gegenstände, bei der Errichtung oder bei der Bestattung, annehmen sollte. Bei so einem Ritual kann man davon ausgehen, dass die Rolle der Waffen, Beile und des Schmucks hervorgehoben bzw. erklärt werden konnte, aber nicht zwingend musste. Was zwingend war, war die Verarbeitung dieser Events unter dem Erklärungsmuster der subjektivischen Handlungslogik.

Einen zusammenfassenden Kommentar für die andersartige Wirkung des archaischen Symbolismus liefert der ethnologische Vergleich zu den Konso, die nicht zwischen objektiv und subjektiv oder zwischen Psyche und Welt unterscheiden. Hallpike schließt das Kapitel zur Macht von Symbolen bei den Konso in Äthiopien wie folgend:

> *Thus symbols are effective for the Konso because, like dreams and hallucinations, they regard the emotive and conceptual power of symbols, as being ‚out there', and not as subjective reactions of their own minds.* (Hallpike 1972, 286)

Diese Feststellung sollte uns nicht mehr überraschen, wenn man die fehlende Unterscheidung zwischen Innerem und Äußerem als einen fundamentalen Aspekt der Ontologie kennt, die mit der im zweiten Kapitel skizzierten archaischen Logik aufgebaut wird. Diese Unterscheidungen sind erlernte Produkte des Verstandes in Zusammenarbeit mit den Gedanken, die wiederum von den kognitiven Herausforderungen der Umgebung abhängen. Die kognitive Umgebung für primitive Kulturen wie die, die wir hier untersuchen, fördert eine subjektivische Logik mit Auswirkungen auf das Verständnis der Kategorien. Unter diesen Strukturen können Assoziationen immer weitere Assoziationen mit sich ziehen.

Hallpikes Analyse erreicht theoretische Grenzen in seiner Diskussion über Anzeichen, Symbol und Zeichen (ders. 1979, 135 f.). Ihm zufolge steht ein Anzeichen für einen Referenten, welcher aufgrund einer physischen Kausalkette das Anzeichen bildet. So ist ein Fußabdruck ein Anzeichen, weil der Abdruck in einem physischen Verhältnis zu dem Anzeichen selbst steht (ebd. 135). Symbole könnten hingegen nicht in einer kausalen Beziehung zu dem Referenten stehen, auf den sie hinweisen (ebd.). Diese semiotische Methodologie ist nicht hilfreich. Man kann wie Hallpike Anzeichen definieren als das, was sich als Wirkung einer Kausalkette physischer Art zeigt, und dann im Gegensatz dazu Symbole verstehen als das, wohinter sich beabsichtigte und deswegen kulturelle Ursachen verstecken. Das verfällt jedoch wieder in den Fehlschluss der Ursprungslogik. Man kann das Thema so wie Hallpike angehen, aber strukturell erreicht man dadurch nicht viel, da bei beiden Definitionen die Denkstruktur dieselbe ist. Denn bei seiner Erklärung aller dieser zeichenhaften, sozialen Repräsentationen geht es um eine ähnliche Bewegung des Denkens. Man nimmt ein Objekt im Verstand vereinzelt heraus, um danach zu suchen, was dahinter als Ursache steckt. Wenn das Objekt eine Wirkung einer Ursache natürlicher Art darstellt, dann hat man vor sich ein Anzeichen. Wenn sich das Objekt als Endpunkt einer Kausalkette sozialer Art erweist, dann hat man es mit einem Symbol zu tun. Anzeichen hätten einen natürlichen Ursprung, Symbole einen menschlichen Ursprung. Das ist eine überholte Strategie, sinnvolle Gegenstände in ihren kommunizierbaren Eigenschaften zu beschreiben. Dennoch steht eines fest: Elemente symbolischer Assoziationen werden motiviert ausgewählt, und das schließt den von uns genannten Symbolismus mit ein.

Zum Verständnis des archaischen Symbolismus muss auch die materiale Identität dazu gedacht werden. Wir erinnern uns, dass Elemente der Welt im Verstand als Objekt vereinzelt werden können, um sie dann mit weiteren Objekten oder Konzepten zu identifizieren. Der Name dieses mentalen Vorgangs ist Verdinglichung. Es gibt, Hallpike (1979, 159) zuwider, doch eine gewisse Logik, die das Subjekt sogar in die Lage versetzt, synästhetische Assoziationen zu überbrücken. Die Verbindung wird substanzlogisch aufgebaut. Unterschiedliche Sinneseindrücke werden auf eine Substanz zurückgeführt, von der aus die ähnlichen Qualitäten emanieren. Das Denken verfährt so, dass das Wesen in der Existenz vorausgesetzt wird, das eine Erscheinung verursachen soll. Dieses Etwas bleibt gleich bei Veränderungen und steht, hinter den das Subjekt betreffenden Sinneseindrücken, als das objektive „dasselbe noch einmal". Diese Vorstellung unterstützt bei der Aufgabe, ‚Botschaften' des Sehvermögens in ‚Botschaften' des Hörvermögens usw. zu übersetzen, als würden sie ein und desselben Ursprungs entstammen. Diese Antizipation des Gemeinten vor dem Zeichen, der Bedeutung vor dem Bedeutungsträger, ist die Bedingung der Möglichkeit unseres Verständnisses der dichterischen Sprache Boethius' (s. oben), denn auch dort werden Elemente angesprochen, die der Leser schon am Anfang der Lektüre vorahnen kann. Und wenn der Leser bereits weiß, dass Boethius über ‚Die Philosophie' reden wird, ändert sich auch das ganze Textverständnis. Das alles spricht für die Behauptung von Edmund R. Leach: *„There must be some kind of ‚logical' mechanism which allows us to transform sight messages into sound messages or touch messages or smell messages, and vice versa"* (Leach 1976, 11). Dieser Mechanismus ist ein gewisser Kreislauf des Denkens unter der Vorstellung einer absoluten Existenz, welche als Ursprungssubstanz für die Erscheinungen aufgefasst wird.

Dieser Kreislauf im Denken über das, was existiert, d. i. diese Logik im Aufbau der Welt über die Folie einer materialen Identität, liefert uns den letzten „Schlüssel zum Verständnis" eines so eigenartigen Assoziationsvermögens:

> Der Schlüssel zum Verständnis liegt in der doppelten Identität: einerseits zwischen dem Symbol und seinem Referenten, andererseits zwischen dem Ursprung und seinen Emanationen resp. dem Subjekt und seinen Prädikaten. (Dux 1989, 225)

Dies zieht Konsequenzen nach sich in einer durch Konzepte vermittelten Welt wie der menschlichen Lebenswelt. Insbesondere dann, wenn das Bewusstsein für die Medialität der Konzepte nicht in vollster Kraft entfaltet ist. Die Organisation von Gegenständen selbst wird anfällig für einen Symbolismus durch Assoziation. Wohl unterscheidbare Mengen werden als eine Einheit gedacht. Die konzeptuelle Vereinzelung der Menge im Verstand wird verdinglicht. Der Begriff, mit dem die Einheit eines Zusammenhangs gedacht wird, bekommt seine Bedeutung von einer Substanz, die wiederum selbst eine Projektion in der Existenz des Begriffes ist, dessen Qualitäten aus diesem gemeinten Wesen stammen. Wenn man einen Handlungszusammenhang oder eine gegenständliche Assoziation in der Welt wohl unterscheiden kann, dann werden diese Mengen auf eine Substanz konvergieren, von der aus andere Konstellationen emanieren, die irgendein minimales Potenzial an Ähnlichkeit aufweisen.

Dort, wo man ein Objekt im Verstand vereinzeln kann, erkennt man auch die Grenze des vereinzelten Objekts. Grenzziehung heißt, es gibt ein dem Objekt Gehörendes und ein nicht dem Objekt Gehörendes. Es gibt das Objekt und das Nicht-Objekt. Aber die Grenze ist eine natürliche Konsequenz des vereinzelnden Herausnehmens von Objekten im Verstand. Ähnlich lautet das im sprachphilosophischen Kontext so häufig angeführte Beispiel der Nicht-Katzen. Eine Katze kann man ja verstehen, aber was versteht man unter der Nicht-Katze? Das steckt hinter der Feststellung, dass Symbolen dann Bedeutung zukommt, wenn man sie von gegensätzlichen Symbolen unterscheidet (Leach 1976, 49). Wenn man auf der Suche ist, welche Konzepte z. B. in eine Aufzählungsreihe substanzieller Merkmale passen, will man eigentlich wissen, welche Konzepte ähnlich, aber auch welche nicht ähnlich sind, welche an der intendierten Substanz teilnehmen und welche nicht.

Die Negation gibt es also trotzdem wirklich. Die Negation wird auch positiv gedacht, d. h. verdinglicht und in eine Gegenlage zum Positiven gestellt. Aber einen wirklich unvergleichbaren Unterschied gibt es in der Welt nicht. Objekte, die unähnlich auf einer konkreteren Ebene sind, sind gleichzeitig auch ähnlich auf einer darüber liegenden abstrakteren Ebene. Katzen sind anders als Nicht-Katzen. Aber beide sind Elemente der Welt, wenn auch nur als Konzepte. Das erklärt, warum Gottheiten häufig zwei gegensätzliche Qualitäten zugeschrieben werden können. So eine Gottheit ist die Subjektivierung der Substanz eines Begriffes, von der aus die Ähnlichkeit zwischen zwei eigentlich unterschiedlichen Qualitäten entspringt. Häufig geschieht dies mit Göttern, die in Gestalt von Menschen aufgefasst werden. Die Personifikation von den der Welt innenwohnenden subjektivischen Kräften löst sie vom Prozess ab, den sie vertreten. Unabhängig und losgelöst können sie verschiedenes bewirken. Dieser kognitive Befund (Dux 2017b) liegt Assoziationen derart zugrunde, dass eine Riesenauswahl an assoziativen, mentalen Operationen möglich wird.

Der Anthropologe Hallpike weist darauf hin, dass Assoziationen aufgrund von realen Auseinandersetzungen mit der Welt entstehen. Daher haben die symbolischen Verknüpfungen Anschluss an die Welt, denn die physische Welt ist nur eine und wir müssen davon ausgehen, dass unsere Sinneswahrnehmung durch eine universale Struktur gekennzeichnet ist, die im Begreifen der Realität erfolgreich genug umgesetzt wird. Hallpike erwähnt das Beispiel der Farben und wie sie regelhaft affektive, sowohl positive als auch negative symbolische Assoziationen aufweisen (Hallpike 1979, 149-168). Ein weiteres Beispiel ist das der Härte (ebd. 165). Beide sind sehr geeignet zur Erklärung einer wichtigen Eigenschaft des Symbolismus, wenn die Differenz zwischen Subjekt und Objekt nicht deutlich im Bewusstsein konzipiert ist.

Im Fall der Farbe muss bedacht werden, dass die Farbe selbst ihre Qualität von der über den unterschiedlichen Tönen stehenden, abstrakten Farbenqualität bekommt (Dux 1989, 165). Es gibt verschiedene Töne von Blau. Aber wir nennen sie alle blau. Sie sind alle blau wegen einer ‚Blauheit' (ebd.). Außerdem kann die blaue Farbe das Subjekt affektiv betreffen. Aber die affektive Reaktion und die blaue Farbe selbst bekommen ihren Bedeutungsgehalt durch die Kraft der Substanz, die die unterscheidbaren, atmosphärischen Situationen unter einem Konzept zusammenschließt. Hallpikes Schrift berichtet weiterhin von der Härte in der Erfahrung mit der Außenwelt. Hart ist ein Gegenstand, der einen wirklichen Widerstand zur Handlung des Subjekts darstellt. Die Übertragung auf eine Persönlichkeit harten Charakters verfolgt dieselbe Strategie, die Merkmale der Interaktion mit der Außenwelt objektiv zu vergleichen. Die Lage wäre aber nicht so, wenn die Menschen nicht in der Lage wären, sich eine ‚Hartheit' (Hallpike 1979, 165, auf engl. *„hardness"*) hinter den beiden Situationen vorzustellen. Und zwar sowohl die ‚Hartheit', die das Subjekt affektiv betrifft, als auch die, die dem Objekt eigen ist, verdankt ihren Bedeutungsgehalt einer Substanz, die hinter oder in den Objekten liegt. An dieser ‚Hartheit' nehmen alle harten Qualitäten der Welt teil, gleichgültig ob sie der subjektiven Qualität der Erfahrung oder einer objektiven Entität zugeschrieben werden.

Die Auswirkungen auf die handelnde Manipulation von Erfahrungsfeldern mit religiöser Konnotation ist ebenso erkenntnisrelevant. Es besteht eine Identität zwischen ritualisierten Handlungen und dem, wovon sie handeln (Dux 1989, 225). Wenn sich die archäologische Quelle als Ergebnis möglicher Handlungen ritueller Art erweist, dann dürfte man davon ausgehen, die Handlungen haben intendierte Elemente manipuliert.

Diese waren als existent gedacht. Durch die Handhabung dieser Elemente hätten die Menschen auch die Chance, andere Lebensbereiche ebenso zu beeinflussen, die in irgendeiner Form im Zusammenhang mit den in der Existenz projizierten Elementen stehen. Dieses Wesen wird natürlich ursprünglich gedacht, wobei man dann auch mit Ursprungsmythen rechnen müsste. Obgleich Mythen für die ritualisierten Handlungen formgebend sind, finden mythische Erzählungen auf der Bedeutungsebene statt. Dem konkreten Bedeutungsgehalt solcher Mythen nachzugehen, an die die Rituale angeschlossen waren, ist jedoch eine extrem schwierige Aufgabe gerade in Bezug auf die schriftlosen Gesellschaften der Urgeschichte.

4.3 Dinge institutioneller Art und die Dynamik der Welt

Im folgenden Abschnitt möchte ich das sozialontologische Begriffssystem danach überprüfen, ob eine Differenzierung der archäologischen Quelle in die Kategorien der sozialen und institutionellen Tatsachen möglich oder sinnvoll ist. Die Hypothese lautet: Der Symbolismus von Gegenständen sozialer Art geht prinzipiell allein auf einen Assoziationsmechanismus zurück, während Gegenstände institutioneller Art über den assoziativen Symbolismus hinaus Spuren der charakteristischen, konstitutiven Regeln der institutionellen Tatsachen aufzeigen sollten. Die Regeln konstruieren eine typische Spaltung: X gilt als Y in einem bestimmten Kontext K. Eine Spaltung, die, meiner Hypothese nach, graduell bewusster wird und artikuliert werden muss, sobald Gewohnheiten sprachlicher Legitimation bedürfen. Der sozialontologische Deutungsrahmen eröffnet neuen Raum für die Beschäftigung mit bildlichen Befunden, mit Berücksichtigung der jeweiligen Sozialwelt. Immerhin ist dies eine befundnahe und empirische Deutung, welche nicht verlangt, in den Bildern eine totale Umsetzung der in den einzelnen Bildhauern eingeprägten Strukturen des gesamten Sozialsystems wiederzufinden, von dem wir eigentlich keine so konkrete Ahnung haben[29]. Zu den wichtigsten Vertretern des Absolutismus im letzten Jahrhundert zählt nämlich die Systemtheorie, insofern als dass sie das gesamte System zu einem ersten, unhintergehbaren Prinzip erhebt, von dem aus die Erklärungen abzuleiten wären. Die Konstruktion von Bedeutungsträgern ist nicht soziokulturell, weil die Gesellschaft in den Menschen siedelt, um sich von dort aus Ausdruck in bildlicher Repräsentation zu verschaffen, sondern weil die Subjekte unterstützend an die Sozialwelt das Denken und die Sprache herausbilden, mittels derer sie die Artefakte konstruieren.

Aber es gibt Ambiguitäten in Fragen zur institutionellen Eigenschaft der bildlichen Repräsentationen oder der Referenten dieser Abbildungen selbst. Vieldeutigkeit in

---

29 Vgl. Araque Gonzalez (2014, 141-143; 2018, 19-35) für die wichtige Rolle, die unterschiedliche Hypothesen zur Sozialordnung und -hierarchie auf die Deutung der Befunde einnehmen. Je nachdem, ob eine pyramidale oder eine in Klassen geschichtete Sozialordnung vorausgesetzt wird, werden die Hypothesen herausgearbeitet. Araque Gonzalez argumentiert hingegen, dass es andere soziale Organisationsformen gibt, die ohne eine Hierarchie oder eine Elite durchaus bestehen und genauso effizient sind, um technologische Fortschritte und soziale Komplexität zu produzieren. Er plädiert für eine verfeinerte Differenzierung der Vielfalt, die die Organisation von Produktions- und Machtsystemen in atomistischen, zentrifugalen Gesellschaften auszeichnet. Die Gemeinschaften in Sardinien seien ein Beispiel von einem atomistischen Gesellschaftssystem, welches Komplexität, so wie sie im Befund vorkommt, herausbilden kann. Das ergibt für uns zwei Konsequenzen: Zunächst ist die Gesellschaftsverfassung dieser Menschengruppen noch umstritten. Schließlich scheitert der Versuch, hinter der Konstruktion von sozialen Repräsentationen die Auswirkung des gesamten Sozialsystems zu enthüllen.

Fragen darüber, ob sie Zeugnisse von ausgelegten institutionellen Metaphern sind oder eher als Zeugnisse von assoziativem Symbolismus auf der Ebene von gesellschaftlichen Tatsachen zu verstehen sind. Vieldeutige Instanzen könnten in diesem Fall eher für die Eigentümlichkeit mancher Zeitperioden sprechen. Manche Gemeinschaften sind zu bestimmten Zeiten und in bestimmten Regionen tatsächlich auf dem Weg zur bildlichen Institutionalisierung ihrer Werte und Vorstellungen, aber eben auf diesem Weg geblieben. Wo davor Attribute in ritualisierten Zusammenhängen enaktiv figuriert wurden, setzt sodann die Herausbildung von in Bildern festgeschriebenen Statusattributen und Statusfunktionen ein, natürlicherweise auf der Basis von zugeschriebenem Status. Andere kulturelle Konstrukte werden entwickelt und es geht um Objekte, deren Funktion nicht mehr rein auf zugeschriebenem Status basiert, sondern der Status wird jetzt metaphorisch verstanden. Die institutionellen Tatsachen oder Gegenstände müssen metaphorisch artikuliert werden, solange sie bildlich fixiert werden, und sie werden überhaupt erst bildlich fixiert, weil sie zuvor stark metaphorisch beladen sind.

Diese Ambiguitäten kann man am besten exemplifizieren mit zwei Elementen der Bilderwelt der Spätbronze- und Früheisenzeit, die in Europa weit verbreitet sind und zu dem Bild des Kriegers dieser beiden Perioden gehören. Diese Erscheinungen stellen einen empirischen Test für den sozialontologischen Ansatz bereit und enthüllen gleichzeitig die Grenzen dieses Begriffssystems. Es geht um die Tücher oder Röckchen, welche auf unterschiedlichen Bildträgern vorkommen, z. B. als Gravur auf der Sofalehne von Hochdorf, auf den Felsflächen von Val Camonica und auf den iberischen Stelen, worauf das folgende Unterkapitel näher eingeht. Und es geht um die „dicken" Beine der Menschenfiguren, welche auch in weiten Teilen Europas wie Schweden und Griechenland wiederholt auftauchen und als Attribut des europäischen Menschenbildes der Eisenzeit angesehen werden können, insbes. in Bezug auf Kriegerbilder, da diese Attribute mit Eigenschaften der Figuren, wie stärke der Beinmuskeln, in Zusammenhang gebracht werden können.

Bei Attributen wie den Röckchen oder Kriegertüchern handelt es sich möglicherweise um institutionelle Tatsachen (Abb. 4). Denn diese sind nicht nur Konvergenzerscheinungen aufgrund ähnlicher kognitiver Fähigkeiten, sondern diese Repräsentationen erfüllen mehr als eine beschreibende Rolle. Sie gewinnen gerade durch Wertungen an sozialer Bedeutung, welche den direkteren Assoziationen der Dinge gesellschaftlicher Art eine Basis bilden würde. Der Verdacht, dass diese Dinge über die Assoziationen hinaus gehen und ihr Bedeutungsgehalt nach mehr als einer Beschreibung unter substanzlogischen Strukturen verlangt, führt zu der Hypothese, dass es sich hier um Dinge institutioneller Art handelt. Da eine Beschreibung für die assoziative Kraft gesellschaftlicher Tatsachen ausreichen würde, rechne ich mit institutionellen Tatsachen in solchen Fällen, wo allein die Qualitäten in der Empfindung nicht ausreichen, um Assoziationen hervorzurufen, ohne auf den Inhalt aus der dahinter vorgestellten Substanz für die Bedeutung tiefer einzugehen. Und in dem Fall des „Röckchens" scheint die Methode eine Bestätigung zu finden, da es sich hier wahrscheinlich um einen Fransengürtel handelt, den man bei ritualisierten Waffentänzen trägt. Manche Darstellungen weisen tatsächlich auf etwas anderes hin, was nicht unmittelbar aus den Objekten zu verstehen ist. Daher werfe ich die folgende These auf: Schwerter, Schilde, Lanzen für sich setzen unmittelbare Assoziationen ein

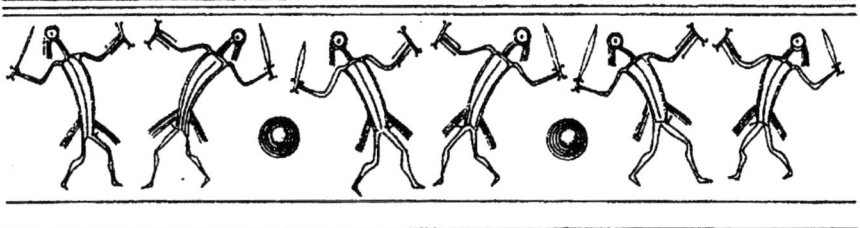

Abb. 4: Unterschiedliche Darstellungen von Kriegern mit „Röckchen". 1: Val Camonica Naquane Fels 1 (Huth 2005b, 37 Abb. 12). 2: Darstellung des „Röckchens", möglicherweise ein Tuch, auf der iberischen Stele aus Zarza Capilla 1 (Harrison 2004, 251 C44). 3: Rückenlehne des Sofas von Hochdorf (Huth 2003, Taf. 22.1).

und werden nur in einem bestimmten Kontext zu institutionellen Dingen, während wir Röckchen wie in den Felsbildern in Val Camonica (Abb. 4.1) nicht anders verstehen können, als in einem bestimmten Kontext verwendete institutionelle Tatsachen.

Die dicken Beine der Krieger, die auch in skandinavischen Felsbildern vorkommen (Abb. 5), sind dagegen schwieriger als institutionell einzustufen, da es sich hier ebenso um eine Konvergenz im Denken über die Attribute eines Kriegers handeln kann (vgl. Abb. 4 und 5) (Löhlein 2006, 498-504; vgl. Eggert 2003, 179-190, insb. 185 f.). Aus der griechischen spätgeometrischen Vasenmalerei ist das Phänomen auch bekannt. Als Aspekte der Figuren gelten sie als Zeichen für physische Kraft und seelische Tugend.

> Tracht- und Rüstungsteile kennzeichnen die Personen hinsichtlich ihres gesellschaftlichen Ranges und Status, durch entsprechende Ausgestaltung der Körper werden charakterliche und körperliche Vorzüge dargestellt. (Löhlein 2006, 503)

 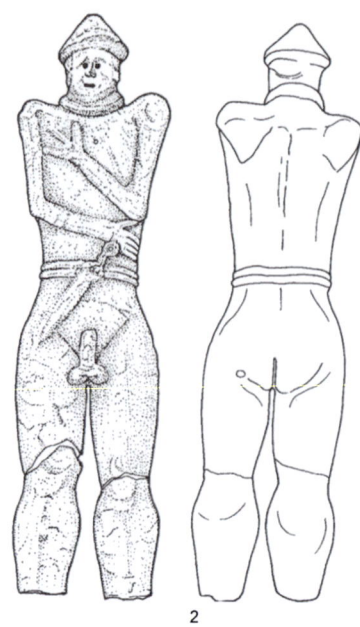

Abb. 5: Dicke Beine der Krieger. 1: Kriegerdarstellung aus Kville (län. Västra Götland) Quelle: SHFA, Torsten Högberg (vgl. Ling und Rowlands 2015, 97 Abb. 8.8). 2: Der "Krieger von Hirschlanden" in Vorder- und Rückansicht (Huth 2003, Taf. 24.2).

Eine interkulturelle ‚Inspiration' für gewisse Eigenschaften (Ling und Rowlands 2015, 101), z. B. auf Basis von Kontakt mit Bildvorlagen oder von direktem oder indirektem, dinglichem oder kommunikativem Austausch, ist durchaus möglich. Aber es ist in diesem Zusammenhang wichtig, dass das wiederholte Auftauchen von Bildmotiven wie den dicken Beinen nicht automatisch für einen direkten griechischen Einfluss spricht (Löhlein 2006, 502 f.). Und gerade für Attribute, die sich an natürliche Sachverhalte wie die Anatomie anschließen, gilt der Satz, dass Symbolismus in der substanzlogischen Auseinandersetzung mit der realen Welt gebaut wird. Das heißt nicht, dass die Leute wirklich definierte Beinmuskeln hatten. Aber man versteht, was es bedeutet, wenn man sie hätte.

Bedeutungen haben graduelle Unterschiede. Der Sinn der Assoziationen mit den Schenkeln in den homerischen Epen und die Angst Odysseus', im Lauf nicht genug wettbewerbsfähig zu sein (ebd. 502), entfaltet sich in vollster Kraft nur in einem gesellschaftlichen Kontext, der kompetitive Individuen herausfordert und lobt. Der K in der Gleichung (X gilt als Y in K) ist entscheidend, wenn man die assoziativen Verbindungen als Regeln bzw. Konventionen (ebd.) auffasst.

Eine ähnliche Haltung steht hinter Ralph Araque Gonzalez' (2018, 16-19) Beschreibung von Archetypen, wobei er andere Objekte darunter verstehen würde. Aber auch er, konfrontiert mit der Frage nach ikonographischer Repräsentation, unterscheidet nach Archetypen und grundlegenden Informationen, welche durch „*visible features*" (ebd. 16) ausgedrückt werden, wie z. B. Geschlecht, Bekleidung, Bewaffnung und andere anthropomorphe Merkmale. Die Kombination gewisser Merkmale und die Repetition eines Bildprogramms weist, so Araque Gonzalez, auf eine gemeinsame Bedeutung oder auf einen Archetypus hin. Er erweitert seine Definition: "*An archetype is a character specified by certain attributes, which must be displayed conventionally by all artists to assure the possibility of identification"* (Araque Gonzalez 2018, 16). Gerade diese Einstellung gegenüber manchen Objekten mit ihrer Darstellung in Bildern, welche für viele Forscher dieser spätbronzezeitlichen Gemeinschaften als repetitiv und als Wiederholung eines idealen Musters erscheinen, drücke ich mit dem Begriff eines Institutionalisierungsprozesses aus.

Ein Institutionalisierungsprozess ist das Verfahren, wodurch die Subjekte gesellschaftliche Gegenstände mitsamt ihren Assoziationen ausdrücklich durch Kommunikation mit kollektiv anerkannten konstitutiven Regeln belegen. Damit bekommt der Eindruck, bei primitiven Gesellschaften sei alles bedeutungsschwanger, eine klare Definition. Zunächst können Gegenstände natürlicher und gesellschaftlicher Art durch Symbolismus prozessiert werden. Dieser zeichnet sich durch die archaische, subjektivische Handlungslogik aus, die sowohl eine Ursprungs- als auch eine Substanzlogik ist. Dadurch werden Gegenstände in Zusammenhang mit Regelmäßigkeiten, Tätigkeitsfeldern, anderen Objekten und Erlebnissen gebracht. Darüber hinaus stehen die gesellschaftlichen Objekte in einem ursprungslogischen Zusammenhang mit dem Träger, Nutzer, Besitzer oder Hersteller. Das macht diese Objekte für die einzelnen bedeutsam und sozial relevant als Merkmal zur Identifizierung des Subjekts.

Diesen Eindruck, dass Wiederholungen im Bildprogramm auf einen musterhaften Sinngehalt konvergieren, vermittelt nicht nur Araque Gonzalez, sondern ähnliche Einsichten werden in der Forschung bereits aufgenommen, wie der Artikel von Johan Ling und Michael Rowlands (2015) über skandinavische Felsbilder zeigt. Sie stützen ihre Argumentation auf eine Untersuchung des Kulturanthropologen Marshall D. Sahlins zum Thema Königtum und unterstreichen die hier genannte Spaltung der institutionellen Sachverhalte. Sahlins stellt in seiner Forschung fest, dass Macht häufig als von einer äußeren Quelle stammend repräsentiert wird (Sahlins 2008). Dieser anthropologische Befund reproduziert strukturell sowohl den konstitutiven Dualismus der subjektivischen Handlungslogik als auch die Syntax der institutionellen Tatsachen. Macht ist, so die Theorie, immer fremd oder „ausländisch" verfasst. Diese fremde Verfassung der Macht gestaltet sich auch im ganz konkreten, räumlichen Verhältnis, da Räume außerhalb der bekannten Landschaften als von nicht-menschlichen Kräften bewohnt gedacht werden. Diese Kräfte können sowohl wilde Bestien als auch Götter sein (Ling und Rowlands 2015, 100 f.). Die Wirksamkeit der Alterität liege in der Fähigkeit, die Bedingungen zur Förderung der Fruchtbarkeit und der Lebenskraft von außen her einzufangen (ebd.), das heißt auf englisch „*taking the outside in*" (ebd. 95). „*This is the basis for Sahlins' claim that 'Stranger Kings' are inseparable from elementary forms of kinship and the domestication of alterity*" (ebd. 100 f.). Mobilität schließt die Möglichkeit zur Erweiterung der Verwandtschafts- oder Gemeinschaftsnetzwerke ein (ebd.). Die konkrete Form und Spannweite dieser Netzwerke ist unbekannt. Wichtig ist, dass beide Arbeiten über Bilder der Spätbronzezeit, auf der Iberischen Halbinsel (vgl. Araque Gonzalez 2018 insb. 182-186 für die Forschungsgeschichte) und in Skandinavien (Ling und Rowlands 2015) die Regionen als Orte der Kommunikation in der Landschaft (ebd. 95) und als Gebiete von Austausch und Interaktion (Araque Gonzalez 2018, 241-247) stark betonen. Ling und Rowlands sehen in den schwedischen Felsbildern ein „Einfangen der Alterität". Vergleichsweise gelten die gehörnten Menschen auf den iberischen Stelen als fremde Elemente, neues Menschenbild oder Auseinandersetzung mit fremden Bildprogrammen. Gerade in dem Vergleich dieser beiden Gebiete lässt sich herausstellen, dass das strukturell ähnliche Einfangen der Alterität, und zwar des Numinosen oder der Wildnis, sich in Skandinavien auf eine pragmatische Kontrolle über die Naturwelt konzentrieren, während die iberischen Stelen sich auf die Sozialwelt zu beziehen scheinen, was die Verwendung der iberischen Stelen im Grabkontext erklären kann.

Die skandinavischen Felsbilder auf Bohuslän (Schweden) entwickeln sich zeitlich ähnlich wie die iberischen Stelen. Die ältesten Darstellungen konzentrieren sich auf Tiergestalten, Schiffe und nur wenige, sporadische und undeutliche Menschenbilder. Die Bilder zeigen Schiffe, die sich in Stiere verwandeln und umgekehrt. Sie werden in die Frühbronzezeit datiert. Nur die jüngsten Bilder aus der Spätbronzezeit zeigen anthropomorphe Figuren im Vordergrund. Auch dort treten Hörner als Merkmale der Menschenfiguren auf.

> *In the Early Bronze Age, the human figure is simply not prominent and it takes some imagination to say that the pairs of figures in the ship images are definitely human. Instead it is the transformation of animal into ship and the fact that features of the animal (horns, body shape) are translated into the ship form that suggest the two forms are found in each other. [...] the hybrid form [of ship/bull images] will show what they have in common. In more animistic terms, what the bull and ship would share in common is a soul [...].* (Ling und Rowlands 2015, 99)

Im Anschluss daran betonen die Autoren soziale, wirtschaftliche, kulturelle und politische Veränderungen von der Früh- zur Spätbronzezeit und fassen die spätbronzezeitlichen Bilddarstellungen zusammen. Die anthropomorphen Figuren verändern sich drastisch, indem Menschenbilder nicht mehr wie in der Frühbronzezeit bloße „anonyme, ephemere, kollektive" (ebd. 100 Übers. d. Verf.) Eigenschaften ausmachen, welche die Schiffe nebenbei begleiten, sondern sie stehen in der Spätbronzezeit im Vordergrund als große Zentralfiguren (ebd.). Die Welt, wo man allein Bilder von Tieren und Gegenständen schafft, ist nicht so sehr subjektlos, wie sie auf den ersten Blick für uns erscheint. Die Fokussierung auf Menschengestalten stellt dabei das Außergewöhnliche und Neue dar. Auf der subjektivischen Folie früherer Weltbilder ist die Erscheinung von mächtigen, subjektiven Agenzien nicht überraschend. Das können anthropomorphe Figuren, Schiffe, Schilde etc. sein. Schließlich geht es natürlich nicht um einen Ersatz von Bildprogrammen, denn es handelt sich im Grunde um unterschiedliche Kommunikationsakte, die genauso ursprungs- und substanzlogisch und vor allem subjektivisch strukturiert sind. Aus dem Wandel der Abbildungen schließen die Autoren auf eine vernünftige, d. h. nicht ideologietheoretische Anmerkung zum Epochenbild der Spätbronzezeit wenigstens in Bezug auf den „Kriegerethos" (ebd. Übers. d. Verf.):

> *As is well known the warrior ethos is prevalent in the wider European Bronze Age context and as an image of a power of foreign origin it does not replace the bull-ship power of alterity from the Early Bronze Age, but rather fuses with it.* (ebd.)

Zunächst ist die Annahme einer kriegerischen Haltung, die in vielen Gebieten in der Bronzezeit zu finden sei, an sich nicht falsch und die Theorie hält einer kritischen Prüfung besser stand als ideologietheoretische, substanzlogische Auffassungen der Periode, denn Subjekte können eine kriegerische Haltung tatsächlich entwickeln, wenn die Machtpotenziale einer Gesellschaft aus der Bereitschaft physischer Gewalt berechnet werden. Die Haltung müssen sie dann sogar bilden, wenn sie sich selbst behaupten wollen.

Immerhin gehen Ling und Rowlands so weit zu behaupten, dass die Einführung von Stiermotiven einen Einfluss aus dem Süden darstellt, eventuell aus dem ägäischen Raum. „*In a sense the introduction of the bull image in* [scandinavian] *rock art is an introduction of the 'Stranger King'*" (Ling und Rowlands 2015, 96). Die Erwartung, aus dem Unbekannten, Fremden, Numinosen irgendeine subjektivische Kraft einzufangen, gehört strukturell zum Denken dieser Zeit. Dies kann sowohl in Skandinavien, um die Natur, das Meer oder die Beute unter Kontrolle zu halten, als auch in Grabkontexten der Iberischen Halbinsel geschehen, wo, wie auf den Stelen, um substanzialisierte Persönlichkeiten getrauert, um die Gunst numinoser Kräfte der Nachwelt geworben oder kollektive Situationen gefeiert werden könnten. Daher muss die Frage offen bleiben, inwieweit ähnliche Symbole über die strukturelle Ebene hinaus Ausdruck der Konvergenz ähnlicher Denkformen in verschiedenen, getrennten Gemeinschaften sind, die sich mit ähnlichen Verhältnissen der Existenzbewältigung konfrontiert sahen und eventuell auch in kommunikativem Kontakt durch materialen und/oder sprachlichen Austausch standen, und inwieweit diese Themen ‚pan-europäische' Züge aufweisen. Die Autoren weisen auf die weite Verbreitung der Hörnerhelmmotive auf den iberischen Stelen, auf Kleinplastik aus Sardinien, in den Abbildungen der „Seevölker" im Grab Ramses II und die Figuren von Grevesvänge in Dänemark und schließlich in den Felsbildern Westschwedens hin. Sie führen den Charakter der Bilder in Bohuslän auf eine nordische Tradition von „Animismus", eine rituelle Bedeutung von Schiffmotiven seit der Frühbronzezeit und auf eine rituelle Verbindung zwischen Stier und Krieger zurück (ebd. 102).

Den „Animismus" kann man dadurch erklären, dass die subjektivische Handlungslogik von jedem neuen Artmitglied neu entwickelt wird. Es gab keinen Grund für eine Kritik oder eine Ablehnung dieser Struktur oder dafür, dass sie nicht mehr als sinnvoll gelten sollte. Der Begriff der Tradition ist irreführend. Die Bedeutsamkeit von Schiffmotiven weist darauf hin, dass ähnliche Lebenspraxen die Subsistenz prägen. Die Tätigkeiten sind sinnstiftend, nicht die Schiffe selbst oder ihre bildliche Wiedergabe. Der assoziative Symbolismus von Hörnern folgt derselben Logik wie synästhetische Assoziationen auf Grundlage von Auseinandersetzungen mit der vorfindlichen Welt. Der sog. Animismus in magischen, rituellen Tätigkeiten geht auf den assoziativen Symbolismus zurück, welcher Wesenheiten durch einen Rekurs auf die hinter ihnen gelegenen Substanz mit einer ereignishaften, handelnden Eigenschaft zusammenbringt. In diesem Sinn ist der – wenn man es so nennen möchte – animistische Charakter eine vertretbare Deutung. Die Erwähnung eines „*Pan-European warrior code, or theme*" (ebd.) führt zu Missverständnissen und zu Verzerrungen im Epochenbild.

Ferner weisen die Theorien wie die der „Archetypen" oder des „Einfangens der Alterität" auf die dichotome Struktur der archaischen Logik hin. Archetypen unterscheiden zwischen beabsichtigter Bedeutung und Bedeutungsträger, machen aber aus der Ersten den Ursprung des Letzteren. Es ist in jedem Kommunikationsakt so, dass eine geistig konstruierte Bedeutung in ein kulturelles Medium umgesetzt wird. Dabei werden Konzepte benutzt. Die Anwendung von Konzepten ähnelt zwar einer Regel, aber es ist nicht ein eigenständig existierender Standard, an dem die kommunikative Umsetzung in das kulturelle Medium gemessen wird. Die Theorie des Einfangens der Alterität weist auch auf die Ursprungslogik hin, die sich in menschlichen Angelegenheiten wortwörtlich zur

Herkunftslogik transformiert. Damit geht die interessante Einsicht einher, dass aus der realen Herkunft in der Welt die Eigenschaften eines Gegenstandes emanieren können. Die Alteritätstheorie hat den Vorteil, konkreter zu werden. Aber das macht die Theorie auch angreifbar, da wir genau diese konkreten Kontexte nicht kennen. Die Theorie setzt als Erwartung, dass bei der Aushandlung der konstitutiven Regeln, welche die Bedeutung der Bilder bestimmen würden, die Dichotomie (X als Y) strukturell notwendig wird, und der Kontext von interkulturellen Kontakten und die Kompetenz, geistige Operationen konkret durchzuführen, ermöglichen eine räumlich-metaphorische, d. h. herkunftslogische Auseinandersetzung mit den konstitutiven Regeln. Als Beispiel dient die Übernahme „fremder" Formen. Durch die Abwesenheit von Referenzen vor Ort, mit denen man konkrete eigene Vorstellungen assoziieren kann, sind die Gemeinschaftsmitglieder gefordert, das Zeichen vom Bedeutungsgehalt, das X vom Y, als räumlich getrennt zu verstehen, d. h.: eine konkrete räumliche, herkunftslogische Herausarbeitung von konstitutiven Gesetzen für die institutionellen Elemente der Sozialwelt. Man braucht eine Erklärung für den Zusatz der Hörnerhelme und so müssen die Menschen langsam das X (die Darstellung von Hörnerhelmen) von dem Y (das dort bzw. auch dort jenseits der bekannten Landschaft als etwas Besonderes bzw. etwas Anderes gilt) der institutionellen Tatsachen getrennt denken. Das Problem dabei ist, dass man die Abwesenheit einer vorfindlichen Referenz beweisen muss, die eine eigenständige Konstruktion vom Symbolismus in der Beschäftigung mit der realen Welt unmöglich machen würde. Das mag eine Rolle spielen, wenn es z. B. um die Beigabe griechischer Keramik in den Gräbern der Eisenzeit geht. Aber die Analogie zwischen Hörnern und Kräften der Natur oder der „Wildnis" liegt auf der Hand. Und selbst bei Importgütern gibt es genug Hinweise dafür, dass sie auch in die eigenen Kategorien eingebunden werden, bis entweder sie nicht mehr fremd sind oder die Kategorien angepasst werden bzw. akkulturiert erscheinen (vgl. Kossack 1999, 9-20, insb. 13 Anm. 21, 21-23, 32, 44-48, 45 f.).

Meine Hypothese zur dualistischen Struktur von Institutionen verleiht eine andere Sicht auf Theorien wie der der ‚fremden Könige' oder auf Araque Gonzalez' Aussage über exotische und ferngehandelte Dinge: *„With an iconography that displayed 'exotic' elements or those objects obtained during long-distance travel, the images stressed the importance of contacts on an ideological level"* (Araque Gonzalez 2018, 244), wobei die Betonung auf ‚ideologische Ebene' liegen sollte. Die hiesige Begrifflichkeit ändert also die Bedeutung dieses Ausdrucks. Zuerst meint Ideologie kognitionstheoretisch die Vermischung von politischen, sozialen und kosmologischen Kategorien im primitiven Denken. Sodann heißt sie strukturell die Bewegung des Denkens hin auf ein Numinoses, was auch in der Ferne liegen kann. Letztendlich bedeutet Ideologie sozialontologisch die räumliche Auffassung der konstitutiven Regeln von Tatsachen institutioneller Art. Die Legitimation von institutionellen Verhältnissen ist subjektivisch und d. h. strukturell dualistisch. Diese Legitimationsquelle in oder hinter den Objekten ist der vorgestellte Ursprung von Status, den die Subjekte auf die Gegenstände zuschreiben können. Solche Überlegungen haben auch Bedeutung in Bezug auf andere Themen wie Weihegaben, Hortfunde mit sakralem Zusammenhang und selbst bildliche Darstellungen religiös beladener Gegenstände auf Stelen. Das ist der Grund, warum Christoph Huth (2016) die Logik einer der gängigsten Theorien zur Deutung von spätbronzezeitlichen Hortfunden umdrehen kann indem er fragt, ob die Hypothese, dass gewisse Objekte eher eine Gabe **von den Göttern** anstatt **an die Götter** seien, mehr erklären und Lücken in der Forschung schließen könnte.

Möglicherweise geht es bei all diesen Feststellungen und Deutungsversuchen strukturell darum, dass der Status von Objekten institutioneller Art aus einer Subjektivität (d. i. ein Substanz-Subjekt) heraus emaniert und emanieren muss, die fremdartiger ist, als die Subjektivität eines gewöhnlichen Nachbarn (d. i. eine Subjekt-Substanz). Die reale und die metaphysische Herkunft werden wohl zu den Aspekten zählen, die im assoziativen Symbolismus beitragen, eine Substanz zu definieren.

Es geht mir nicht darum, den Konstrukten ihre Bestimmung aus der abstrakteren Sprache abzuleiten. Denn das wäre tautologisch, wenn damit gemeint wäre, dass die Haupteigenschaften von sprachlich gebildeten und angewandten Konstrukten, die ich hier institutionell nenne, in der Sprache lägen. Es geht vielmehr darum, aufzuzeigen, dass das Wissen, das in die Handlungsschemata für den Umgang mit diesen Konstrukten eingeht und das Deutungsmuster für die „richtige", „passende" Interpretation oder Lektüre von Symbolen festlegt, durchaus diskursiv verfasst sein kann und dadurch sozial bedingt. Auf diese Weise ist die Manipulation dieser Konstrukte nur durch Denken und Sprache in den vorhandenen kommunikativen Interaktionsformen möglich. Und sie werden manipuliert. Hallpike weist bereits darauf hin, wenn er feststellt, dass unsere Symbole viel stärker durch bewusste Diskussion geformt seien. Darin liegt ein möglicher Unterschied zum Handlungswissen und zum Konstanzwissen, dessen Lernen nach dem Motto vorgeht: konstante Relationen zu konstatieren, um daran Handlungsfolgen zu knüpfen (Dux 2017b, 100). Der auf der Grundlage der naturwüchsigen subjektivischen Ursprungslogik aufgebaute Symbolismus ist an das naturwüchsige Handlungswissen zu nah angeschlossen, als dass seine Resultate für Symbole gehalten werden können. Denn deren konventionelle Eigenschaft äußert sich selten in der Sprache, mit der sie verarbeitet werden. Indem die hier vorgestellten Kategorien dieser Differenz Ausdruck verschaffen, sind sie für die Archäologie interessant.

Begriffssysteme sind selten perfekt. Der Satz gilt auch für die Begriffe der hier skizzierten Sozialontologie. Die Unterscheidung zwischen Tatsachen natürlicher Art, sozialer Art und institutioneller Art hat den Vorteil, klare Definitionen vorzuschlagen. Natur ist das, was ohne den Menschen existiert. Soziale Sachverhalte hingegen sind Produkte von Menschen. Institutionelle Tatsachen sind zwar auch menschliche Konstrukte, aber Kommunikation und Bedeutung – Sprache im Allgemeinen; Erklärungen, Mythen oder Legitimationen im Besonderen – sind für sie konstitutiv. Dieses Begriffssystem hat jedoch einige Probleme. Zunächst setzt eine Ontologie das Primat des Produkts vor dem Prozess voraus. Die existenzielle Logik, mit der es aufgebaut ist, kann so mit der Flexibilität und Dynamik der Welt nicht zurechtkommen. Die Sozialwelt ist jedoch prozesslogisch zu verstehen, weil sie historisch aufgebaut wird. Die Hierarchie der Begriffe ist jedoch so, dass jede institutionelle Tatsache eine soziale ist. Aber jede soziale Sache ist ja auch nur ein paar sinnstiftende Handlungen von einer Institutionalisierung entfernt. Denn der Sinn der Dinge, ihre symbolische oder pragmatische Funktion, geht auf die Handlungen der Menschen zurück. Das ist die Konsequenz vom Postulat der Konvergenz der Welt auf die Menschen für die Archäologie. Der Versuch mit den Bildern der Spätbronze- und Früheisenzeit (die dicken Beine und das Tuch der Krieger) war in diesem Kontext eine Herausforderung. Die Begriffe der Sozialontologie legen eindeutig fest, was natürlich, sozial und institutionell bedeutet. Und die Aufzählung der Eigenschaften für jede dieser Ebenen der Existenz schafft einen differenzierten Blick auf die Bedeutsamkeit der dargestellten Objekte. Durch diese Begrifflichkeiten konnte ich z. B. feststellen, dass schriftlose Kulturen es schwerer haben, ihre Institutionen auszuhandeln. Alles hängt stärker von konkreten (rituellen) Akten ab. Aber einige Übereinstimmungen in Welt- und Menschenbild lassen sich mit den Begriffen der Sozialontologie nicht genau bestimmen (z. B. die körperlichen Eigenschaften im Kriegerbild), da die Bedeutung, die solche bildlichen Darstellungen hatten, auf die Handlung der Menschen wortwörtlich konvergiert. Diese grauen Zonen kann man mit einer existenziellen Logik nicht beschreiben.

Es muss einem bewusst sein, dass ein Kontext einer institutionellen Handlung gegenüber ihrer Systemeigenschaft zwei entscheidende Unterschiede beinhaltet. Der Inhalt eines Kontextes ist einschränkend und erfordert zwingend eine Wahl, während ein System dynamisch verfasst ist.

Problematisch bleiben Behauptungen über die großräumige Verbreitung von Ideologie und Erhaltung ein und desselben grundlegenden Ideenprogramms oder einer Wertvorstellung über die ganze Spätbronzezeit hinaus und in verschiedenen Regionen. Das offenkundige Problem in der Annahme solcher ‚pan-europäischen' Ideologien, an der Stelle einer Konvergenz von ähnlichen Denksystemen, die gegenüber ähnlichen Herausforderungen der (sozialen) Welt herausgebildet werden, welche interregionale Kontakte nicht ausschließen, können wir mit einem kurzen Exkurs bloßstellen. Die Frage lautet: Schafft Ideologie Macht?

4.4 Ein ideologietheoretischer Ansatz am Beispiel der iberischen Stelen

Die traditionelle Typologie der iberischen Stelen geht auf Mario Varela Gomes und J. Pinho Monteiro (1977) zurück. Die Autoren schlugen dort eine Trennung eines Basistyps von den übrigen Stelen vor. Die Analyse der Abbildungen auf den Stelen weist auf zwei unterschiedliche „ästhetische Strukturen" hin (Harrison 2004, 85). Eine *„emblematic"* Ästhetik bezieht sich hauptsächlich auf Objekte, wie z. B. Waffen (Abb. 6.1-2). Die andere Ästhetik, die als *„commemorative"* bezeichnet wird, zeichnet sich durch eine anthropozentrische Einstellung aus (Abb. 6.3-4). Das erste Bildprogramm soll eine geistige Einstellung ausdrücken, wonach der Krieger emblematisch durch seine Waffen ersetzt wird, während die zweite Ästhetik wesentlich den Menschen direkt zelebriert. Für Gomez und Monteiro war die Gruppierung tatsächlich eine Frage der geistigen Wahrnehmung in der Konstruktion dieser Bilder. Die erste Wahrnehmungseinstellung konzentriert sich auf die Objekte als Merkmale einer Substanz, während die zweite Einstellung sich stärker auf den Menschen als Kern dieser Merkmale bezieht. Man könnte sagen, die eine Gruppe wird objektzentrisch errichtet, die andere subjektzentrisch. Diese Kategorisierung beinhaltet also viel mehr als eine bloße Typologie. Der Vorschlag von Gomes und Monteiro (1977) zur Typologie der Stelen versucht, die Funde, die damals vorhanden waren, in eine allgemeine, kognitive Ordnung zu bringen.

Die Autoren setzten diese kognitive Ordnung in eine zeitliche Dimension, und so ordnet der typologische Vorschlag die Befunde in einen universal- und geistesgeschichtlichen Rahmen ein. Damit nehmen sie eine chronologische Evolution an, der sich jüngere Analysen zur kognitiven Entwicklung der europäischen Bronzezeit anschließen konnten. Die Aussage, dass die Stelen mit Objekten älter als die mit anthropomorphen Figuren waren, würde auch zu der allgemeinen Feststellung passen, dass Menschenfiguren und anthropomorphe Darstellungen am Anfang der Eisenzeit zunehmen (z. B. Huth 2003).

Abb. 6: Darstellung der Gruppierung der Stelen in emblematic (6.1, 6.2) und commemorative Gruppen (6.3, 6.4) (Araque Gonzalez 2018, 190 Abb. 3, 2 und 6. Diese Fotos wurden von Ralph Araque Gonzalez vor Ort gemacht und mir zur Verfügung gestellt.).

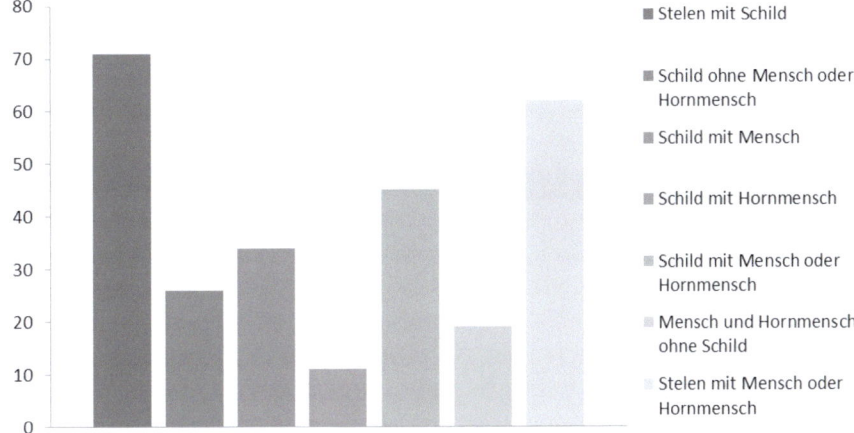

Abb. 7: Anzahl der Stelen mit Schild und mit anthropomorphen Darstellungen.

Aus einer rein statistischen und synchronen Perspektive sieht das Fundbild der iberischen Stelen vielschichtig aus:

Die Anzahl der Stelen und die dargestellten Objekte oder Figuren zeigen ein viel komplexeres Fundbild (Abb. 7) als bisher anerkannt. Schilddarstellungen gibt es – mit 71 Beispielen – häufiger als Stelen mit Menschen mit 62 Exemplaren. Dennoch kommen Schilde meistens mit menschlichen Figuren zusammen vor – mit und ohne Hörner. Die Zahl der Stelen nur mit Schild liegt bei 26, aber in Verbindung mit anthropomorphen Figuren sind es 45. Damit liegen Stelen nur mit Schilden in größerer Anzahl vor als die Stelen nur mit menschlichen Gestalten, von denen 19 bekannt sind. Es gibt insgesamt mehr Schilddarstellungen als Menschendarstellungen. Es überwiegen aber zahlenmäßig Stelen, auf denen beide Motive abgebildet sind. Die Regel ist eine Verbindung zwischen Elementen, wobei anthropomorphe Abbildungen eher eine Minderheit bilden. Aber dieser Ansatz ignoriert die bisherige chronologische Ordnung der Stelen, die aus einer

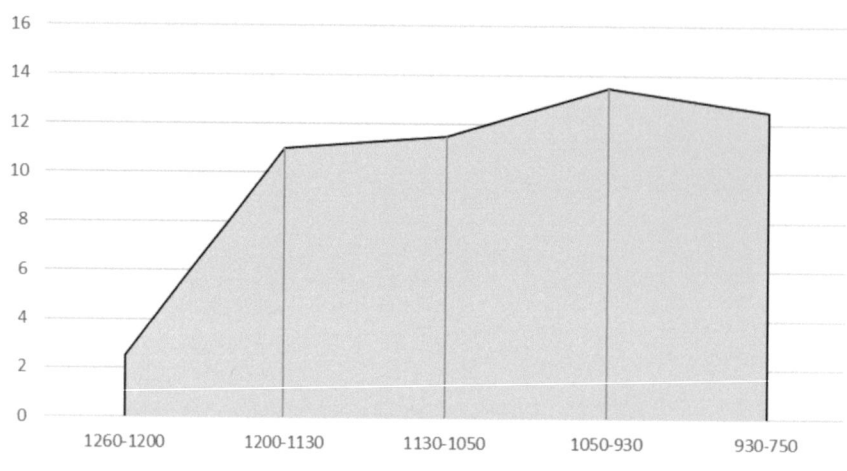

v. Chr.	Perioden	B	B+O	A
1260-1200	Appleby Rosnöen Isla de Cheta	2,5	-	-
1200-1130	Pernard Kerguerou Huerta de Arriba	5	4,5	1,5
1130-1050	Willburton Saint Brieuc Hío	2	2	7,5
1050-930	Blackmoor Braud Huelva	1,5	1,5	10,5
930-750	Ewart Park Vénat Sa Idda	-	-	12,5

Abb. 8: Datierung der Stelen anhand der dargestellten Schwerter. B = Basistyp, B+O = Basistyp mit Objekt, A = Anthropomorphe Figuren (Diaz-Guardamino 2010, 350; Araque Gonzalez 2018, 184 Abb. 11).

Verwirrung zwischen ästhetisch-kognitiver Typologie und historisch-ideologischer Chronologie entstanden ist.

Man sieht eigentlich eine Art Normalverteilung der Bilder auf den Stelen, mit wenigen Beispielen an beiden Extremen. Das eine Extrem bilden Stelen, auf denen ausschließlich Objekte dargestellt sind, das andere solche ausschließlich anthropomorpher Gestalt. Dies ist schon eine wichtige Korrektur von Richard J. Harrisons Grafik, deren Kurvenverlauf manipuliert wurde, um die Ansicht zu verdeutlichen, dass die meisten Stelen in der Zeit nach 1000 v. Chr. auftauchen und diese Stelen dem anthropomorphen kommemorativen Typ angehören würden. Auf den meisten Stelen jedoch sind hauptsächlich Waffen dargestellt. Darüber hinaus kann man kaum von einem Verlust der Bedeutung der Schilde sprechen. Genau aufgrund solch einer Vermischung von typologischen Überlegungen mit historischen Interpretationen findet sich Harrisons Ansicht in einem Zirkelschluss wieder. Er fügt also der chronologischen Dimension eine ideologische hinzu und wirft Gomes und Monteiro vor, den historischen Entwicklungsprozess von einer intellektuellen Tradition zu der anderen nicht wirklich verstanden zu haben (Harrison 2004, 85). Gomes und Monteiro

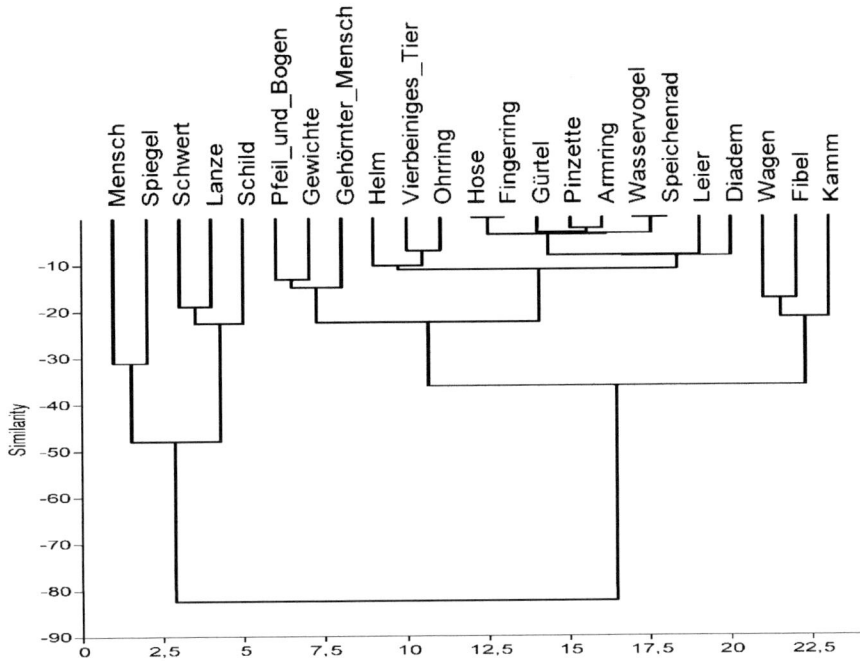

Abb. 9: Clusteranalyse mit Euklidischem Algorithmus.

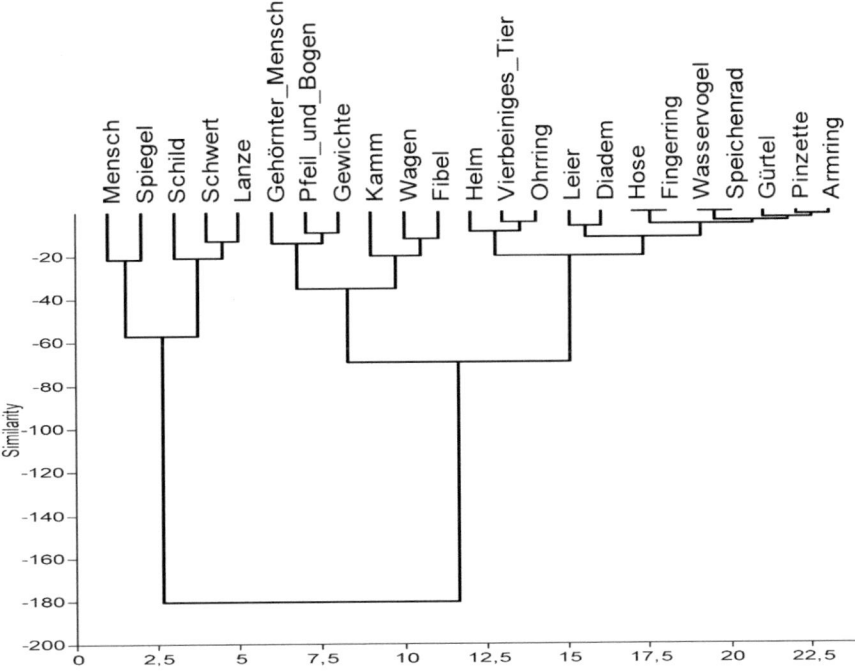

Abb. 10: Clusteranalyse mit Wards Methode.

hätten diesbezüglich die „historische" (sic!) Dimension der zwei geistigen Strukturen (emblematisch und kommemorativ) nicht genug hervorgehoben. Gemeint ist die sog. historische Entwicklung von einer Aufwertung der kriegerischen Werte zu der Verehrung der Krieger selbst. Infolgedessen vermischen sich in der tradierten Gliederung der Stelen typologische, ideologische und chronologische Fragestellungen. Harrison schlug zum Beispiel eine chronologische Verteilung vor, wie er sie auf dem folgenden unwissenschaftlichen Bild (vgl. Harrison 2004, 84 Abb. 6.1; Man achte darauf, dass die Zahlen der Stelen in seiner Graphik überhaupt nicht angegeben werden!) geschildert hat (vgl. Abb. 8 und Tabelle 1). Seine Theorie sollte Chronologie und Typologie endgültig zusammenfassen. Dennoch mangelt seine Grafik an wissenschaftlichem Anspruch, da Maßstäbe und Zahlen völlig fehlen.

Die Dichotomie zwischen zwei trennbaren geistigen Einstellungen könnte ebenso ohne die Annahme einer zeitlichen Entwicklung bestehen. Die Gruppierung der Stelen wurde mit Hilfe von Clusteranalysen näher untersucht, weil diese Methode Ähnlichkeitsstrukturen in den Daten grafisch ausdrücken kann. Häufig stehen hinter traditionellen typologischen Ansätzen der Archäologen[30] ähnliche Strukturen und Voraussetzungen wie in einer Clusteranalyse, sodass man im Prinzip neue Gruppen identifizieren oder die bestehenden Gruppierungen bekräftigen kann. Gruppierungen werden mit verschiedenen Methoden gebildet, die je nach angewandten Ähnlichkeitsbegriffen oder algorithmischem Verfahren unterschiedliche Ergebnisse liefern können. Ich habe drei Analysen gemacht. Die Ergebnisse zeigen, dass Schild, Schwert und Lanze zusammen vorkommen (Abb. 9, Abb. 10), gleichgültig welche Methode man benutzt. Die Gruppe der Grundausstattung, der sogenannte traditionelle Basistyp aus Lanze-Schild-Schwert, besteht also zurecht, wenn man allein die mathematischen Verhältnisse und weiter nichts betrachtet.

Die Nachbarn-Analyse (Abb. 11) zeigt weiterhin, dass Mensch und Spiegel häufig gemeinsam vorkommen und zwar öfters in Kombination mit Schild, Schwert und Lanze. Insgesamt wird deutlich, dass, sobald Menschen (ohne Hörner) auf den Stelen auftauchen, die sogenannten Erweiterungen des dargestellten Objektkanons fest zum Bildprogramm dazugehören. Menschen treten oft gemeinsam mit Schild, Schwert und Lanze auf, der Spiegel ist die vierthäufigste Kombination mit anthropomorphen Darstellungen. Hörnermenschen hingegen werden oft gemeinsam mit Pfeil und Bogen sowie Gewichten gezeigt. Diese können auf Verbindungen zu eisenzeitlichen Kulturen im Osten hinweisen, mit denen man durch Handel vernetzt war. Pfeil und Bogen und Hörner können jeweils auf „die Wildnis" und die Bewährung in ihr hindeuten.

Die Aussage vorheriger Autoren, dass die Stelen mit Schild, Schwert und Lanze eine trennbare Gruppe bilden, beruht auf Erfahrung und der mathematischen Analyse der Befunde. Man kann jedoch in Frage stellen, ob die Stelen sich zeitlich in die Richtung der menschlichen Figuren und szenischen Darstellungen entwickeln. Ein Vergleich zwischen Stelen mit Schilden und mit Menschen weist auf ein viel komplexeres Fundbild hin. Die Kombination unterschiedlicher Motive bildet die Regel, wenigstens aufgrund typologischer, synchroner Überlegungen.

Man kann dadurch die Verteilung der Kombinationen der Darstellungen anders interpretieren, als es bisher gemacht wurde. Schilde sowie offensive Waffen verlieren

---

30 Wie die ursprüngliche Gruppierung der Stelen in eine *emblematic* und eine *commemorative* Ästhetik von Gomes und Monteiro von 1977.

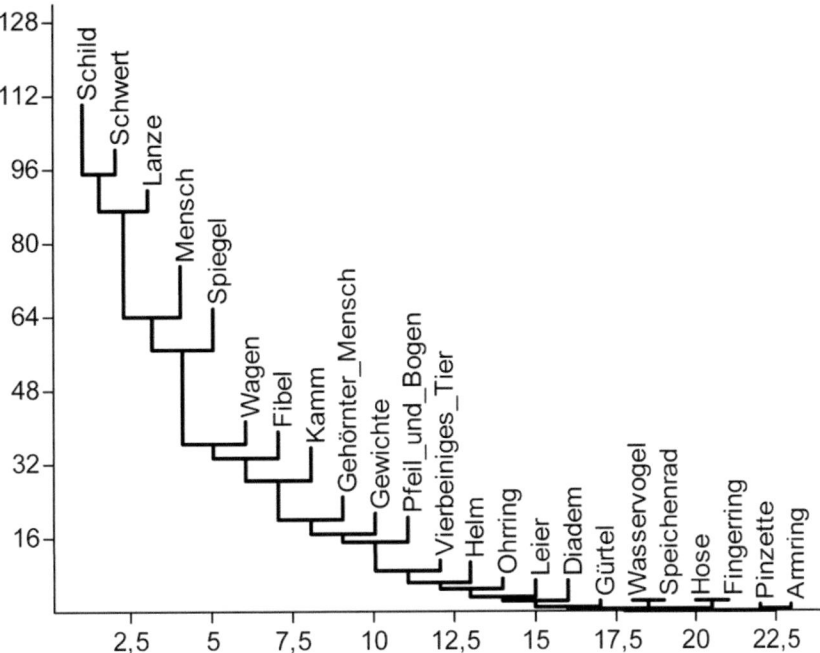

Abb. 11: Nachbarn-Analyse.

offensichtlich nicht an Bedeutung, und eigentlich ist es nicht klar, warum es überhaupt Stelen gibt, die nur Objekte darstellen, denn die Kombination aller Elemente macht eher die Norm aus. Man kann die bisher als sicher geltende Entwicklung von einem Anfang mit einem Basistyp hin zu szenischen Abbildungen bezweifeln. Stattdessen stellt sich die Frage, warum die Grundausstattung eine Ausnahme im Bildinhalt bildet, die eine so gut trennbare typologische Gruppierung herauszubilden erlaubt.

Eine geprüfte Chronologie, die als allgemein sicher gelten könnte, ist aus heutiger Sicht auf keinen Fall vorhanden. Das Ensemble – Schild, Schwert und Lanze – an den Beginn zu datieren gilt als sicher aufgrund der Schilde mit V-Kerbe im Rand (Uckelmann 2012, 130). Es ist vorstellbar, dass die Grundausstattung im Laufe der Zeit durch kleinere Gegenstände jüngerer Zeitstellung erweitert wurde. Aber ein Vergleich der unterschiedlichen Vorschläge zu der Reihenfolge dieser Erweiterungen macht deutlich, dass keine eindeutige Chronologie besteht. Es gab viele Vorschläge für eine chronologische Ordnung der weiteren, kleineren Bildelemente wie Helme, Fibeln oder Leiern (Tabelle 2).

Unter anderen wurden die folgenden Reihenfolgen für die weitere Entwicklung des Bildschemas vorgeschlagen (ebd.):

1. Helm, Kamm, Fibel, Spiegel, Leier, Wagen und Bogen
2. Spiegel oder Leier, Fibel, Helm, Kamm und Wagen im Zusammenhang mit Menschen.

Zu dieser letzten Reihe kommt dazu, dass die Menschenfiguren die Schilde langsam als wichtigstes Element ablösen sollten, bis am Ende dieser Entwicklung szenische Darstellungen eingesetzt würden. Aber Skepsis ist mehr als berechtigt, wenn man sich die Grundlagen für die

Diaz-Guardamino Uribe (2010)		Harrison (2004)
Leier, Wagen	1300 v.Chr	
Gewichte	1200 v.Chr	Spiegel, Leier
Pinzette	1100 v.Chr	Fibel, Helm
Fibel, Wagen	1050 v.Chr	Kamm
Spiegel, Kamm	1000 v.Chr	Wagen, Pfeil und Bogen

Tabelle 2: Mögliche chronologische Einordnungen der Stelen mit Grundausstattung Schild-Schwert-Lanze mit der Erweiterung von Objekten.

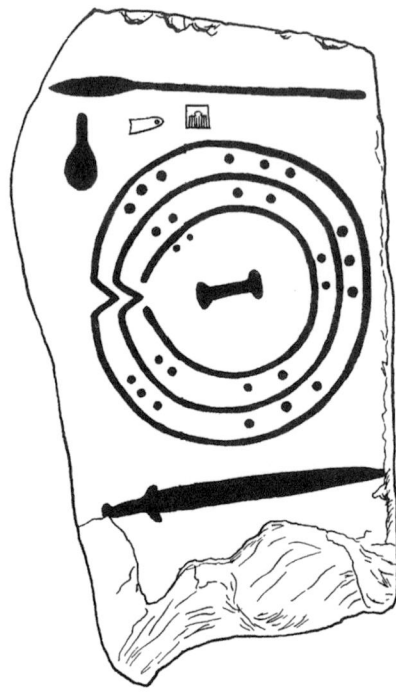 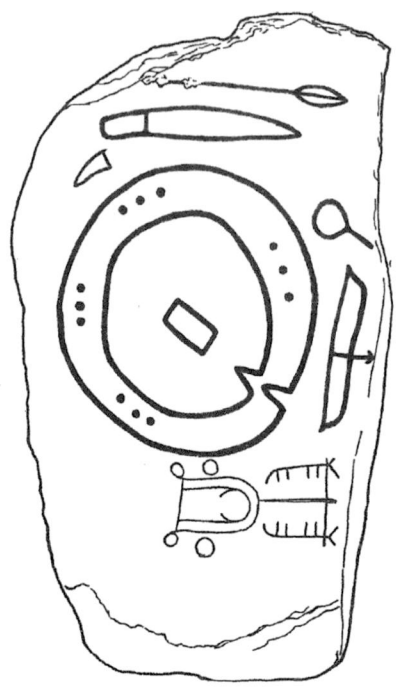

Abb. 12: C13 Borzas (pr. Cáceres, ES) (Harrison 2004, 206).

Abb. 13: C6 Torrejón el Rubio I (pr. Cáceres, ES) (Harrison 2004, 195).

Chronologie, wie die Schwerttypologie (Abb. 8), näher anschaut. Dies ist darauf zurückzuführen, dass die Abbildungen selbst keine feinere Chronologie erlauben (Uckelmann 2012, 130).

Die bisherige Gruppierung der Stelen datiert emblematische und figurative Stelen in die Spätbronzezeit von 1200 bis 700 v. Chr. Aber die Stelen mit Schild, Lanze und Schwert seien die ältesten, während die Stelen mit Menschen und gehörnten Menschenfiguren bis in die Eisenzeit um 700 v. Chr. auftreten würden. Die Datierung des Basistyps erfolgt hauptsächlich anhand der Chronologie der Schilde und der Schwerter. Der Schild spielt die Hauptrolle in dieser Konfiguration und steht im Zentrum der Darstellung. In einem nächsten Schritt werden diskret Fibel, Spiegel, Kamm und Helm addiert (C13, Abb. 12). Später kommt der Wagen dazu, wobei der Schild weiterhin Hauptmotiv ist (C6, Abb. 13 und C22, Abb. 14). Der Wagen auf C6 ist später angebracht worden. Daraus schließt man,

Abb. 14: C22 Solana de Cabanas del Castillo (pr. Cáceres, ES) (Harrison 2004, 219).

Abb. 15: C25 Las Herencias I (pr. Toledo, ES) (Harrison 2004, 222).

dass die kleineren Objekte wie Kamm, Fibel und Spiegel neben den größeren Objekten platziert wurden. In vielen Fällen hat man eine ältere Stele einfach mit neuen Elementen verziert. Die Schritte danach sind unklarer (Harrison 2004, 45), aber man geht davon aus, dass der Krieger langsam die Rolle des Schildes einnimmt, indem er im Laufe der Zeit immer größer und mehr in der Mitte des Bildträgers dargestellt wird. In Stele C25 (Abb. 15) wird z. B. ein Schwert zu einem Menschen umgearbeitet. Zuletzt kommt der gehörnte Mensch als Ausdruck eisenzeitlicher Verbindungen nach Osten dazu.

Die Hörnermenschen sind zwischen Guadiana-Tal und Guadalquivir-Tal zu finden. Diese letzte Tatsache wirkt auf die jüngere Datierung dieser Elemente ein aufgrund der Verbindung zu den Phöniziern und ihren Bilderwelten. Der gehörnte Mensch bringt die Frage auf, ob es sich um einen Helm oder um ein neues Menschenbild handelt. Harrison argumentiert dafür, dass die Komposition auf ein neues Menschenbild hinweist und die Darstellung nicht mit Hörnerhelmen verwechselt werden sollte (ebd. 46). Außerdem spräche die Tatsache, dass es sich um ein neues Menschenbild handelt, dafür, dass die Stelen mit gehörnten Menschen jünger seien (ebd.). Es ist allerdings ebenso möglich, dass die neue Figur sich ausschließlich in der Region zwischen Guadiana und Guadalquivir durchsetzte, während gleichzeitig in den anderen Regionen die bekannten Motive weiter genutzt wurden.

Es gibt Hinweise für die Nutzung der Stelen im Grabkontext. Allerdings ist seit der Mitte des letzten Jahrhunderts keine Stele in ihrem originalen Kontext gefunden worden. Außerdem hängt der Hinweis auf die Verwendung im Grabkontext häufig von einer

Abb. 16: C90 Substantion, Montpellier (dép. Hérault, FR) (Harrison 2004, 313).

Wiederverwendung in jüngeren Zeiten und damit von der Annahme einer Kontinuität von Bestattungsplätzen ab. Der unsichere Befund wirft zum Teil Zweifel auf die Verwendung im Grabkontext. Dennoch gilt der religiös-sakrale Zusammenhang als sicher aufgrund der dargestellten Elemente zusammen mit der bewiesenen Wiederwendung im Grabkontext in jüngeren Zeiten und auch aufgrund der Verbindung zur urnenfelderzeitlichen religiösen Ikonographie. So verweist die Stele aus Substantion bei Montpellier in Frankreich (C90, Abb. 16) auf Verbindungen zu anderen religiös-sakralen Elementen der Urnenfelderkultur wie z. B. der Wasservögel. Auffindungsverhältnisse, die zeitliche Nähe ihrer Wiederverwendung und eine Statik in der Darstellung sprechen für den Gebrauch der Stelen im Grabkontext. Eindeutige Befunde aber kann man bis heute nicht vorlegen, außer dass die Stelen z. B. in eisenzeitlichen Grabkontexten wieder benutzt worden sind.

Die Darstellungen machen auf jeden Fall deutlich, dass die Stelen hauptsächlich die menschliche Welt thematisieren, selbst wenn sie religiösen Zwecken dienten. Theoretisch könnte man mit Hermann Müller-Karpe hier einen „Fall" der Naturreligion sehen (vgl. Müller-Karpe 2009d; 2009c; 2009b). Sonne und Wasservögel, die in Mitteleuropa weiterhin eine wichtige Rolle in der religiösen Erfahrungswelt innehaben (ders.

2009a), verlieren an Bedeutung zugunsten anthropomorpher Motive. Die Darstellung des Subjekts und seine Positionierung in der Gesellschaft nimmt an Bedeutung für die Gemeinschaft zu. Die Natur, oder ihre subjektivischen Kräfte, spielte auf der iberischen Halbinsel eine verringerte Rolle in dem Totenritual der Menschen, so Müller-Karpes Interpretation. Diese hält genauso wie Harrisons Deutung an ideologietheoretischen Annahmen fest. Sein Begriff der Naturreligion ist keineswegs universell und keinesfalls gilt dieses Konzept für alle prähistorischen Gesellschaften. Noch ist der Begriff in der Forschungsgeschichte allgemein anerkannt. Das Problem ist ähnlich wie bei Harrisons Theorie: Man muss zeigen, was die Naturreligion bzw. die Kriegerideologie ausmacht, wie weit diese verbreitet und warum sie so verbreitet waren, ohne ihre definierenden Eigenschaften zu verlieren. Man müsste in dem Fall Müller-Karpes zeigen, was Naturreligion in Mitteleuropa heißt und was sie in Südspanien bedeutet hat, bevor es zum „Fall" kommen konnte. Ferner müsste man den Grund aufzeigen, warum in unterschiedlichen Gemeinschaften ein und dieselbe Religion vorauszusetzen sei. Das gilt genauso für Harrison. Aus kognitionstheoretischer Perspektive gehen wir davon aus, dass viele der urgeschichtlichen Gemeinschaften Naturereignisse subjektivisch aufgefasst haben. Das bedeutet unter anderem, hinter Naturphänomenen eine subjektivische Kraft zu denken. Aber die Frage ist, inwieweit dieser Befund als Zeugnis einer Naturreligion gilt. Außerdem gehört zum subjektivischen Weltbild schlechthin eine Substanzialisierung von mächtigen Subjekten. Das führt zu dem Punkt, dass sowohl eine Projektion von subjektivischen, numinosen Naturelementen in der Existenz als auch ein substanzlogisches, absolutistisches Verständnis von manchen Subjekten in dem Weltbild ein und derselben urgeschichtlichen Gemeinschaft wiederzufinden sind. Diese Feststellung ist ebenso im Rahmen der großräumigen Zunahme der Menschenbilder am Ende der Bronzezeit und Anfang der Eisenzeit zu beobachten.

Bei Gomes und Monteiro ging es hauptsächlich um die unterschiedlichen ästhetischen Einstellungen mit kognitionstheoretischen Konsequenzen für die bildliche Repräsentationstechnik. Die ästhetische Haltung und Kognition bilden die Grundlage sowohl für die Bildmacher in der Umsetzung ihrer geistigen Schemata in Bilder als auch für das Verständnis dieser Bilder. Demgegenüber möchte Richard J. Harrison (2004) eine ideologische Eigenschaft hinzufügen, die in der historischen Entwicklung zum Ausdruck käme. Dabei setzt er eine bestimmte Interpretation von Ideologie ein. Sie sei eine Art Kodierung der bestehenden Ordnung (ebd. 74). Diese Kodierung ändere sich zusammen mit den Veränderungen in den jeweiligen historischen Perioden. Harrison erinnert daran, dass die Zahl der bekannten Stelen seit 1977 stark zugenommen hat, und er sieht in den neuen Funden eine kontinuierliche Entwicklung von der emblematischen Einstellung hin zur anthropozentrischen Ästhetik von der Mitte des 13. bis zur Mitte des 8. Jh. Diese neuen Funde widerlegen tatsächlich die Dichotomie zwischen zwei klar voneinander trennbaren Ästhetiken, der emblematischen und der kommemorativen. Die Darstellungen und die Konstruktionen änderten sich zusammen mit dem fließenden historischen Veränderungsprozess. Harrison will die alte, traditionelle Kategorisierung durch eine Entwicklung ein und derselben Kriegerideologie verstehen. Lediglich die Ausdrucksformen dieser Ideologie, welche hegemoniale Werte der Gemeinschaften umsetzen würden, änderten sich im Laufe der Zeit von den Stelen mit Objekten hin zu Stelen mit Menschenfiguren und letztendlich zu den Stelen mit „narrativen" (sic!) Szenen und gehörnten Menschenfiguren (ebd. 85). So sollen objektzentrische Stelen allein die hohe

Wertschätzung der Krieger im Allgemeinen in der Gesellschaft verdinglichen, während die anthropozentrischen Stelen konkret die eigenen Helden schlechthin zelebrierten.

Die Ausgestaltung der Machtverhältnisse in der Gesellschaft kennt einen simpleren Bildungsprozess und eine einfachere Legitimierungsstrategie als diese die Subjekte unterwerfende Ideologie, von der Harrison spricht als der Kodierung einer sozialen Ordnung (Harrison 2004, 74). Damit fällt Harrisons Ansatz unter das starke Programm in der Kulturanthropologie, das Bryan Pfaffenberger kritisierte. Dies besteht aus dem Glauben, dass Gesellschaften nicht richtig funktionieren, wenn bestimmte Mitteilungen nicht verbreitet werden (Pfaffenberger 2001, 78). Diese Hypothese ist ein Trugschluss, der von der Existenz von Zeichen und Symbolen auf ihre notwendige, unverzichtbare Funktion schließt (*post hoc ergo propter hoc*) (ebd. 79). Allein der Begriff der Kodierung weist auf ein unaufgeklärtes Verhältnis hin und suggeriert die Notwendigkeit einer Entzifferung oder einer Entschleierung, um diese Ordnung zu verstehen. Das steht im Gegensatz dazu, dass für die primitivste Legitimierungsform überhaupt keine Notwendigkeit dafür besteht, dass die Mächtigen sich über die Handlungsebene hinaus als etwas anderes zeigen als das, was sie wirklich sind, indem sie ihrem Machtpotenzial entsprechend handeln (vgl. Hallpike 2004, 187-217 für die Theorie; und das ethnographische Beispiel bei dems. 1977; Dux 2009; ders. 2013). Es ist problematisch, wenn man die Vernetzung der Lebenspraxen einzelner Individuen so versteht, als ob eine soziale Ordnung *a priori* ein fertiges Ganzes wäre, welches man im Verstand vereinzelt, um darin den Sinn der Ordnung selbst einzusehen. Da der Sinn einer sozialen Ordnung nicht wirklich in ihr selbst steckt, bedarf dieses theoretische Arrangement einer der Sozialwelt vorgeordneten Ideologie, welche die sinnfreie, zufällige Ordnung mit Sinn zu füllen scheint. Genauso wie bei einer realen subjektiven Handlung: Bevor man eine Handlung in die Tat umsetzt, macht man sich erst einmal einen Plan. Planen geschieht durch das Denken, und d. h. Ideen.

Ideologie sei, dieser Auffassung nach, Quelle der Macht, und sie bestehe aus einfachen bis hin zu komplexen Ideen, die nicht wahr sein müssen, um mächtig zu wirken (Harrison 2004, 74). Ideologie ist auf diese Art als Prinzip im pyramidalen Denksystem eingesetzt und sie wird zu einem vorgeordneten, absoluten Ursprung, in dem eine soziale Ordnung in Potenz beschlossen liegt, und zwar derart, dass man im Wesentlichen in der Ideologie, d. i. in der Bedeutung der Zeichen, die Sozialwelt ablesen kann. Da Anführer ideologische Codes nutzen, um ihre Macht zu sichern, drückt sich Ideologie, natürlich so wie es sein muss, gerade im Verzierungsstil besonderer Objekte wie auch an den Stelen aus (ebd. 75). Ideologie ermöglicht so die Kontrolle und die Manipulation der Gemeinschaft (ebd.). Die so verstandene Ideologie ist eine vorgeordnete Ursache, welche von außerhalb des Gesellschaftssystems die untersuchte Gesellschaft erklären soll. Damit liegt in der Ideologie, in ihrem Wesen und Bedeutungsgehalt, bereits in Potenz der Zustand der Dinge. Die Verhältnisse sind in der Ideologie bloß kodiert. Diese Denkart ist zwar nicht viel anders als die Denkweise in der Urgeschichte, aber die Archäologen entwickeln ein Bewusstsein für die Konstruktivität und die Konvergenz der Welt und eine Kompetenz für Systemdenken und Abstraktion, welche für die Subjekte der Urgeschichte nicht erforderlich waren. Durch diesen Blick von oben, zu welchem moderne Subjekte in der Lage sind, scheint die ideologietheoretische Diskussion wissenschaftlicher als die archaischen Denksysteme. Sie sind jedoch strukturell gleich. Nur, Archäologen denken abstrakt und können über mehr als eine Handlung zur gleichen Zeit reflektieren.

Die Menschen in der Urgeschichte brauchten jedoch viel weniger Denkoperationen, denn die Macht war in erlebter Gegenwart spürbar.

Die Deutungsebene der Realität kann die Bedingungen für anschließende Handlungen bereitstellen. Aber die Behauptung, dass es gerade die Interpretationen sind, die Kontrolle ermöglichen sollen, verstellt die Realität. Vielmehr werden sie am erfolgreichsten genutzt, wo Macht bereits unter Kontrolle gebracht worden ist. Harrison verpasst eine Chance, sich der Realität zuzuwenden, indem er ablehnt, Macht an die Erfahrung der Subjekte gegenüber realen, vorfindlichen, sozialen und institutionellen Verhältnissen anzuschließen (Harrison 2004, 75). Solche sozialen Verhältnisse, die die Befriedigung der Bedürfnisse der Individuen begrenzen, sind jedoch bereits vor den herausgebildeten Machtverhältnissen entstanden.

Die Subjekte müssen im Enkulturationsprozess die vorhandenen Machtpotentiale in ihrer Umgebung realistisch einschätzen, um ihren eigenen Interessen Rechnung zu tragen, wenn sie in der Welt handeln möchten. Darin liegt die konstitutive Bedeutung von Macht für den Bildungsprozess der Gesellschaft. Harrison übersieht diese letzte Feststellung von Macht als relationale Kategorie, die durch die Interaktion zwischen Individuen ihren Anfang hat. Denn so würde alles an der individuellen Erfahrung hängen, die Harrison für nicht erkennbar erklärt (ebd.). Natürlich wird die Machtverfassung einer Gesellschaft auch mittels Sprache und durch Zeichen prozessiert. Sicherlich setzen die Symbole in den Stelen gewisse normative Vorstellungen fort, aber keineswegs so, dass wir wissentlich behaupten können, dass die Stelen von den Lebensregelungen für einen Krieger handeln (ebd. 76). Dadurch, dass die Stelen diese normative Ebene ausdrücken, sollten sie, folgt man Harrison, auch zeigen, dass es im Leben eines Kriegers um viel mehr geht, als um das bloße Hin- und Hertragen von Schild und Schwert – es sollte nicht allein um die Kunst gehen, wie man sich gegenseitig bekämpft (ebd.).

Aber ganz der gegenteilige Eindruck entsteht doch bei der Betrachtung der iberischen Stelen. Es scheint eher so, als ginge es im Leben eines bronzezeitlichen Kriegers tatsächlich ständig darum, bloß gewisse Objekte zur Schau zu stellen! Auf diesem Weg kommen wir schnell zu Problemen. Auch Harrison muss erwähnen, dass die Motive auf den Stelen nur eine kleine Auswahl dessen darstellen, was eigentlich in einer viel größeren, kulturellen Welt mit zahlreichen Ausdrucksmöglichkeiten besteht (ebd. 75). Indem er sagt, dass die Eliten auch die Veränderungen im Bildrepertoire irgendwie sanktionieren müssen, wirkt diese Veränderung der Symbolik im Laufe der Zeit viel komplexer als sie sein muss (ebd. 76). *„The very act of changing the symbols in the Final Bronze Age must have been one sanctioned by the elite; [...]"* (ebd.). Undenkbar sei die Vorstellung, eine subversive Persönlichkeit habe die Fähigkeit, öffentliche Monumente zu verwüsten (ebd.). Da in dieser Auffassung von Ideologie das Kommunikationsmittel selbst Macht zum Überzeugen potenziell beinhaltet, muss die Elite dann dafür sorgen, dass die Ideen und die Bedeutungen auch wirklich beim Adressaten ankommen, und zwar derart, dass sie nicht subvertiert werden können (ebd.).

> [...] [H]*ow can the elite, who commanded the stelae to be set up in the first place, be sure that the ideas and meanings are not going to be subverted by their rivals? If one is a Bronze Age warrior, how does one stop a competitor from challenging the validity of the claims to power and masculinity made in stelae?* (ebd.)

Der *Bronze Age warrior* stoppt den Konkurrenten nicht, wenn er es nicht kann[31]! Das ist besonders deutlich zu verstehen, wenn der Konkurrent *realiter* stärker ist, größere Machtpotentiale irgendeiner Art besitzt. Macht kennt nur ein Hindernis, nämlich eine noch größere Gegenmacht (Dux 1992, 76; ders. 2009). Die ganze Interpretation der bronzezeitlichen Krieger baut auf Problemen auf, die durch die irrigen Prämissen entstehen, wenn man die institutionalisierte Deutungsebene vor die konkrete Realität stellt. Das Problem liegt darin, Entitäten oder Prozesse in der Lebenswelt der Akteure als handelsmächtige Subjekte zu verstehen und an die Stelle der menschlichen Einzelakteure selbst zu platzieren. Zur Lösung der daraus entstandenen Widersprüchlichkeiten müssen die realen Subjekte selbst in die Diskussion noch einmal einbezogen werden. Da die wahren Akteure der Vergangenheit in einer sinnhaften Umgebung lebten, die es eigentlich zu untersuchen gilt, richtet sich die Aufmerksamkeit der Forscher natürlicherweise auf die Elemente dieser durch Sinn aufgebauten Welt, wobei diese sinnhaften Elemente wieder über die alte primäre Struktur der Handlung aufgefasst werden.

Auf diese Weise tauchen Widersprüche ständig erneut auf, deren Lösung den Einsatz der realen Subjekte immer wieder notwendig macht. Die Urgeschichte bekommt so Züge des Dramaturgischen. Dabei handelt es sich um die Rudimente der mythischen Erzählstruktur. Die Prozesse im Aufbau der Welt werden durch Handlungen verkettet, erst einmal auf Subjektseite, „Krieger und Herrscher haben Macht in der Bronzezeit", sodann auf Objektseite, „Ideologie schafft Gehorsam", und schließlich wieder auf Seiten der Akteure, „Beherrschte können Ideologie subversiv verstehen" und „Herrscher müssen die Subversion der intendierten Ideologie verhindern". Diese Deutungssysteme werden schnell zu einer Art populärer griechischer Tragödie, denn eben das macht das Fühlkino Archäologie unter dieser Erzählstruktur so spannend: Handlungen stehen Hindernisse entgegen, Macht trifft immer eine genauso starke Gegenmacht, und Interessen lernen ständig Enttäuschungen kennen. Allerdings kann das alles bereits geschehen, bevor man überhaupt einen Blick auf die Funde wirft, die spärlich und häufig schlecht überliefert sind, wobei das Überlieferte unter anderen einen Filter der damals institutionalisierten Macht durchlaufen hat. Solch ein bereits institutionell und sozial verarbeiteter Filter macht die Einblicke in die realen Verhältnisse natürlich nicht einfacher.

Das konkret Überlieferte ist so still, seine wissenschaftliche Rekonstruktion so schwierig, dass der gegenwärtige Forscher sich fast gezwungen sieht, einen Blick auf die eigene verunsichernde Zeit zu werfen, die dem Zeitgenossen Irritationen bereiten kann. Aber es sind eben diese Gefühle, die man in den handlungstheoretischen Interpretationen der Urgeschichte als Schattenbilder auf die Fläche der Urzeit projiziert findet. Der Handlungstheoretiker könnte das Argument vorbringen, diese Auseinandersetzungen mit der Vergangenheit basierten ebenso auf wissenschaftlichen Einsichten. Ja, aber ihre Folge

---

31 Auch Pfaffenberger erkennt an, dass Symbolismus durch Artefakte extrem anfällig für subversive Reinterpretation ist (Pfaffenberger 2001, 79). Er arbeitet anhand des Beispiels der Trobriander, die große Speicherhäuser bauen – die sog. bwayma. Ein großes bwayma wird häufig als Indiz für die Mächtigkeit eines Häuptlings gedeutet. Pfaffenberger stellt jedoch die Frage auf: Wie klein muss einer dieser Bauten sein, damit er eine Botschaft von der Schwäche des Häuptlings sendet? Gerade diese subversive Möglichkeit würde eine solche Gesellschaft instabil gestalten. Konflikt wäre die Parole und nicht Zusammenhalt. Auf der anderen Seite könnten die Rituale, die mit der Errichtung von Stelen einhergehen, sicherlich förderlich sein für den Zusammenhalt, die Erneuerung oder Etablierung von sozialen und politischen Netzwerken (ebd. 81 und 84). Somit bestätigt eigentlich auch die archäologische Reflexion die Hauptthese Pfaffenbergers: *„symbols do not create meanings; activities do"* (ebd. 84).

heißt ganz klar Entfremdung. Dies ist nicht der Weg, den unser innerlicher Parmenides auf Einladung der Wahrheit einschlagen will. Wir haben weder die Außenwelt noch die Ideenwelt der Bedeutungen verloren, sondern wir wissen, dass beide doch existieren.

Jedes Subjekt sieht sich *realiter* mit einer Außenwelt konfrontiert, über die es Handlungskompetenzen zu erwerben gilt, mit dem Zweck, eigene Bedürfnisse zu befriedigen. Biologisch richtet sich der Organismus vom Anfang des Lebens an auf die egoistische Sorge um sich selbst. Unter Menschen steht die Sorge um sich unter der Steuerung des Bewusstseins und Herrschaft des Willens (Dux 1992, 74-76). Was aus der Biologie als Aufgabe vorgegeben wird, muss mit Denken und Motivation angegangen werden. Handlung ist ein kultureller Vorgang. Dux (1992, 74) definiert Bedürfnisse, deren Befriedigung unter Bedingungen der Konkurrenz stehen, als Interessen. Mit dem Ziel, eigenen Interessen Rechnung zu tragen, müssen Menschen die Machtpotentiale der vorfindlichen Sozialwelt erwägen. Bereits dadurch, dass Subjekte soziale, kommunikative Interaktionen eingehen, um im eigenen Interesse zu handeln, entsteht eine simple, definierte Machtbeziehung zu den anderen. Die sozialen Interaktionen selbst geschehen im Medium der Sprache, die sowohl Intentionen und Motivationen kommuniziert, wie auch Aufforderungen (ebd. 85), die sich zusammen mit der Erwartung einer Ausgestaltung der Realität im auffordernden Subjekt bilden. Macht ist also konstitutiv für den Aufbau einer menschlichen Gesellschaft. Aber die simpelste Organisationsform kennt eine Egalität, die darin besteht, dass Individuen ausreichende Hindernisse für die Macht anderer darstellen. Mit der Agrarproduktion ändert sich die Lage und die Möglichkeit zur Akkumulation von Macht und Eigentum entsteht (ders. 1992; 2009; 2013). Dadurch können sich Machtsysteme, die pyramidal auf eine Herrschaft konvergieren, bilden. Ab dieser Stufe können auch frühe Formen von Staaten entstehen, aber das geht weit über das hinaus, was alle Autoren über die Gesellschaftsform der Spätbronzezeit annehmen. Herrschaftsformen wie Staaten sind nicht anzunehmen. Es ist auch vorstellbar, dass eine korporative Ordnung sich nur unter den Bedingungen einer Herrschaft und des Staats bildet. Das führt dann zu der Frage der Organisation der bronzezeitlichen Krieger.

Wir haben keinen Grund anzunehmen, sie seien nicht in der Lage, zu kooperieren. Jede Gesellschaft kennt Züge von Kooperation. Außerdem stellen Subjekte für ihre Handlungen in der Welt auch in Rechnung, dass zuverlässige Bindungen zu anderen Menschen und schließlich Integration in die Gesellschaft Grundbedingungen für die beabsichtigte Autonomieentwicklung des Individuums darstellen (Roediger 2018, 26; vgl. Dux 1992, 77 f. Gasiet 1981; Grawe 2000, 383-420, insb. 395-399; Grawe u. a. 1994, 766). Diese Tatsache mag auf den ersten Blick zwar banal scheinen, aber sie bereitet in der Tat Schwierigkeiten in der Forschung (vgl. Araque Gonzalez 2018, 32-35 für seinen anarchietheoretischen Vorschlag und 29-32 für die Problematik mit dem Begriff der Eliten für die Urgeschichte). Die Kooperation unter Umständen von starken, zentrifugalen Kräften bzw. Tendenzen in diesen Gesellschaften scheint für viele Forscher ein Problem darzustellen, weil sie in der Erklärung die sich erst durch die Interaktionen emergierende soziale Ordnung systemtheoretisch voraussetzen, anstatt den Bildungsprozess einer Gesellschaft historisch-genetisch aus dem Fundament der familialen Bezüge heraus zu verstehen.

Die kommunikative und interaktive Differenzierung der Machtpotentiale ist in familialen Beziehungen depotenziert (Dux 1992, 95, 104), denn die Familie kennt eine Bereitschaft zur Kooperation und eine Fürsorge für die anderen, auch wenn diese im eigenen Interesse übersetzt werden können. Diese Fürsorge ist für nachkommende

Mitglieder sowohl selbstverständlich wie überlebenswichtig, und dieser Bildungsprozess der Subjekte in einem Familiengebilde lässt ein Bedürfnis nach Intimität entstehen, d. i. nach einer Enklave in der Welt, wo man Schutz vor den Frustrationen in der außerfamilialen Welt findet. Bei Erwachsenen geschieht dies durch eine Aktivierung der eigenen Kindheitserfahrungen und objektive Identifikation mit der eigenen Mutter (Dux 1992; 1994). Daher können kleine Gemeinschaften auch noch eine Fürsorge und eine Kooperationsbereitschaft kennen.

> Die familialen Vergemeinschaftungen stellen den Bodensatz jeder Gesellschaft dar. Sie unterscheiden sich in signifikanter Weise von den Strukturen, die über sie hinausgreifen. In den familialen Gemeinschaften ist das generalisierte Kommunikationsmedium, das jede der sozialen Organisationsformen bestimmt: Macht, durch ein anderes: Moral, überlagert. Die Dichte der Kommunikation und die Bindung an den andern lassen dessen Interessen zu den eigenen werden. (ders. 2017c, 273)

Man kann hier zwar viel über die Bronzezeit auf der Iberischen Halbinsel diskutieren: ob man es mit Flüchtlingen aus Kriegsgebieten in den Zivilisationen im Osten, Piraten, Hirten oder Kuhbauern zu tun hat. Aber es ist in dieser Größenordnung von kleinen, staatenlosen Gemeinschaften, wo wir uns in spätbronzezeitlichen Gesellschaften bewegen. Die Frage ist nicht, welches soziostrukturelle Modell besser für gewisse Gemeinschaften passt, ob marxistische, klassentheoretische oder anarchistische Modelle, sondern ob, wann und wo gleichstarke Interaktionspotentiale aufeinandertreffen.

Eine systemtheoretische Perspektive hat wenigstens den Vorteil, die demiurgische Ideologie zum Teil in Frage zu stellen. Denn Bilder „bewirken" nicht die Erhaltung des Bestehenden, sondern vielmehr ist die Symbolik auf den Stelen „Nachwirkung" der realen sozialen Verhältnisse. Die Gesellschaft bildet sich zuerst, bevor man Bilder in ihr schaffen kann. Nur, die Gesellschaft bildet sich relational-systemisch durch die Vernetzung der differenten Lebenspraxen. Diese systemische Relationalität entwickelt zwar eine eigenständige Dimension in der Perspektive der Einzelsubjekte, aber soziale Bezüge bilden nicht ein eigenständiges Ganzes, welches man typologisch vereinzeln und bestimmen kann (ebd. 68). Es gibt, was gesellschaftliche Systeme angeht, nur Grade von Atomisierung bzw. von Kooperation und nur Bereiche der kriegerischen Auseinandersetzung oder korporativen Reziprozität.

Legitimierung von Macht durch eine von der realen Welt entbundene Ideologie braucht vielmehr eine Gesellschaft, deren institutionelle Verhältnisse nicht mehr konkret und einsichtig sind. Die einfache Denkstruktur lässt außerdem für viele archaische Gesellschaften eine Legitimierung naturwüchsig aus der Ontogenese jedes nachkommenden Mitglieds entstehen. Diese Legitimierung ist insofern ideologisch, als dass im Verfahren der Erhaltung der Ordnung ideelle, begriffliche Konstrukte ins Spiel kommen. Damit ist es deutlich, dass die von Harrison vertretene Definition von Ideologie als Mittel zur Sicherung der Macht weit entfernt davon liegt, die naturwüchsige systemische Verfasstheit der Machtbeziehungen wissenschaftlich zu beschreiben. Legitimation ist nur insofern ideologisch, als dass die bestehende, vorfindliche Ordnung auf der Bedeutungsebene eine Bestätigung wiederfindet. Aber diese Bestätigung besteht für viele in einer Menschengruppe nur zu Recht, weil die Erklärungsstruktur und kognitiven Kompetenzen in den Subjekten zum einen den Konstruktionsprozess der Gesellschaft verdecken, und zum anderen dieselben Strukturen bei allen Leuten zu finden sind, die ein und dieselbe Umgebung teilen. Darüber hinaus ist die Sprache eher ein konservatives Medium, denn man versucht mit ihr zunächst, den Ist-Bestand der Welt zu beschreiben, so wie man sie vorfindet. Sozialkritik ist eine spätere Entwicklung und nur unter bestimmten, spezifischen sozialen Verhältnissen auch erfahrbar. Manchen sozialen Konstruktionen ist auf der anderen Seite kaum zu entkommen (vgl. Dux 1992, 137-144, 148 f., 431-436).

Die Tatsache, dass die Botschaften bei den Zuhörern ankommen und bei den Rezipienten zugunsten des Senders wirken, verlangt eine Erklärung auf der Seite des Empfängers. Das Verfahren, den Grund für den Erfolg einer beabsichtigten, ideologischen Mitteilung bei den Sendern zu suchen, unterliegt derselben Logik, die bei den Rezipienten als Legitimierung angesprochen wird. Das heißt, der Wissenschaftler selber schafft eine Legitimierung, die er später zu erklären versucht. Dabei wird vergessen, dass auch die Sender einer Mitteilung den Inhalt einer Botschaft nur unter vorgegebenen Bedingungen gestalten können. Sender und Empfänger stehen in einem Verhältnis der Komplizenschaft zueinander. Es sind ähnliche, wenn nicht die gleichen kognitiven Prozesse, die dem Kommunikationsmittel zugrunde liegen. Die Konzentration auf ein bestimmtes Bildprogramm berichtet nicht über Werte oder Archetypen, sondern über den realen Produktionsprozess der Stelen durch Subjekte, die sich durch die Bilder über bedeutsame Fakten kommunikativ versichern wollen.

Die Anwendung einer Prozesslogik in Bezug auf die archäologische Quelle führt unweigerlich zu einem kognitionstheoretischen Ansatz. Denn die historisch-genetische Erwartung eines nachvollziehbaren Entwicklungsprozesses in der Produktion soziokultureller Konstrukte wird zur Prämisse. In Bezug auf die Untersuchung von Bildern gleicht dies einer kognitiven Vorgehensweise, da geistige Vorstellungen nur durch die Vermittlung von Denkvorgängen in Bilder umgesetzt werden. Darüber hinaus steht eine kognitionstheoretische Bildanalyse der ideologietheoretischen Erklärung direkt gegenüber. Mit dem Begriffssystem einer Bildwissenschaft, die sich der kognitiven Entwicklung der Bildschöpfer bedient (Willats 1997), kommt man auf andere Schlüsse, wenn man die Bilder der Spätbronzezeit auf Felsen oder Stelen betrachtet (Huth 2003, 11-55). Abgesehen von dem Bildinhalt, welcher einer der Gründe für die Diskussion um eine Ideologie ist, berichtet die Kognitionswissenschaft zunächst über die Form der bildlichen Transformationen. Und bei den iberischen Stelen verläuft es nicht anders, als im Lauf der abbildungstechnischen Entwicklungsgeschichte. Dort werden Silhouetten benutzt, um Objekte zunächst über ihre räumliche Ausdehnung zu repräsentieren. Wagen werden in Klappbildern dargestellt, was auf die Schwierigkeit hinweist, Überlagerungen abzubilden. Eine orthogonale Projektion fehlt, wie man sie von den Hochkulturen im Ostmittelmeerraum zur selben Zeit kennt. Diese sind Kulturen, die nach Meinung einer Mehrheit der Forscher die Bildsujets auf den jüngsten iberischen Stelen beeinflusst haben. Das Fehlen von orthogonaler Projektion und die Nutzung von Silhouetten, um feste Objekte darzustellen, führt zur Anwendung von topologischen Transformationen für die Darstellung von Körpern. Die Objekte werden nach den räumlichen Verhältnissen in ihrer Verbindung zueinander wiedergegeben. Wenn möglich werden Merkmale der Oberfläche als Bestandteile eines Objekts für die Charakterisierung benutzt. Teile, die weder zu primären noch sekundären Ausdehnungsmerkmalen gehören, werden als eigenständiges Ganzes nach ihrer räumlichen Beziehung zum ursprünglichen Objekt (neben, an, über, unten, in der Mitte) wiedergegeben. Das bedingt die Strategie, additiv in den Zeichnungen vorzugehen und jedes Objekt, das als eigenständig wahrgenommen wird, neben den anderen auf dem Bildträger hinzuzufügen. Diese Vorgehensweise bei der Bildschöpfung kommt der Substanzlogik, womit die zu kommunizierende Thematik aufgenommen wird, sehr gelegen. Der Logik zufolge ist das Wesentliche, worauf es in einer Mitteilung ankommt, durch eine unzählige Summe seiner Attribute bestimmt. Aspektiv ist die Darstellungsart zwar in der Zeichentechnik, die objektzentrisch vorgeht und auffällige Merkmale eines Objekts ins Bild setzt für das Erkennen desselben im Bild (Brunner-Traut 1996), aber auch darin, dass einem Bildsujet immer weitere Aspekte als Attribute hinzugefügt werden. Vor dem Hintergrund der aspektischen Bildsprache kann man davon ausgehen, dass die unverhältnismäßig dicken Beine in der Figuralplastik tatsächlich Betonung bzw. Wichtigkeit ausdrücken (Löhlein 2006, 502 und Anm. 46 vgl. den „hieroglyphischen Charakter" ebendort).

Der kognitionstheoretische Ansatz steht einem ideologietheoretischen gegenüber, weil der erste einen rekonstruktiven Einblick in die einzelnen Bildschöpfungsprozesse verschafft, während der letzte in die alten Denkfehler der kulturhistorischen Archäologie verfällt. Der Trugschluss besteht darin, die räumliche und zeitliche Vergesellschaftung eines wiederkehrenden Formenspektrums auf eine gemeinsame, substanzlogisch aufgefasste Kultur zurückzuführen. So gehen ideologietheoretische Ansätze von den räumlich wiederkehrenden Bildmotiven aus und versuchen, das Phänomen aus einem stabilen Narrativ über die Ordnung der Dinge herzuleiten. Derartiges kennt man ja auch aus der antiken Welt, wo ein und dieselbe mythologische Erzählung szenische und narrative Bildkompositionen auf unterschiedlichen Bildträgern bestimmt. Aber das ist für die urgeschichtlichen Räume Europas selten nachvollziehbar. Zum einen erschwert die prähistorische Quellenlage selbst die Enthüllung solcher Erzählungen. Schriftlosigkeit, Absenz von Institutionen und nicht einheitliche Legitimationsverfahren institutioneller Art zählen zu den Schwierigkeiten. Zum anderen weisen die Bilder selbst keinen beweisbaren szenischen oder narrativen Inhalt auf. Bildfolgen, die sich in Form ein und derselben Erzählung rekonstruieren lassen, fehlen auf den iberischen Stelen und zum Teil auch bei den skandinavischen Felsbildern (Almgren 1934; Althin 1945; Bertilsson 1989; Capelle 2008; Coles 1994; Glob 1969; Malmer 1981; Tilley 1991) (vgl. Abb. 17). Da Bilder Kommunikationsmedien sind und subjektive Vorstellung in intersubjektive Zeichen umsetzen, wäre die Strategie, hinter einem Bildprogramm eine Ideologie ans Licht bringen zu wollen, an sich nicht falsch. Dennoch steht der Suche nach einer Kriegerideologie der archäologische Befund im Weg.

Gesten sind für die Figuren auf den Stelen nicht belegt. Eine andere Form von Andeutungen auf Bewegung ist auch nicht vorhanden – mit der möglichen Ausnahme von Wagendarstellungen. Aber auf den Stelen leisten in der Regel die Zugtiere die Bewegung. Wenige Exemplare weisen einen Menschen hinten am Wagen, wie Cabeza de Buey 4, (pr. Badajoz, ES) und Ategua in Cortijo de Gamarrillas, (pr. Córdoba, ES) (C80, Abb. 18), oder hinter dem Wagen, wie Cuatro Casas, Carmona, (pr. Sevilla, ES) (C70, Abb. 19), auf. Eine dynamische Wagenlenkerdarstellung wie die vom Streitwagen auf der Grabplatte aus Kivik, Schonen (län Skåne, SE) (Abb. 20) gibt es auf den iberischen Stelen nicht. Indizien für Gesten liefern Monte Blanco-Olienza (pr. Badajoz, ES) (die Menschenfigur scheint die Handflächen zu zeigen) (C65, Abb. 21) und Figueira (dist. Faro, PT) (C87, Abb. 22) (die Arme sind offen wie für eine Umarmung bereit). Womöglich ist die Handstellung auf der Stele von Badajoz auf die Darstellungsweise zurückzuführen. Man hat dadurch eine

Abb. 17: Spätbronzezeitliche Felsbilder, Schweden. Eine kurze Auswahl von Bildmotiven weist bereits einige Unterschiede zu den iberischen Stelen in Haltung, Szenen und Objektauswahl auf. Quelle: SFHA – Bertil Almgren; Torsten Högberg, Gerhard Milstreu.

Überlagerung mit dem Schwert am Gürtel vermeiden können. Ervidel 2 (dist. Beja, PT) (C89, Abb. 23) zeigt einen Krieger mit einem an der Taille hängenden Schwert, der eine Hand nach oben und die andere nach unten hält. Schließlich zeigt São Martinho 2 (dist. Castelo Branco, PT) (C30, Abb. 24) eine Figur, die ihren Bogen hochzuhalten scheint (wahrscheinlich geht es um eine Jagdszene, wo die Tiere über dem Pfeil abgebildet sind). Auch hier könnten genauso gut abbildungstechnische Gründe eine Rolle gespielt haben. Eindeutige Belege für konventionelle Gesten sind diese Beispiele nicht. Außerdem fehlen die Wiederholungen, die eine Interpretation als Geste verstärken könnten. Verkürzungen für Bildmotive sind auch nicht vorhanden, wie z. B. die verkürzten Reiterdarstellungen im ostalpinen Raum während der Hallstattzeit, wo ein geometrisch gebauter Pferderumpf ein Reitermotiv ersetzen und ein Rumpf aus parallelen Linien für das Tier allein stehen kann (Huth 2003, 130, 138 f.). Aldea del Rey 3 (pr. Ciudad Real, ES) (C68, Abb. 25) zeigt eine mögliche Tanzszene und einen Krieger mit hochgestreckten Armen neben einem vierbeinigen Tier, was als Reiterdarstellung

Abb. 18: C80 Ategua (pr. Cordoba, ES) (Harrison 2004, 299).

Abb. 19: C70 Carmona (Cuatro Casas), (pr. Sevilla, ES) (Harrison 2004, 285).

interpretiert wird. Die detailreichste Stele von Ategua (pr. Córdoba, ES) (C80, Abb. 18) weist Menschengruppen, die Händchen halten und als Tänzer gedeutet werden könnten, und eine Figur hinter dem Wagen auf. Die Hauptfigur in dieser Stele wird mit Kopfschmuck oder Helm, Ohrringen, Armring und einem Kleidungsstück, das reich mit Webmustern verziert war, dargestellt. Die Wiedergabe der Webmuster folgt der zur Verfügung stehenden Zeichentechnik, wobei sekundäre Ausdehnungsmerkmale einer Oberfläche mit Schraffierungen dargestellt werden können. Ähnliche Abbildungen sind aus dem Ostalpenraum während der Hallstattzeit bekannt. Dort gehen derartige Bilder mit der sozialen Bedeutsamkeit von Webtechnik und Textilien einher. Die Figur auf der Stele ist phallisch dargestellt und unter ihr gibt es eine weitere liegende Figur, die Ohrringe trägt. Unten der liegenden Figur ist noch ein kariertes Tuch abgebildet, das zum Schwerttanz gehört. Wenn man sich die hallstattzeitliche Bedeutung von Textilien und wie Momente der Herstellungsprozesse in der Situlenkunst und auf anderen Bildträgern ins Bild gesetzt werden vor Augen führt, hat man einen Einblick darin, wie Textilien in die Eigentumsverfassung der Zeit eingebettet waren. Eine Verbindung zur weiblichen Familienlinie, welche diese Herstellungstechnik beherrschte, weiter tradierte und – wenigstens in den Osthallstattkulturen – deren exklusives Können auch bildlich zur Schau gestellt wurde, ist nicht auszuschließen. Die Datierung von Ategua (pr. Córdoba, ES) (C80) in die fortgeschrittene Früheisenzeit gliedert die Stele in diesen kulturellen Kontext ein – zu ein und derselben Zeit wie u. a. gehörnte Menschenfiguren oder Kriegertücher (Abb. 4).

Der Befund spricht auf der Iberischen Halbinsel weniger für Szenen und Narrative, sondern im optimistischsten Fall dafür, dass es um Schwerter, Schilde, Lanzen, Menschen, Menschen mit Schwertern und Schilden (Krieger?), Menschen mit Wagen usw. geht.

Abb. 20: Bilder auf Steinplatten der Grabkammerwände, Grabhügel. Kivik bei Simrisham, Skåne, Schweden. Quelle: SHFA Autor: Catarina Bertilsson.

Abb. 21: C65 Olienza (pr. Badajoz, ES) (Harrison 2004, 278).

Abb. 22: C87 Figueira, Algarve (dist. Faro, PT) (Harrison 2004, 309).

Abb. 23: C89 Ervidel II (Aljustrel), Baixo Alemtejo (dist. Beja, PT) (Harrison 2004, 312).

Abb. 24: C30 São Martinho II, Beira Baixa (dist. Castelo Branco, PT) (Harrison 2004, 232).

Da eine Darstellung von Gesten und erzählerischen Bildkompositionen mit einfachen Zeichen- und Bedeutungssystemen durchaus möglich und im Ostalpenraum auch im Grabkontext bekannt ist, ist die Vermutung nahe liegend, dass die Statik der iberischen Bilder auf einen toten Zustand der Dargestellten zurückgeht. Die Möglichkeit, dass es nichts zu erzählen gibt, ist eine grobe Unterschätzung der menschlichen Kreativität. Mit Sicherheit stellte man einen Bezug zwischen den Toten und den Bildinhalten her, aber ihn konkret zu bestimmen ist nicht realisierbar. Womöglich geht es hauptsächlich um die Darstellung eines substanzialisierten Subjekts. Da es keinen eindeutigen Beweis für eine individuelle Natur der Bildinhalte gibt – man denke an die gehörnten Figuren -, kann man nur darüber spekulieren, ob es um eine Charakterisierung der Verstorbenen als historische bzw. mythische Persönlichkeiten geht. Auf der anderen Seite gibt es auch keine stichhaltigen Argumente für eine Ideologie. Da Gesten als wiederkehrende Bildmotive, wiederholte Szenen, repetitive Bildkompositionen und -folgen fehlen, ist alles, was es gibt, additive Bildwerke mit Objekten und Menschenfiguren nach den Regeln der aspektiven Kunst und der primitiven Zeichen- und Bedeutungssysteme.

Natürlich kann man einwenden, dass gerade der gleiche Inhalt und nicht die gleiche Technik für dieselbe Ideologie spricht. Die Kulturgemeinschaften der europäischen Urgeschichte stehen in Kontakt möglicherweise seit dem Ende der Jungsteinzeit, wahrscheinlich seit dem Anfang der Kupferzeit und mit aller Sicherheit in der Spätbronzezeit. Allein der Herstellungsprozess von Bronze fordert dieses Netzwerk. Das schließt einen kommunikativen Austausch nicht aus. Im Regelfall geschehen die Kontakte entlang der Kurzstrecken des notwendigen Kettentausches von Rohstoff, aber gelegentlich auch im Rahmen von weiträumigem Austausch. Nur, die wiederholte

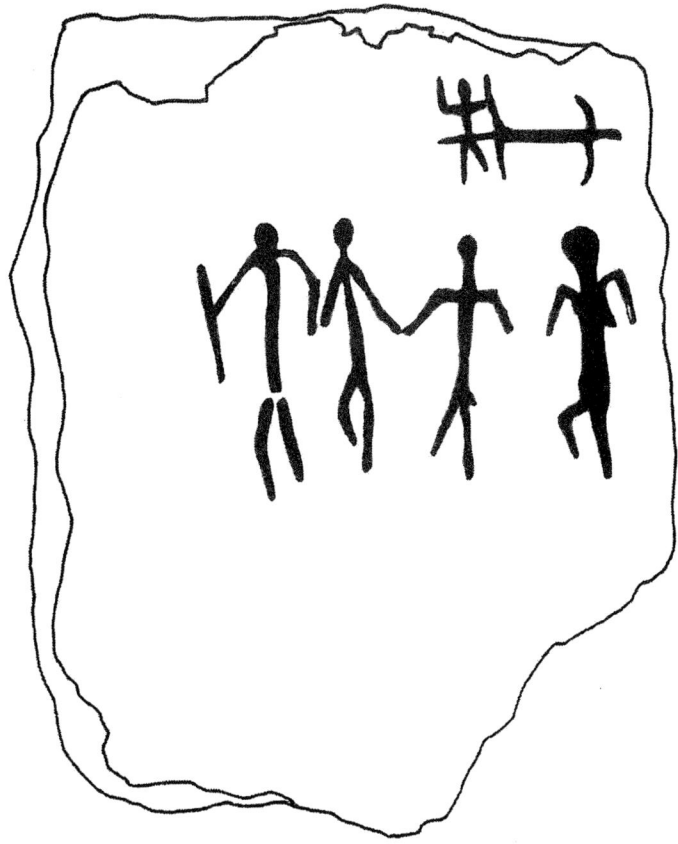

Abb. 25: C68 Aldea del Rey, (pr. Ciudad Real, ES) (Harrison 2004, 282).

Bildthematik auf eine Ideologie zurückzuführen, die überall gleich bleibt, geht zu weit. Es ist eine Hypothese, die der Substanzlogik zu verdanken ist. Kommunikativer Austausch trägt in der Spätbronzezeit sicherlich zu der Konvergenz von Vorstellungen über das, was bedeutsam ist, bei – das führt z. B. dazu, dass man sich bestätigt fühlt. Aber die ähnlichen Lebensverhältnisse und die deswegen ähnlich entwickelten kognitiven Systeme sollten eine viel größere Rolle einnehmen, als sie es bisher in der Forschung hatten, wenn es darum geht, die Parallelitäten im Fundbild zu erklären.

Auf der Grundlage der typologischen (mathematisch trennbarer ‚Basistyp') und chronologischen (Datierung vom Schild mit V-Kerbe, Verbindung zur Wasservogelsymbolik) Überlegungen sind die Stelen vom Basistyp in denselben kulturellen Kontext der Spätbronzezeit einzuordnen wie Depotfunde dieser Periode, welche von der Brucherzregel abweichen und ansehnliche Objekte enthalten. In der Regel kennzeichnet eine Nähe zum Körper die in diesen Deponierungen enthaltenen Gegenstände (s. u. Kap. 5). Das urgeschichtliche, substanzlogische und emanative Subjekt- und Objektverständnis bedingt die Gewohnheit, sich gegenüber dem Numinosen durch den Besitz präsent zu machen. Gegenstände, die einen Bezug zum Leib haben, gewinnen dadurch ihren repräsentativen Charakter. Im Kontext der Hortfunde der Spätbronze- und Früheisenzeit können dies Schmuck- und Waffenstücke sein. Bei den Letzten spricht vieles dafür, dass

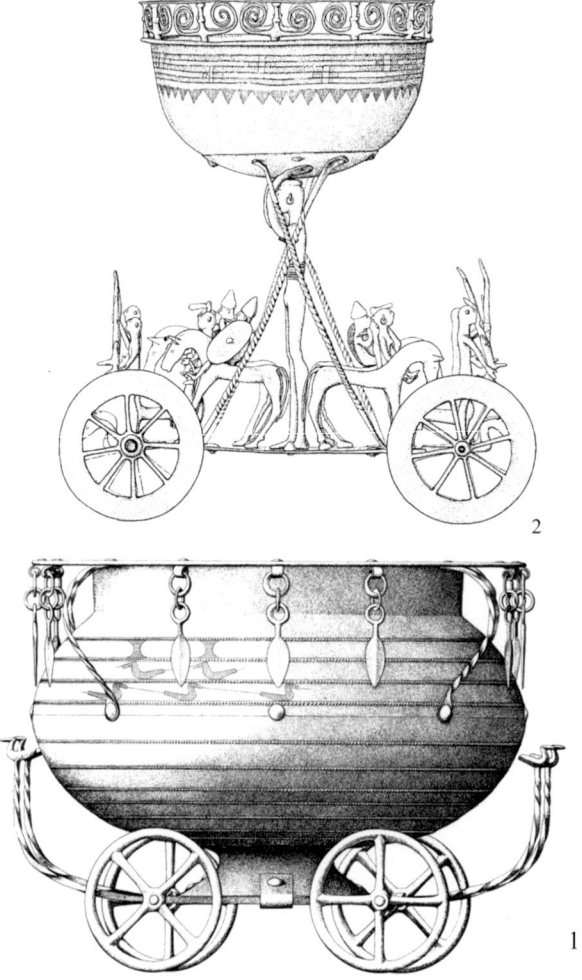

Abb. 26: Die Bedeutsamkeit von Gefäßen von der Spätbronzezeit, Skallerup (reg. Seeland, DK) (1), zu der frühen Eisenzeit, Strettweg (Ld. Steiermark, AT) (2) (Huth 2003, Taf. 45).

sie dem eigenen Besitztum und nicht dem eines Feindes gehören (s. u. Kap. 5.4). Die auf Stelen für sich allein dargestellten Objekte sind aus dieser Perspektive eingebunden in sakrale Handlungen und Attribute zugleich. Die Stelen mit Menschenfiguren sind in den Kontext der Zunahme von Menschendarstellungen in der Eisenzeit einzugliedern. Vor diesem Hintergrund erklärt sich auch die Vielfalt der Bildmotive. Sie weisen auf die vielen unterschiedlichen Motive der Eisenzeit (von den neuen Gegenständen bis hin zu den neuen Themen) und auf einen geistigen Dezentrierungsprozess hin – allerdings mit derselben einfachen Darstellungstechnik und demselben additiven Bedeutungssystem. Es wäre naiv zu glauben, die Menschenbilder und ihr Zubehör gingen allein auf fremde Einflüsse zurück. Aber die Zunahme an Menschenfiguren ist eine überregional wichtige Erscheinung der Früheisenzeit. In Italien zeichnen sich die fundamentale Bedeutung und die kulturelle Auswirkung dieser Tendenz ab. Die Sonne, die während der Spätbronzezeit als zentrale Figur in den Motiven der Vogelsonnenbarke vorkommt, wird dort durch Menschenfiguren ersetzt (Kossack 1999, 23-26, 86) und auch aus Slowenien ist ein kleinplastisches Beispiel für dieses Phänomen vorhanden (Huth 2003, 146). Während der fortschreitenden Hallstattzeit im Ostalpenraum – das geographische Randgebiet unter Einfluss von ‚Entwicklungszentren' wie Griechenland und Italien – erfüllt eine weibliche Figur im Zentrum von zahlreichen anderen Menschenbildern eine signifikante Rolle, für die in der Spätbronzezeit die Wasservögel allein ausreichend waren (ebd. 147-151) (Abb. 26). Die Stelen der Eisenzeit sind somit zusätzliches Zeugnis eines evolutiven und kognitionsbedingten Phänomens, das überall in Europa dieser Periode zu beobachten ist. Die Menschen werden sich selbst bewusster auch als aktives Glied in der Beziehung zum Numinosen. In diesem Kontext ist es nicht überraschend, dass bei den Stelen ein ähnlicher Befund wie bei den spätbronze- und früheisenzeitlichen Kesselwagen vorliegt, bei denen im Laufe der Zeit eine Menschenfigur die Vogelbarke als Gefäßträger ablöst (s. u. Kap. 5.5) (vgl. Abb. 26, Abb. 6 und Abb. 16, Abb. 12, Abb. 13, Abb. 14, Abb. 15, Abb. 18). Die rituelle Evokation (als suggestive Erweckung gemeinsamer Vorstellungen oder als magische Beschwörung) mittels Objekte erscheint um den Menschen selbst erweitert und die Menschenbilder um weiteres Zubehör bzw. Attribute genauer bestimmt (vgl. die oben genannten Bilder mit dem Ergebnis der Nachbarn-Analyse Abb. 11).

Thematik, Bildfolgen und -programme weichen in den verschiedenen Regionen des spätbronzezeitlichen Europas aber doch voneinander ab. Die spätbronzezeitliche Bilderwelt auf der Iberischen Halbinsel weist klare Unterschiede zu den Bildern in Skandinavien auf. Die Themen der Grabplatten in Kivik (län Skåne, SE) (Abb. 20) oder die Bildmotive der Felsbilder (Abb. 17) stellen eindeutig andere Aspekte der Lebens- oder Vorstellungswelt dar. Die nordischen Felsbilder zeigen „Krieger", die Arme hochheben oder Luren spielen. Der Eindruck entsteht, dass diese Bilder von ekstatischen Zuständen bzw. dynamischen Situationen erzählen. Im Gegensatz dazu erscheinen die iberischen Stelen ziemlich eintönig und statisch. Die Motivauswahl, die Haltung der menschförmigen Figuren, die Repetition der Schiffsdarstellung in der Art einer Beschwörungsformel, alles weist auf deutliche Unterschiede im Erzählinhalt hin. Gemeinsam ist ihnen jedoch die Darstellungstechnik, die man sogar in der Späthallstattzeit im Ostalpengebiet in einem anderen Kontext wiederfindet (ebd. 124-159). Da die primitiven kognitiven Strukturen universell sind, taucht die Technik wiederholt auf.

Die konkreten Themen sind nur auf den ersten Blick ähnlich, insofern wir Figuren mit Attributen wie Waffen als „Krieger" betiteln. Diese Kategorie geht nicht über die Feststellung hinaus, dass dank einer universellen Substanzlogik auch wir, die nachgeboren sind, imstande sind, ein Subjekt anhand seiner Aspekte zu erkennen. Die Gemeinsamkeiten der Bilderwelten auf dieser Ebene zu suchen ist leichtfertig, denn es setzt eine Interpretation über den Befund voraus, die viele Annahmen über die damalige Sozialwelt impliziert – sie fangen teilweise Realitätsgehalt (die Möglichkeit von Gewalt ist einfach da) auf und teilweise nicht (die Bilder sind keineswegs Belege für die Indoktrination von Normen des bronzezeitlichen Kriegerlebens). Das Bildmotiv von z. B. Menschenfiguren mit Attributen wie Waffen regt eigentlich zu der dringenden Frage an: Was macht gerade solche Merkmale und Aspekte bedeutsam für eine bildliche Darstellung? Zwar führt eine historisch-genetische Antwort darauf die wiederkehrenden Formen im Fundbild auf Ähnlichkeiten in der Sozialwelt und in der Innenwelt zurück, für einen differenzierten Blick auf die Quelle bleibt dennoch genug Raum. Die sozialen Verhältnisse und subjektiven Denksysteme sind nur auf struktureller Ebene ähnlich. Der konkrete Bedeutungsgehalt weist jedoch regionale Unterschiede in den einzelnen Bildmotiven und in ihrem Zusammenschluss in Bildprogramme auf. Ein Beleg für die gleichen, normativen Vorschriften oder für ihre sozialgeschichtliche Relevanz ist aus der Bilderwelt der spätbronzezeitlichen Stelen nicht direkt zu entnehmen (vgl. Bertilsson 1989, 317 f.).

Letztendlich steht der kognitionstheoretische Ansatz im Kontrast zu der Ideologie-Hypothese. Zunächst gibt ein Zugang zu den Bildern, der über kognitive Systeme vermittelt wird, einen Einblick in den Konstruktionsprozess der Bildquelle durch die einzelnen Subjekte – d. s. die wahren Konstrukteure. Zweitens ist diese Vorgehensweise gerade im Einklang mit dem Bewusstsein der Konvergenz der Welt, und speziell ihrer soziokulturellen Konstrukte (Dinge sozialer Art), auf einen Erkenntnisprozess im Subjekt. Demgegenüber leistet der Ideologiebegriff einen Widerstand dagegen. Der psychosoziale Grund für die Auswahl gewisser Thematiken muss woanders gesucht werden. Es gibt sozial objektive Gründe, warum einige Themen bedeutsam erscheinen. Und es gibt subjektive Gründe, warum diese Sujets unkritisch verarbeitet werden und warum die Motivation überhaupt da ist, die Inhalte bildlich mitzuteilen.

Ich bin bereit zuzugeben: Der Kampf wird in der Bronzezeit zu einer Art von Sich-Bekriegen, wobei man bei nicht in Staaten organisierten Gemeinschaften noch nicht von Kriegführung reden kann. Darauf weisen Funde wie Schwerter und Schilde, d. s. Instrumente, die ausschließlich zur Tötung von Menschen und der Abwehr menschlicher Angriffe hergestellt werden (vgl. Osgood u. a. 2000). Sie stehen im Gegensatz zu anderen Geräten, die primär für die Jagd oder für das Handwerk produziert werden, aber zur Verletzung benutzt werden können. Die Spätbronzezeit führt diese Idee des Sich-Bekriegens fort. Zum Bekriegen sind nämlich Krieger notwendig (Pohl 2004, 428). Diese sind häufig mit der Vorstellung verbunden, „richtige Männer" zu sein (ebd.). Darüber hinaus zeichnet sich das primäre Selbstverständnis durch ein Identitätsverhältnis zwischen dem Subjekt und seinen Handlungen bzw. der Substanz und ihren Emanationen aus (Dux 1988). So werden Gewalt und ihre Instrumente zur Konstruktion dieses Ideals eines autonomen Erwachsenen herangezogen. Der Erfahrungsdruck dieses Ideals ist ein immer fragiler Zustand, insbesondere auf der Bedeutungsebene. Die Subjekte entwickeln so ein Bedürfnis, Selbstbilder, Machtphantasien und Überkompensationen ständig neu zu kommunizieren, einschließlich ihrer bildlichen Überlieferung. Das gilt auch für Hinterbliebene, wenn es bei den Bildern auf Stelen um einen Verstorbenen geht. Denkbar ist auch, dass gerade mit dem Tod ein starkes Bedürfnis aufkommt, kulturell konstruierte Subjekt- und Gemeinschaftsbilder zu reparieren oder neu herzustellen (Pohl 2004, 428). Die subjektivische Ursprungslogik ermöglicht, dass man sich mit Mythen und Riten über die Ordnung der Dinge versichern und sogar durch Wort und Tat auf die Organisation der Welt Einfluss nehmen kann. Die Assoziationen des archaischen Symbolismus in der Ursprungslogik sind motiviert ausgewählt (Hallpike 1979, 167). Mit Sicherheit liegt in den universellen existenziellen Ängsten eine reizvolle Motivation vor (vgl. Robert N. Bellahs Definition von Religion als symbolische Formen und Handlungen, die das Subjekt mit ultimativen Bedingungen des Daseins in Beziehung setzen (Bellah 1964, 359)). Aber die grundlegenden motivationalen Strukturen sind nicht absolut gesetzt, sondern sie sind plastisch und werden im Zusammenspiel mit der vorfindlichen Sozialwelt gebildet.

Krisen, Veränderungen, die das Subjekt zu Anpassung zwingen, markante Ereignisse oder Konfliktzustände und Tod sind bekannte Auslöser. Ursachen liegen jedoch im Subjekt, das im Medium seiner historisch bedingten kognitiven Strukturen von Weltverständnis handeln muss, um seine Bedürfnisse zu befriedigen. Die kognitive Struktur (Substanz und Ursache) entwickeln wir in einem anderen Grad auch und Aspekte der Motivation für den

Symbolismus sind uns ebenso bekannt: Integration durch einen handlungskompetenten Umgang mit Umgebungsbedingungen und Selbstverwirklichung durch eine gelungene Integration in der Welt, was andere Menschen kommunikativ, rituell oder organisatorisch immer einschließt. Nur, unsere Lebenspraxen sind anders vernetzt und unsere Handlungen schließen sich an andere Vorstellungen vom inneren Mechanismus der Welt an.

Zusammenfassend geht es bei den Darstellungen auf den Stelen weniger um eine absolute Dichotomie zwischen Objekt- und Subjektzentrierung in der bildlichen Umsetzung, die auf eine Einstellungsveränderung hinweisen würde. Aber es handelt sich ebenso nicht um eine historische Kontinuität aufgrund ein und derselben Ideologie, die sich in verschiedenen Zeitphasen auch unterschiedlich manifestiert hätte. Kognitionstheoretisch zeugt die Hinzufügung immer weiterer Elemente in den Bildprogrammen von einem Dezentrierungsprozess, wobei zusätzliche Eigenschaften und Merkmale dafür entdeckt werden, was in der Welt bedeutsam ist. Denn die substanzlogische Artikulation der Welt zeichnet sich gerade dadurch aus, dass sich aus der ursprünglichen Substanz, worauf die intendierten Bedeutungen konvergieren, immer wieder neue Elemente ausbilden, die in assoziativem Verhältnis zueinanderstehen. Dass der Dezentrierungsprozess mehrere Jahrhunderte angehalten hat, zeugt von der langsamen Veränderung der Bedeutungskonstellationen der Zeit. Nur langsam verändert sich die Welt von einer Generation zu der nächsten, und mit der Welt verändert sich auch nur langsam das, was man Verstehen nennt. Und das weist darauf hin, dass eine Kontinuität dadurch empirisch belegt werden kann, dass Verständnis noch weiterhin möglich war. Dies zeigt die Wiederverwendung der Stelen im Grabkontext in darauffolgenden Zeiten. Dies bekräftigt wiederum die Annahme eines ursprünglichen Gebrauchs der Stelen im Zusammenhang mit Bestattungen, als Grabstelen und gerade nicht als Landschaftsmarkierungen für die Zwecke einer Territorialherrschaft, wofür handfeste Beweise fehlen.

Die Untersuchung von Aspekten der Subjektbildung gibt auch Anlass, eine Voreingenommenheit im Forschungsstand zu besprechen. Es geht um eine starke Konzentration auf Gewalt und ihre Verbindung zu Macht und Männlichkeit. Das belastet den Blick auf die Quellen, und zwar so, dass andere Quellenkategorien und andere Bereiche der Lebenswelt übersehen werden.

4.5 Die Faszination der Gewalt in der Forschung

Gewalt übt immer eine gewisse Faszination auf Menschen aus. Laut Stephen Pinker (2012) dürfte die performative Nachahmung von Gewaltszenen, wie man sie bei Kindern beobachtet, eine gewisse evolutive Rolle spielen, denn die Simulation gilt als Vorbereitung für Zeiten von Gefahr (vgl. Pohl 2004). In diesem Kontext kann man auch verstehen, dass der Krieger erhöhte Aufmerksamkeit schon seit der Zeit vor den Weltkriegen und bis heute erfährt. Ein idealisiertes Heldenbild gewinnt nach dem Zweiten Weltkrieg an Bedeutung, wobei der Krieger als Held von großen Taten, sorgend für die Gerechtigkeit, mit kurzen Momenten von Hybris, als einer vorgeschichtlichen Aristokratie angehörig, als Machthaber einer Region oder als Herr über eine bestimmte, ethnisch gedeutete Bevölkerung auftritt (David-Elbiali 2011, 189-193). Mireille David-Elbiali hebt besonders gut hervor, dass diese Idealisierung des Kriegerbildes gerade von Forschergenerationen vorangetrieben wird, die erst nach dem Krieg geboren sind und daher weder den Krieg selbst noch eine eventuelle Militärdienstpflicht erleben mussten (ebd.). Häufig wird in dem übertragenen Bild des Kriegergrabs die Vorstellung verbreitet, dass die Krieger der Bronzezeit den Frieden

Abb. 27: Zeichnung der bronzezeitlichen Krieger bei Kraft (1926).

bewahren mussten, da sie ja in einer unsicheren sozialen Umgebung lebten (Abb. 27). Die Krieger bewahrten aufmerksam die Ordnung einer Gesellschaft in konstanter Gewaltgefahr.

Das von David-Elbiali ausgewählte Bild stammt aus dem Werk Georg Krafts aus den 20er Jahren. Und sein Werk hat einen faszinierenden Abschluss, der uns dabei hilft zu verstehen, wie ein solches Epochenbild überhaupt entstehen kann. Die Problematik ist also zweifach. Es gibt zunächst die mythische Logik, wonach attributive Gemeinsamkeiten substanzialisiert werden können. Zweitens gibt es eine soziopsychologische Problemlage bei der Subjektbildung in Gesellschaften mit hegemonialen Männlichkeitsbildern, die Auswirkungen hat auf die archäologische Forschung. Krafts abschließende Anmerkungen machen deutlich, dass der kulturhistorischen Archäologie ein logisches Problem zugrunde liegt, das einer psychologischen Belastung den substanzlogischen Nationalismus hinzuaddiert. Die Handlungslogik ist das eine Problem, das sich in dem substanzlogischen Kulturbegriff und in dem Geschichtsverständnis als Abfolge von einzelnen Handlungen manifestiert. Um diese Probleme aufzuzeigen, muss ich nicht einmal die richtig rassistischen Stellen seines Textes zitieren. Das Problem sieht man leicht an den Formulierungen Krafts: „[...] [v]on Norden nach Westen ziehen bewaffnete Scharen [...]" (Kraft 1926, 97), „[i]n Württemberg sitzen die nordischen Leute [...]" (ebd.), „[i]n Ostmitteleuropa erwuchs [...] eine starke, wesentlich nordische Kultur [...]" (ebd.), „[i]m Umland wohnten Reste früherer Bevölkerungsgruppen [...]" (ebd. 98). Die eine Gruppe wohnt irgendwo. Die Anderen sitzen woanders. Während eine weitere Kultur wandert. Es gibt in dieser Lektüre der Bronzezeit überhaupt keine Ruhe, und dies ist eine Denknotwendigkeit für das so durchgeführte Denken, denn es geht um eine Kette von Handlungen und Gegenhandlungen. Es gibt also keine Langeweile. Aber die primitive mythische Logik allein macht keinen Faschismus aus. Das andere Problem tritt auf psychologischer Ebene auf.

Der psychosoziale Befund kommt auch in Krafts Werk zum Ausdruck, nämlich in der Wahrnehmung der eigenen Kultur als nicht „stark genug", um historische Nachkommen zu sichern. „Da die Räter als größere Volkseinheit nicht in Frage kommen, haben wir für die Träger **unserer Kultur** ein wesentlich indogermanisches Volkstum anzunehmen […], **dessen Nachkommen nicht stark genug** waren, eines der historischen Völker zu bilden" (Kraft 1926, 99, Herv. d. Verf.). Substanzlogik, Selbstzuschreibung, narzisstische Kränkung, Druck auf eine Selbstbehauptung und auf den Beweis der „eigenen" „natürlichen" Stärke, was für einen Wahn über Impotenz und Minderwertigkeitskomplexe spricht, all diese Aspekte sind ebenso da, wenn man genau hinschaut – wenn man der historischen Dimension eine ontogenetische anschließt. Die Aspekte der Subjektbildung sind jedoch subtiler, denn sie passen sich an den sozialen Wandel an. Sie sind in unterschiedlichen Graden und mit unterschiedlichen konkreten Ausgestaltungen in Krafts Zeit, in unserer Gegenwart und in der Vorgeschichte wiederzufinden (Pohl 2004, 9-100).

Dennoch bleibt es schwiwrig, in einer kulturwissenschaftlichen Theorie bei all dieser Einengung des Blickes auf Waffen und Gewalt einen klaren Unterschied zu ziehen, zwischen Gewalttaten eines Individuums und denen, die gemeinschaftlich erfolgen. Insbesondere unklar bleibt dabei, was die Gewalttaten ausgelöst haben sollte und was die Konsequenzen für den Bildungsprozess dieser Gesellschaften sind. Viele Fragen werden überhaupt nicht beantwortet. Eine von Institutionen befohlene, institutionalisierte Armee kann man kaum für die Zeit erwarten. Sind die Ursachen für die Gewalttaten individuelle oder kollektive Reziprozitätserwartungen? Oder zeugen die Befunde bloß von spontanen, unsystematischen Handlungen zum Schutz der bestehenden Ordnung? Aber wo kann man die Grenze ziehen für die elementaren reaktiven Gewalttaten eines Einzelnen, bewegt durch eine Ausdehnung des affektiven Betroffenseins auf das Eigentum, auf die Mitmenschen oder auf das Kollektive in zentrifugalen, atomistischen Gesellschaften? Und was zählt man zu einem vorinstitutionalisierten korporativen Bandenüberfall zum Beispiel? Gab es in vorneolithischer Zeit keine Kooperation, oder soll das Auftauchen von metallischen Geräten die Kooperation zur Gewalt fördern? Oder erweitert das Tauschnetzwerk der Bronzezeit die Gelegenheiten für Konfliktsituationen? Warum dann auch nicht für die persönliche Rache eines leidenschaftlich motivierten Mörders kooperieren? Wie lässt sich feststellen, welche Gewalttaten für eine korporative Gesellschaftsordnung primitiver Art sprechen, basierend auf Abstammung, Verwandtschaft, objektaler Identifikation mit konkreten Objekten oder konkret verdinglichten Handlungen, und auf Selbstzuschreibung auf das Kollektive, die aus einer Ausdehnung des affektiven Betroffenseins resultiert? Eine Erweiterung des Selbst, oder Ich, ist einfach vorzustellen: Man muss sich bloß fragen, wofür man sterben würde. Für die Erhaltung des Körpers? Der Familie? Für das Land? Für die Nation? Für die Freiheit? Für die Menschheit? Für den Kosmos? Abstraktheit, Größe und Quantität haben ein direktes Verhältnis zur Ausdehnung des Selbst. Welche Gewalttaten würden für eine korporative Gemeinschaft sprechen, die soziale Kategorien und die richtige Anordnung der sozialen Rollen hochschätzt?

Die Situation wäre sogar so vorstellbar, dass eine Gemeinschaft in korporativer Organisation, umgeben von atomistischen zentrifugalen Gesellschaften, eine institutionalisierte Verteidigungsstrategie entwickeln würde, falls die konstanten Begegnungen zur ernsthaften Bedrohung der bestehenden Ordnung würden, da die Ordnungskonzepte dieser Gesellschaftstypen stark voneinander abweichen (vgl. Hallpike 2004). Die soziale Harmonie einer korporativen Gemeinschaft besteht aus der richtigen

Anordnung von gesellschaftlichen Strukturen, Kategorien, Rollen und Gruppen. Dabei werden kosmologische Vorstellungen mit sittlich-ethischen Normen vermischt. Der momentane Bestand der sozialen Ordnung wird vom Anfang der Geistesgeschichte an als Ursprung der kosmischen Ordnung aufgefasst. Die soziale Ordnung ist damit die Weltordnung. Aber eine atomistische Gesellschaft versteht Ordnung als einen Ausgleich der individuellen Kräfte, sogar Willenskräfte. Wo und wann hörte die negative Reziprozität auf, die besonders für Fremde reserviert ist, und wo fängt die kooperative Fürsorge der Gesellschaftsordnung an? Und noch wichtiger wäre die Frage, wie alle diese Fragen überhaupt mit archäologischen Funden beantwortet werden können, ohne den Befund zu stark theoretisch aufladen zu müssen. Was unterscheidet also den frühbronzezeitlichen Dolch von den Rapieren und Schwertern der mittleren und späten Bronzezeit, oder von den vorangegangenen Beilen und anderen Waffen des Endneolithikums und der Kupferzeit, die allerdings auch im Grabkontext zu finden sind? Wann wird die ursprüngliche Timokratie, im platonischen Sinn als Liebe für Sozialstand, institutionalisiert? Wann wird die Statuszuschreibung von Kriegertum auf einzelne Individuen auf der Basis einer Assoziation mit konkreten Gewalttaten zu einer Institution des Kriegers, der dann mit Statusfunktionen versehen wird, nämlich Funktionen, die nur ein Krieger als solche erfüllen kann, eben weil er oder sie Krieger/-in ist und so kollektiv anerkannt wird? Sind diese Statusfunktionen für die Durchführung gesellschaftlich relevanter Rollen im Alltag der Gemeinschaften in der Bronzezeit Mitteleuropas notwendig? Oder kommen die bronzezeitlichen Kuhbauern mit viel primitiveren Arrangements gut voran?

Hiermit möchte ich nicht die Möglichkeit bestreiten, archäologische Antworten, mit fundnahen und empirischen, stichhaltigen Argumentationen, auf die oben gestellten Fragen über Gewalt, Kooperation und Gemeinschaftstypen zu finden (vgl. z. B. Araque Gonzalez 2018, insb. 19-36, 262-273). Sondern ich möchte eher auf die Zufriedenheit mit dieser Rekonstruktion des jeweiligen interessierten Publikums, welches die Forschungsgemeinschaft einschließt, hinweisen. Denn die psychologische Einstellung der Pseudo-Kriegerhistoriker legt die Vermutung nahe, dass deren Wissensneugier nur dann zum Stillstand kommen wird, wenn eine konkrete kulturanthropologische Studie zur Gewalt in den bäuerlichen Gemeinschaften der Bronzezeit Mitteleuropas durchgeführt wird, deren Erfolg von der Konstruktion einer Zeitmaschine in der nahen Zukunft abhängt.

Die hiesige Kritik der Hypothese über spätbronzezeitliche Ideologien zielt nicht darauf zu zeigen, dass Krieger und hegemoniale Männlichkeitsbilder für die Bronzezeit bedeutungslos sind. Im Allgemeinen verstärken die archäologischen Quellen den Eindruck, dass männlicher Autonomiewahn, narzisstische Aufwertung der grandiosen Männer und Aggressionsbereitschaft zu den Elementen dieser Periode zählen dürfen. Diese Eigentümlichkeiten der Subjektbildung in einer von der Möglichkeit von brachialer Gewalt geprägten sozialen Umgebung werden psychisch mit Hilfe universeller Strukturen verarbeitet.

Rolf Pohl (2004) fasst die Situation gut zusammen. Im Allgemeinen kennen weibliche Subjekte auch den Konflikt, Angewiesenheit und Autonomie zu versöhnen, aber das Dilemma tritt verstärkt bei männlichen Subjekten auf. Der Grund für die starke Korrelation mit Männern ist zum Teil soziologisch. Die soziale Umgebung ist für männliche Mitglieder günstig in denjenigen Gesellschaften, wo sich junge Männer tatsächlich mehr reale Möglichkeiten zur Autonomieentwicklung gönnen, während Mädchen entweder in Abhängigkeit geraten, oder wie in modernen Marktgesellschaften sozial oder parental weniger gefordert werden hinsichtlich des Wunschs, sich in der sozialen Welt zu positionieren. Die biologische Verbindung von Sexualität mit Testosteron gibt möglicherweise einen extra Schub, aber hauptsächlich ist die psychosexuale, kulturelle Verknüpfung von Sexualität, Autonomie, Gewalt und Aggression verantwortlich dafür, dass das Dilemma von Autonomiewunsch und Abhängigkeitsangst ein typisch männliches geworden ist.

Schon der Auflösungsprozess der Mutter-Kind-Dyade lässt widerstreitende Bedürfnisse entstehen, nämlich nach Autonomie und nach Intimität (Pohl 2004, 262)[32]. Mit der Mutter lernt das Kind sein erstes Liebes- und Hassobjekt kennen (ebd.), das sich häufig genug unabhängig bzw. eigenständig zeigt. Dabei entwickeln die Subjekte ein Bewusstsein dafür, dass die Lust-Unlust-Wechselwirkung, die sich in der Kindheit nur noch auf überlebenswichtige Funktionen des Organismus richtet, ein Dilemma unausweichlich macht, nämlich zwischen Objektfreiheit (Autonomie) und Objektgebundenheit (Abhängigkeit). Pohl zufolge führt diese Entwicklung zu einer Grundangst der Männer, die „ihrer gesamten psychosexuellen Ausstattung [entspringt]" (ebd. 283). Sie besteht „in der Angst vor bedrohlich erlebten Autonomie- und Kontrollverlusten" (ebd.). Die dadurch entstandenen Ängste und Selbstunsicherheiten können durch Fremdenhass, Gewaltbereitschaft, politische Paranoia, Perversionen und destruktive Sexualität prozessiert werden (ebd. 295-365). Diese Situation ist bei männlichen Jugendlichen deutlich zu beobachten. Die Verknüpfung der Geschlechtsidentität, deren Konstruktion mit physiognomischen Naturvorgaben anfängt, mit Militär und Krieg ist auch unter diesen Prämissen zu verstehen (Pohl 2004, 427-482). Das moderne Militär nutzt bewusst diese Aspekte der männlichen Subjektbildung für ideologische Zwecke oder Werbung.

Männer entwickeln den starken Wunsch, Abhängigkeiten (wie z. B. der ursprünglich sexuelle, als Abhängigkeit wahrgenommene Bezug zu den Frauen) abzuleugnen, und versuchen sich selbst neu zu erschaffen. Männerbündische Ansammlungen und rein männliche Initiationsrituale stellen die Möglichkeit dazu bereit. Dies sollte am besten geschehen ohne die Verbindung oder mit der aktiven Ausschließung von weiblichen Elementen. Diese Vorstellungen und Handlungen zielen darauf ab, dass der Mann sich selbst erzeugt als Mann. Er versucht dadurch, Anspruch auf eine Autonomie zu erheben, die sich in der realen Welt unmöglich erweist (Lohmann 2005). Schließlich führt das Dilemma zu einer Überschätzung von Männlichkeit oder Aggression. Naturvorgaben wie Hormone liefern hierfür eine Unterstützung, aber die Situation ist kulturell entstanden. In einem Vergleich mit der Hooligan-Szene von Manchester United stellt Pohl fest: „Konstitutiv für den Zusammenhalt" solcher Männerbünde „ist neben den ritualisierten Sauforgien und der Lust an Gewalt besonders die Abscheu gegenüber anderen, die nicht so sind wie sie selbst zu sein glauben" (Pohl 2004, 299). Diese Feindseligkeiten werden geistig durch ein bekanntes affektives Verarbeitungsmuster bewältigt, das in der Psychoanalyse seit Freud als „Narzißmus des kleinen Unterschieds" bekannt ist (ebd. 299 f.). Ganz kleine Unterschiede, welche zwischen dem Selbst und den Anderen subjektiv auffallen, rufen große Reaktionen

---

32 Diese Eigenschaften der Bildung menschlicher Subjekte relativieren die Rolle von Gewalt in der Konstruktion der sozialen Welt. Der Liebe als Verbindung der Intimität mit der genitalzentrierten Sexualität kommt eine ebenso wichtige Rolle für die Bildung und Erhaltung der Gesellschaft zu. Die Bedürfnisse nach Intimität und nach dem Erleben der Sexualität schließen sich dem Wunsch nach Autonomie an. Das fördert die Bildung von Familien, Geschlechtern, Gemeinschaften und Gesellschaft (Dux 1994). Macht und damit gelegentlich Gewalt ist weiterhin grundlegend (vgl. ders. 1992). Sie ist jedoch nie alles im Leben der Subjekte.

hervor. In einer derartigen Umgebung – oder wie Pohl (2004, 300) sagt: „in einer von der Herrschaft des Phallus diktierten kulturellen Ordnung" – geht die eigene Wahrnehmung gegenüber Fremden und die Verarbeitung des Geschlechtsunterschieds, besonders für die Männer, mit einer narzisstischen Aufwertung der grandiosen Männer einher (ebd.).

Die psychoanalytische Perspektive hilft bei der Klärung der Frage, ob der enge Blick auf die Krieger nicht eine Projektion in die Vergangenheit ist durch männliche Forscher in einer Gesellschaft, wo männliche Artmitglieder weiterhin an der Konstruktion und Aufnahme von hegemonialen Männlichkeitsbildern teilnehmen. Wenn Subjekte unter anderem an den hohen Ansprüchen des hegemonialen Bildes leiden, können auch sie Minderwertigkeitskomplexe entwickeln, deren Verarbeitung mit Hilfe der mythischen Auseinandersetzung mit der Vergangenheit durchgeführt wird. Die Gefahr ist groß, darauf wollte ich hinaus, dass man(n) es heute immer noch tut. Die Enttäuschung ist ebenso groß, wenn der Bildungsprozess der eigenen Gesellschaft immer noch derartige unreflektierte Subjektbildungen in größerer Zahl hervorbringen kann. Aber Fakt ist, dass Europäer die europäische Urgeschichte tendenziell als die eigene Geschichte erleben. Die Leute schreiben der Urgeschichte des Kontinents sich selbst zu, im Gegensatz zu den amerikanischen Kollegen, für die die Prähistorie Amerikas eine Geschichte der Anderen ist. Das stellt die Bühne bereit für eine intellektuelle Verarbeitung des Narzissmus des kleinen Unterschieds bis in die als Ursprung aufgefasste Vergangenheit, welche ein naturgewachsenes affektives Verarbeitungsmuster im Prozess der Subjektbildung wäre. Und diese Situation legt die Vermutung nahe, dass viele beim Blicken in die Vergangenheit nicht von sich selbst loslassen können.

Es gilt für Thematiken wie Gewalt oder Waffen (hier die bildlichen Motive auf Stelen und im nächsten Kapitel die Aufmerksamkeit, die auf die Interpretation von Waffenhorten gerichtet wird) ähnliches, wie Pohl für die durch Männer durchgeführte Untersuchung von Männlichkeit feststellt:

> Die Analyse von Männerphantasien [Gewaltphantasien] reproduziert oft als Klischee, was sie zu erklären sucht: das Bild phantastischer Männer, die in einer feindlichen Welt ständig gezwungen sind, ihre fragile Subjektivität kraftvoll unter Beweis zu stellen. (ebd. 24)

Um es noch einmal deutlich zu machen, es geht hier keineswegs darum, die Rolle der Krieger, ihren Status und die Konstruktion solcher Männlichkeitsbilder für die Vergangenheit zu leugnen. Sondern es geht darum, der Forschung vorzuwerfen, dass die eifrige Suche nach dem Krieger die Probleme unserer eigenen Zeiten widerspiegelt, und zwar derart, dass andere genauso wichtige Aspekte der urgeschichtlichen Wissenschaft vernachlässigt werden, wenn nicht gar die ganze Wissenschaftlichkeit über Bord geworfen wird zugunsten einer mythologischen Auseinandersetzung in dem oben gemeinten Sinn. Natürlich sollten wir in der Konstruktion von Wissen auf die Handlungslogik achten, aber selbst dann ist die Arbeit noch längst nicht erledigt. Die eigenen psychologischen Tendenzen darf niemand unbewusst voraussetzen.

Daher ging es in Bezug auf die iberischen Stelen darum, gegen den Begriff einer pan-europäischen Ideologie zu argumentieren. Diese ist leicht übertrieben, denn eine derartige Ideologie fasst viele mögliche kulturelle Räume unter einer einzigen Abstraktion zusammen, die essentialistisch und vor allem subjektivisch aufgefasst ist. Natürlich kann man jedoch forschen, wie solche Gemeinschaften Männlichkeitsbilder konstruieren (vgl. z. B. Araque Gonzalez 2018; Feugère 1994; Harding 2007a; Harrison 2004). Das tun sie in der Urgeschichte ja auch wirklich. Übrigens auch nicht ohne die Konstruktion von Weiblichkeitsbildern (siehe die Stelen der Kupferzeit und das nächste Kapitel). Nur, wir Wissenschaftler sollten es vermeiden, aus unseren Quellen derartige Konstruktionen herauszuholen, mit denen wir irgendeinen Mangel in unserer Zeit kompensieren, denn dann würden wir schon mit einer vorbestimmten Erwartung, einem wahren Vorurteil, auf die Funde eingehen. Es ist jedoch typisch für die Mythenbildung, dass das Denken in der Hinwendung auf den Ursprung vieles aus der eigenen Zeit und aus den vorfindlichen Verhältnissen mitnimmt.

4.6 Fazit

Meine Absicht, eine Theorie zur Sozialontologie anzuwenden, verstehe ich auch als Kritik an solchen Ansätzen, die entdeckt haben, dass subjektivische Aussagen über die Welt falsch sind, und dann versuchen, trotzdem zu erklären, warum die Menschen überhaupt an diese geglaubt haben. Die Antworten können vielfältig ausfallen: Lust am Fabulieren (Dux 1992, 23), metaphysische Triebe (ders. 2017b, 91), ein Bedürfnis zu Kommunizieren oder die Empfindung, dass Narrative das Leben sinnvoll machen. Alle diese Ansätze entbinden die Entwicklung der Sprachkompetenzen von dem primären Prozess, Handlungskompetenzen über die Welt zu gewinnen. Außerdem setzen diese Argumentationen voraus, dass die Mitglieder anderer Kulturen irgendwie anders sind als wir, da sie solche ‚unwahren' Aussagen glauben können, und wir nicht. Sie besagen dadurch, dass sie kategorial irgendwie anders denken als wir. Das ist ein Fehler, denn wenn Verständnis wirklich unmöglich wäre, müssten die Kategorien der Welt so anders sein, dass man davon ausgehen müsste, dass die unverständlichen Subjekte in einem anderen Universum leben. Nur unter einer solchen Prämisse wären Übersetzungen von Weltbildern unmöglich. Wenn Menschen z. B. irgendwann einmal mit Außerirdischen kommunizieren, dann müssen auch sie aus unserem Universum stammen. Den Fehler kann man mit einer ‚Ontologie' nicht machen, denn alle Weltbilder – auch diejenigen mit mythischen Zügen – werden durch Aussagen konstruiert, die ein Interesse an der Existenz der gemeinten Objekte voraussetzen, über die etwas ausgesagt wird. Die ikonographische Analyse von eisenzeitlichen Bildmotiven mit Begriffen der Sozialontologie hat gezeigt, dass eine genaue Bestimmung von symbolischen Assoziationen schwierig ist.

Die Verbindung mit dem assoziativen Symbolismus führt dazu, dass der symbolische Aspekt von institutionellen Verhältnissen in schriftlosen Kulturen weniger davon abhängt, eine propositionale Haltung zu entwickeln gegenüber ausformulierten, öffentlich diskutierten Regeln. Und das ist der Grund für die Eigenartigkeit des archaischen Symbolismus, denn er hängt notwendigerweise am Kontext und an der Möglichkeit gemeinsamer Erlebnisse. Der primitive Symbolismus schließt sich an den naturwüchsigen Unterbau der Empfindung direkt an, und zwar so, dass Assoziationen nicht von der Vermittlung durch konkrete, konventionelle Zeichen abhängen. Symbolismus kann vorsprachlich stattfinden, aber seine Assoziationen werden durch die begriffliche Vermittlung der Welt unterstützt. Soziale Konventionen, Bild- oder Schriftsprache bilden nicht die Bedingung der Möglichkeit von Assoziationen, sondern die konzeptuelle Organisation der Lebenswelt. Die Rolle der Zeichen in einer Schriftsprache oder unsere modernen Symbole können nicht als Muster für urgeschichtlichen Symbolismus dienen.

Die Feststellung dieses Unterschieds stellt einen sicheren Erkenntnisgewinn dar, denn die archaische Logik ist charakteristisch für den Symbolismus. Die Pointe der Diskussion in diesem Abschnitt liegt also darin, die Ausdifferenzierung vom Begriff des Symbols von dem des Symbolismus zu vollziehen. Die Komplexität des Symbolismus nimmt unter der Bedingung der Assoziation in einer begrifflich organisierten Welt zu. Daher ist die Aufgabe notwendig, die Gründe aufzuklären, warum Assoziationen überhaupt möglich sind und wie eine durch Konzepte vermittelte Organisation der Welt sich vorzustellen ist. In anderen Worten geht es um die Frage, warum und wann Assoziationen unter nicht identischen Erscheinungen überhaupt sinnvoll anmuten. Die Antwort ist offensichtlich: Symbolische Assoziationen und die begriffliche Organisation der Welt folgen einer gewissen Logik.

Sozialsystemtheoretische Ansätze richten die Aufmerksamkeit darauf, wie Konflikt und Kooperation in diesen Gesellschaften ausgesehen haben. Der Schwerpunkt scheint deutlich auf Konflikt zu liegen. So gesehen bedarf die Kooperation einer Erklärung. Sie liefert eine Ideologie, die in den Bildern Ausdruck gefunden haben soll. Bildliche Umsetzungen fordern zwar die propositionale Haltung gegenüber Vorstellungen über die Welt, aber das hat weniger mit einer machiavellistischen Ausbeutung mittels einer Ideologie als mit Konvergenz aufgrund von ähnlichen Erlebnissen und einer Parallelität der kognitiven Strukturen zu tun. Vor diesem Hintergrund von Konflikt und ideologischer Kooperation werden Waffen verstanden als Zeichen einer Machtverfassung, die auf der Möglichkeit von Gewalt basiert. Das allein erklärt jedoch nicht, was die Subjekte dazu bringt, diese Gegenstände zu schätzen und zu Symbolen zu transformieren. Meine Antwort fügt einen weiteren Aspekt auf der Subjektseite hinzu: Das, was die Menschen damals dazu brachte, Waffen zu symbolisieren, ist genau dasselbe Element in der Subjektbildung, was in einem ganz anderen Grad und in einer kulturspezifischen Form die Menschen heute dazu bringt, sich so stark auf Waffen zu konzentrieren.

Eine prozesslogische, historisch-genetische Diskussion für die Spätbronzezeit wird von der vorhandenen Auffassung von Ideologie behindert, denn diese Konzeption verdunkelt die historischen Bedingungen, anstatt sie schrittweise aufzuklären. Hinzu kommen die systemtheoretischen Ansätze. Diese versuchen, eine Erklärung dadurch zu liefern, dass sie den Typus der sozialen Ordnung nennen, in der diese Symbolik entsteht. Harrisons Theorie ist explizit subjektivisch. Aber auch systemtheoretische Ansätze gehören zum alten Paradigma der subjektivischen Handlungslogik, denn sie geben die soziale Ordnung als fertiges Produkt vor, um von ihr heraus die Erklärung für die vorgefundenen Konstruktionen abzuleiten. Diese Argumentationsart kennt zwei negative Folgen (Dux 1992, 195, vgl. 86-89): Durch die Auffassung von Ideologie, die Harrison benutzt, wird die vorfindliche Situation derart geklärt, dass die Fakten so wie sie sind akzeptiert werden, weil diese, eben wegen den sog. ideologischen Gründen, nicht anders sein können. Genau dasselbe gilt, wenn man die Erklärung durch einen Rekurs auf das Sozialsystem erreicht. Andererseits werden alle Elemente einer Gesellschaft übersehen, die keine institutionelle Ausgestaltung erfahren haben. Das ist tragisch für die Urgeschichte, wo selbst über das Schweigen der nicht-institutionalisierten Lebensbereiche hinaus die Überlieferung noch problematisch und brüchig ist. Im Fall der Waffen, der Schwerter und der Krieger in der Bronzezeit verschwindet ganz deutlich und ganz schnell der Anteil der Frauen in der Gesellschaft, die weder eine institutionalisierte Gestalt angenommen, noch die Auswahlprozesse der Überlieferung überlebt haben.

Niemand wird jedoch die Existenz von Frauen in der Urgeschichte leugnen, oder?

Und es geschieht nicht ohne forschungsbedingte Ironie, dass gerade eine Quellenkategorie, die hinsichtlich der Intentionen im Deponierungsprozess schweigt, Licht auf die anderen Aspekte des Daseins zu der Zeit der bronzezeitlichen Krieger wirft. Zwar ist der Aussagewert dieser Quellengattung schwer abzuschätzen. Forschungshistorisch mit gewissem Recht gehen mit der Vieldeutigkeit dieser Quelle Übertreibungen auf der Deutungsebene einher. Dezentrierend wirken sie und die mit ihr einhergehenden Deutungsdiskussionen trotzdem für unser Bild der Spätbronzezeit. Äußerst wichtig für unsere Vorstellung der Grundgegenstände der Bronzezeit ist also die Quellenkategorie der Hortfunde. Deren Untersuchung widmet sich das folgende Kapitel. Eben aus dem Grund, dass Hortfunde zahlreichen Problemen in Quellenüberlieferung und Polemik in der Deutung ausgesetzt sind, ist die folgende Schlussfolgerung kaum zu leugnen: Wenn die Horte andere Aspekte der bronzezeitlichen Gemeinschaften zum Vorschein bringen, dann eben weil die Verhältnisse damals wirklich diese weiteren Elemente enthalten haben. Die Welt war also vielfältiger als diejenige, über die die Bilder auf den Stelen und Felsen und ihre angeberischen, maskulinen Motive uns tendenziös berichten. Die Hortfunde teilen einerseits eine Gemeinsamkeit mit den Bildern, nämlich dass sie eine bewusste Auswahl aufweisen, die anschaulich divergierende Aspekte der Lebenswelt zusammenbringt. Dadurch können auch die urgeschichtlichen Auswahlprozesse der Hortfunde auf kognitive Prozesse hinweisen. Allerdings geht es bei den Bildern um die Aushandlung von Institutionalisierungsprozessen, die nicht immer abgeschlossen sein müssen, während es sich bei den Hortfunden um bereits institutionalisierte Prozesse handelt – so scheint die Erwartung aller Archäologen zu sein, die auf eine eindeutige Interpretation der Hortfunde setzen. Was genau ich damit meine, erörtere ich im nächsten Kapitel.

5

Ein Fundbild der spätbronzezeitlichen Hortfunde

Kein Wunder also, dass in den frühen Stadien der Entwicklung jeder Wissenschaft verschiedene Leute, die sich dem gleichen Bereich von Phänomenen, aber gewöhnlich nicht alle den gleichen Phänomenen gegenüber sehen, sie auch auf unterschiedliche Art und Weise beschreiben und interpretieren. Was allerdings überraschend ist und vielleicht in diesem Ausmaß auch nur auf den Gebieten vorkommt, die wir Wissenschaft nennen, ist die Tatsache, daß solche anfänglichen Unterschiede weitgehend verschwinden können. Sie verschwinden tatsächlich in sehr hohem Maße, und dann anscheinend für immer (Kuhn 1997, 32).

Das Interesse in diesem Kapitel zielt nicht darauf ab, eine ausführliche Materialanalyse der Hortfunde der Spätbronze und Früheisenzeit anzubieten. Ursprünglich bildeten nur die Schmuckhorte in Frankreich das Thema dieser Dissertation und wie bereits oben angesprochen, führte die Auseinandersetzung mit der Literatur zu der Notwendigkeit erkenntnistheoretische Fragen zu behandeln, ihre Auswirkung auf die Interpretationsstrukturen der Archäologie im Allgemeinen und der Hortfunde im Speziellen zu bearbeiten, damit diese Konsequenzen in die Diskussion der Hortfundforschung gewinnbringend eingebracht werden können.

Daher gehe ich zunächst auf die Einordnung von Hortfunden als urgeschichtliche Quellenkategorie ein. Sodann fasse ich einige Positionen in der Hortfundforschung der Periode zusammen. Der Fokus liegt darauf, zu zeigen, wie die hergebrachte Struktur in den heuristischen Instrumenten – im kategorialen Gerüst und in den Interpretationsparadigmen – eingebaut ist. Was das kategoriale Gerüst angeht, geht es hier nicht darum, die Unterscheidung archäologischer Quellenkategorien in Gräber, Siedlungen und Hortfunden beiseitezulegen. Ganz im Gegenteil: Diese Orientierung ist von Vorteil für die Verwaltung der Funde. Wenn es hingegen um die Interpretationsansätze geht, ist meine Evaluation weniger optimistisch. Denn der erkenntnistheoretische Fokus auf Absichten führt zu Diskussionen, die sich im Kreis drehen, auch dann, wenn die hergebrachte Struktur sich hinter abstrakten Sozialsystemen versteckt. Aus alledem ergibt sich für den Umgang mit Schmuckhorten der Spätbronzezeit eine wichtige Konsequenz, nämlich, dass sie in eine rekonstruktive Linie des Bildungsprozesses von belegten kulturellen Praxen der nachfolgenden Periode gestellt werden, ohne dass Handlungsabsichten oder Werte eines Systems alle Fragen um dieses Deponierungsphänomen, wie der Grund für Verbleib im Boden oder für die ursprüngliche Deposition, schließen.

5.1 Definition einer Quellengattung

Neben Siedlungen und Gräbern bilden Horte oder Depots die interessanteste der ur- und frühgeschichtlichen Quellenkategorien. Im Laufe der Forschungsgeschichte haben diese Deponierungen viele Namen und Bezeichnungen (wie „Schatzfunde" oder „Opfer- bzw. Votivfunde") bekommen, die sich einer bestimmten Interpretation dieses Phänomens anpassen. Aus diesem Grund ist es schwierig, von einem „neutralen" Begriff zu reden, denn das Wort „Horten" selbst hat etwas mit „Bewachen" und „Hüten" zu tun, was zu Diskussionen führen kann. Ein Atom ist letztlich auch kein unteilbares Teilchen, und trotzdem benutzen Physiker dieses Etikett für Partikel, die sich auf eine bestimmte Weise beschreiben und definieren lassen. Leider sieht die Lage bei Hortfunden nicht ganz einfach aus. Für alle praktischen Zwecke werden hier „Hort" und „Depot" als Synonyme verwendet, also für alle „im unmittelbaren räumlichen Zusammenhang aufgefundene[n] Kleinaltertümer, die sich weder den Grab- noch den Siedlungsfunden zuweisen lassen" (Eggert 2008, 76). Es handelt sich um etwas, das in vergangenen Zeiten absichtlich niedergelegt worden ist, und gehört es weder zu einem Grab noch zu einer Siedlung, so nennt man es „Hort" bzw. „Depot".

Hier begegnet die Forschung dem ersten Hindernis, nämlich der negativen Definition dieser Quellenart. Manfred K. H. Eggert sieht die Schwierigkeit einer positiven Bestimmung als „Konsequenz der Unmöglichkeit, diese Quellengattung mit einer einzigen Niederlegungsabsicht zu verbinden" (ebd.). Aber man kann die Frage auch umdrehen: Ist die Unmöglichkeit einer einzigen Interpretation für die Niederlegungsmotive nicht eine logische Konsequenz der negativen Definition, da Horte als eine positive Auslese aus unbekannten Gründen charakterisiert werden? Die eine Perspektive, im Sinne Eggerts, besagt: Es gibt keine positive Bestimmung, weil es unmöglich ist, eine pauschale Interpretation zu formulieren. Die andere Perspektive besagt: Es gibt keine pauschale Interpretation, weil Horte negativ definiert werden. Eggerts Einstellung nimmt eine negative Definition nicht ernst, als wäre sie identisch mit dem Fehlen einer positiven Definition. Die zweite Einstellung, die hier vertreten wird, nimmt die negative Definition an und betrachtet alle möglichen Interpretationen im Licht dieser negativen Kategorisierung.

Die vorangegangene Diskussion über Definition und Bestimmung dieser Kategorie führt notwendigerweise zu Fragen der Interpretationsmöglichkeiten und des Aussagewerts dieser Quellenkategorie. Christoph Huth argumentiert, dass „die Ursache für die Unsicherheiten in der Deutung der Hortfunde in der inhaltlich negativen Umschreibung der Fundgattung liegt", und diese Unwägbarkeit ermögliche „im Prinzip jede Interpretation" (Huth 2008, 131). Diese Probleme stehen im Zusammenhang mit dem erkenntnistheoretischen Wert der Quellenkategorie der Horte. Sie sind Zeugnisse von Handlungen in einem anderen Sinn als es die separaten Einzelobjekte sind. Selbst wenn eine vernünftige Interpretation dieser Erscheinung nicht genügt, um die archäologische Neugier zu beruhigen, muss eine Analyse der Depotfunde etwas anderes (oder eventuell sogar mehr) anbieten, als eine bloße Materialhuberei. Aber in Zeiten von Skepsis und Dekonstruktivismus wird die Kategorie der Horte selbst stark angegriffen. Dieser Angriff taucht weniger im sprachlichen Gebrauch der Archäologen oder in expliziten Kritiken der Forscher auf. Der Widerstand, den empirische

Phänomene gegen die Nutzung dieser Kategorie leisten, ist einfach da. Es scheint immer weniger vernünftig, von einer allgemein gültigen Deutung „der Horte" zu sprechen. Es scheint auch unverantwortlich, überall nach Horten zu suchen, ohne sich über die eigene Definition des Begriffes „Hort" im Klaren zu sein. Es ist die Angst vor der Kulturerscheinung von Hortfunden, die zu einer Fokussierung auf die Objekte allein führt, denn indem man allgemein über metallhandwerkliche Artefakte redet, vermeidet man die Diskussion über die Fundumstände, Niederlegungsverhältnisse oder prähistorischen Auswahlprozesse, die einen kühnen Beitrag zur Untersuchung von gesellschaftlichen Verhaltensmustern in der Bronzezeit leisten könnte. Man braucht Mut und Vertrauen in die eigene Wissenschaftlichkeit, um Aussagen zur Niederlegungsart und -absicht wie „Horte X und Y sind religionsgeschichtliche Zeugnisse" oder „spätbronzezeitliche Horte der Region Z sind das Ergebnis metallwirtschaftlicher Prozesse ohne eine direkte religiöse Komponente" zu treffen. Oder wie im folgenden Beispiel: „Handwerksgerät, Gußabfälle und vor allen Dingen Fehlgüsse deuten sehr daraufhin, dass die Horte Besitz der Gießer waren und nicht Schrottsammlern gehörten oder den Abnehmern der Fertigprodukte" (Huth 1997, 194). Selbst wenn mehr als ausreichend erklärt worden ist, dass „eine einheitliche Interpretation der Funde in ihrer Gesamtheit […] keinesfalls angebracht [ist]" (ebd. 193), gibt es strukturelle Eigenschaften, die man bei jedem Hort beobachten kann, denn plausible Argumente beanspruchen eine allgemeine Gültigkeit für jeden partikulär untersuchten Hort – selbst wenn ein möglicher Grund für die Allgemeingültigkeit darin liegt, dass man sich in der Wissenschaft dazu gezwungen sieht, mit abstrakten Begriffen, Namen und Konventionen zu arbeiten, die einen beschränkten Umfang oder eine Ausschließlichkeit für einen einzigen konkreten Fall nicht vorsehen. Denn Universalbegriffe, sprachliche Konzepte und Regeln, wie wissenschaftliche Konventionen, transzendieren immer den konkreten Fall. Dies gilt insbesondere dann, wenn der Fundinhalt als Indikator für Deponierungsmotive dienen soll. „Die Urteilsfindung wird durch mehrere Faktoren erschwert: zum einen ist das Fundbild durch prähistorische und rezente Auswahlprozesse geprägt […]. Zum anderen erlauben die Befunde oft keine eindeutigen Schlußfolgerungen, […]. Drittens sind die zur Verwendung gebrachten Begriffe (z. B. rituell und profan) nicht immer angemessen und die Ordnungsprinzipien (z. B. Ganzstück- und Brucherzhorte) nicht unbedingt bedeutungsvoll" (ebd. 178). Demgegenüber sollte man einwenden, dass die wahre Schwierigkeit in der unkritischen Nutzung der Begriffe liegt. Dass Begriffe nicht immer angemessen erscheinen, oder die Ordnungsprinzipien nicht unbedingt bedeutungsvoll erscheinen, hängt hauptsächlich von dem zu erwartenden Abstraktionsgrad begrifflicher Beschreibung ab. Man kann also Gefäße sowohl in Brucherzhorten finden wie in Ganzstückhorten. Anders hätte man diesen Befund nicht beschreiben können als mit dem Begriff „Gefäße". Aber nur das Zusammenspiel vieler Faktoren macht manche Deutungen und konkrete Kategorisierungen ersichtlicher. Daher hilft gegen die Unklarheit der Begriffe nur die Häufung noch zahlreicherer Begriffe; übrigens in einer kritischen, reflexiven Verwendung, die einen Zusammenhang der negativen Definition mit heuristischen Kategorien wie Niederlegungsart und -absicht vernünftig abwägt.

Wer waren diese Menschen, die sich sicherer fühlten, wenn sie Dinge im Boden bewahrten? Hatten sie keine Schmuckschatullen? Und warum im Boden? Hatten alle denselben Kurs zur Rohstoffaufbewahrung besucht? Die Siedlungs- und Landschaftsarchäologie sowie phänomenologische Untersuchungen (anders ausgedrückt: die Einstellung *„Farmers in the Landscape"* in den Worten von Benjamin Roberts

(Roberts 2013) – oder noch einmal anders ausgedrückt: die Deutung von Horten als „totales soziales Phänomen" (Huth 2008, 150 f.)) erwecken das philosophische Erstaunen über solch elementare und auf den ersten Blick trügerische Fragen, die uns die Wissenskluft zwischen der heutigen Gesellschaft und jener der Bronzezeit bewusst machen. Die Frage nach der Absicht des Hortens, nach den Niederlegungsabsichten, liegt im Herzen der Archäologie, selbst wenn die Beantwortung dieser Frage an der Grenze des Unmöglichen umherzuwandern scheint. Man kann sich auch fragen, ob man diese Fragestellungen überhaupt ohne eine Art Empathiearchäologie beantworten kann. Der Archäologe kann so versuchen, oft hermeneutisch oder phänomenologisch begründet, das nachzuempfinden, was die Menschen damals erlebt haben. Interpretationen dieser Art in einem einfältigen Sinn sind weder gültig noch zufriedenstellend, wenn sie nur auf das Herz der Frage hören. Es geht nicht mehr darum, Depotfunde der Bronzezeit metallwirtschaftlich oder religiös zu deuten. Es geht jetzt eher darum, die Eigenschaften der Funde genauso anzuerkennen wie die soziale Dimension der zur Deponierung führenden Handlungen: *„La question n'était plus seulement de savoir véritablement pourquoi les objets avaient été enfouis, mais comment ils avaient été sélectionnés"* (Gabillot und Gomez de Soto 2007, 55).

Trotz Schwierigkeiten mit Deutungsfragen etablierten sich in der Forschung einige Leitfäden für die Arbeit mit Hortfunden. Erstens muss die Fundsituation gut untersucht werden. Dafür unterscheidet Helmut Geißlinger zwischen Fundumständen und Fundverhältnissen (1984). Der erste Begriff bezieht sich auf die Verhältnisse zur Zeit der Deponierung, der zweite auf diejenigen bei der Entdeckung. Eggert verwendet dafür die Begriffe „Niederlegungs-" oder „Deponierungs-" und „Auffindungsverhältnisse". Diese Differenzierung macht deutlich, wie wichtig gut untersuchte Hortfunde für die Forschung sind. Aber die Realität zeigt ein anderes, unsicheres Bild, wo viele Funde nicht im Rahmen einer Ausgrabung oder einer Forschungsarbeit entdeckt werden. Huth stellt eine Teilung vor, die auf den Unterschied zwischen Fundumständen und -verhältnissen zurückgreift. Das Fundbild wird quellenkritisch in „Indikatoren prähistorischer Auswahlprozesse" und „Indikatoren rezenter Auswahlprozesse" unterteilt. Zufällig ist diese Wortwahl sicherlich nicht, sondern durch den Begriff „Auswahlprozess" wird die traditionelle Auffassung der Hortfunde als positive Auslese aus unbekannten Gründen deutlich hervorgehoben. Außerdem verdeutlicht das Wort „Prozess" die Tatsache, dass es nicht um eine momenthafte Aufnahme einer einzigen Auswahl gefolgt von einer einmaligen Deponierung geht, sondern das statische Bild der Deponierung sollte durch die Idee eines Prozesses getauscht werden. Dies wäre wenigstens für die Zeugnisse profanen Handelns im Sinne von Recycling grundsätzlich anzuerkennen.

Eine wichtige Unterscheidung, die sich durchgesetzt hat, ist die zwischen Niederlegungsart (reversibel, irreversibel) und Niederlegungsabsicht (profan, sakral). Diese bildet den Kern der interpretativen Diskussion, denn Hypothesen wirken häufig schwach, wenn sie die Absichten der Deponierenden nicht ansprechen. Natürlich spielt die Hortzusammensetzung auch eine Rolle. Ein Rohmaterial- bzw. Brucherzhort aus zerbrochenen Bronzegegenständen, -barren und -gusskuchen wird zweifelsfrei als Gießerdepot interpretiert, und neuwertige Bronzegegenstände gelten als Händlerdepot. Oder, wie Geißlinger behauptete: Der Fundinhalt dient als „Indikator für Deponierungsmotive" (1984, 327). Daher spricht Anthony Harding von *„several broad categories or polarities in hoard contents"* (Harding 2000, 354). Er listet fünf dieser Polaritäten auf, mit deren Hilfe der Fundinhalt als Indikator für Deponierungsmotive interpretiert werden kann: Schmuck oder Waffen? Viele oder wenige Objekttypen? Sind gebrochene Objekte vorhanden oder nicht? „Weibliche" oder „männliche" Objekte? Die fünfte Polarität ist kurioserweise die Frage nach dem metallwirtschaftlichen oder votiven Charakter der Funde. *„These however are contextual judgments and need fuller discussion"* (Harding 2000, 354).

Zusammenfassend lässt sich feststellen, dass zwei Prinzipien allgemein anerkannt werden: Erstens sind Hortfunde wichtige Geschichtsquellen und äußerst aussagekräftig für die Bronzezeit, da die Anzahl der Deponierungen in dieser Zeitstufe auffallend zunimmt. Hingegen ist der Aussagewert dieser Kategorie nicht ausgeschöpft, da Horte Zeugnisse über unterschiedliche Bereiche der bronzezeitlichen Lebenswelt liefern und im Prinzip das Potential aufweisen, immer wieder neu überprüft werden zu müssen, je nach Wissensstand über andere Lebensbereiche jener Zeitepoche. Zweitens lässt sich anhand der Niederlegungsart und -absicht auf zwei allgemeine Typen von Horten in der Bronzezeit schließen, nämlich einen reversiblen, profanen und einen irreversiblen, sakralen oder rituellen Typ. Manfred Eggert verstärkt die Einsicht und wiederholt Geißlingers folgendermaßen: „Geißlinger weist zu Recht darauf hin, dass eine ausprägte Tendenz bestehe, reversible Niederlegungen für profan, irreversible hingegen für sakral zu halten, wobei Letzteres besonders für Moorfunde gelte" (Eggert 2008, 80; nach Geißlinger 1984, 322). Die meisten Interpretationsversuche orientieren sich an dieser sakral-profanen Trennlinie, obgleich es in den letzten Jahrzehnten immer mehr Versuche gibt, sie zu überwinden (Maraszek 2006, 301 f.), durch die Annahme von allgemeingültigen kulturhistorischen Hypothesen zu bronzezeitlichen Gemeinschaften. Die Trennlinie ist künstlich und sie genügt der Vielfalt des Fundbildes nicht. Denn es gibt rituelle Deponierungen, die den Niederlegungsumständen nach reversible sind. Man hätte sie theoretisch bergen können. Sie sind trotzdem nicht wieder geborgen worden. Gerade Deponierungen, die der Deponierungsart nach reversibel und im Boden geblieben sind, stehen unter dem Verdacht, aus religiösen Gründen im Boden zu bleiben. Demgegenüber gibt es ausreichende profane Gründe, warum eine weltliche Deponierung so gut versteckt wird, dass sie praktisch für irreversibel gehalten werden kann. Daher ist eine Kategorisierung anhand dieser Trennlinie (sakral/rituell-profan) extrem umstritten, aber sie ist weiterhin ein durch Tradition bewährtes, heuristisches Werkzeug, um die Deutungsansätze im Bereich der Hortfundforschung darzustellen. Komplizierter wird die Diskussion durch den Alleingültigkeitsanspruch einiger Theorien, die für alle Horte einer Epoche gelten sollen. Häufig übersehen werden die Unterschiede der Fundinhalte und Fundumstände. In solchen Fällen werden die Auffindungsverhältnisse mitunter auch unkritisch zugunsten der jeweiligen Interpretation aufgenommen.

5.2 Deutungsansätze

Seit ungefähr 150 Jahren arbeiten Archäologen mit so vielen unterschiedlichen Ansätzen, wie es Prämissen für eine empirische Wissenschaft gibt. Man redet von „Schatzdeponierung", „Hausschatz", „Versteck in Kriegszeiten", „Totenausstattungen", „magischer Grenzmarkierung", „Händler-" oder „Bronzegießerdepots" und von „Opfer-" bzw. „Weihegaben". Als Schatzdeponierung dient die Deponierung im Boden zum Schutz des Reichtums in Unruhezeiten, und wenn es die Umstände erlauben, werden die Depots wieder gehoben. Aber wenn z. B. der Versteckende stirbt, bleibt das Depot im Boden vergessen. Außerdem kann man den Inhalt der Horte als prämonetäres Zahlungsmittel interpretieren (Maraszek 2006, 298-301). Oder als eine ostentative Vermögenszerstörung (ebd. 295 f.). In diesem Sinn würde die Deponierung für das Streben der deponierenden Person nach sozialem Ansehen sprechen. Je wertvollere Gegenstände man deponiert, desto höher ist das Bemühen dieser Person um die soziale Stellung. Eine andere Möglichkeit liegt in einer rituellen Entsorgung von Gegenständen, die auch erklären würde, warum viele Objekte zerstört wurden. Man wollte die Kraft der Dinge loswerden, indem man sie zerstörte und dann im Boden vergrub. Die Hortfunde wurden auch als Selbstaustattung für das Jenseits gedeutet. In dieser Hinsicht sieht man die Depotfunde als einen Ersatz für Grabbeigaben, die in manchen Perioden als archäologische Quelle fehlen. Für die Interpretation als Opfergabe wird das Konzept von „do ut des" – ich gebe damit du gibst – aus den römischen Religionen entliehen. Somit wären die Hortfunde ein Zeichen für eine Beziehung zwischen Menschen und Göttern für den Austausch von Gefälligkeiten. Eggert und Huth stellen fest, dass sich in letzter Zeit die Tendenz durchsetzt, Horte der Bronzezeit hauptsächlich als „Gaben an die Götter" zu interpretieren (vgl. Eggert 2008, 79; Huth 2008, 131; Hänsel 1997, 12).

> Eine Betrachtung der Forschungsgeschichte zeigt, dass die jeweiligen Interpretationen immer durch spezifische Prämissen bestimmt sind. So tendiert ein Bearbeiter mit ausgeprägtem religionsgeschichtlichen Interesse gemeinhin zu einer Betonung des kultischen Aspektes von Deponierungen, also zu einer Deutung als Opfer- oder Votivgaben. Entsprechend führt eine Vorliebe für „Handel und Wandel", kurz für Wirtschaftsgeschichte, zu einer Hervorhebung solcher Horte, die sich als Händler- oder Gießerdepots interpretieren lassen. (Eggert 2008, 78)

Auch zur Beschreibung der häufig vorgestellten großräumigen Interpretationen dienen die hypothetischen Orientierungsrichtungen von sakral und profan. Folglich kann man die Hortfunde als Zeugnisse profanen Handelns, als Zeugnisse rituellen Handelns, oder jenseits der sakral-profan Trennlinie als Zeugnisse gesamtkulturellen Zusammenhangs sehen. In dem letzten Fall können Deponierungen z. B. ein in Wettbewerb zerstörtes Vermögen darstellen. Oder man könnte dem Hortgut eine Geldfunktion zusprechen, wie man es mit den armorikanischen Beilen tut, indem man über einen prämonetären Wert spekuliert. In solchen Fällen können die Gelddeponierungen und zerstörtes Vermögen sowohl für profane als auch für sakrale Handlungen sprechen. Wohlgemerkt ist es dabei wichtig, dass die Handlungen sich einem System einfügen. Der Unterschied zwischen all diesen Erklärungsversuchen ist jedoch graduell. Gesamtkulturelle Deutungen sind systemtheoretische Versuche und gehen so vor, dass das soziale System an der Stelle der Absichten als Erklärungsprinzip vorrückt.

5.2.1 Deutungen profaner Art
Es gibt viele Interpretationen für reversible, profane Horte. Unter anderem gelten Hortfunde als Gießer- und Toreutenversteck, Materiallager, Händlerdepots, in Krisenzeiten verborgene Schätze, Beute- und Diebesgut oder Schrottsammlungen (Huth 1997, 177-179). Es geht bei einer Interpretation der Hortfunde als Zeugnisse profanen Handelns um die Einbindung der Deponierung in wirtschaftliche Prozesse von Herstellung, Tausch und Wiederverwendung. Allein, diese Kontextualisierung kann die Horte in den normalen Verlauf der Produktionskette oder in die Unterbrechungsmomente derselben einbinden. Da

Ersteres den Verbleib im Boden nicht ausreichend erklären kann, wird eine Verbindung zu Letzteren notwendig und üblich. Die meist vertretene Theorie deutet die Depotfunde als Etappe in der *chaîne-operatoire* der Metallherstellung. Somit sind Hortfunde Materiallager, die ursprünglich für das Recycling der Rohstoffe gedacht waren. Diese Theorie kann jedoch nicht allein erklären, warum das Metall im Boden vergessen wurde. Dennoch gibt es einige profane Gründe für den Verbleib des Hortguts im Boden, wie Kriege, Seuchen, Hungersnöte, Tod des Eigentümers und Vergessen (Huth 1997, 177-179). Unglücksfälle allgemein sind offenkundige Überlieferungsgründe, da sie eine eigentlich beabsichtigte Bergung der Horte verhindern konnten (ebd.). In Hinsicht auf die Anlage der Depots scheint am plausibelsten die Theorie von kurzen Krisen oder Störungen im Tausch- und Liefernetzwerk. Zu großen Katastrophen dürften diese Krisen jedoch nicht geführt haben, denn die Metall einschließende Lebensweise hört nirgendwo auf (ebd. 183 f.). Ebenso wurden Horte über längere Zeiträume immer wieder angelegt. In den meisten Regionen der europäischen Bronzezeit liefern die Quellen keine Hinweise auf große Katastrophen. Außerdem müsste man sich fragen, warum ausschließlich der metallwirtschaftliche Lebensbereich von Katastrophen betroffen gewesen wäre. Dass Schätze in Zeiten von Bedrohungen in jeder Epoche verborgen wurden, bezweifelt man nicht. Aber stichhaltige Beweise fehlen für die Hypothese von verstecktem Gut in Krisenzeiten. Auch aus anderen Quellen wie Siedlungen und Gräbern sind Hinweise auf Krisen nicht vorhanden (Maraszek 2006, 74). Ausnahmen bilden die Hinweise auf kurzfristige Unterbrechungen der Tauschwege. Ebenso wenig kann man handfeste Zeugnisse für die Unterscheidung von Beute- und Diebesgut vorweisen. Dagegen lassen sich im Fundmaterial Spuren der Herstellung, des Tausches und der Wiederverwertung von Metallgegenständen gut beobachten. Dadurch weist die Mehrheit der Hortfunde im Fundinhalt vom Karpatenbecken bis nach Spanien auf profane Handlungen hin, und der Vergleich mit den Funden aus Siedlungen und Gräbern verdeutlicht die Ausschließlichkeit der Hortgutauswahl (vgl. Eggers 2006, 266). Die Zahl der Bronzefragmente in den Horten, die sich nicht zu kompletten Objekten zusammenfügen lassen, ist hoch. Plausibel ist die Annahme einer ständigen Beifügung und Entnahme von Hortgut, je nach Rohstoff-, Menge- oder Legierungsbedarf. Materialien wie Kupfergusskuchen kommen häufig vor. Und auch die selten vorhandenen Zinnstücke bekräftigen den Eindruck, dass es sich um metallwirtschaftliche Befunde handelt. Fehlgüsse und Gussformen sind auch bekannt. Ebenso wenig fehlen Geräte wie Hämmer, Meißel, Stichel, Punzen und Ambosse. Ein weiteres Indiz ist die Trennung der Hortgute nach Legierungen. Ebenfalls eine Rolle für die wirtschaftliche Interpretation spielt die auffallende Verbreitung der Horte entlang möglicher Verkehrswege wie Flüsse (Huth 1997, 177-179). Das Zusammenkommen von älteren und jüngeren Objekten, insbesondere in größeren Depots, weist stark darauf hin, dass man Älteres gegen Neueres tauschen konnte. Das Aufkommen überregionaler Typen in größeren Horten in deutlicher Nähe zu Verkehrswegen ist ebenso Indiz für den Tausch mit diesen Gegenständen. Das Nebeneinander von größeren und kleineren Depots deutet auf die verschiedenen Tauschformen, nämlich der schrittweise, kleinräumige Kettentausch und der weiträumige, interregionale Handel. „Die Hinweise auf Metallhandwerk-, -tausch und -wiederverwertung sind so zahlreich und eindeutig, daß man keineswegs einem ‚platten Positivismus' verfallen sein muß, wenn man der nächstliegenden Erklärung den Vorzug geben will. [...] Unzureichend sind ferner die Argumente für eine Zuweisung der Horte an bestimmten Gruppen (Händler, Toreuten, Schrottsammler) und die ursächliche Verbindung der Masse der Horte mit Zeiten hereinbrechender Not" (ebd. 184).

5.2.2 Deutungen sakraler Art

Genauso viele Interpretationen versuchen die irreversiblen, sakralen Horte zu erklären. Totenschätze, Ausstattungshorte, Selbstausstattungen, Votiv- und Opfergaben sind einige dieser Vorschläge. Die Theorie der „Gaben an die Götter" ist die populärste in Deutschland. Außerdem ist diese Interpretation bemerkenswert, denn die Vertreter der *„do ut des"* Deutung erheben den Anspruch darauf, auch die zunächst reversiblen, profanen Horte zu erklären. Infolgedessen sieht Richard Bradley auch in Hortfunden, die eine Verbindung zu Siedlungen aufweisen, eine absichtliche Gabe an die Götter, selbst wenn diese auf den ersten Blick einen profanen Charakter zeigen: *„It seems more likely that they represent a deliberate offering of part of the stock of metal which had been processed near the site"* (Bradley 2007, 214). Direkte und eindeutige Hinweise für die rituellen Eigenschaften der Deponierungen kann man nicht ausschließlich in den Horten finden. Im Gegensatz zu den Indizien für metallhandwerkliche Handlungen müssen sakrale Deponierungen indirekt durch die Verknüpfung unterschiedlicher Indizien, den Vergleich mit anderen Fundgattungen und durch den Kontrast mit anderen Horten gesicherterer Deutung erschlossen werden. Dabei spielt zunächst die Unterscheidung verschiedener, aufgrund ihres Inhaltes bestimmter Horttypen eine Rolle. Es gibt Brucherzhorte, Gewässerfunde, unten denen Waffenhorte besonders hervorstechen, Schmuckhorte und Gefäßhorte. Zum einen entsprechen Gewässerfunde dem Kriterium der Wiederholbarkeit eines für Votiv- und Opfergaben geeigneten Ortes (vgl. Colpe 1970), sodass der Deponierungsort in solchen Fällen meist als besonders gilt und in Verknüpfung mit dem Fundinhalt (gute Qualität, viele Schwerter) das Depot als Zeugnis rituellen Handelns sicher steht. Die Zeugnisse für wirtschaftlichen Handel bei Brucherzhorten wurden zum anderen bereits erwähnt. Daher dient die Klassifizierung der Hortfunde in Kategorien anhand beobachtbarer Merkmale als Orientierung zur Untersuchung der Indikatoren für die Deponierungsmotive. Im Einzelfall bleibt zu ergründen, welche Unterschiede und Ähnlichkeiten bloß das Ergebnis rezenter Auswahlprozesse sind. Erst wenn klar ist, welche Aspekte urgeschichtliche Verhältnisse widerspiegeln, eröffnet sich eine augenfällige Deutungsrichtung. Offenkundig spielen dabei die Region und die Zeitstellung auch eine entscheidende Rolle.

„Höhlen, Felsspalten, Brunnen, große Steine, Meeresklippen, Anhöhen, Bergübergänge" zählen zu den auffallenden Orten von Deponierungen, wobei weitere, nicht nachweisbare räumliche Merkmale vorstellbar sind, wie Bäume oder „Stellen, an denen der Blitz eingeschlagen hat" (Huth 1997, 184 f.). Im Falle von Prestigeobjekten und Kultgeräten spielt der Fundinhalt eine offenkundige Rolle, wobei die Frage bleibt, ob es überhaupt Gegenstände gibt, die völlig frei von symbolischen Assoziationen existieren. Möglicherweise können scheinbar wertlose Gegenstände wie Knochen und Speisereste Hinweise auf außergewöhnliche rituale Handlungen liefern. Feuerspuren und Asche könnten eventuell auf Brandopferplätze hinweisen. Ebenso zu beachten sind mögliche regelhafte Zusammensetzungen der deponierten Objekte sowie Unterschiede zu den Hortfunden, die als üblich oder als Regelfall für die jeweilige Region in der jeweiligen Zeit gelten (ebd. 186). Der Zustand der Funde spielt in jedem Einzelfall eine Rolle, ebenso wie die bereits erwähnte irreversible Deponierungsart. Huth sieht in allen diesen Spuren vermeintlich ritueller Handlungen widersprüchliche Deutungsmöglichkeiten, denn selbst ein gut erhaltenes Schwert kann auch aus prestigebezogenen oder wirtschaftlichen Gründen neben einem magischen Baum deponiert werden, mit der Beigabe von zerdrückten Beilen als Begleitmagie für den Schutz gegen böse Augen. „Aus dieser kurzen Aufzählung möglicher Indizien wird ersichtlich, daß diese nicht nur völlig gegensätzlicher Natur sein können, sondern oft auch andere Auslegungen zulassen" (Huth 1997, 185).

Eine Reihe jüngst publizierter Arbeiten plädiert für eine Aufwertung des Deponierungsorts und der Umgebung in der Deutung von Hortfunden. Sie vertreten die Meinung, dass die Forschung nicht genug topographische Elemente berücksichtigt habe. Unter den Fundumständen sei der Ort möglicherweise am wichtigsten. Aber die Bedeutsamkeit kann nur richtig eingeschätzt werden, wenn der sakrale Deutungsrahmen der Deponierungen zweifelsohne gilt. „Erst mit der Erkenntnis, dass die Horte als religiös motivierte Niederlegungen von Gaben zu verstehen sind, wuchs das Interesse an dem ursprünglichen Ort ihrer Verbergung" (Hansen u. a. 2012a, 2). Die Aussage ist so formuliert zu radikal. Gerade für profane Deutungen der Hortfunde gilt z. B. die Nähe zu Verkehrswegen, wie Flüssen und Bergpässen, seit dem Beginn der Forschung als relevanter Umstand. Einer der Beiträge in dieser Arbeitsreihe exemplifiziert diese Tatsache am Beispiel des Deponierungsareals bei der Rabenwand im Kainischtal. Die Funddichte unterhalb der Rabenwandfelsen ist geringer als entlang der prähistorischen Wege (Windholz-Konrad 2012, 128). Nur, die Autorin deutet diesen Befund anders und sie versucht eine reversible, profane Interpretation zu widerlegen (ebd. 130-145). Der Deponierungsort ist einer von den vielen Fundumständen und topographische Daten sind im Laufe der Forschungsgeschichte durchaus berücksichtigt worden. Schon Jaques-Claude Courtois wies auf die Höhe von mehr als tausend Metern als Indiz für die besondere Eigenschaft der Depotfunde in der Region der französischen Alpen hin (Courtois 1960, 49). Walter Torbrügges Werk zu den Flussfunden arbeitet eine durch und durch räumliche Kategorie heraus (Torbrügge 1970). Die Beobachtung, dass topographische Daten nicht wahrgenommen werden, wird in dem ersten Artikel in der Publikation „Hort und Raum" (Hansen u. a. 2012b) auch relativiert (Neumann 2012, 6). Dennoch unterscheiden sich die Auffassungen von Raum. Daniel Neumann kritisiert die physikalische Vorstellung Isaac Newtons von Raum als „absolute[m] Behälter" (ebd. 11) und spricht sich für eine subjektive Räumlichkeit aus, die „gelebt, wahrgenommen und erdacht" (ebd.) wird. Diese Einstellung gehört zu den phänomenologischen Auseinandersetzungen mit der ästhetischen Verfasstheit der Lebenswelt. Der Ansatz versucht, die Rolle von „Emotionen, Erinnerungen und Handlungen" (ebd.) nachzuforschen. Ich bin oben bereits auf die phänomenologischen Aspekte der archäologischen Heuristik eingegangen. Die Erforschung der Art und Weise, wie die Lebenswelt affektiv verarbeitet wird, gehört zu den modernen Denktraditionen, die sich auf die Konvergenz der Welt auf den Wahrnehmungsprozess des Subjekts berufen. Tilmann Vachta skizziert eindeutig die Schwierigkeiten, die daraus entstehen, wenn die begriffliche Vermittlung der Umgebung mit der Vorstellung von subjektiven „Raumkonzepten" verwechselt wird und diese Konzepte an die Vielfalt der Hortfunde forciert angebracht werden sollen (Vachta 2012, 192 f.). Außerdem beruht die Interpretation von Depots als „Teil einer sozialen Praxis" (Hansen 2012, 36) oder als „symbolischer Akt" (Neumann 2012, 17) auf einer Denkform über soziale Tatsachen institutioneller Art, die hier mit John Searle in Verbindung gebracht worden ist (X gilt als Y in Kontext K, hier Kap. 4). Auf diese Argumentationsstruktur komme ich am Ende dieses Abschnitts noch einmal zurück, denn gedankliche Abstraktionsprozesse in dieser Form liegen solchen Interpretationen zugrunde und die Statik dieser Struktur steht im starken Kontrast zu der Dynamik der zu untersuchenden Sozialsysteme.

Svend Hansen baut seine rituelle Interpretation auf die Gabentheorie von Marcel Mauss auf, wobei die Praxis der Weihegabe eine gesellschaftliche Institution sei (Hansen 2012, 36), die alle anderen (Moral, Religion, Politik) vernetzen würde (ebd. 37). Die Vernetzung aller Institutionen in der Gabe entsteht als Narrativ erst, nachdem die rituellen Absichten für alle Hortfunde gelten. Im Gegensatz zu den sozialsystemischen Theorien, die im nächsten Abschnitt vorgestellt werden, geht es hier weniger darum, dass die damaligen Gesellschaften derart verfasst waren, dass Gaben als Erklärungsmodell unabdingbar sind, was dazu führen würde, dass alle Hortfunde als rituelle Deponierungsprozesse anzusehen sind. Sondern es geht eher darum, dass alle Hortfunde als rituelle Deponierungen gelten, und zwar so, dass es Narrative mit Handlungsverkettungen nach sich zieht. Diese Narrative kontextualisieren die grundlegende Absicht. Der Vorrang der Absicht kommt eindeutig zum Ausdruck in dem Artikel von Heiko Scholz, der „hinter dem Phänomen" der bronzezeitlichen Hortfunde einen „intentionalen" Hintergrund sieht (Scholz 2012, 69). Tatsächlich eignet sich die archaische Lebenswelt, als eine durchaus subjektivische Welt, hervorragend für die Erweiterungen der sozialen Verpflichtungen wie z. B. der Gabe an Götter oder an numinose Kräfte. Man kennt den Befund ja auch aus ethnologischen Vergleichen und aus den Heiligtumsreligionen in den Hochkulturen der Antike. Gaben als relationale Kategorie versteht man jedoch besser als eine Form von Reziprozität. Hallpike (1975) unterscheidet dabei zwischen dem Geben und dem Dienst. Er stellt fest, dass man nichts für jemanden anderen macht, wenn man nicht weiß, ob man häufiger mit den anderen in Kontakt treten wird. Geben ist demgegenüber leichter. Denn wer gibt, darf sich über dem Empfänger fühlen. Daher gibt man Gästen auch Geschenke oder man lädt sie zum Essen ein, auch wenn man sie wahrscheinlich nur einmal sehen wird. Wer empfängt, kann sich erniedrigt fühlen. In diesem Sinne eines allzu menschlichen Gefühls ist das „Vorrecht des Höherrangigen" (Hansen 2012, 37), die Gabe zurückzuweisen, zu verstehen. Und da es Götter nicht wirklich gibt und sie schon Leben, Gesundheit oder eine Verschonung des Darbringenden etc. bereits gegeben haben, ist eine Beziehung mit Göttern durch Gaben (Opfer- und Weihegaben) nicht so problematisch. Instabil ist jedoch jede Form von kommunikativem Beziehungsaufbau. Das alles rund um die Theorie der Gaben an die Götter kann jedoch nur gelten, wenn die sakrale Deutung der Hortfunde stimmt. Das ist nicht für alle Hortfunde eindeutig und die Fundumstände, einschließlich des Deponierungsorts, ermöglichen andere Interpretationen. Außerdem ist eine Verbindung mit einer Götterwelt nicht sichergestellt, die Natur dieser Gottheiten wenig aufgeklärt und noch ist der Grund, warum gerade Metall von den Göttern verlangt wurde, ebenso wenig einsichtig. Der raumtheoretische Ansatz in Verbindung mit den Gaben an die Götter scheint in der Tat in einem Zirkelschluss zu laufen, was die Arbeit von David Fontijn (2012) deutlich in den Vordergrund stellt. Er zeigt das Beispiel des Bargeroosterveld-Tempels. Ein Befund aus Pfostenlöchern wird als Tempel definiert. Zu den Gründen für diese Definition zählen unter anderem die Deponierungen in seiner Umgebung (ebd. 54). Aber die Datierung der Pfostenstruktur ist älter als die spätbronzezeitlichen Deponierungen bzw. jünger als die frühbronzezeitlichen, zeitgleich datierte Horte gibt es nicht. Es ist fraglich, ob es Sinn ergibt, all diese Befunde unter einem Schirm der Gaben an die Götter als soziales Phänomen unterzubringen. Fontijn sieht ein, dass die sakralen Landschaften der Bronzezeit anders gedeutet werden müssen (ebd. 65). Aber diese Eigenheiten der Bronzezeit kann man nur verstehen, wenn man die kognitive und soziale Entwicklung von religiösen Phänomenen historisch-genetisch aufklärt, wie ich es weiter unten in der Diskussion zu Waffen- und Schmuckhorten vorhabe. Die kognitiven Entwicklungen und die Entwicklungen der Organisationsformen der Gesellschaften bestimmen unsere Erwartung, wie eine wissenschaftliche und vernünftige Erklärung für die rituelle Konstellation der Bronzezeit aussehen mag.

Die räumlichen Daten zu den Hortfunden sind für den Verlauf dieser Arbeit durchaus wichtig und der Deponierungsort wird erwähnt, wenn die Information relevant ist. Der Ort gilt also als einer der vielen zu beachtenden Fundumstände. Die exklusive Bedeutung, die die Autoren von „Hort und Raum" (Hansen u. a. 2012b) ihm zusprechen, hat er hingegen nicht.

Die im vorigen Kapitel vorgestellte Theorie zur Sozialontologie verschafft zuletzt die Chance für die folgende Reflexion. Die Struktur der Tatsachen institutioneller Art (X als Y in Kontext K) scheint die Erwartung vieler Forscher auszumachen, da Interpretationen häufig davon ausgehen, dass die Handlung des „Deponierens" als Werkstoffsicherung oder als Weihe- und Opfergabe in einem bestimmten profanen oder eben sakralen Kontext gilt (vgl. Hansen 2012, 36 f. Neumann 2012, 17). Es ist ein X, das als Y gilt im Kontext K. Horten und im Boden Vergraben gilt als „Aufbewahren für später" in wirtschaftlichem Kontext. Oder: Horten gilt als „Opfern" in religiösem Kontext. Aus der Annahme, dass Deponieren eine institutionelle Handlung ist, könnte man z. B. folgern: Zum Zweck des Recyclings versteckt man Dinge im Boden – und eben nicht in der Bank oder im Tempel oder im Palast, denn es gab keine, und auch nicht bei Verwandten. Wobei noch zu klären wäre, warum diese im Boden blieben. Dies setzt eine Verdinglichung dieser Handlungen im Gemüt der bronzezeitlichen Menschen voraus, die dem bronzezeitlichen Bewusstsein nicht unbedingt gegenwärtig war.

Die Bedingung für die Möglichkeit dieser Verwirrung liegt in der systemischen Natur eines gesellschaftlichen Phänomens, über das Hortfunde Zeugnis ablegen. Durch eine Abstraktion nimmt der Forscher Abstand von den Funden und den Details des typologischen Vergleichs. Diese zu starke Abstrahierung führt dazu, dass man aus einer konkreten Argumentation für eine Deutung als Zeugnisse einer Handlung, die nur innerhalb eines gesellschaftlichen Systems verstanden werden kann, einen neuen Kontext für das System vorschlägt. Indem man sich z. B. für einen wirtschaftlichen Kontext ausspricht, macht man den Weg frei, die Handlungen als institutionell zu verstehen. Damit wird das Schema der institutionellen Tatsachen aktiviert, bei dem ein System als Hintergrund für den Kontext der Handlungen fungiert. In diesem Falle ist wirtschaftlicher Austausch = Kontext K. Aber nicht nur wirtschaftliche Handlungen, sondern auch religiöse Ideen sind Systeme. Dadurch stellt sich die Frage, warum ein religiöser Kontext nicht auch denkbar wäre. Schnell scheint man all die konkreten Gründe für die vorherige Argumentation, nämlich für die profane Deutung, zu übersehen, und man fühlt sich berechtigt, einen religiösen Kontext für diese Handlung institutioneller Art (X gilt als Y in K) vorzuschlagen, und dies aufgrund einiger Horte, die aus einem wirtschaftlichen Schema herausfallen. Dies geschieht, weil die Verbreitung von Verhalten und Ideen genauso systemisch wie kontextuell verstanden werden kann. Dass die Hortfunde von Kontexten der Vergangenheit zeugen, spricht eher für den Systemcharakter eines Gesellschaftswissens, wie z. B. dass man etwas in den Boden steckt, wenn man es später aufheben möchte, und nicht dafür, dass die damaligen Menschen alle ihre Handlungen verdinglicht haben.

5.2.3 Sozialsystemische Ansätze

Es gibt Interpretationsversuche, welche die Trennungslinie sakral-profan (rituell-profan) aufweichen. Diese verdienen deswegen eine separate Erwähnung (vgl. Wirth 2012, 158). In dem jetzigen Zusammenhang geht es um eine strukturelle Analyse. Denn während die Interpretationen, die sich auf sakrale oder profane Handlungskontexte als Erklärung für den Grund der Deponierung bzw. des Verbleibs im Boden berufen, eine subjektivische Explikation in Form von Absichten darstellen, rückt bei diesen anderen Interpretationen das soziale System in den Vordergrund. Überlegungen über die sozialen Verhältnisse, in denen das Deponierungsverhalten sinnvoll wäre, gehen nicht nur heutige Archäologen etwas an, sondern leiteten im Grunde bereits Déchelettes Reflexionen, da Sozialwissenschaften früher oder später darauf zielen, über soziale Strukturen zu reden:

> L'abondance de leurs cachettes ne saurait nous étonner, si nous nous représentons l'insécurité des habitations de cette époque, habitations non maçonnées, construites en matériaux légers et encore complètement dépourvues de toute fermeture métallique. (Déchelette 1924, 165 f.)

Damit solche Interpretationen richtig liegen, müssen Annahmen über die sozialen Verhältnisse in der Periode stimmen. Das hat zum Vorteil, dass diese Theorien zur Konstruktion eines Epochenbildes beitragen, d. i. sie weisen Mut auf zur Rekonstruktion der damaligen Sozialwelt. Der Nachteil liegt zum einen darin, dass die Dekonstruktion der Annahmen zur Zerstörung des gesamten Deutungssystems führt. Zum anderen liegt ein Nachteil ebenso darin, dass sie den Eindruck erwecken können, dass eine einheitliche Deutung für die Gesamtheit der Depots möglich sei. Das ist wiederum nur möglich, wenn man die Quellen unkritisch betrachtet und Unterschiede in Fundinhalt, Zusammensetzung, Zustand und Qualität der Funde sowie die Auswirkungen von rezenten Quellenfiltern usw. übersieht.

Es besteht jedoch ein klarer, struktureller Unterschied zwischen diesen sozialsystemischen Ansätzen und der reinen Theorie der „Gaben an die Götter". Die Theorie der „Gaben" billigt zwar eine einheitliche Deutung für alle Horte, aber sie erzwingt eine Sicht auf die Sozialwelt dadurch, dass die Horte als Gaben an die Götter gelten. Währenddessen weisen systemtheoretische Ansätze ein prinzipielles Interesse an dem sozialen System auf, das Interpretationsvorschläge ermöglicht oder unterstützt. Die Vertreter der „Gaben" zwingen uns zu der Einsicht, dass Opfer und Gaben wichtige Elemente im Leben dieser Gemeinschaften waren, und lassen uns hängen, wenn es um die Natur dieser Religion oder um die Eigenschaften dieser Gottheiten geht, die Metall als Bezahlung oder Buße akzeptiert haben sollen.

Als systemtheoretische Ansätze hingegen sind Hypothesen zur Währungsfunktion der Gegenstände oder zur Rolle dieser in einem Prestigewettbewerb einzuordnen. Diese stellen erst einmal den Hintergrund (d. h. das soziale System der Periode) vor, in dem die Deponierungen einen Sinn haben könnten. Die Konsequenz davon sind eine gewisse Flexibilität und Offenheit gegenüber Niederlegungsabsichten, denn diese Theorien zielen primär auf Aussagen über die Gesellschaft und nur sekundär auf die Festlegung eines Hauptgrundes für das Hortfundphänomen.

Der Vorschlag, dass bronze- und eisenzeitliches Hortgut eine Währungsfunktion erfüllte, wird in dem Fall der armorikanischen Tüllenbeile, der Barren und auch für

Brucherz (Huth 1997, 191) in Betracht gezogen. Ein Kriterium für die Definition von Geld oder Äquivalenten davon ist die Einheitlichkeit der Objekte. Es sollte sich um ein standardisiertes Tauschmittel handeln. Die Regel in den Brucherzhorten ist jedoch Uneinheitlichkeit in Form, Substanz und Gewicht. Die armorikanischen Tüllenbeile kamen ebenfalls unter Verdacht, *phénomène prémonétaire* zu sein. Aber auch unter diesen Objekten schwanken Größe und Gewicht, manchmal innerhalb eines Typs (ebd.). Ebenso variabel ist die Metallzusammensetzung (ebd.). Außerdem sind diese Beile nachlässig gegossen, was dem technischen Kompetenzniveau der Zeit weit unterliegt (ebd.). Die Beile sind extrem selten in Siedlungen oder Gräbern, was den Erwartungen an Geldobjekte widerspricht. Die Verbreitung dieser Beile ist darüber hinaus – für die zur Diskussion stehende Funktion als überregionales Tauschmittel – stark beschränkt auf Nordwestfrankreich. Die Datierung der armorikanischen Tüllenbeile am Beginn der Eisenzeit spricht ebenfalls gegen die Geldfunktion: Warum sollte ausgerechnet Bronze als Währungsmittel ausgewählt werden, wenn das Material gleichzeitig an Wert verliert?

Mit einer anderen Konzeption von Geld hat man versucht, den Tausch von Brucherz gegen andere Dinge als eine Art Währung zu charakterisieren. Die Verwendung von Bronze als Zahlungsmittel wäre sicherlich unter strenger Berücksichtigung des Materials und sorgfältigem Wiegen erfolgt. Grundsätzlich ist so ein Tausch höchst wahrscheinlich vollzogen worden, für die Institutionalisierung von Bronze als Tauschmittel als universaler und allgemeingültig anerkannter Praxis aber fehlen Belege. Der Vergleich zu den Siedlungsfunden spricht dagegen (ebd.). „[Trotz negativer Auswahl] müßte aus den Siedlungen […] ein wenigstens annähernd ähnliches Spektrum an Bronze vorliegen wie aus den Horten" (ebd.). Aus den Gräbern liegt auch nichts Vergleichbares zu der Masse der Brucherzhorte vor, wie z. B. Gusskuchen. Geld kann sowohl aus profanen wie aus sakralen Gründen in den Boden gelangen. Aber Vertreter der Geldfunktion tendieren zu einer sakralen Interpretation, wobei das Votiv für uns heute als Gegenstand erscheint, aber früher eine Geldfunktion besaß (ebd.). Die Theorie von „Gerätgeld" oder „Hortgeld" schließt daran an und verknüpft die Theorie der Gaben an die Götter mit der Währungstheorie. Schließlich wurde in einer Untersuchung der Horte zwischen Weser und Weichsel vorgeschlagen, dass Horte eine Gabe von Tauschmitteln mit materiellem Wert nach dem Prinzip ‚ich gebe damit du gibst' seien (Maraszek 2006, 295 f.).

Einblicke in die soziale Realität zu verschaffen verspricht auch die Theorie, dass Horte im Wettbewerb und zum Prestigegewinn zerstörtes Vermögen seien. Wichtig für diese Interpretation ist die Unterscheidung zwischen einer Kernregion, die die Metallzirkulation kontrolliert, und Randregionen, die von den Kernregionen mit Metall versorgt werden und insofern von diesen abhängig sind (Huth 1997, 189). Wichtig ist auch die Annahme, dass Metall sowohl als Ware als auch als Gabe zirkuliert ist. Während eine Gabe eine soziale Verpflichtung nach sich zieht, vollzieht sich ein Warentausch ohne dergleichen Schuldverhältnisse zu schaffen. Gerade das Schuldverhältnis schaffe Prestige (ebd.). Kernregionen aber können mehr Güter für den Gabentausch akkumulieren. Dies habe eine inflationäre Tendenz geschaffen, die den Prestigewert von Bronze schwächte. Folglich wurde „Bronze ostentativ zerstört und den überirdischen Mächten geopfert" (ebd. 190). Das hatte dreifache Folgen: Man hat den Prestigewert der Güter erhalten, das eigene Prestige erhöht und die Götter in Abhängigkeit gebracht. Die Horte wären dann indirekte Zeugnisse des Warenaustauschs zwischen Kern- und Randgebieten (ebd.).

Aber die Deutung als rituelle Güternichtung ist von der Seite der Ethnologie selbst bereits stark kritisiert worden. Am Beispiel der potlatchs der Kwakiutl konnte gezeigt werden, dass die ostentative Zerstörung von Gütern nicht die Regel, sondern die Ausnahme bei solchen Ritualen bildet. Es geht dabei hauptsächlich um eine Verteilung der Güter und nicht um deren Vernichtung (Testart 2012, 384 f.). Und die Hypothese einer Manipulation von Nachfrage und Angebot ist jedoch widerlegt worden (Huth 1997, 189 f.).

Die Kritik an der Interpretation der Güternichtung beruht auf anderen systemtheoretischen Annahmen. Territoriale Gemeinschaften sind für die bäuerliche Lebensweise der Bronzezeit weder belegt noch entsprechen sie der Erwartung. In anderen Worten: Es „widerspricht dem Wesen der bäuerlichen Gemeinschaften" (ebd. 190). Da die Theorie Allgemeingültigkeit verspricht und eben auch für Brucherzhorte gelten soll, übersieht sie hier Unterschiede in Deponierungsverhältnissen und Fundgut. Es scheint widersprüchlich, sowohl die Funde aus den Brucherzhorten als auch aus den Gewässern als Prestigeobjekte zu bezeichnen. Wenn überhaupt, wäre diese Interpretation auf die Gewässerfunde anzuwenden. Diese sind in intaktem Zustand und sie bilden so einen starken Kontrast zu den fragmentierten Funden aus den Brucherzhorten (ebd.). Als Zerstörung des Vermögens könnte man dann die irreversiblen Niederlegungsverhältnisse verstehen, denn nur diese Funde scheinen Prestigeobjekte zu sein. Die Theorie kann jedoch nicht erklären, „warum sich die Fragmente [in Brucherzhorten] nicht zu Ganzstücken zusammenfügen lassen" (ebd.). Die Hypothese des Materiallagers kommt in dieser Theorie nicht vor, da „nur die Entäußerung der mit sozialen Verpflichtungen verbundenen Gaben das Prestige erhöht" (ebd.). Hier umgeht der sozialsystemtheoretische Ansatz die Notwendigkeit, einen Grund für Deponierungen und ihren Verbleib im Boden konkret zu nennen.

Bereits die Kritik an der prestigetheoretischen Interpretation macht deutlich, dass aus unterschiedlichen Vorstellungen über das soziale System der Periode verschiedene Deutungen resultieren. Allerdings scheint mit diesen Ansätzen die problematische Kategorie der Niederlegungsabsicht aufgehoben zu sein. Der soziale Kontext ersetzt diesen Erklärungsstandard.

Die letzte interpretative Alternative setzt jedoch die Anerkennung all der bisher besprochenen Deutungsmöglichkeiten voraus (ebd. 193-200). So kann man die Lücken zwischen den Deutungssystemen schließen und einsehen, dass sich die Mehrzahl der Hortfunde an den wirtschaftlichen Kreislauf der Periode anschließen und die Gewässerfunde hauptsächlich eine „Rolle im Ritualgeschehen der damaligen Zeit gespielt haben" (ebd. 193). Die Depots der Spätbronzezeit sind zwar in kupferarmen Regionen am stärksten verbreitet, aber das ist kein Zeichen von Materialknappheit, denn man entzieht Hortgut aus dem Kreislauf nur, wenn es im Überschuss vorhanden ist (ebd.). Wenn Bronze knapp wäre, würde man es im Umlauf brauchen. Die Hypothese ist also, dass Überschüsse angehäuft wurden, „um gegebenenfalls Versorgungsengpässe ausgleichen zu können" (ebd.). Aufgrund der Datierung der Bestandteile der Horte schließt man auf einen kontinuierlichen Prozess mit langfristiger Ausführung. Rohmaterial und Gussabfälle seien Indizien, dass die Horte den Gießern gehörten, was wiederum die beliebige Zusammensetzung der Brucherzhorte, die ständige Beifügung und Entnahme von Bronze erklärt sowie die Tatsache, dass sich Bruchstücke nie zu Ganzobjekten zusammenfügen lassen (ebd. 194). Beile, Waffen und Geräte sind überrepräsentiert, weil sie häufiger ausgetauscht werden müssen (ebd.). Diese Gegenstände sind stärker mechanischen Belastungen ausgesetzt (ebd.). Dagegen ist Schmuck in England unterrepräsentiert, weil die Besitzer „einen persönlichen Bezug" (Huth 1997, 194) zu diesen Dingen entwickelten. Weniger „ein unpersönliches Hortungstabu" (ebd.) ist für diesen Umstand verantwortlich, sondern „der Unwille, sich von Dingen zu trennen, die eng mit dem eigenen Wohl und Wehe verbunden waren" (ebd.). Altstücke kommen in die Horte, weil sie gegen Neustücke ausgetauscht wurden (ebd. 195). Man kann davon ausgehen, dass soziale Regelungen (wirtschaftlicher oder ritueller Art) auf die Zusammensetzung der Horte einwirkten (ebd.). Dadurch sind Horte auch Zeugnisse kulturgeschichtlicher Verhältnisse, da das Fundspektrum nur kleine Unterschiede von Region zu Region aufweist (ebd.). Mit größeren Abständen werden Unterschiede deutlicher (ebd.). Es gibt zwar seltene Belege für weiträumigen Tausch, aber die bäuerliche Lebensweise der Spätbronze- und frühen Eisenzeit und die überwiegende Zahl einheimischer Bronze auch in größeren Depots sprechen dafür, dass Rohmetall und Brucherz in der Regel „kleinräumig im Kettentausch und in vielen [...] kleinen Chargen verhandelt worden [sind]" (ebd. 195 f.). Die Formen des Austausches waren vielfältig. Dafür spricht das Nebeneinander von kleinen und großen Depots und die Bindung an Verkehrswege, insbesondere der größeren Horte (ebd. 196). Ebenso relevant für die Art des wirtschaftlichen Kreislaufes ist die Natur der Gegenstände. Manche Gegenstände wie Rasiermesser oder Sicheln sind z. B. einfacher herzustellen, andere wie Panzer oder Gefäße verlangen spezialisiertes Können. Unreinheitenmuster und Importstücke weisen auf die Tauschbeziehungen hin, welche aufgrund der ungleichen Verteilung der Ressourcen für die Herstellung von Bronze zu erwarten sind (ebd.). Die Tauschbeziehungen bauten Kommunikationsnetzwerke auf, die die bekannte Vereinheitlichung der Formenkreise in der Spätbronzezeit begünstigten.

Diese Vereinheitlichung ist Merkmal der Spätbronzezeit und gilt als wichtige Feststellung für die weitere Beschäftigung mit den Hortfunden in diesem Deutungssystem. Hier sieht man auch, dass eine „Erklärung" der Hortfunde aus dem Blick geraten ist. Es geht um die Ausarbeitung eines Epochenbildes anhand der Quellen. Anders formuliert: Man wird hier nicht von einer Interpretation über Niederlegungsart und -absicht zu Annahmen über die Gesellschaft gezwungen, sondern die Rekonstruktion sozialer Verhältnisse fungiert als Prämisse, die Interpretationen mehr oder weniger wahrscheinlich macht. In diesem Kontext wird für den Verbleib der Objekte im Boden folgende Überlegung angestellt. Die Entstehung und Ausbreitung der Eisengewinnung und -verarbeitung haben einen Überfluss an Bronze bedingt und gleichzeitig für Unterbrechungen gesorgt in den Beziehungsnetzen für den Bronzetausch (ebd. 197). Der Überfluss ermöglichte die Hortung, die Unterbrechungen den Verbleib im Boden. Auffällig ist es, dass es sich hier um Bedingungen der Möglichkeit für Hortung und Verbleib im Boden handelt. Es geht so nicht mehr um ‚den Grund' der Deponierung.

Dieser Auffassung nach gibt es durchaus Horte, die Votiv- und Opfergaben sind (ebd. 198). Sie sind wenige im Vergleich zu Brucherzhorten und meist Gewässerfunde. Diese Horte spielen eine wichtige Rolle „im Ritualgeschehen" (ebd.) der Zeit. Sie sind Gaben einer Gemeinschaft und nicht einer Person (diese Unterscheidung ist schwierig bei Schmuckhorten, s. auch Kap. 5.6) (ebd.). Es handelt sich in dieser Auslegung des Fundbildes immer noch um eine prestigetheoretische Strategie und die Bedeutung dieser Funde wird anhand von diachronen Vergleichen erklärt. Denn aus der Tatsache, dass auch Brucherzhorte Prestigegüter beinhalten, wird der Schluss gezogen

[...] daß die Prestigegüter zwar einerseits vorhanden waren und im Ritualgeschehen auch Verwendung fanden, andererseits aber nicht völlig vom Kreislauf der gewöhnlichen Metallgüter abgetrennt waren. Eine vom normalen Wirtschaftsgeschehen abgekoppelte, ausgesprochene Prestigegüterwirtschaft wie in der Hallstattzeit hat es also offenkundig nicht gegeben. (Huth 1997, 199)

Im Gegensatz zur Hallstattzeit, wo die Selbstdarstellungen sich auf „Einzelpersonen mit ihrem Gefolge" (ebd.) beziehen, sollen Prestigegüter in der Spätbronzezeit in der Regel eine „Gemeinschaft Gleichgestellter" (ebd.) repräsentieren.

Horte als Votiv- und Opfergaben und als Zeugnisse von wirtschaftlichen Prozessen sind also komplementäre Aspekte der Periode. Die Einführung des Rohstoffs Eisen und der Zusammenbruch der weiträumigen Tauschbeziehungen für Bronze hatten wirtschaftliche und kulturelle Auswirkungen zugleich. Die spätbronzezeitlichen „Kulturgemeinschaften zersplittern zu kleinräumigen Einheiten" (ebd.). Die Prestigegüterwirtschaft trennt sich vom „normalen Gütertausch" (ebd.) ab, denn in der frühen Eisenzeit produzieren „spezialisierte Handwerker Prestigegüter für und unter der Patronage von kleineren Territorialherrschern" (ebd.). Mit anderen Worten: Die Veränderungen in der Organisationsform der Produktion führen zu Veränderungen in der Eigentumsverfassung dieser Gesellschaften. Neue Gegenstände stehen dann zur Verfügung, um die Bedürfnisse nach Status und Einfluss durch Akkumulation von Eigentum zu befriedigen. Luxusgüter werden relevanter für Selbstdarstellung, die zu einer regelrecht charakteristischen kulturellen Ausdrucksform wird. Es geht um die Darstellung der wichtigen Personen und ihrer Gefolge, während die rituellen Horte der Spätbronzezeit „von einer Gemeinschaft und nicht von Einzelnen herausragender Stellung [zeugen]" (ebd.). Die „Vereinheitlichung der Kulturgemeinschaften" macht Platz für die Betonung der Unterschiede. Neben den Luxusgütern stehen jetzt auch andere Mittel zum Ausdruck der Unterschiede zur Verfügung, nämlich die Motive und Objekte aus den weiter entwickelten Kulturen der mediterranen Welt. Der Standard für Prestige speist sich jetzt nicht mehr aus der Nachbarschaft der ähnlich Positionierten sondern aus dem Mittelmeerraum, wo ironischerweise der Unterschied kaum größer sein könnte zu den analphabetischen, nichturbanisierten Territorialherrschern der Eisenzeit. „Die neue Führungsschicht [...] mißt sich, sobald sie mit der mediterranen Welt in Verbindung tritt, fortan nicht mehr an ihresgleichen, sondern an den mediterranen Vorbildern, auf die sie vermutlich neidvoll blickt" (ebd. 200).

Der Vorteil der letztgenannten Interpretation liegt in der Akzeptanz, dass sowohl profane als auch rituelle (sakrale) Horte in der Spätbronzezeit und frühen Eisenzeit existieren – d. h. sie gehören beide zum Epochenbild der Zeit. Diese Auslegung des Fundbildes hat einige Strukturen der Sozialwelt betont und durch diachrone Vergleiche mit der Hallstattzeit wurden Eigenschaften der Gesellschaft der Zeit enthüllt. Aber man muss immer noch fragen, welchen Sinn dieses Hortungsphänomen über den Strukturen des Subjekts haben konnte. Dafür muss man die subjektiven, geistigen Strukturen stärker hervorheben. Das habe ich vor im Abschnitt 5.7, wenn ich meinen Beitrag zur Interpretation der Hortfunde vorstelle. Voraussetzung dafür war die hiesige Beschäftigung mit den Grundlagen der Hortfundforschung. Es geht weniger darum, die Niederlegungsabsicht als konstitutiv für die Quelle zu sehen, sondern um eine Art Rückkehr auf die fundamentale Idee des Fundinhalts als Indikator für Deponierungsmotive. Motive sollen nicht Absichten bedeuten, sondern vielmehr die Richtung, in der die Auslese Sinngehalt bekommt. Mit dieser Einstellung wird der Fundinhalt eine bedeutsame Kategorisierung unterstützen und bereitstellen.

5.3 Brucherzhorte: die Regel im europäischen Raum

Die archäologische Quellengattung der Hortfunde kennt eine Zunahme zu bestimmten Perioden der Urgeschichte. Ein starker Fundniederschlag findet in der frühen Bronzezeit statt. Zeittypisch sind Barrenhorte (Huth 2008, 133). Eine dieser deutlichen Zunahmen findet um die letzte Jahrtausendwende v. Chr. statt, und sie fällt mit der Verbreitung der sog. Urnenfelderkultur zusammen. Die Bronzehorte sind in diesem strikten Sinne eine gesamteuropäische Erscheinung, welche wir zu Recht als Hortfundhorizont der Spätbronzezeit benennen. Die Hortfunde bilden also tatsächlich ein „Strukturmerkmal" der Bronzezeit (Maraszek 2006, 295). Die Verbreitung reicht vom Karpatenbecken über Österreich, Süddeutschland und die Westschweiz, Norddeutschland bis Belgien und den Niederlanden, bis nach Frankreich und den Britischen Inseln sowie der Iberischen Halbinsel. Nur, die Verbreitung ist zeitlich versetzt. Das Fundaufkommen folgt der Richtung von Süden nach Norden und von Osten nach Westen. Die Zahl der Hortfunde geht in der frühen Eisenzeit überall in Europa zurück, mit der Ausnahme von zwei Gebieten in Frankreich, nämlich Armorika und Languedoc, wo die Hortfunde noch stark zunehmen.

Der spätbronzezeitliche Hortfundhorizont ist immerhin derart prägend für die Periode, dass, aufgrund der großen Zahl der bisher geborgenen Funde aus Bronze und anderen Metallen, bereits die Rede von einer Blütezeit der Menschheitsgeschichte war. Das *Bel Âge du Bronze* geht allerdings Hand in Hand mit der Vorstellung einer Krise in der europäischen Wirtschaftsgeschichte. Unabhängig von Blütezeit oder Krise handelt es sich definitiv um eine gesamteuropäische Erscheinung mit strukturellen Unterscheidungsmerkmalen, mit Hilfe derer eine Verbreitungsrichtung und einige Regelmäßigkeiten im Fundbild herausgearbeitet und aufgelistet werden können.

Die Fragmentierung der Gegenstände ist eine dieser Besonderheiten und ein auffälliges Merkmal der Masse der Funde aus Horten der Spätbronzezeit (vgl. Hansen 2016). Die Mehrzahl der Objekte ist zerbrochen, manche sind verbogen und andere zerquetscht. Die hohe Zahl der Fragmentierungen ist der Grund, warum die Hortfundforschung diese Depots unter der Kategorie der Brucherzhorte unterbringt, englisch *scrap hoards* oder französisch *cachettes de fondeur*, welche sich von anderen Horten unterscheiden, die ganze Objekte beinhalten, obwohl wesentliche Unterschiede auch im Deponierungsort festzustellen sind. Immerhin sind wir heute in der Lage, die Hauptmerkmale der Brucherzhorte aufzulisten, welche unabhängig von Deutungsschulen anerkannt werden.

Die Regel in Europa bilden stark fragmentierte Hortfunde (Abb. 28), die Schrott und Gusskuchen beinhalten, wobei in der frühen Eisenzeit Barrenhorte in der Form von Gegenständen erneut auftauchen – insbesondere in Nordwest- und Südfrankreich (vgl. die Abbildungen in: Verger 2013b, 112; Guilaine u. a. 2013, 119). Die Brucherzhorte sind in großer Zahl überall in Europa repräsentiert. Quellenkritische Untersuchungen (Huth 1997) haben außerdem gezeigt, dass Beobachtungschance und Dokumentationsgrad auf das Fundbild so wirken, dass viele Horte mit ganzen Gegenständen und geringerer Fundgröße wahrscheinlich ursprünglich Brucherzhorte waren. Eine Auswahl der ansehnlichen Gegenstände kann durch die Entdecker stattfinden. Das ist besonders in der Vergangenheit passiert und hat bereits zu Verzerrungen in unserem Fundbild beigetragen.

Abb. 28: Beispiele für Brucherzhorte. 1: Boughton Malherbe, (c. Kent, UK) ursprünglich ohne Maßstab. Verändert von Quelle: PAS (id: KENT-15A293) – www.finds.org.uk, Rights Holder: Kent County Council CC Lizenz. 2: East Hampshire (c. Hampshire, UK), Quelle: PAS (id: SUR-84FA31) – www.finds.org.uk, Rights Holder: Surrey County Council 3: Swale (c. Kent, UK), Quelle: PAS (id: KENT-0F86A5) – www.finds.org.uk, Rights Holder: Kent County Council.

Auf der anderen Seite ist eine große Zahl der Funde im Zuge landwirtschaftlicher Arbeiten entdeckt worden, sodass viele Bestandteile beschädigt oder verloren gegangen sind. Die Zahl der Horte, die noch nicht von Zerstörung betroffen sind, ist gering und sinkt weiterhin. Die Metalldetektorfunde von landwirtschaftlichen Flächen, die in hohem Maße angepflügte Depotbestandteile beinhalten, legen Zeugnis davon ab. Sie bergen so die Überreste dieser bereits stark beschädigten Quelle aus gut zu begehenden Arealen. Aber die Sondengänger bringen eher (große) Gusskuchen und weniger attraktive Kleinfunde zutage. Die Entdeckungsgeschichte der meisten Depots hat ein bruchstückhaftes Fundbild hinterlassen. Heute weiß man, dass viele Horte eigentlich Teile von größeren, unvollständig geborgenen Brucherzhorten sind. Gut dokumentierte Depotfunde sind selten, aber sie bestätigen eindeutig die quellenkritische Erwartung gegenüber einem von modernen Verzerrungen gereinigten Fundbild der meisten Horte der Spätbronze- und frühen Eisenzeit.

In diesen Horten befinden sich jüngere und ältere Gegenstände sowie zerbrochene und ganze Objekte (Huth im Druck, 2). Es gibt Gegenstände mit Gussgraten und Gussfehlern. Die Zerstörung ist normalerweise so groß, dass eine Wiederverwendung in diesem Zustand undenkbar ist (ebd.). Viele Horte beinhalten Kupfergusskuchen. Schmelzklumpen aus Bronze, Zinn oder Blei sind kleiner und viel seltener. Silber gibt es nicht und Gold nur sehr selten. Bei der Anzahl der jeweiligen Gegenstände sieht die Verteilung so aus, dass Schrott die größte Zahl ausmacht, gefolgt von ganzen Objekten und Kupfergusskuchen. Bei dem Gewicht wiegen in der Regel die Gusskuchen am meisten. Es gibt keinen Hinweis darauf, dass die Zerstörung ein normaler Ablauf in der alltäglichen Verwendung der Objekte war, wo etwas zufällig kaputt ging, sondern es gibt eine gewisse Methode in der Zerstückelung der Objekte. Die Fragmente passen nur in Ausnahmefällen zueinander. Kleine und massive Objekte wie Beile sind meistens gut erhalten, im Gegensatz zu dünnen Teilen wie Klingen. Große Gegenstände wie Schwerter sind immer zerbrochen, und es gibt kaum Teile, die größer sind als 15 cm. Hohle Objekte, wie die Tüllen von Lanzenspitzen oder Tüllenbeile, wurden zerquetscht und nicht zerstückelt. Man entfernte die Griffe, die Scheiden oder die Schäfte, bevor man zerstörte und deponierte. Einige Untersuchungen, unter denen die aus Egham in Surrey, England, die berühmteste ist, weisen darauf hin, dass unterschiedliche Metalllegierungen aussortiert und in separate Deponierungen gebracht worden sind. Dem kleinteiligen Fragmentierungsprozess geht das Zerbrechen und die grobe Zerstückelung der Gegenstände voraus, wofür Meißel, Äxte und Hämmer mit scharfen Schneiden genutzt wurden (ebd. 3). Es gibt Spuren von harten Schlägen. Spuren von Hitzeeinwirkungen, die sich als scharfe, glasähnliche Ränder an den Bronzeobjekten äußern würden, fehlen überwiegend, obwohl eine Erhitzung auf etwa 600 °C das Zertrümmern von Bronze deutlich erleichtert. Es gibt keine Standardisierung der Fragmente in Bezug auf Größe oder Gewicht und die Ähnlichkeiten sind auf die Gewohnheiten im Arbeitsprozess mit bestimmten Gegenständen zurückzuführen. Dadurch können Fragmente aus demselben Depot ähnlicher untereinander sein, als im Vergleich mit Fragmenten aus anderen Horten. Die Produktion der Fragmente folgt demzufolge keinem einheitlichen oder überregionalen Standard (ebd.). Die Entfernung der Griffe und der Schäfte weist auf die Sorgfalt hin, mit der die für den Fragmentierungsprozess interessanten Teile aussortiert wurden. Beile z. B. wurden nicht als Ganzes zerstört. Auch das Zerquetschen der Beile zeigt, dass die Fragmentierungsmuster den physischen Eigenschaften der Gegenstände folgten. Außerdem hilft es beim Einschmelzen, denn die zerquetschten Objekte verbrauchen weniger Energie als in ihren hohlen Formen.

Um die Eigenschaften und Qualität des Metalls zu prüfen, wurden die Gegenstände absichtlich gebogen, gedreht und Schnittspuren wurden angebracht. Auch dies ist an den Gegenständen aus den Horten zu beobachten.

Alles weist also auf eine Thesaurierung von Metallrohstoffen hin. Das würde auch die Mischung aus jungen und alten, zerbrochenen und nicht zerbrochenen Gegenständen in den Depots erklären, denn der deponierte Schrott erfährt ein kontinuierliches Hinzufügen und Entnehmen, nachdem er nach Materialeigenschaft und -qualität unterschieden wurde. Bestimmte Objekte bestehen aus bestimmten Legierungen, mit den verschiedensten Eigenschaften wie Härte oder Flexibilität, und dies vereinfacht die Manipulation der Rohstoffe. Reines Kupfer ist in Form von Gusskuchen vorhanden. Bemerkenswert ist auch der Befund, dass mit dem Abstand zu den Kupferlagerstätten die Zahl der Kupfergusskuchen abnimmt, was zeigt, wie die Depots sich in die Zirkulationskette der Rohstoffe der Bronzezeit hervorragend einpassen.

Die Bindung der Horte an Verkehrswege, die mit der Objektanzahl zunehmende Beliebigkeit der Zusammensetzung, der fragmentarische Zustand der Funde, die Fragmentierungsarten und das Objektspektrum zählen zu den wichtigsten Regelmäßigkeiten der Brucherzhorte. Ihre Deponierung in trockenem Grund unterscheidet sie zudem von den Gewässerhorten, wie weiter unten noch deutlicher werden soll.

5.4 Waffenhorte: Eine altbewährte Befundkategorie.

Waffen aus Bronze im Allgemeinen und Schwerter im Besonderen sind beliebte Forschungsgegenstände der Bronzezeit (Egg u. a. 2016, V f.). Sie tauchen nicht nur aufgrund der guten Überlieferung von Metall sehr deutlich in den archäologischen Quellen auf, sondern diese Gegenstände werden von den Forschern mit besonderer Aufmerksamkeit bedacht. Tatsächlich kann man die Bedeutsamkeit von Waffen im archäologischen Fundbild bis in die Jungsteinzeit zurückverfolgen. Glanzvolle Jadeitbeile sind aus Depotfunden der Zeit bekannt. Und aus Gräbern sind sie sowohl dinglich als auch bildlich wie z. B. auf den bretonischen Megalithen überliefert (Pétrequin 2012; Pedrotti und Tecchiati 2012). Solche Beile sind nicht für die Nutzung hergestellt. Das Material, die sorgfältige Machart und ethnologische Vergleiche weisen auf die besondere Bedeutung dieser Funde hin (Pétrequin und Pétrequin 2006). Streitäxte und Dolche prägen das 3. Jahrtausend v. Chr. von der Kupferzeit bis in die Frühbronzezeit. Sie dienen als Grabbeigaben und man findet sie abgebildet auf Felsflächen wie am Mont Bégo (Lumley u. a. 1995), oder auf kupferzeitlichen Stelen, wo viele gleichartige Waffen zusammen vorkommen (Dondio 1995, 209).

Während der Frühbronzezeit und der Mittelbronzezeit kommen Dolche und Schwerter meistens in Gräbern vor (David-Elbiali 2011, 189). Aber es gibt auch besondere Deponierungen von Waffen, z. B. mehrfache Deponierungen von kostbaren Dolchklingen, Schwertern und Äxten. Manche Waffen sind aus Edelmetall (Primas 1988; David 2002, 406-416). Die Qualität der Objekte (z. B. aus Perşinari (jud. Dâmbovița, RO) sind ein goldenes Rapier, zwölf goldene Dolchklingen und vier Silberäxte überliefert) und das dokumentierte Gewicht (4,8 kg Gold und ca. 0,5 kg Silber) beeindrucken (Vulpe 1995). Das Phänomen taucht wiederholt auf. Die Gräber der sog. Wessexkultur und in der Bretagne brachten einige mit Gold veredelte Waffen zu Tage (Briard 1984; Clarke u. a. 1985). Und in Nordwesteuropa findet man in den Gräbern auch die mehrfache Beigabe von Waffen gleichen Typs (Hansen 2002). Den prachtvollen Umgang mit Waffen und ihre dingliche

Repetition kann man vor einem ähnlichen kulturellen Hintergrund wie die repetitive bildliche Wiedergabe auf kupferzeitlichen Stelen verstehen (Huth 2016, 40).

Demgegenüber stammen Waffen aus der Spätbronzezeit selten aus Gräbern. Aber sie sind in unterschiedlichen Zuständen in Horten zu finden (David-Elbiali 2011, 189). Sie stammen fragmentiert aus Brucherzhorten aber auch in intaktem Zustand aus Gewässern wie z. B. Flüssen, die wenigstens seit der Untersuchung Walter Torbrügges in eine eigenständige Quellenkategorie der Gewässerfunde eingeordnet werden können (Schmid-Merkl 2016, Kap. 2, insb. 22-26; vgl. Dumont und Benoit 2006, 22 f.). Der Erhaltungszustand der Objekte und die Irreversibilität der Gewässerdeponierungen weisen hauptsächlich auf religiöse Motive hin und sie werden von der Mehrheit der Forscher so angenommen. Da man Schwerter in Brucherzdepots nicht wieder zu einem Ganzstück zusammenfügen kann, schließt man in diesen Fällen auf ein ständiges Entnehmen und Hinzufügen von Material, was eine einmalige oder endgültige Weihegabe unwahrscheinlich macht. Die Fragmentierung erlaubt außerdem die Einbettung dieser Objekte in eine nachvollziehbare, metallurgische *chaîne opératoire*. Dies spricht in dem Fall für einen alltäglichen, nicht herausgehobenen Umgang mit Schwertern. Ebenso ist die für uns bekannte Menge an Material nur ein Bruchteil von dem, was in der damaligen Zeit wirklich zirkuliert haben muss.

Aber weil eine religiöse (Neben-)Bedeutung dieser zerstörten Metallobjekte nicht immer auszuschließen ist, ist ein Urteil über die Banalität der Waffen nicht pauschal zu treffen, besonders weil jeder einzelne Fundkontext in solchen Fällen zu beachten ist. Dennoch sieht man hiermit, wie selbst Objekte wie Schwerter in der Bronzezeit polysem und vielschichtig sind, selbst wenn man nur eine Quellenkategorie betrachtet. Zusammenfassend kann man alle Möglichkeiten, wie diese Objekte in Hortfunden gesehen werden, auf die folgende Weise beschreiben: ein banales Objekt in sakralem Kontext. Ein sakrales Objekt in banalem Kontext oder ein sakrales Objekt in sakralem Kontext. Schließlich banale Objekte in banalen Kontexten. Gegenstände wie Helme weisen auf eine ähnliche Situation hin (Wirth 2007, 450; vgl. die Helme mit dreilappigem Kamm aus drei unterschiedlichen Kontexten wie aus einem Gewässer, einem Gebirgspass und einer Brucherzsituation in Huth 2012, 99). Offenkundig sind alle Objekte polysem, und ich werde weiter unten zeigen, dass andere Objektkategorien genauso gut wie Waffen eine besondere Stellung auch in den Hortfunden einnehmen. Wenn man dieselbe Aufmerksamkeit auf alle Objektkategorien richtet, wirkt die Bronzezeit nicht nur vielsinnig gestaltet, sondern besonders menschlicher, insofern wir die Annahme der Polysemie und deren Erscheinung in der Vergangenheit vernünftig von den konkreten Verhältnissen unterscheiden, die entweder beweisbar oder wahrscheinlich zu machen sind. Aber die Erforschung der Waffenhorte ist in vielen Aspekten am weitesten vorangekommen, obwohl der Erkenntnisgewinn nicht selten kritisch zu beurteilen ist.

Waffendeponierungen, Schwerter, Lanzenspitzen, Dolche und Beile sind aus alpinen Hochlagen bekannt (Huth 2012, 97), bei denen es sich nicht um bloße Verlustfunde handeln kann, denn sie sind in großer Zahl und in gutem Zustand vertreten. Darüber hinaus kann man sich nicht vorstellen, dass Hirten so viele Waffen tragen und ebenso verlieren würden (ebd.). Die topographische Lage ist besonders, Passhöhen können auch als liminale Orte aufgefasst werden, die Qualität der Gegenstände ist auffällig gut und die Horte kommen zeitgleich mit den Gewässerfunden auf (ebd.).

Eigentlich jedoch müsste man die Waffenhorte als Unterkategorie der Gewässerfunde unterbringen (Abb. 29), wo die Waffen zahlenmäßig deutlich hervorstechen, denn nur so wird

Abb. 29: Waffen aus dem vermoorten Bergsee Bex, Lac de Luissel (Kt. Waadt,CH) (Huth 2012, 93 Abb. 2).

die Eigenständigkeit dieser Kategorie verständlich (Wirth 2012, 159 Abb. 1). Über die Hälfte der spätbronzezeitlichen Waffen sind in Gewässern entdeckt worden und Schutzwaffen kennt man fast nur aus feuchtem Milieu (Schmid-Merkl 2016, 244). Allein in Westeuropa gibt es etliche Gewässerfunde aus der Spätbronzezeit. Die Zahl geht in der frühen Eisenzeit zurück. Immerhin rechnen wir mit mehr als 800 Funden aus Flüssen wie der Themse (Needham und Burgess 1980), Loire (Briard 1996, 174-178), Seine (Mohen 1977), Saône (Boulud 1998) und dem Rhein (Logel 2007; Schmid-Merkl 2016; Wegner 1976) für die Spätbronzezeit und etwas mehr als 80 für die frühe Eisenzeit (Huth 1997, 153). Die Unterschiede zwischen Gewässer- und Bodenfunden sind eindeutig und sie gelten gemeinhin als eigenständige Befundkategorien. Ein Übergewicht an Waffen und Beilen setzt das Objektspektrum der Gewässerfunde in Kontrast zu Grab-, Siedlungs- und Hortfunden aus trockenem Grund (ebd.). Die Fundmasse besteht aus Ganzstücken, welche häufig aufgrund einer ausgewählten Qualität beeindrucken (ebd.). Ein gewisser Deponierungsrhythmus zeichnet die Gewässerfunde aus, deren Fundniederschlag zu bestimmten Zeitperioden häufiger wird (ebd.). Diese Frequenz unterscheidet sie von den anderen Befundgattungen. Neben der auffälligen zeitlichen Verbreitung sind auch bestimmte Orte wiederholt genutzt worden, sodass sich die Funde an solchen Stellen häufen (ebd.). Die Deponierung in Gewässern hat außerdem die Eigenschaft einer endgültigen Entäußerung. Nicht umsonst herrscht in der Forschung eine Übereinstimmung über die Deutung dieser Funde als Votivgaben (ebd.). Es gibt auch Hinweise aus anderen Zeiten für Weihegaben an Gottheiten, deren Mächte und Anwesenheit an, um oder in Gewässern präsent waren (ebd. 154; vgl. ders. 2016).

Natürlich muss man mit zahlreichen Überlieferungsprozessen für die Gattung der Gewässerfunde rechnen. Möglicherweise sogar viel mehr als bei den anderen Befundgattungen. Die Flussströmungen und Flussbettveränderungen sind nur einige davon. Versumpfung, Verlandung, Verlagerung von anderen Befundgattungen, wie Hortfunden aus dem Trockenen, Gräbern oder Siedlungen, sind auch zu erwähnen. Die Entdeckungschancen sind nicht überall gleich (Huth 1997, 154), denn Ausbaggerungen zur Verbesserung von Schiffbarkeit oder zum Hochwasserschutz werden nur an bestimmten Stellen ausgeführt. Größere Gegenstände haben eine höhere Auffindungswahrscheinlichkeit bei mechanischer Bergung (ebd.). Außerdem könnten verunglückte Bootsladungen und unbeabsichtigte Verluste genauso zu Funden in Gewässern führen. Zufallsverluste können sowohl beim Durchqueren als auch bei Kampfhandlungen passieren (ebd.). Hinzu kommt, dass es sich bei Keramik und Hinterlassenschaften aus organischem Material um bloßen Abfall handeln könnte.

Die Masse der Funde aber kommt aus Flüssen und unter diesen sind die Mehrheit Waffen (ders. 2016, 28). Eine Ausnahme bildet lediglich der Rhein, wo Beile die Mehrheit der Funde bilden. Eine zeitliche Veränderung ist gut auszumachen im Oberrhein, wo während der Mittelbronzezeit Nadeln die häufigste Fundgruppe darstellen, in der Spätbronzezeit der Anteil der Waffen und Beile aber zunimmt (Schmid-Merkl 2016, 244). Die anderen Gegenstandskategorien schwanken in ihrem Vorkommen. Sie sind manchmal mehr, manchmal weniger und manchmal genauso viel wie bei den Deponierungen in trockenem Boden vertreten (Huth 1997, 154). Es gibt keine Komplementarität in der Zusammensetzung der Hortfunde aus Gewässern und aus trockenem Boden (ebd.). Seltene Gegenstände in trockenem Land sind nicht häufiger in den Gewässern. Ebenso wenig ist es umgekehrt der Fall (ebd.). Die Vermutung liegt also nahe, dass es sich bei diesen beiden Deponierungsarten, Boden und Gewässer, um unterschiedliche prähistorische Auswahlprozesse handelt (ebd.).

Allerdings besteht eine Korrelation in Hinsicht auf den Zustand des Hortguts. Der Fragmentierungsgrad ist hoch in trockenem Grund und niedrig bei Gewässerfunden, wo der Grad etwa zwischen 15 % in der Saône und 30 % in der Seine liegt (ebd. 155) (z. B. Bonnamour 1990a, 15 Abb. 3). Das könnte mit den besseren Beobachtungschancen der größeren Gegenstände zusammenhängen. Dennoch ist die Bergungsart der Flussfunde mit Hilfe der Baggerarbeit keine schonende Art. Ganz im Gegenteil sollten wir einige Beschädigungen erwarten, auch wenn sie auf rezente, achtvolle Rettungsarbeiten zurückzuführen wären. Also ist der niedrige Fragmentierungsgrad ebenso von prähistorischen Auswahlprozessen herzuleiten.

Ausgebaggerte Strecken, Flussbettverlagerungen, Strömungsverhältnisse und Dokumentationsgrad bedingen die Konzentration der Funde auf wenige Stellen. Waffenhorte häufen sich nur punktuell an einigen Stellen, wie im Silbersee bei Roxheim (Lkr. Ludwigshafen, DE) (Sperber 2006), bei dem Greiner Donaustrudel, im Rhein bei Mainz, in der Themse bei London und der Seine bei Paris (Huth 2016, 30). Aber die Stellen, wo die Funde sich häufen, wechseln mit der Zeit (Needham und Burgess 1980, 452 Abb. 7, 454 Abb. 8). Die Regel ist jedoch eine Streuung der Depots in den Flüssen. Das heißt also, dass diese Häufungen nicht rein auf rezenten Auswahlprozessen gründen. Außerdem gibt es in Belgien beim Austritt der Lesse aus der Grotte-de-Han Hinweise auf eine gezielte Wiedernutzung solcher Stellen (Huth 1997, 156). Weniger Funde kommen im Meer, Sümpfen, Quellen oder Brunnen vor. Das Fundbild sieht in diesen Kontexten

Abb. 30: 1: Marmesse (dép. Haute-Marne, FR). H. 50 cm. (Huth 2012, 96 Abb. 5).
2: Brustpanzer von Fillinges mit Wasservogelverzierung (dép. Haute-Savoie, FR) Maßstab 1:6 (David-Elbiali 2009, 353 Abb. 9).

jedoch dem der Flussfunde sehr ähnlich. Vier von fünf Funde vom Meeresufer sind gut erhaltene Schwerter (Huth 1997, 156). Diese stammen aus West Mersea (Großbritannien), Ambleteuse, Wimereux und Cap de La Hague (ebd.).

Wenn es um defensive Waffen aus Bronze geht, dann fällt auf, dass diese Gegenstände selten sind. Vorstellbar ist theoretisch, dass es sich bei einigen Bronzeblechfragmenten aus Hortfunden um Reste von Brustpanzern und nicht Teile von getriebenen Gefäßen handelt. Selbst wenn das der Fall wäre, wären diese Objekte selten, sehr selten sogar in nicht fragmentiertem Zustand. Aber Gefäßteile sind in Brucherzhorten belegt, während ein Brustpanzer noch nie aus den Blechfragmenten rekonstruiert werden konnte. Aus Frankreich sind lediglich zwei Fundorte bekannt, nämlich Marmesse (dép. Haute-Marne, FR) und Fillinges (dép. Haute-Savoie, FR) (Abb. 30). Diese Panzer in außerordentlich gutem Zustand sind in Hortfunden gefunden worden, die in Verbindung zu Gewässern stehen. Marmesse ist ein Moorfund. Fillinges ist möglicherweise ein Flussfund. Die Auffindungsverhältnisse sind in diesem Fall problematisch. Die Dokumentation erlaubt keine eindeutige Angabe, aber die Ähnlichkeiten mit Marmesse (Warmenbol 1996, 238-240), die Nähe des Fundortes zum Fluss, die Ungenauigkeiten bei der Fundortangabe (siehe die Diskussion um die Angabe „am südlichen Ufer" in Mottier (1988)) und auch die bisher nicht ausreichend berücksichtigte Patina legen die Vermutung nahe, dass es sich bei Fillinges um verlagerte Flussfunde handeln könnte. Die Panzer sind als Ganzobjekte mit wenigen Beschädigungen gefunden worden und im Fall von Marmesse dürften die Panzer ineinander verschachtelt deponiert worden sein. Es gibt auch Hinweise auf eine ähnliche Anordnung der Funde bei Fillinges. Der Brustpanzer, der in der Mitte war, ist z. B. in besserem Zustand und es gibt auch Berichte, die das bestätigen (ebd.; Warmenbol 1996, 239 f.).

Diese Depots sind Mehrfachdeponierungen und sie weisen eine einzige funktionale Objektkategorie auf, nämlich defensive Waffen. Diese Eigenschaft setzt die Panzerhorte von Marmesse und Fillinges in Verbindung zu anderen Horten, die ebenso aus einzelnen

Objektkategorien bestehen und Gegenstände in gutem Zustand beinhalten wie die Schmuckhorte im Département Hautes-Alpes, das Schmuckdepot aus La Motte (dép. Hérault, FR) oder der Gefäßhort aus Évans (dép. Jura, FR), die paarweise niedergelegten Beile und Schwerter (Maraszek 2006, 167 Tab. 36; Warmenbol 1996) und möglicherweise andere Waffenfunde aus Gewässern.

Die Verzierung auf der vorderen Seite eines der Panzer von Fillinges (dép. Haute-Savoie, FR) ist in zwei übereinander liegende Bereiche geteilt. Im unteren Teil sieht man fünf horizontale Streifen (von unten nach oben): eine Punktlinie, ein unverzierter Bereich, wieder eine Punktlinie, eine Schraffur und eine letzte Punktlinie. Im oberen Teil ist eine symmetrische Komposition zu sehen. Drei Öffnungen an Hals und Armen sind mit parallelen Linien umkreist. Außer den getriebenen Punkten, eingeritzten Schraffierungen und Kreisen besteht die Verzierung des Brustpanzers aus der Darstellung zweier Vögel, die um die Brustwarzen kreisen. Eine ähnliche Verzierung ist am Sieb aus Tiszavasvári (kom. Hajdú-Bihar, HU) oder auf dem Eimer aus Hajduböszörmény (kom. Hajdú-Bihar, HU) zu sehen. Im Wesentlichen weisen diese Funde die typische Verzierungstechnik der Spätbronzezeit in Mitteleuropa auf, die man als Punkt-Buckel-System bezeichnet. Die Präsenz von Vogelfiguren deutet auf die Besonderheit dieser Ausrüstung hin. Vogeldarstellungen stellen eine sichere Verbindung zu einem numinosen Wesen dar, welches die Urnenfelderzeit überregional kennzeichnet. Damit kann man einen Zusammenhang zu magischen Praktiken herstellen mit apotropäischen Funktionen. Auffallend ist die zur Herstellung dieser Gegenstände notwendige, sorgfältige und aufwendige Treibarbeit – Mireille David-Elbiali (2011, 193) konstatiert z. B. zu den Brustpanzern aus Fillinges, sie seien für eine Parade bestimmt gewesen. Der Herstellungsprozess allein spricht für die Einzigartigkeit dieses Fundes und macht die Frage nach dem Grund für seinen Verbleib im Boden (Moor oder Fluss) unabdingbar. Der Befund ist selten und eben das rare Fundaufkommen, die angewandte Technik von Treibarbeit, die qualitätvolle Herstellung und der gute Erhaltungszustand, welcher dem prähistorischen Zustand entsprechen dürfte, stellen diese Funde auf eine Vergleichsebene mit anderen Depots aus einer einzigen Objektkategorie wie z. B. das Gefäßdepot von Évans im Juragebiet Frankreichs.

Zur Besonderheit des Fundguts, die man auf den ersten Blick aus dem Aussehen der Funde schließt, kommen weitere wichtige Aspekte bezüglich der Objekte und der Fundumstände hinzu. Die Brustpanzer sind seltene Funde und die wenigen Beispiele, die es gibt, teilen Gemeinsamkeiten in Fundumständen, Auffindungsverhältnissen, Erhaltungszustand, Qualität der Objekte, Einseitigkeit des vergesellschafteten Fundspektrums und ihr Vorkommen als Mehrfachdeponierung. Das alles bestätigt wiederum die außergewöhnliche Eigenschaft der Brustpanzerhorte. Auch die Zusammensetzung und das Arrangement der Funde differenzieren sie von den üblichen Brucherzhorten, welche ja auch aus unterschiedlichen Gründen zufälligerweise in Gewässern landen könnten. Man muss allerdings betonen, dass der Inhalt der Horte allein nicht als Grund ausreicht, sie als besonders zu charakterisieren, sondern es geht um eine Konvergenz vieler Aspekte.

Neben den Panzern rechnen wir unter den Defensivwaffen mit 90 Schilden aus ganz Europa (Uckelmann 2012, 93-95, 210). 75 davon stammen aus feuchtem Boden. Die Hälfte davon sind Einzelfunde, während die andere Hälfte Mehrfachdeponierungen sind, wobei Schilde paarweise oder mit bis zu 14 Stück wie in Fröslunda (län Västra Götalands, SE) niedergelegt worden sind. Mehrfachdeponierungen sind neben Fillinges jedenfalls auch Marmesse mit neun Panzern und Bernières-d`Ailly (dép. Calvados, FR) (Paitier 2018) in der Normandie mit neun Helmen (Warmenbol 1996). Die Verbreitung der defensiven Ausrüstung folgt einem eindeutigen Muster (Huth 2012, 97). Auf den Britischen Inseln und in Skandinavien kommen einzig Schilde vor. In Deutschland gibt es Schilde und Helme, in Frankreich Helme und Panzer. Eine vollständige Ausrüstung innerhalb eines Befundes fehlt in allen Regionen. „Die Ausrüstung" der bronzezeitlichen Krieger ist jedenfalls nirgendwo und aus keiner Quellenart überliefert.

In der frühen Eisenzeit sinkt die Zahl der Gewässerfunde deutlich ab (ders. 1997, 157), wobei die Themse und die Seine, mit jeweils ca. zwanzig bzw. zwölf Fundkomplexen, die größten Zahlen hervorbringen. Viele Waffen findet man in der Themse, während in der Seine die armorikanischen Viereckstüllenbeile überwiegen. Diese Funde sind jedoch mit Skepsis zu betrachten, denn der Handel mit diesen Beilen im 19. Jh. hat sicherlich auf das Fundbild gewirkt (ebd.). Damit hat man es hier auch mit rezenten Auswahlprozessen zu tun.

Die Fundmenge und die Streuung der Waffen aus Gewässern haben erstmals Zweifel aufgeweckt über den religiösen Charakter der Funde (ders. 2016, 30). Eine am festen Kalendertermin wiederholte Handlung hätte ein eindeutiges Fundbild erbracht. Andere, religiös beladene Fundstellen sind im Vergleich dazu viel klarer. Die Heiligtümer in Griechenland (Kilian-Dirlmeier 1984, 7) oder in Italien (Ruta Serafini 2002), die alpinen Brandopferplätze (Tschurtschenthaler und Wein 2002), Felszeichnungslandschaften wie der Mont Bégo (Lumley u. a. 1995) und Val Camonica (Huth 2005b), La Tène (Alt und Betschart 2007; Torbrügge 1970, 15-25), die Duxer Riesenquelle (Kruta 1971), alle diese Orte religiöser Konnotation zeugen von hoch frequenten, wiederholten Handlungen und/oder von zeitlicher Kontinuität (Huth 2016, 30).

Aber gerade die Fundstreuung ist der Hinweis darauf, dass der Ort nicht immer entscheidend war, sondern das Medium Wasser (ebd. 33), denn das ist es, was Flüsse, Bäche, Seen, Moore, Brunnen und Quellen gemeinsam haben. Allerdings gilt die Fundmenge als zu gering für eine endgültige Deutung. Außerdem sind viele Fragen offen, wie z. B. wem diese Waffen gehörten? Man nimmt häufig an, dass sie denjenigen gehörten, die sie deponiert haben. Es gibt aber keinen eindeutigen Hinweis dafür. Es könnten genauso gut Deponierungen erbeuteter Waffen sein, die man von Feinden in einem Kampf oder von den Opfern eines Überfalls geraubt hat. Wir sind hier wieder mit dem Problem konfrontiert, hinter der Deponierung eine einzige Handlung zu suchen, anstatt rekonstruktiv zu verfahren und von dem, was man bereits weiß, auszugehen. Das führt bekannterweise zu mythischen Konstruktionen durch den Aufbau der Handlungsszenarien.

Man kann den religiösen Sinnzusammenhang rekonstruktiv verstehen, indem wir von der Eisenzeit in die Bronzezeit zurückblicken, um von dort aus die Entwicklungsgeschichte der religiösen Erfahrungsformen zu verfolgen. Das nennt Huth (2016, 32) einen „Umweg". Es handelt sich jedoch um eine Rekonstruktion, die vom Bekannten zum Unbekannten geht und die Strukturen der Sozialevolution als roten Faden und als Wegweiser nutzt. Der Richtungssinn dieser Evolution ist von der Entwicklung des Geistes bestimmt, mittels dessen die Menschen sich der Welt öffnen. Diese Strukturen kennen wir bereits, entweder durch die direkte Erfahrung der geistigen Operationen in der eigenen Subjektbildung oder aus den in Sprache fixierten Beispielen der Geschichte (Dux 2017c).

Im Fall der religiösen Vorstellungen fremder Gesellschaften beziehen sich die Begriffe, die wir nutzen müssen, auf die Unterscheidung zwischen Opfergabe und Weihegabe, welche an bereits untersuchten, konkreten Befunden der Religionsgeschichte festgestellt worden ist. Angesichts des guten Zustands der Waffen aus Gewässern bezeichnet man sie nicht als Opfergaben, denn geopferte Gegenstände werden zerstört und Tiere getötet. Die gute Qualität und der intakte Zustand charakterisieren demgegenüber nur Weihegaben (Huth 2016, 32).

Der Vergleich mit den eisenzeitlichen Heiligtümern der Veneter führt die Eigentümlichkeiten der spätbronzezeitlichen Situation vor Augen (ebd.). Ein Heiligtum ist eine Art Wohnstatt einer bestimmten Gottheit (ebd.). Dort werden am selben Ort und über lange Zeiträume hinweg religiöse Darbringungen durchgeführt (ebd.). Bei den Venetern hat man nicht die Waffen selbst angeboten, sondern deren Bilder (ebd.), was von einer feineren Art der substanzlogischen Auffassung von symbolhaften Dingen zeugt. Eine derartige Domestizierung der Gottheit ist für die Bronzezeit nicht belegt. Damals haben die sporadischen Handlungen, welche die Streuung der Funde und ihren ereignishaften Charakter erklären, auf reale Objekte gezielt. Die Gegenstände an sich konnten ebenso als Vertreter einer Erscheinung in der Welt dienen, weil sie als Merkmale eines konkret und substanzlogisch aufgefassten Elements der Welt oder auch als in einer ursprungslogischen Verbindung zu einer Gottheit oder zu einem ‚Besitzer' stehend verstanden wurden. Die Irregularität der Handlungen zeugt davon, dass die für die Zeit prägende Denkform sich nicht in einer Gewohnheit institutioneller Art verfestigt hat, im Gegensatz zu institutionalisierten Handlungen in einem Heiligtum. Die nicht domestizierte Gottheit kann an vielen Orten und unregelmäßig erscheinen, nämlich überall da, wo ihre Merkmale erscheinen. Denn es steht in diesen Vorstellungen fest, dass Merkmale immer einen absoluten, immer mit sich selbst gleichbleibenden Ursprung haben. Besonders attributive Gemeinsamkeiten konvergieren auf denselben Ursprung. Die Substanz, zu der die Waffen als Merkmale in Verbindung stehen, war wahrscheinlich das konkrete Subjekt selbst, das die Waffen besitzt, sie am Körper trägt oder in den Händen führt. Der unbeschädigte Zustand einiger Waffen legt die Vermutung nahe, dass es sich in solchen Fällen um den eigenen Besitz und nicht um den eines Gegners handelte (ebd.).

Allerdings sind auch Klumpen von geschmolzener Bronze aus Flüssen wie der Themse und Seine, aus dem Rhein, aus dem Neuenburgersee und aus Duddingston Loch bei Edinburgh bekannt. Diese Stücke sind zu groß, um als Ergebnisse eines metallurgischen Vorgangs zu gelten. Ein Bronzespezialist zerkleinert die Teile, bevor er sie schmilzt, wie man bei den Brucherzhorten sieht. Das Schmelzen weist eher darauf hin, dass manche Gegenstände erst einmal vorbereitet werden mussten, bevor sie ins Wasser kamen. Geschmolzene Bronzen können nicht mehr als Weihegabe gelten und für solche Zerstörungsakte müsste man andere Erklärungen suchen. Den Befund gibt es trotzdem in geringer Häufigkeit aber weitverbreitet in weit voneinander entfernten Teilen Europas (Britische Inseln: Burgess u. a. 1972; Oberitalien: Sestieri u. a. 2012; Südspanien: Ruiz-Gálvez Priego 1995; Brandherm und Rovira Llorens 2007).

Und es gibt keinen Hinweis darauf, dass es sich um absichtlich sekundär versenkte oder unabsichtlich erodierte Grabbeigaben handeln könnte (Huth 2016, 35 f.). Eine Komplementarität zwischen Waffen in Gräbern und im Wasser gibt es im Übrigen nicht. Das zeigt erneut, dass jeder Hort differenziert zu betrachten ist. Die Idee, dass es sich bei Depotfunden um die Handhabung von Grabausstattungen handelt, ist eine traditionelle Interpretation. Man weist darauf hin, dass die Zahl der Gewässerfunde zunimmt und die der Gräber mit Beigaben sinkt (Sperber 2006, 209 Abb. 11). Aber der Schluss auf ein Ursachenverhältnis ist von einem statistischen Standpunkt aus problematisch. Das auffällige Problem liegt in dem Vergleich zwischen zwei verschiedenen Quellenkategorien. Das Indiz auf eine Wechselbeziehung müsste vor der statistischen Auswertung und vor der graphischen Darstellung begründet werden. Das heißt: Man muss zuerst zeigen, warum die Annahme gilt, dass die Bestattungspraxen bzw. die rituellen Bedürfnisse mittels Gewässerdeponierungen durchgeführt bzw. befriedigt werden können. Wenn die statistische Auswertung dann eine Korrelation zeigt, nur dann könnte man sagen, dass die Annahme bestätigt wurde. Das bedeutet, dass der Hinweis auf ein mathematisches Verhältnis wenig für die Interpretation tut. Die Zahl der Gräber nimmt ab. Die Zahl der Deponierung nimmt zu. Ob das eine der Grund für das andere ist, muss weiterhin durch kulturwissenschaftliche Methodik ergründet werden.

Die Bedeutsamkeit der Waffen im Ritualgeschehen der späten Bronzezeit und frühen Eisenzeit kann man zunächst aus der strukturellen und kognitionstheoretischen Entwicklungslinie des religiösen Denkens von einer Zeitphase zu der nächsten, wie Vergleiche zu paläovenetischen Heiligtümern deutlich machen, rekonstruieren. Waffen eignen sich als Attribute hervorragend für Weihe- oder Opfergaben. Dies belegen Heiligtumsfunde. In der Frühbronzezeit sind Prunkwaffen deponiert worden. Während diese einen zeichenhaften Charakter besitzen, handelt es sich in der Spätbronzezeit um tatsächlich genutzte Gegenstände. Es geht also um die Deponierung der Gegenstände selbst. Hinzu kommt, dass aus der Spätbronzezeit im Kontrast zur Eisenzeit eine vom normalen Gütertausch abgekoppelte Prestigegüterwirtschaft nicht bekannt ist. Man könnte die Deponierungen der Frühbronzezeit eher in der Tradition der kupferzeitlichen Stelen einordnen, wo Waffen eindeutig einen sakralen Wert besaßen und in einer magischen Logik der Überausstattung genutzt worden sind (je mehr Darstellung oder Gabe, desto größer die Kraft). In der Spätbronzezeit haben dagegen Waffen eine Rolle im Ritualgeschehen durch ihre substanzlogisch aufgefasste Nähe zum Körper (der Nutzer oder Hersteller). Man weiß wenig über die Götter, gleichgültig ob sie als Adressaten oder Sender der Waffen fungieren. Aber es steht fest, dass die Waffen eine über ihre praktische Funktion hinausgehende Rolle als Kommunikationsmittel seit langer Zeit erfüllen (Huth 2016, 38).

5.5 Gefäßhorte der Spätbronzezeit: Symposium oder Magie?

Das Auffindungsmuster in diesen Hortfunden ähnelt strukturell dem der Waffen- und Schmuckgegenstände. Es gibt Fragmente in Brucherzhorten und es gibt sie in Gänze und Güte in seltenen Fällen. Der Befund von außergewöhnlich gut erhaltenen Gefäßen aus Horten, die einzig diese Objektkategorie beinhalten, ist selten aber überall in Europa verbreitet (Abb. 31). Sie sind nicht immer mit Wasser verbunden, außer auf den Britischen Inseln (vgl. Gerloff und Northover 2010, Taf. 145 und 147), wo die Verbindung zwischen qualitätvollen Kesseln und Gewässern in deutlichem Kontrast zu den beschädigten Gefäßteilen aus trockenem Grund steht (ebd. 19 f.). Die symbolische Verbindung zur Wasserwelt ist jedoch auch auf dem europäischen Kontinent auf indirekte Weise gesichert, durch die bekannte Wasservogelverzierung auf dem Eimer von Hajdúböszörmény (kom. Hajdú-Bihar, HU) oder den Kesselwagen von Skallerup (reg. Seeland, DK). Die Assoziation war vielerorts bekannt. Während die Funde aus den Gewässern auf den Britischen Inseln meist separat aufgefunden und ausgebaggert werden, kommen die Gefäße in den Horten auf dem Kontinent häufiger in der Kombination verschiedener Arten vor, z. B. Tassen, Flaschen, Eimer und weiteren

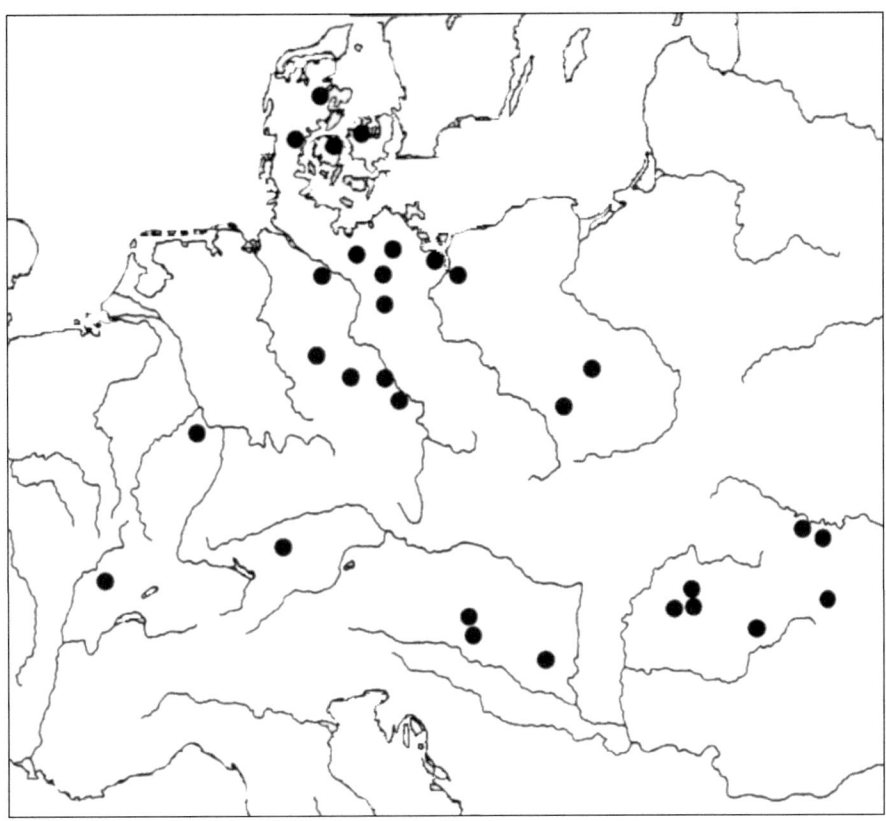

Abb. 31: Verbreitung der Bronzegefäßdepots (Metzner-Nebelsick 2003, 105 Abb. 4).

Behältern (Abb. 32). Manchmal werden sie dabei ineinander geschachtelt, was darauf hinweist, dass die Behälter zur Zeit der Deponierung leer waren.

Goldgefäße stammen bemerkenswerterweise fast ausschließlich aus Depotfunden in der Spätbronzezeit. Man findet sie als Einzelfunde, in Paaren oder zu mehreren in Depotfunden (Metzner-Nebelsick 2003, 100). Depots aus goldenen Gefäßen sind vor allem in Nordeuropa verbreitet, insbesondere auf der Insel Fünen und auf der jütischen Halbinsel (ebd. 100 f.). In diesen Gefäßdepots fanden sich als einzige weitere Objekte Schmuckgegenstände oder Golddrähte (ebd. 101). Aus Südosteuropa ist eine solche Zusammensetzung der Goldgefäßdepots mit Schmuckgegenständen in seltenen Fällen ebenso bekannt. Gefäßformen wie Kantharoi, Deckel oder Kotylen kommen in Bulgarien vor (ebd. 102). Großgefäße wie Becken und Eimer sind aus dem Karpatenbecken bekannt. Man weist gern auf die Fundzahl von zwei Großgefäßen in den Deponierungen hin, als wäre die Zahl bedeutsam. Dennoch muss man bedenken, dass größere Gegenstände bessere Beobachtungschancen haben, und wenn die Gegenstände eine gute Qualität aufweisen und in gutem Zustand erhalten sind, lenken diese Gegenstände auch mehr Aufmerksamkeit auf sich. Solchen Angaben, dass die Gefäße als Paare ohne weitere Funde niedergelegt worden sind, ist mit Skepsis zu begegnen, da die Zahlen eher auf rezente als auf prähistorische Auswahlprozesse hinweisen können. Eine Verbindung zu Schmuckobjekten ist in den Gefäßhorten aus Südosteuropa nur in Ausnahmefällen wie in Sîncrăieni (jud. Harghita, RO) und Brezno (kraj. Banskobystrický,

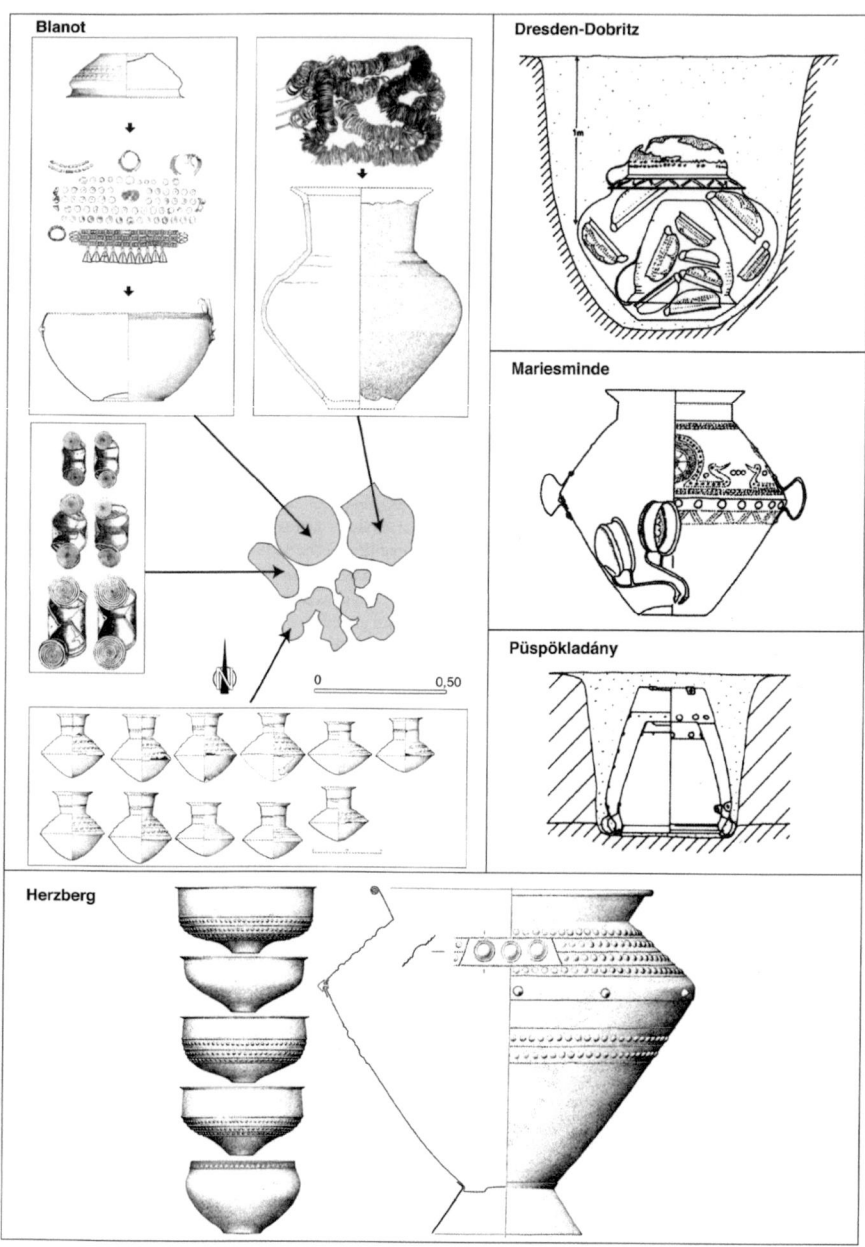

Abb. 32: Einige Gefäßhorte (Piningre 2015, 124 Abb. 106).

SK) belegt. Sowohl die Verbindung von Gefäßen und Waffen als auch von Gefäßen und Werkzeugen ist in Südosteuropa vorhanden, wenngleich sie häufiger fragmentiert in Brucherzhorten stattfindet. Aus einem Grabkontext gibt es nur eine Gefäßniederlegung aus Gönnebeck (Ld. Schleswig-Holstein, DE), wobei Schwert, Rasiermesser, Pinzette, Messer, Werkzeuge, golddrahtverkleidete Zinnstücke und Golddraht zu den weiteren Beigaben zählen, welche unter einem Hügel und in einer Steinpackung gefunden worden sind. Diese Funde werden um 1200 v. Chr. datiert (Metzner-Nebelsick 2003, 102).

Bronzegefäßdepots sind vom Karpatenbecken bis nach Mitteleuropa verbreitet, in Westeuropa sind sie selten (Metzner-Nebelsick 2003, 104). Ein Fund aus Dresden-Dobritz zählt zu einem der aufwendigsten Gefäßhorte der Spätbronzezeit. Das Depot mit einem Eimer, Sieb, zwei Schöpfen, Schalen und 14 Tassen lässt die Assoziation mit einer *chaîne de boire* naheliegend erscheinen. Die Zahl des Metallgeschirrs in Dresden ist viel größer als alles, was man aus Gräbern kennt (ebd. 106). Ein guter Vergleich mit Gräbern stammt aus Hart a. d. Alz (Ld. Bayern, DE), wo Eimer, Siebgefäß und Tasse vorhanden sind und zusammen mit einem keramischen Trink- und Speisegeschirr beigegeben wurden (ebd.). Man kann auch noch das sogenannte Schwertkriegergrab aus Milavče, Böhmen (kraj Plzeňský, CZ) erwähnen, woher zwei Bronzetassen und ein Kesselwagen stammen. Die Bronzegefäßhorte aus Dänemark und Norddeutschland stehen in Verbindung zu feuchtem Grund, denn sie sind in oder nahe an Mooren oder feuchten Wiesen, Flüssen oder Seen gefunden worden (ebd.). Auch das Depot von Herzberg (Ld. Brandenburg, DE) ist der Forschung bereits bekannt mit fünf Schalen und einer großen Bronzeamphore. Die Blechamphore und die Trinkschalen sind im Randgebiet eines kleinen Sees gefunden worden. Mitteleuropäische Vergleiche zu Deponierungen von Gefäßsätzen werden in der Regel mit Bestattungen aus der frühen Eisenzeit gezogen, wobei Sätze aus Keramik in der frühen Eisenzeit auch vorkommen, während nur in Ha D im 6. Jh. Trinkgeschirrsätze aus Bronze in zahlreichen Mengen vorhanden sind (ebd. 109). Die Rede ist in solchen Fällen von Symposialgeschirr oder einem Service für den Bestatteten einschließlich anderen an der Bestattung Beteiligten, wobei das sepulkrale Symposium ebenso als im Jenseits erwartetes Geschehen dargestellt wird. Weiterhin aus Brandenburg sind Gefäße bekannt aus einer reichen Bestattung der Urnenfelderzeit bei Prignitz mit Beigaben wie einer Bronzeblechamphore und Tassen, die sowohl aus Treibarbeit als auch gegossen hergestellt worden sind (ebd.). Die Amphore weist Ähnlichkeiten zu Herzberg (Ld. Brandenburg, DE) sowohl in der Form wie in der Verzierung aus Punkten und Buckeln auf. Dennoch gehören die Behälter aus Herzberg in einen Hortfundkontext, während die Amphore aus Seddin (Lkr. Prignitz, DE) als Urne diente. Diese Nutzung ist für die Bronzezeit nicht unbekannt, und die Erscheinung ist mit dem Grab aus Milavče (kraj Plzeňský, CZ) vergleichbar. Dort, und dies ist für den Lauf dieses Unterkapitels eine wichtige Anmerkung, stammt ein Kesselwagen aus einem Grab. Dieses Bronzeblechgefäß vom Typ der Friedrichsruhe-Tasse, den wir zahlreich in den Horten von Évans (dép. Jura, FR) (Abb. 33) oder Blanot (dép. Côte-d'Or, FR) in Ostfrankreich vorfinden, sitzt auf einem Untergestell aus gegossener Bronze (Pare 2002, 17 f.). Dieser älteste bekannte Kesselwagen (ebd.) ist nicht bloß ein Kultwagen, sondern der Fund stellt auch ein Kultgefäß der Spätbronzezeit dar. Vier Nadeln, ein Rasiermesser, ein Riegsee-Schwert, Tongefäße sowie mit Bronzedraht und -buckel verzierte Lederfragmente gehören auch zum Grabinventar, dazu noch ein Bronzeblechfragment, welches als Überrest eines Brustpanzers gedeutet wird (ebd.). Im Grab findet man also die Verbindung einiger Elemente, die uns in den Depotfunden separat begegnen.

Während die Gefäßhorte in Mittel- und Osteuropa bereits seit langem bekannt sind, waren Funde aus Frankreich mit den für die Urnenfelderzeit typischen Gefäßen, die aus Bronzeblech in Treibarbeit und Punkt-Buckel-Verzierung hergestellt sind, sehr selten. Bis in die 1990er Jahre waren getriebene Bronzeblechgefäße etwas Untypisches für Frankreich im Vergleich mit den anderen Regionen Europas (Piningre u. a. 2015, 11). Dort waren stark verstreute und isolierte Funde bereits seit dem 19. Jh. bekannt, wie Geispolsheim (Forrer

Abb. 33: Übersicht Évans (dép. Jura, FR) (Piningre 2015, 17 Abb. 5).

1910) und Pfaffenhofen (Henning 1912; Naue 1905), die eigentlich aus Grabkontexten stammen. Einzelfunde mit wahrscheinlichem Grabkontext wie Roeschwoog (Frey 1930 in Piningre u. a. 2015, 11) waren auch bereits gemeldet. Anfang des 20. Jh. wurde eine Tasse aus Beaujeu, Franche-Comté (dép. Haute-Saône, FR) (Pothelet 1901 in Piningre u. a. 2015, 11) aus einem möglichen Brandgrab gemeldet, aber die Tasse ging später verloren. Jacques-Pierre Millotte (1959 in Piningre u. a. 2015, 11) erwähnt auch noch den in 1874 entdeckten Fund von Carnac bei Saint-Chély-du-Tarn (dép. Lozère, FR) bestehend aus sechs Tassen. Die Funde wurden als Hinweise auf das Tauschnetzwerk zwischen Ostfrankreich und anderen Regionen Mitteleuropas gedeutet, und diese Interpretation hielt sich bis in die 1980er Jahre mit der Publikation des Depots von Fresnes (dép. Loir-et-Cher, FR) mit Schmuckzubehör in den Gefäßen durch Jackie Despriée (1978). Despriée stellte die Ähnlichkeiten zwischen den Kirkendrupgefäßen aus Fresnes (dép. Loir-et-Cher, FR) und denen aus der Schweiz und Deutschland fest. Neben Larnaud (dép. Jura, FR) mit dem gelöcherten Blech eines möglichen Siebs (Coutil 1913) gibt es in der Region des Jura noch das Depot von Bouclans (dép. Doubs, FR), das wieder Gefäßfragmente beinhaltet (Passard u. a. 1984). Es handelt sich um Siebfragmente, gedrehte Bronzebleche, die vermutlich einen Gefäßmund ausmachten, zusammen mit verschiedenen Blechen und Gegenständen und einem zerbrochenen Dolch (Piningre u. a. 2015, 11). Andere verzierte Bronzebleche, die sowohl als Teil eines Gefäßes als auch eines defensiven Panzers gedeutet werden können, wurden zusammen mit nicht verzierten Fragmenten aus dem oberen Teil eines Gefäßes in Braud-et-Saint-Louis ‚Le Moulin Neuf' (dép. Gironde, FR) entdeckt (Clausing 2002, 180 f.). Gefäßfragmente, die den Tassentypen Friedrichsruhe und Fuchsstadt entsprechen, sind verloren gegangen (Piningre u. a. 2015, 12). Weitreichend verändert hat die Forschung erst der in den 1990er Jahren entdeckte Hort von Blanot (dép. Côte-d'Or, FR). Jean-Paul Thévenot (1991) weist in seiner Publikation auf die Parallelen zwischen den Gefäßen in Blanot und weiblichen Grabausstattungen hin. Man verfolgte schnell die Idee einer lokalen Herstellung in der Region Ostfrankreich und der Schweizer Seen. Tatsächlich lassen sich technische und typologische Ähnlichkeiten bis nach Ostungarn verfolgen. Während Blanot für einige Jahre allein stand und es an Vergleichen mangelte, überraschte die Entdeckung von Évans (dép. Jura, FR) in 1998, denn dieses Depot vervielfacht und verdichtet die Zahl der Gefäßfunde dieser Art im Westen. Nun muss man Blanot zusammen mit Évans zum Verbreitungsbild der Kirkendrupgefäße rechnen, das sich vom Baltikum über Norddeutschland bis in das Seeufersiedlungsgebiet in der Schweiz erstreckt (Piningre u. a. 2015, 12).

Nach der Entdeckung von Blanot, mit gemischter Zusammensetzung aus Schmuck und Gefäßen, hat das Depot von Évans den Forschungshorizont speziell in Bezug auf die Kategorisierung von Gefäßhorten in Frankreich um mindestens 49 Gegenstände in außergewöhnlich gutem Zustand erweitert. Der Hort wurde 1998 beim Gartenbau durch Baggerarbeiten entdeckt auf einer Hügelformation der Hochebene am rechten Rand des Doubstals. Der Ort gilt als geographisch günstiger Verkehrsknotenpunkt (ebd. 15). Die Untersuchungen konnten keine Grube oder Einrichtung besonderer Art für die Deponierung nachweisen (ebd. 16). Aber Verkalkung, Korrosion und miteinander verbundene Gegenstände weisen darauf hin, dass zur Zeit der Deponierung die Gefäße ineinander gestapelt waren. Beschädigungen sind auf die Bergung zurückzuführen, nämlich hauptsächlich auf die Baggerarbeiten. Fast ein Drittel der Funde wurde vollständig oder fast vollständig geborgen (12 Flaschen, 11 Schalen, 1 Schöpfgefäß) (ebd.). Etwas mehr als ein Viertel konnte vollständig bis auf ein paar Fragmente restauriert werden (1 Flasche, 6 Schalen und Tassen, 2 Siebe, 1 Kessel, 1 bikonische Urne) (ebd.). 22 Gefäße sind verformt, gleichwohl sind diese Beschädigungen aufgrund der Auffindungsart entstanden, und die Objekte haben entweder durch das Aufprallen auf Steine oder durch Baggerzähne bei der Bergung Schaden genommen (ebd.). Für einige Gegenstände kann man jedoch annehmen, dass sie bereits bei der Deponierung beschädigt waren. Das ist der Fall für das Schöpfgefäß Nr. 29, dessen Henkel fehlt. Dem Sieb Nr. 9, dem Schöpfgefäß Nr. 39 und der Flasche Nr. 35 fehlen die Griffe. Das gesamte Gewicht der Funde beträgt 6573 g. Aber, wie es die Regel bei Hortfunden ist, wird man davon ausgehen müssen, dass einige Fragmente sowie einige Gefäße überhaupt nicht gefunden worden sind. Deswegen rechnen Archäologen mit einem möglichen Gewicht von bis zu 7,5 kg für das originale Ensemble und mit mehr als den 49 gefundenen Gegenständen. 26 Gefäße zeigen auf einer oder auf beiden Seiten Kontaktspuren mit anderen Gefäßen, die durch Oxidierungsprozesse entstanden sind (ebd. 19, Abb. 10). Die Beobachtung der Übereinstimmungen dieser Spuren ermöglicht eine Rekonstruktion der ursprünglichen Aufstapelung (ebd. 19-21). Das heißt, dass die Gefäße leer deponiert worden sind. Die Stapelung deutet keineswegs auf eine außergewöhnliche Motivation hin, denn man hat dadurch einfach Raum gespart und das Tragen einer größeren Menge an Gefäßen erleichtert. Man könnte Parallelen ziehen zu anderen hohlen Gegenständen wie Beilen, die in der Regel in den Bruchherzhorten zerquetscht worden sind, was für die Wiederverarbeitung praktisch sein kann. Vielleicht hat man diese Gefäße anstelle des Zusammendrückens ineinander gestapelt. Auch wenn es sich hier um eine Weihung von Gefäßen handeln würde, so muss man damit rechnen, dass das Stapeln rein organisatorischen Zwecken diente, z. B. um das Tragen und die Deponierung als Weihegabe zu vereinfachen. Die Ansicht, nach der das Stapeln der Gefäße als eine

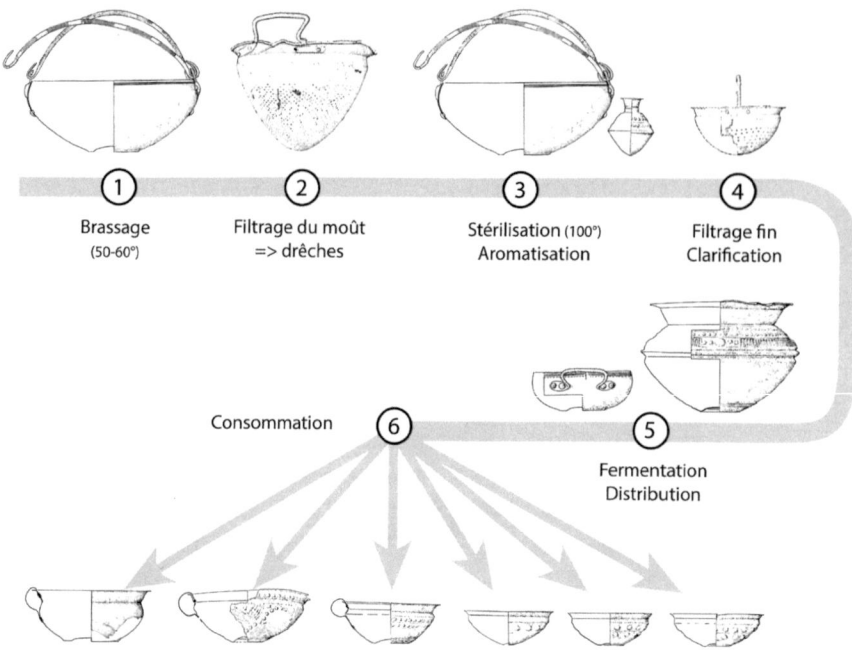

Abb. 34: Évans (dép. Jura, FR). Das Ensemble scheint alle Schritte der Getränkeproduktion und des Konsums aufzuzeigen (Piningre 2015, 128 Abb. 109).

Ersatzmaßnahme im metallurgischen oder kommerziellen Aufbewahrungsvorgang verstanden wird, ist eine voreilige Interpretation. Denn die Verbindung der Depots mit ritualisierten Handlungen ist nicht von der Hand zu weisen. Wenn man das gesamte Fundbild betrachtet, ist es eindeutig, dass die Gefäße alle Schritte der mit diesen Gegenständen durchgeführten Handlungskette, der *chaîne de boire*, von der Produktion bis hin zum Konsum wiedergeben (Abb. 34). Darüber hinaus sind die Flaschen, auch hohle Objekte, nicht zerquetscht, sondern sie sind in außergewöhnlich gutem Zustand erhalten und mit größter Wahrscheinlichkeit zusammen mit den anderen Objekten in den Boden geraten, als Ergebnis eines Deponierungsprozesses, der dem Befund nach einmalig und irreversibel war.

Die Verbreitung der atlantischen Kessel und Eimer auf den Britischen Inseln verdeutlicht, dass man mit einem regelmäßig wiederkehrenden Muster im Befund rechnen muss, welches aus fragmentierten Gefäßen aus trockenem Grund und ganzen und qualitätvollen aus Gewässern besteht (Gerloff und Northover 2010, 19-24). Dieser Zustand weist auf die Polysemie des Hortguts hin. Das Phänomen muss nicht unbedingt für einen in jeder Region gleichen Charakter dieser Handlungen sprechen. Die Bedingungen für diese Konvergenzerscheinung sind die ähnlichen elementaren Entwicklungsniveaus, das kulturelle Substratum dieser Bauerngemeinschaften wie auch möglicherweise das etablierte Tauschnetzwerk der Bronzezeit. Diese Bedingungen sind so allgemein, dass eine strenge Einheitlichkeit der Vorstellungswelt oder gemeinsame ideologische Grammatik nicht zwanghaft zu postulieren sind. Die sog. Hängebecken aus Dänemark und Schweden kommen in Mooren vor, aber im Gegensatz zu dem britischen Befund weisen sie Schmuck als Beifunde auf (Sprockhoff und Höckmann 1979, 6; vgl. Kossack 1999, 171 f.). Auch für die Gemeinschaften, wie für den Raum vom Karpatenbecken bis in das Jura mit dem Depot von Évans (dép. Jura, FR), auch wenn sie ähnliche typologische Muster teilen, darf man zentrifugale Eigenschaften erwarten. Ich stelle es mir so vor, dass die Anlässe für die Deponierungen ähnlich sind, vielleicht auch, weil man in einem Kommunikationsnetzwerk steckt. Aber im Laufe der Jahrhunderte ist kaum etwas Statisches gegeben, und manche Regionen entwickeln andere Vorstellungen und Assoziationen als die Nachbarn, mit denen man früher vielleicht gemeinsame Vorfahren geteilt hat oder in der Notwendigkeit des Handelsaustausches für den ungleich verteilten Rohstoff der Bronze in Kontakt kam. In diesem Sinn muss man die Goldgefäßhorte wie Mariensminde Mose (reg. Fünen, DK) oder Borgbjerg (reg. Seeland, DK) und die Hängebecken aus Mooren in Dänemark und Südschweden zusammen mit Deponierungen wie Évans betrachten.

Gefäßdeponierungen gibt es nicht nur für Bronze- und Goldbehälter. Auch Tongefäße sind aus Hortfunden überliefert. Einige Beispiele sind für die Anfangsphase des Neolithikums im südlichen Mitteleuropa bekannt (Richter 1907; Seger 1916; Lichardus 1976). Das Phänomen taucht zeitlich verzögert auch in anderen Gebieten auf wie in Südskandinavien, wo bereits um 1970 152 Exemplare gemeldet worden waren (Becker 1947; 1970). Die chronologische und geographische Verteilung hat Fritz Horst (1977) zu dem Schluss geführt, dass die Niederlegungen mit dem Neolithisierungsprozess verknüpft waren, z. B. könnten sie von der Ausbreitung einer rituellen Praxis zeugen, die in den neolithischen Kulturen sinnvoll war, wie Formen von Fruchtbarkeitsriten. Im Endneolithikum bis in die Frühbronzezeit verschwindet das Phänomen, das erst in der Mittelbronzezeit wiederauftaucht. Am Anfang der Urnenfelderzeit wird das Phänomen der „Töpfereidepots" wieder in den Quellen eindeutig sichtbar, d. s. Hortfunde, die allein aus Tongefäßen bestehen. Das Phänomen fängt in den mittleren Donauländern an und breitet sich in die Lausitzer Region und zwischen Oder und Elbe aus. Wittenberg an der Elbe (Lkr. Prignitz, DE) mit 35 Gefäßen, Raddusch bei Calau (Lkr. Oberspreewald-Lausitz, DE) mit 66 Stücken und Berlin-Lichtenfelde (Lkr. Berlin, DE) mit einer Mischung von größeren und kleineren Behältern mit insgesamt mehr als 85 Gefäßen sind die wichtigsten Beispiele (Kossack 1999, 161; Czyborra 1997). Diese Funde werden häufig in Siedlungen, in ihrer Nähe oder auf Gräberfeldern dokumentiert. Aber eine nähere Betrachtung weist selten die Spuren der herkömmlichen Siedlungsfunde, Grabbeigaben oder Urnen auf (Baron 2012). Justyna Baron weist in ihrer Untersuchung eines in 2005 entdeckten und zwischen 2007 und 2008 ausgegrabenen Fundplatzes bei Breslau (woi. Niederschlesien, PL) betont darauf hin, dass die spätbronzezeitlichen Gefäßdeponierungen am Ende des Besiedlungszeitraums um ca. 700 v. Chr. stattfanden. Zwei Depots sind sicherlich bronzezeitlich und noch 20 andere beinhalten möglicherweise bronzezeitliche Keramik. Gruben mit vollständigen bzw. gut erhaltenen Keramikgefäßen sind selten in Siedlungen, wo eine negative Selektion gemeinhin die Funderwartungen bestimmt. Aus diesem Grund sind Interpretationen aus dem Spektrum der Hortfundforschung vorgeschlagen worden: Aufbewahrungs- oder Töpfereidepots, Kenotaphe, Grabausstattungen eines Töpfers oder Töpferhändlers und im Allgemeinen als Zeugnisse vom rituellen Geschehen oder Libationen (ebd.). Fritz Horst, der sich ausführlich mit diesen Befunden beschäftigt hat, vertritt die Meinung, dass es sich um Speiseopfer handelt (Horst 1977).

Den Brauch scheint es in der Spätbronzezeit wirklich zu geben, Gefäßsätze in Gruben zu deponieren. Aus Unter- und Mittelfranken, Oberbayern und Schwaben kommen Gefäße, die übereinander mit der Mündung zum Grubenboden gestapelt deponiert waren, wie im Beispiel von Hartmannshof (Lkr. Nürnberger Land, DE) (Schauer 1996, 406-410). Die Niederlegungsart, mit der Mündung zum Boden, gestülpt oder ineinander geschachtelt, wirft die Frage auf, ob es sich bei der Deponierung hauptsächlich um die Speise oder um die Behälter selbst handelte. In der frühen Eisenzeit nimmt die Zahl der Befunde zwar stark ab, aber Speise- und Trinkservices sind durchaus in den Grabkammern ausgestellt worden (Kossack 1999, 136).

Aber die Fundumstände sind sehr unterschiedlich. In Berlin-Lichterfelde sind in einem hohlen Baumstamm mehr als 130 Henkeltassen und Schalen gefunden worden (ebd. 183; Hänsel und Hänsel 1997, 161 f.). Die Publikationen erwähnen, dass der hohe Fragmentierungsgrad mit einer schlechten Qualität der Keramik einhergeht. Im Groß Glienicker See ist ein vollständiges Tongefäß geborgen worden, zusammen mit vielen anderen Scherben. Die Archäologen erwähnen hierzu, dass die Gefäße nur von einem Boot aus oder bei gefrorener Oberfläche in diesem Bereich des Sees hätten deponiert werden können (Kernd'l 1973). Dass eine Tasse in einem anderen Behälter lag, gilt als Hinweis für eine sorgfältige Deponierung. Kossack vergleicht den Befund mit anderen Keramikgefäßopfergaben wie aus S. Pietro Montagnon bei Monte Grotto, ein Seeheiligtum in Venetien, wo tausende Gefäße herstammen, wobei die ältesten an das Ende des 8. Jh. und die jüngsten in das 3. Jh. v. Chr. datiert werden (Kossack 1999, 78; Dämmer 1986).

Demgegenüber sind die Gefäße aus Hartmannshof (Lkr. Nürnbergerland, DE) von besserer Qualität (4 Kegelhalsgefäße, 8 Schüsseln, 3 Schalen und eine Tasse) (Koschik 1986). Eine derartige Keramikauswahl findet man häufiger in Gräbern als in Siedlungen. Trotzdem handelt es sich um Exemplare der Gebrauchskeramik der Frühen Eisenzeit, auch wenn sie nicht zur „ordinären Siedlungskeramik" (ebd. 82) zählen. Die Behälter waren alle mit der Mündung nach unten deponiert. Fundinhalt und -qualität, Fragmentierungsgrad, Deponierungsort und Niederlegungsart weisen eindeutige Unterschiede auf. Selbst der angemerkte hohe Kannenanteil, der für den Groß Glienicker See und Berlin-Lichtenfelde rekonstruiert werden konnte, gilt nicht für Hartmannshof. Das alles und der chronologische Rahmen erleichtern keineswegs die Aufgabe einer Interpretation.

Die Mehrfachdeponierung von Gefäßen hat einen Hauch von kollektiven Handlungen und von einer „Gemeinschaft der Gleichgestellten" – ähnlich wie bei den Waffenhorten. Die Idee, dass die rituellen Hortfunde einer Gemeinschaft der Gleichen entstammen, wird häufig erwähnt. Aber der Gefäßhort von Évans weist auffällige Unterschiede in der Form der Trinkschalen auf (Abb. 34 – Schritt Nr. 6). Handelt es sich hier um Geschlechtsunterschiede? Möglicherweise drei unterschiedliche Paare? Oder geht es um Altersgruppen? Oder war die Trinkzeremonie in Anbetracht solcher Unterschiede eine Form, den sozialen Zusammenhalt zu fördern?

Heutzutage ist es gewöhnlich geworden, überall in den archäologischen Quellen Bilder, Figuren, Narrationen und Metaphern zu sehen. Aber im Gegensatz zu Bildern erzählen Hortfunde nichts Konkretes. Und die nachvollziehbare Handlungskette einer möglichen *chaîne opératoire* dient wirklich nur als Indikator und nicht als Beweis für den Deponierungskontext, geschweige denn für dessen Motive oder den Grund für den Verbleib im Boden. Und nur in dieser Hinsicht einer groben Vorstellung von Handlungsketten, wie einer *chaîne opératoire* oder meiner *chaîne de boire*, lassen die Objekte in den Depots gewisse Handlungen erahnen.

Sucht man für deren Rekonstruktion nach weiteren Anhaltspunkten, ist das Phänomen der Kesselwagen von Bedeutung. Bei den spätbronzezeitlichen Beispielen transportieren

Abb. 35: Motiv der Trankspende auf der Situla von Vače (ob. Litija, SI) M: 3:10 (Huth 2003, Taf. 56).

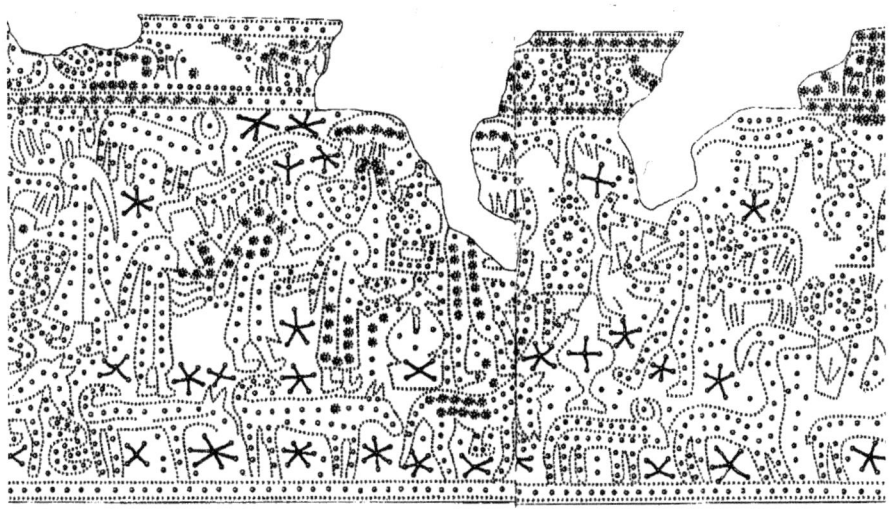

Abb. 36: Kleinklein (Ld. Steiermark, AT) Grabhügel Kröll-Schmiedekogel, Österreich. Blecherne Zylindergefäße (Zisten) mit getriebenen figuralen Bildstreifen (Huth 2010, 147 Abb. 10, nach Huth 2003, Taf. 51).

Abb. 37: Motiv der Trankspende auf der Situla von Providence (nach Huth 2003, Taf. 58).

Vogelbarken die Trinksubstanz, umgeben von weiteren Darstellungen von Wasservögeln (Abb. 26.1). Der Aufbau dieser Objekte auf Rädern verherrlicht die Situation (Pare 1989), denn es gibt andere Belege für Gegenstände in rituellem, symbolischem Kontext, die auf ein Radgestell gebaut sind (z. B. der Sonnenwagen von Trundholm, die Sofaträgerin von Hochdorf und die Trankspenderin aus Strettweg). Auch aus der Früheisenzeit existieren vergleichbare Kesselwagen, bei denen jedoch eine weibliche Figur das Gefäß trägt, die ebenfalls von vielen rituellen und symbolischen Motiven umrandet ist (Abb. 26.2; siehe Egg 1996 Bild 1 und Teržan 2003, 69 Abb. 2-3). Die weibliche Figur der Hydrophore übernimmt möglicherweise beim Tragen und Bewegen der Gefäße eine Rolle, die davor oder in anderen Situationen die Aufgabe der Wasservögel war. Das Motiv der Trankspenderin taucht wiederholt auf (Abb. 35), und zwar auch in Bildern auf Situlen (Frey 2005). Diese Bilder geben Themen des Situlenfestes wieder (Huth 2005a). Dort werden Kontakte mit kosmischen Kräften durch die Einnahme eines Getränks aufgenommen. Die Einnahme einer Trinksubstanz ist ein wichtiges Ereignis und sollte zur Sakralisierung des Häuptlings beitragen. Man nimmt so das Heilige physisch zu sich. Möglicherweise wird die Trankspende in den Gräbern der Periode durch die Beigabe von Trinkservice dinglich inszeniert. Da die Erzählung einen religiösen Charakter und Verbindung zu Gräbern aufweist, darf man annehmen, dass die Gestalt der Trankspenderin sich durch eine Nähe zum Numinosen auszeichnet. Diese Frauengestalt taucht wiederholt sowohl in ausführlicher als auch in verkürzter Form in den archäologischen Quellen auf: Mit zunehmendem Abstand von den Hochkulturen am Mittelmeer wird die bildliche Darstellungstechnik primitiver, Verkürzungen werden häufiger und Menschenbilder seltener. In den Regionen, wo das Situlenfest nach den Regeln der primitiven Bildsprache stark verkürzt erscheint, wird das Motiv der Trankspenderin durch eine Abbildung des Schöpfhenkels symbolisch ersetzt (Kossack 1999, 145 Abb. 92; Huth 2003, 124-159, 160-244, 293) (Abb. 36, vgl. Abb. 37). Die Trankspenderin ist aus dieser Perspektive die erste Menschenfigur, die in der bildlichen Überlieferung verloren geht. Der Befund verdeutlicht, wie wichtig und heilig der Inhalt dieser Gefäße – nicht das Behältnis selbst – war. Der rekonstruktive Weg aus der Eisenzeit zeigt also, dass der Inhalt der Gefäße in religiösen Kontexten eine langlebende Relevanz aufweist.

In Bezug auf die Gefäßhorte glauben Archäologen entscheiden zu können, welches Verhalten „einheimisch" sei und welches nicht. Es wird z. B. versucht, Gefäßdeponierungen als Einfluss griechischer Trinkkultur zu interpretieren. Tatsächlich haben die Griechen zeremonielles oder wertvolles Geschirr geweiht, der Nutzung entzogen und in Tempeln aufbewahrt – was als Weihegabe an die für das Heiligtum zuständige Gottheit galt. Aber trinken dürfen auch die Barbaren, ganz ohne fremde Einflüsse. Auch sie erfahren durch alkoholische Getränke Zustände von Bewusstseinsveränderungen. Außerdem weisen Gefäße und Getränke eine Tradition in sakralem Zusammenhang mindestens seit neolithischen Gräbern auf. Die Transition von der Spätbronzezeit zur frühen Eisenzeit weist einige Züge von Kontinuität auf. Der Brauch des Labetranks scheint wenigstens den Wandel der Zeiten gut überstanden zu haben. Nur, bei den spätbronzezeitlichen Gefäßdeponierungen geht es um die kostbaren Behälter selbst und nicht um den Inhalt. Ihn hat man vielleicht vor der Deponierung bereits verzehrt. Aber ein solches Gefäß, das eine derartig magische Substanz einst beinhaltete, wird wohl von Tabus umgeben sein. Möglicherweise sollte man sie auch nur ein einziges Mal benutzen.

Ein weiteres Indiz für die Kontinuität zwischen der Spätbronze- und Früheisenzeit liegt in der Verzierung der Gefäße. Die Gehängemotive auf den spätbronzezeitlichen Tassen aus Dresden-Dobritz könnten als Textilmotive gedeutet werden (vgl. Hängebecken, Ryegård, (reg. Syddanmark, DK) (Sprockhoff und Höckmann 1979, Taf. 209.236); Mainsondheim (ebd. Taf. 204.C.1); Goldbach (ebd. Taf. 204.D.1, .4, .5); Pichl (MüllerKarpe 1959, Taf. 197.B); Grab 65 Gerlinden (ebd. 189.D) und Schirndorf, Grabhügel 59 (Lkr. Regensburg, DE) (Huth 2017, 182 Abb. 7)). Eine Verwendung dieser Ornamentik ist im Grabkontext auch belegt (vgl. Grab, Viernheim (Lkr. Bergstraße, DE), Hessen (Müller-Karpe 1980, Taf. 442.E)). Auf dem Kesselwagen aus dem Grab von Acholshausen (Lkr. Würzburg, DE) kommt ein Girlandenmuster vor, das als drappiertes Textil verstanden werden kann (vgl. Grab, Acholshausen (Lkr. Würzburg, DE) (ebd. Taf. 429)). Motive auf jungbronzezeitlichen Urnen sind vergleichbar mit Abbildungen von Schürzen bzw. Röcken auf den daunischen Stelen (vgl. Stelen: Stele mit Schmuck (Nava 1988, 62 Abb. 73-74); Prozession und mögliche Gabentauschszene (ebd. 135 Abb. 167); man achte auf die Zahl der Anhänger auf einer daunischen Stele. Die Repetition erinnert an die Waffen der kupferzeitlichen Stelen (ebd. 146 Abb. 170; Norman 2013, 114 Abb. 2); Grabausstattungen: Immendingen (Lkr. Tuttlingen, DE) Baden-Württemberg (Müller-Karpe 1980, Taf. 435.D); und Mengen (Lkr. Sigmaringen, DE) Baden-Württemberg (ebd. Taf. 433.B)). Das Phänomen, Gefäße mit Schmuck, insb. Textil auszustatten, taucht wiederholt während der Eisenzeit von der Hallstattzeit bis in die Latènezeit auf (vgl. Früheisenzeitliche Urnen wie Pręgowo, (woi. Ermland-Masuren, PL) (La Baume 1963, Taf.18.787) und Lębork I, (woi. Pommern, PL) (ebd. Taf.18.766); Gekleidete Urne wie aus dem Gräberfeld Liebersee Grab 3542 (Lkr. Nordsachsen); Latènezeitliche Gefäße aus Gräbern wie Unten Waldalgesheim (Harding 2007b, 46 Abb. 3.4) und Röhrenkannen mit Halsschmuck, Dürrnberg, Hallein (Baitinger u. a. 2002, 177 Abb 146)). Wenn die Interpretation der Ornamente als Darstellung von Kleidungsbestandteilen stimmt, kann man den Brauch, Gefäße dinglich mit dem Zubehör und ornamental durch die Verzierungen auf den Oberflächen zu bekleiden, bis in die Spätbronzezeit zurückverfolgen. Nur, während der Eisenzeit steht die Beigabe der mit Schmuck ausgestatteten Gefäße im Grab in Verbindung mit der Vorstellung einer Trankspende durch ein feminines Wesen.

Wenn man das Depot von Blanot (dép. Côte-d'Or, FR) in Betracht zieht (Thévenot 1991, 3 Abb. 1, 5 Abb. 2-3, 7 Abb. 1, Abb. 2, 43 Abb. 35), ist man stark versucht zu glauben, dass das Motiv der weiblichen Figur als Gefäßträgerin am Kesselwagen von Strettweg (Abb. 26) sich aus einschlägigen Vorstellungen der Spätbronzezeit entwickeln konnte. Die Geschirrausstattung von Évans (Abb. 34) könnte ebenso auf eine Trankspende hinweisen. Der Konsum wird durch eine Serviertasse mit zwei Henkeln vermittelt (Abb. 34 – Schritt Nr. 5). Es findet also eine Trankspende statt. Man kann nur spekulieren, inwiefern eine weibliche Figur die Verantwortung für eine rituelle Verteilung übernommen hat und ob die Eisenzeit dieses Ritual als langlebende Tradition einer Trankspenderin von der Hallstattzeit bis zur Latènezeit weiterführt. Die Gefäßhorte als Zeugnisse profanen Handels zu sehen, ist nicht möglich. Es gibt aus der Eisenzeit dinglich und bildlich überlieferte Hinweise dafür, dass der Inhalt der Gefäße eine religiöse, wichtige Rolle im Ritualgeschehen spielt. In der Situlenkunst gilt die Trankspende als erinnerungswürdiges Ereignis einer Erzählung, die bildlich und dinglich in den Prunkgräbern der Periode thematisiert wird. Auch aus der Bronzezeit gibt es bildliche Indizien für die Bedeutung des gemeinsamen Trunkes. Auf Steinplatten der Grabkammerwände in Kivik (län Skåne, SE) gibt es eine Darstellung einer Menschengruppe, die sich um ein Gefäß sammelt (Abb. 20) (Kossack 1999, 166, 167 Abb. 103). Eine absolute Antwort auf die Frage, ob es hier um zusammenhängende Vorstellungen geht, gibt es nicht. Aber Indizien, wie die Verbindung dieser Szenen mit Gräbern, die Kesselwagen ohne Trägerin während der Spätbronzezeit und mit Gefäßträgerin in der Früheisenzeit (Abb. 26), die symbolischen Verkürzung des Trankspendemotivs auf einen Schöpfhenkel (Abb. 36) und die zeitliche Nähe und die ikonographischen Kontinuitäten zwischen Spätbronze- und Früheisenzeit, sprechen stark für einen Zusammenhang oder wenigstens für die Relevanz eines Labetranks im Ritualgeschehen in beiden Perioden – auch wenn es sich teilweise um Konvergenzerscheinungen handeln könnte.

Um auf den Titel dieses Abschnitts zurückzukehren: Die Gefäßdeponierungen tauchen zu früh auf, um die kostbaren, spätbronzezeitlichen Behälter als Frühform des symposialen Geschirrs anzusehen. Die urbanen und protourbanen Bedingungen fehlen. Die Hypothese einer „heiligen", „magischen", zeremoniellen Substanz gewinnt so an Gewicht. Dementsprechend sind die Gefäße außergewöhnlich sorgfältig gebaut. Die mit den Gefäßen durchgeführten Tätigkeiten haben sicherlich dazu beigetragen, soziale Bindung zu fördern. Am wahrscheinlichsten hängt das Phänomen mit vorausgehenden Formen der Riten zusammen, die in den eisenzeitlichen Gräbern ihre legitimatorischen bzw. kosmologischen Funktionen entfalten.

5.6 Schmuckhorte der späten Bronze- und frühen Eisenzeit in Frankreich.

Im Rahmen von Forschungen zur Rolle der Frau in der Spätbronzezeit und frühen Eisenzeit haben Autoren wie Stéphane Verger (Verger und Pernet 2013), Pierre-Yves Milcent (Milcent 2004), Annie Dumont (Dumont und Benoit 2006) und Louis Bonnamour (Bonnamour 2000) in den letzten Jahren die Diskussion um Schmuckhorte als historisch bedeutsame Quelle wiederbelebt (Verger u. a. 2007). Ebenfalls als Gewässerfunde zu kategorisieren sind zahlreiche Schmuckobjekte, die in den größeren Flüssen Europas überwiegend als Streufunde in großer Zahl erscheinen (Tabelle 3). Gemessen an der Anzahl der Funde bilden diese Schmuckhorte die zweithäufigste Kategorie nach den Waffendepots. Allerdings sind die Beobachtungsmöglichkeiten und Auffindungschancen von Nadeln, Ringen, Armringen und Textilien schlechter, weshalb sie möglicherweise sowohl im Fundbild als auch in der archäologischen Literatur unterrepräsentiert sind. Annie Dumont (2002, 138-142) berichtet von 300 Flussfunden der Spätbronzezeit im Bereich der Saône und unterscheidet dabei verschiedene Typen. Sie unterteilt die Funde in offensive Waffen mit 51 Schwertern und 52 Lanzenspitzen, defensive Waffen mit vier Stücken, darunter Panzer und Helme, sowie 37 Beile, 31 Messer und zehn andere Werkzeuge mit sehr vielfältigen Funktionen. Der letzte Typ ist Schmuck, darunter finden sich 65 Nadeln, 25 Armringe und drei Anhänger. Ein Blick auf die Gegenstandskategorien mit der Unterscheidung von Beilen und Werkzeug zeigt, dass Schmuckobjekte die zweithäufigsten Funde aus der Saône darstellen. Die Zahl der Nadeln ist schon aus dem Grund bemerkenswert, dass Kleinfunde generell an einer höheren Verlustquote leiden, speziell bei den Flussfunden, wo maschineller Einsatz bei der Bergung die Regel ist und die Beobachtungschancen somit verringert sind. Bereits Torbrügge (1970) wies darauf hin, dass „die Sitte der bronze- und urnenfelderzeitlichen Nadelversenkung in ehemals offenen Weihern und Wasserstellen [...] sicher viel weiter verbreitet [ist] als die bekannten

Fundkategorie	Anzahl
Offensive Waffen	**103**
Schwerter	51
Lanzenspitzen	52
Defensive Waffen	**4**
Werkzeuge	**41**
Verschiedene Werkzeuge	10
Messer	31
Beile	**37**
Schmuck	**93**
Nadeln	65
Armringe	25
Anhänger	3

Tabelle. 3: Funden aus der Saône nach Dumont (2002, 141f.).

Fundorte anzeigen. Sie wird nur am leichtesten faßbar, wo die Wasserstellen im Moor vertorft sind und beim Torfstechen wieder geöffnet werden" (Torbrügge 1970, 14).

Daher hängt die Entdeckung von Nadeln noch stärker vom Beobachtungsgrad bei den Fundstellen ab als z. B. bei Schwertern, die die Masse der Baggerfunde bilden, denn Nadeln werden leichter übersehen (ebd. 16). In der Erforschung des Inn und an seinem Ufer verweist Torbrügge darauf, dass nur die Grabarbeiten am Ufer mit besseren Beobachtungschancen Funde wie Nadeln und Beile hervorgebracht haben. Die Baggerarbeiten im Inn haben nur Schwerter und Schwertfragmente zu Tage gefördert. Er hegt den Verdacht, dass die Häufung der Kleinfunde am Ufer und ihre Seltenheit im Flusslauf auf die rezenten Auffindungsverhältnisse zurückzuführen sind (ebd. 23 f.). Obgleich Torbrügge den letzten Satz vom folgenden Zitat nicht beweisen konnte und er in einer Fußnote darauf hinweist, dass genaue Daten nicht vorliegen und seine Argumentation sich häufig auf die Fundstelle von La Tène berief, deutet er trotzdem in seiner Monographie darauf hin, dass man nicht mit einer Vorliebe für Waffen rechnen muss. Auch Nadeln können eine kulturelle Bedeutung haben. Torbrügge war in seiner Argumentation extrem vorsichtig, aber außerordentlich präzise: „Vollends bei den süd-mitteleuropäischen Moorfunden aus ehemals offenen Wasserstellen liegt die Zahl der Nadeln und Fibeln weit höher als der Schwerter oder Lanzenspitzen" (ebd. 24). Heute bestätigen Befunde wie aus Roxheim mit einer beachtlichen Zahl von Gewandnadeln seine Vermutungen (Sperber 2006, 201 Abb. 3). Auch quellenkritische Studien, die sich hauptsächlich mit Hortfunden aus trockenem Boden beschäftigen, unterstützen dieses Fundbild.

Immerhin gibt es wirklich den Befund, dass die Deponierungsart von Nadeln, in Gewässern und in festem Boden, „unterschiedliche Sphären" anzeigt (Huth 1997, 154). Eine gewisse Korrelation zwischen Schmuck in trockenem und in feuchtem Grund wurde bereits weiter oben in Zusammenhang mit den Waffenhorten erwähnt. Nadeln gibt es in Depots außerhalb von Gewässern eher selten und sie sind Ausnahmefälle. Der Hort von Villethierry (dép. Yonne, FR) mit zahlreichen Nadeln in trockenem Boden ist in diesem Sinne ein außergewöhnlicher Befund (Mordant u. a. 1976, 15 Abb. 6). Dafür sind sie in Gewässern zahlreich. In Stillgewässern, Mooren oder den zirkumalpinen Seen überwiegen im Fundspektrum Nadeln (Huth 2016, 28). Und diese Gegenstände häufen sich so dicht, dass man von „Nadelsträußen" redet (ebd. 30). Die Hypothese wurde aufgeworfen,

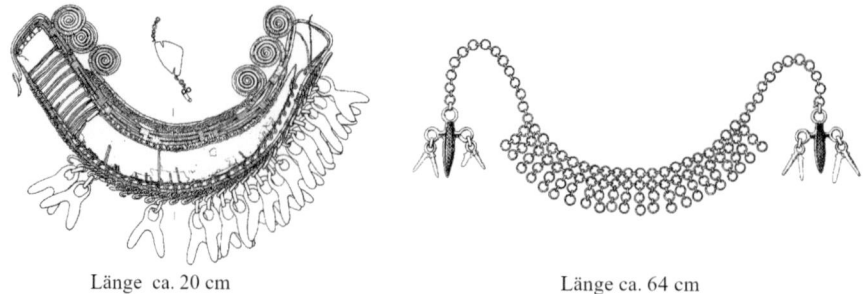

Länge ca. 20 cm   Länge ca. 64 cm

Abb. 38: Flussfunde aus dem Rhein bei Karlsruhe (Huth 2011, 5 Abb. 3 und 4).

dass Nadeln dem Wiederverwendungskreislauf entnommen worden sind, weil sie als Votivgaben verwendet wurden. Das Fundbild in England ist hierfür erwähnenswert. Dort fehlen Schmuck und Kleidungszubehör völlig sowohl in trockenem wie in nassem Boden, wofür man Erklärungen in möglichen Tabus sucht (Huth 1997, 155). Die Idee von einem Tabu institutioneller Art ist umstritten. Der Grund für die Abwesenheit von Schmuck könnte genauso gut in einer substanzlogischen emotionalen Verbindung mit diesen Gegenständen liegen. Alternativ hat ein Schmuckstück eventuell durch Fragmentierung seine „Kraft" verloren, sodass es doch gehortet werden durfte (ebd.). Oder sind Nadeln eventuell zu leicht und keine guten Rohstofflieferanten für eine Wiederverwendung? Dem widerspricht, dass es Kleinschrott zuhauf in den Brucherzhorten gibt und gerade kleine Fragmente für das Einschmelzen geeignet sind.

Offenbar gab es eine bewusste Auswahl, was zu Brucherzhorten gehört und was einer votiven Sphäre gehört, die in der Dynamik der Nadeldeponierungen zum Ausdruck kommt. Ihre Seltenheit in den westeuropäischen Horten, die Abwesenheit überhaupt von Schmuck und Kleidungszubehör in England und die große Zahl der Nadeln aus Flüssen, wie der Saône, und aus Stillgewässern, wie den westschweizerischen Seen, weisen alle auf diese positive Auswahl hin, die auf unterschiedlichen Ebenen stattgefunden hat. Es handelt sich nicht um ein Trugbild der dinglichen Überlieferung, sondern die Unterschiede im Befund gehen auf die verschiedenen prähistorischen Auswahlprozesse zurück.

Die Fundmasse aus den Seen der Schweiz (David-Elbiali 2000, 293 Abb. 23-24) und Savoyens haben schon seit dem Anfang der Forschungsgeschichte die Behauptungen eines *Bel Âge du Bronze* unterstützt (Fischer 2016). Es handelt sich um die zahlreichen Nadeln und intakten Tongefäße (Die Nadeln aus westschweizerischen Seen in Fischer 2016, 214, Abb. 10 und Ringchen aus Hauterive/Champréveyres, Neuenburger See ebd. 212, Abb. 5). In der gesamten Region der Westschweiz findet eine Zunahme von Einzelfunden in Seen während der Spätbronzezeit statt, obgleich Seerandsiedlungen in vorherigen Zeitstufen bereits vorhanden waren. Und unter diesen Seefunden sind am häufigsten Nadeln zu finden. Viktoria Fischer (2012) kommt in ihrer ausführlichen Untersuchung zu den Pfahlbaubronzen in der Westschweiz zu dem Schluss, dass die Pfahlbaubronzen den ihnen traditionell zugeschriebenen außergewöhnlichen Sonderstatus verlieren, wenn der Vergleich mit Hortfunden und besonders mit Flussfunden gezogen wird (ebd. 138). Parallelen sind im Fundinhalt und der -zusammensetzung vorhanden. Allerdings überwiegen die Ähnlichkeiten in Fundumständen und Auffindungsverhältnissen offenkundig mit den Flussfunden. Fischer fasst den Befund der Pfahlbaubronzen mit einer

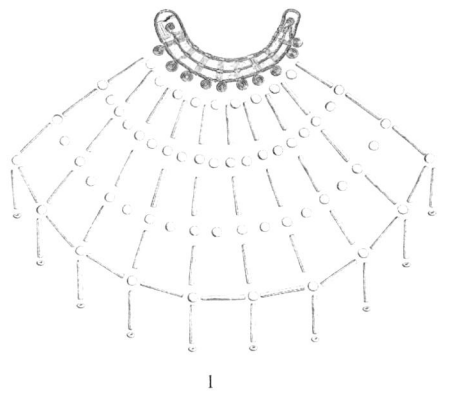
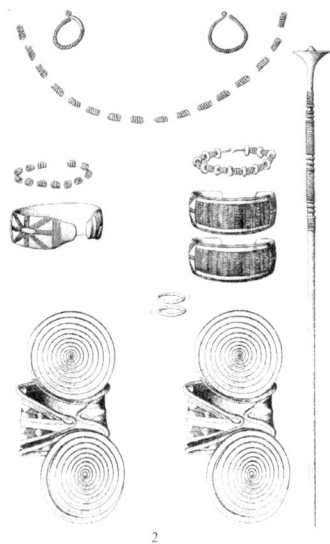

Abb. 39: Grab 101 La Colombine (dép. Yonne, FR). 1: Ein mit Bronzedrahtzier versehener Eberzahn (Müller-Karpe 1985, 122 Abb. 64 M:1:3). 2: Einige Beigaben (Müller-Karpe 1985, 120 Abb. 63).

Gleichung zusammen: „Pfahlbaubronzen (HaB) = Flussfunde + Depotfunde + Verlustfunde in Verbindung zur Siedlung" (Fischer 2012, 138, Übers. d. Verf.).

Die Autorin schlägt eine Überlagerung von Praxen vor, die zu dem Fundbild beigetragen haben sollen. Sie schließt sich einer rituellen Interpretation von wenigstens einem Teil der Funde an. Auch Christiane Schmid-Merkl (2016, 243-245) folgert aus einer quellenkritischen Analyse der Flussfunde, dass wenigstens ein relevanter Teil der Funde als intentionelle Deponierungen anzusehen ist. Das Problem bei Gewässerfunden liegt darin, dass viele Funde weder einem verlagerten Grab noch einer Siedlung zugeschrieben werden können. Merkwürdige Einzelfunde sind aus dem Rhein bekannt (Abb. 38). Diese Funde sind wiederum vergleichbar mit den Beigaben aus Grab 101 von La Colombine (dép. Yonne, FR) (Abb. 39.1) (Müller-Karpe 1985) und aus einem Grab von Coutavant (dép. Aude, FR) (ders. 1980, Taf. 465.C).

Besonders im überregionalen Vergleich mit anderen Quellenkategorien einschließlich den Hortfunden aus trockenem Boden scheinen die Gewässerfunde, und in diesem Fall der vorhandene Schmuck, positiv ausgewählt – leider nur aus unbekannten Gründen. Der Vergleich von der Situation am Oberrhein mit anderen Flüssen spricht z. B. für die Relevanz einer auffälligen Anwesenheit (die Autorin der Studie redet von „Überpräsenz", (Schmid-Merkl 2016, 243)) von Nadeln, Beilen und Waffen, welche zusammen mit sog. ‚Prestigegütern' in den Fluss nicht durch Zufall, sondern „durch bestimmte Handlungen" (ebd.) gelangten. Nach ihrer quellenkritischen Analyse der mitteleuropäischen Flusslandschaft führt die Autorin die Zunahme der Funde während der Spätbronzezeit, den Rückgang in der Eisenzeit und das Fundspektrum auf eine „bronzezeitliche Deponierungssitte" (ebd. 243 f.) zurück. Dabei hat sie anderweitige Einflussfaktoren und Erklärungen durchaus kritisch berücksichtigt. Nadeln sind eine häufige Fundgruppe im Oberrhein, wie man sie aus anderen Flüssen kennt (ebd. 244). Nur, im Rheingebiet ist die Hochzeit der Nadeln die Mittelbronzezeit. Während der Spätbronzezeit überwiegen Beile, Schwerter und Waffen.

Jedwede Diskussion der Schmucküberlieferung der Spätbronzezeit in Frankreich kommt nicht ohne eine Untersuchung der Hortfunde in Hautes-Alpes aus. In den südlichen Westalpen, im französischen Département Hautes-Alpes, gibt es einige Hortfunde, die

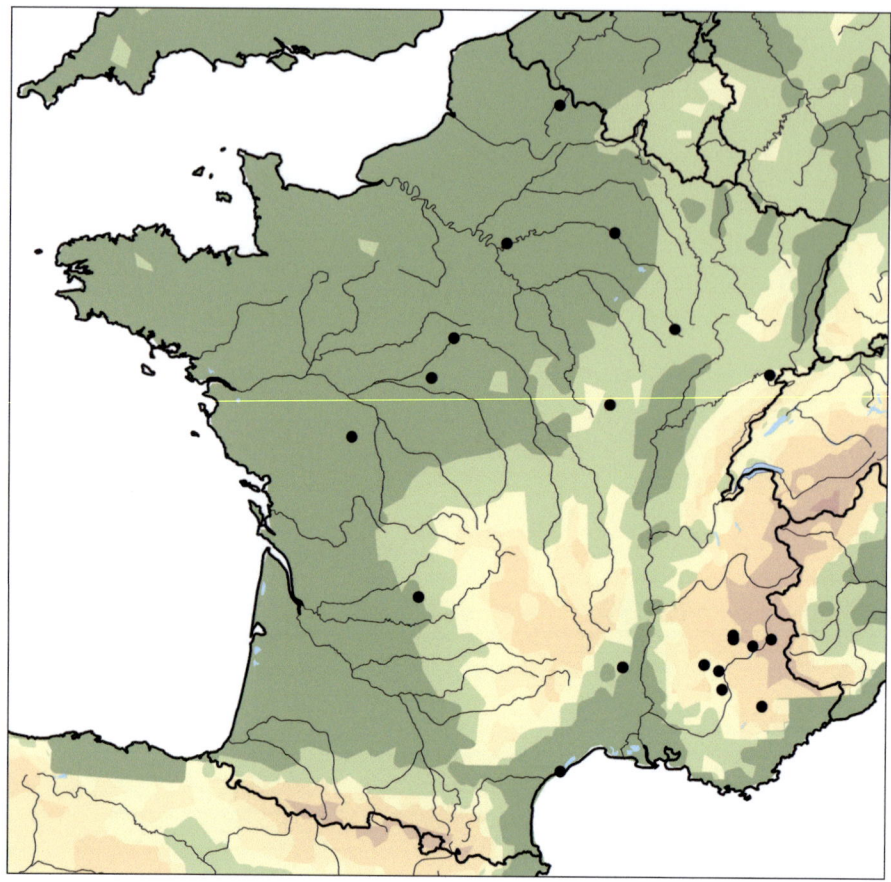

Abb. 40: Verbreitungskarte der spätbronzezeitlichen Schmuckhorte in Frankreich.

eine einzige Objektkategorie beinhalten, nämlich Schmuck (Abb. 40). Außerdem sind diese Schmuckgegenstände in gutem Zustand. Die Auffindungsverhältnisse sind zwar nur schlecht dokumentiert, aber die Einseitigkeit der Depots in einem Gebiet, das relativ wenige Hortfunde der Spätbronzezeit hervorgebracht hat, erzeugt ein Fundbild, das gerade nicht zu dem gewöhnlichen Schema der Brucherzhorte passt. Die Häufigkeit der Schmuckhorte in diesem Gebiet ist bereits früher anderen Archäologen aufgefallen.

Seit Joseph Déchelette ist die Region Hautes-Alpes für das besondere Fundbild bekannt, und dieses Fundbild hat sich im Großen und Ganzen wenig verändert in Hinsicht auf Aspekte wie die vorhandenen Objektkategorien, Verbreitung, Zahl der Depots, Fundanzahl, wenigstens seit der Veröffentlichung von Jacques-Claude Courtois' Artikel (1960). Problematisch bleibt der schlechte Dokumentationsgrad dieser Funde. Die Hälfte der Funde ist noch im 19. Jh. bzw. vor 1950 gemeldet worden. Von den 15 Hortfunden der Bronzezeit in Hautes-Alpes sind die folgenden besonders hervorzuheben: Bénévent-en-Champsaur / La Loubière (dép. Hautes-Alpes, FR) (Verger u. a. 2007, 151 Abb. 42), Réallon 2 (dép. Hautes-Alpes, FR) (Müller 1991, 118-119) und Guillestre (dép. Hautes-Alpes, FR) (ebd. 125), denn diese Depots brachten gut erhaltene, gegliederte Gürtel zu Tage. Das Depot von L'Épine (dép. Hautes-Alpes, FR) wird zu den Schmuckhorten mitgezählt, aber die Zahl der Objekte

Abb. 42: Zistendeckel (Huth 2003, Taf. 47.1).

Abb. 41 (links): Ohrring einer Gesichtsurne (La Baume 1963, Taf. 14.604).

ist gering und das Gesamtdepot beinhaltet auch andere Geräte. Außerdem gilt es als wahrscheinlich, dass die geringe Fundzahl ein rezenter Auswahlprozess ist, der für eine Auswahl der ansehnlichen, auffälligen oder beliebten Gegenstände gesorgt hat. Wenn die Schmuckfunde zusammen mit Gerätschaften vorkommen, kann dies aufgrund der schlechten Dokumentation ebenso bedeuten, dass die Schmuckgegenstände vielleicht aus einem viel größeren Gießer- oder Händlerdepot stammen, und wenn wir mehr Teile des ursprünglichen Depots sehen könnten, würden wir Gusskuchen und zerstörten Gegenständen begegnen. Die mangelhafte Dokumentation kann allerdings ebenso dafürsprechen, dass die Schmuckgegenstände und die Gerätschaften eigentlich aus zwei vollkommen verschiedenen Kontexten stammen.

Obgleich die Region eine Häufung von Depots bestehend aus einer einzigen Quellenkategorie aufzeigt, sind die Depots selbst nicht eindeutig zu interpretieren. Der Fundzustand ist gut. Aber die Lanzettanhänger aus der Großkette von Réallon 2 zeigen eine nachlässige Verzierung ohne Symmetrie und mit Gussfehlern (vgl. Courtois 1960, 98 Abb. 43). Solche Merkmale könnten auf eine weniger sorgfältige und vielleicht sogar utilitaristischere Verarbeitung dieser Gegenstände hinweisen. Dies könnte man als Unterstützung für eine profane Interpretation gelten lassen, im Gegensatz zur rein mathematischen Feststellung der einseitigen Zusammensetzung der meisten Depots der Region, die überwiegend aus Schmuck bestehen. Wenn die profane Deutung stimmen würde, dann wäre man berechtigt, diese Deponierungen unter einer allumfassenden Kategorie von Brucherzhorten unterzubringen, und das Fehlen von kleinteiligen und beschädigten Stücken könnte man dadurch begründen, dass die Beobachtungschancen und Dokumentation zum Auffindungszeitpunkt schlecht waren, sodass nur ansehnliche Stücke geborgen wurde. Aber bezüglich der Gürtel gibt der Fund von Guillestre (dép. Hautes-Alpes, FR) Hinweise auf den Status dieser Gegenstände durch

Abb. 43: La Motte (dép. Hérault, FR) (Umzeichnung D. Heller nach Verger u. a. 2007, 104, Abb. 15a; 106, Abb. 16; 108, Abb. 18; 111, Abb. 20; 112, Abb. 21a; 116, Abb. 25; 120, Abb. 28; 122, Abb. 30; 124, Abb. 32c; 126, Abb. 33; 128, Abb. 35; 145, Abb. 39).

die Applikation der typischen Vogelsymbolik der Spätbronzezeit (Guillestre, dép. Hautes-Alpes, FR). Außerdem sind solche gegliederten Gürtelketten in besonderen Horten enthalten und ähnliche Ketten sind auch als Seefund aus dem Lac de Morat (Kt. Freiburg, CH) (Schwab 1985, 427) in der Schweiz bekannt. Auch über eine mögliche sakrale Wirkung der Anhänger dieser Ketten wird viel spekuliert (Coutil 1933; Audouze 1976). Man findet diese Anhänger als Beigaben in Gräbern – was Milcent (2004, 176 f., 239 f.) zu einer falschen Gleichsetzung von Gräbern und Hortfunden führt -, abgebildet auf daunischen Stelen (Nava 1988, 146 Abb. 170; Norman 2013, 114 Abb. 2) und als Anhänger an unterschiedlichen Gegenständen wie Kesselwagen (Abb. 26.1), Ohrringen von Gesichtsurnen (Abb. 41) oder Zistendeckeln (Abb. 42). Bei dieser Diskussion geht es darum, ob die Anhänger anthropomorphe Gestalten, Dreiecke oder Webgewichte darstellen. Vergleichsfunde und die Bedeutsamkeit der Webthematik in allerlei Ornamenten sprechen für Webgewichte (Eisenzeitliche Pektorale: Franchi Dell'Orto 1999, Kat. Nr. 57, 476, 538, 537; vgl. Webstuhldarstellung auf der Thronlehne von Verucchio Grab 89 in Kossack 1999, 66 Abb. 44).

Die Form der Anhänger allein ist jedoch kein eindeutiger Beweis für einen symbolischen Wert dieser Hortfunde. So sind Lanzettanhänger nicht sofort Zeichen eines besonderen Fundes oder Befundes. Ebenso wenig gilt dies prinzipiell für die Gürtel. Man hat auch für Metallbarren bekannte Gestalten ausgewählt, die dem Rohmaterial einen besonderen Tauschwert verleihen könnten. Die Launacien-Horte der Früheisenzeit zeigen ein spätbronzezeitliches Muster in ihrer Zusammensetzung (Verger 2013b, 112). Dort kommt auch Schmuck vor (ders. 2013, 217). Zu den Launacien-Horten gehören Miniaturbarren (Guilaine u. a. 2013, 119), deren winzige Dimension nicht auf ein Interesse für die Hortung des Rohmaterials zu schließen erlaubt. Diese Beile sind häufig hoch bleihaltig und sie zeigen viele Gussfehler. Sie wurden entweder nicht richtig gegossen oder das Gussverfahren wurde nicht bis zum Ende gebracht. Trotzdem zeigt die Auswahl dieser Formen für Barren in Zeiten von Überfluss an Material und möglichen Abnahmekrisen, d. i. auch in einem wirtschaftlichen Kontext,

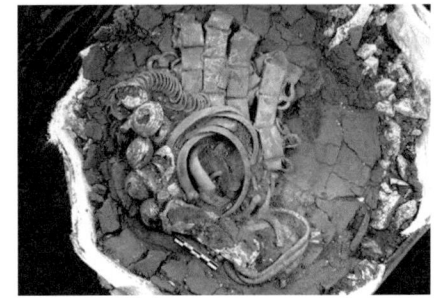

Abb. 44: Mathay (dép. Doubs, FR) (Piningre 2014, 402 Abb. 2; 403 Abb. 4; 405 Abb. 8; 402 Abb. 3; S 413 Abb 15; 408 Abb. 12).

den besonderen kulturellen Wert dieser Gegenstände. Dieser besondere Wert könnte sowohl eine zukünftige, erwartete Abnahme erleichtern oder den Gießer auf eine andere Weise beeinflusst haben, genau diese Formen auszuwählen. Für die Pendeloques bedeutet dies folgendes: selbst wenn die hohe Konzentration an Blei für eine Nutzung als Barren sprechen würde, könnte das ebenso für die Relevanz dieser Gegenstände außerhalb eines metallurgischen Kontexts sprechen, denn die Gießer, Handwerker oder Händler hätten bewusst diesen kulturellen Wert genutzt, um Abnahmekrise zu umgehen.

Eine unterwasserarchäologische Untersuchung 2004 im Fluss Hérault in der Nähe von Agde brachte ein Depot zu Tage, das aus 333 Gegenständen besteht (Verger u. a. 2007). Der Fundort La Motte ergab auch eine Siedlung in der Nähe. Der Hort wurde in der ursprünglichen Lage gefunden und im Block geborgen. Man hat auch Holzreste einer möglichen Kiste dokumentieren können, in der die Gegenstände deponiert wurden. Die gute Beobachtungschance, die Bergung und die Beschreibungen der Lage vor Ort sind außergewöhnliche Bedingungen für die Entdeckung von Hortfunden, insbesondere von Flussfunden. Es handelt sich um Beinringe, Armringe, Gürtelbestandteile, Halsringe aus Bronze, die berühmten gegliederten Ketten mit den typischen anthropomorphen oder dreieckigen Anhängern oder *pendeloques*. Dazu kommen Knöpfe, einige sind konisch geformt, während andere leicht gewölbt sind in der Art, wie sie auch beim Depot von Blanot (dép. Côte-d'Or, FR) zu finden sind. Eine Ausnahme in dem Schmuckensemble bildet ein Lanzenfuß, der ganz nah am Depot gefunden wurde und daher zum Hort gerechnet wird. Aber das Ensemble an sich ist bereits außergewöhnlich. Darüber hinaus weist die Holzkiste auf den geschlossenen Charakter des Ensembles hin.

Das Depot von La Motte (dép. Hérault, FR) (Abb. 43) erbrachte weitere Gegenstände für den Bauch- und Brustbereich sowie Gürtelbestandteile. Es enthält Gegenstände, die einen vollständigen Satz an Kleidungsbestandteilen und Schmuck für den gesamten Körper umfassen könnten: Ohrringe für den Kopf; drei Torquen in unterschiedlichen Größen für den Halsschmuck. Eine große sechsreihige Halskette bedeckt den Brustbereich. Die Taille umgibt ein Gürtel, der wahrscheinlich aus Leder bestand und mit konischen Beschlägen verziert wurde und dessen Schließe erhalten ist. Die gegliederte Kette mit eventuell anthropomorphen Anhängern dürfte unterhalb des Gürtels angebracht worden sein. Die Bronzeröhren und die runde Scheibe vermutet man an der Seite am unteren Teil des Kleids, so wie man es aus Frauengräbern in Italien kennt (Verger u. a. 2007, 145). Der Ringschmuck, in Spiralen gedreht, mit D-förmigem Querschnitt und konischer Verzierung, könnte sowohl als Armringe wie auch als Beinringe gedient haben. Die Ringe mit eiförmigem Querschnitt sind mit Sicherheit Armschmuck aufgrund von Vergleichen mit Gräbern im Südwesten Frankreichs, wo solche Gegenstände immer in Gruppen am Arm getragen wurden. Weitere Armringe könnten den Oberarm schmücken. Auch wenn man den Befund nicht zeremoniell oder sakral nennen möchte, bleibt er außergewöhnlich. Es würde sich um ein sehr schweres Kleid handeln, das eventuell überverziert war. Einen passenden Vergleich zu dem Schmuckhort liefert der „*trésor du Déroc*" in Vallon-Pont-d'Arc (dép. Ardèche, FR) (Roudil 1990), der in einer Höhle gefunden worden ist. Ein Collier aus 150 Bronzeperlen und 25 Bernsteinperlen wurde dort zusammen mit einem Bärenzahn gefunden; außerdem Ringanhänger, Armringe aus Bronze und aus Lignit, 170 Bronzeringchen, 18 Knöpfe und zwei *sphéroide*, deren Charakter dem großen Ring aus La Motte ähnelt (Verger u. a. 2007, 147). Die besten Vergleiche stammen jedoch aus dem Osten Frankreichs. Blanot (dép. Côte-d'Or, FR), das Depot von Mathay (dép. Doubs, FR) (Abb. 44) und die Hortfunde in Hautes-Alpes (ebd. 152 Abb. 43) sind sich in vielen Aspekten ähnlich. Insbesondere stellen diese Depots eine Ausstattung dar, die an ein einziges, schweres, vollständiges, zeremonielles Kleid erinnert.

Ein weiterer Schmuckhort aus der Spätbronzezeit ist das Depot von Fresnes (dép. Loir-et-Cher, FR) mit zahlreichen Knöpfen, die Leder oder anderen organischen Stoff verziert haben dürften, und Armringen (Despriée 1978). Die Knöpfe von Fresnes weisen Ähnlichkeiten zu Bénévent-en-Champsaur (dép. Hautes-Alpes, FR) und Réallon 2 (dép. Hautes-Alpes, FR) auf (ebd. 9 f.). Außerdem beinhaltet Fresnes auch Gefäße vom Typ Kirkendrup und Fuchsstadt aus getriebenem Bronzeblech, was einen Bezug zu Gefäßhorten wie Évans (dép. Jura, FR) aufweist. Ein weiterer Flussfund ist Haulchin (dép. Nord, FR), der bei einer Drainage im Rahmen von Kanalarbeiten am Ort Le Pas-de-Cheval gefunden wurde. Das ganze Material wurde ausgebaggert und so geborgen, dass man nicht wissen kann, ob die Masse der Gegenstände aus dem ausgebaggerten Kanal oder vom Ufer stammt (Blanchet 1984, 296). Das Depot besteht aus insgesamt 13 Schmuckstücken, darunter Nadeln, Armringe, eine nicht vollständig erhaltene Kette bestehend aus vier Ringen und zwei weiteren Kettenfragmenten, eines davon mit einem H-förmigen Anhänger, eine runde Bronzeblechscheibe, ein tordierter Draht und eine dreieckige *pendeloque*. Also besteht das Ensemble ausschließlich aus Schmuck und die Frage ist berechtigt, inwieweit die Fragmentierung das Ergebnis des rezenten Bergungsprozesses darstellt. Ein Ledergürtel mit metallischen Verzierungen ist aus dem Fluss Lesse in der Grotte de Han bekannt (Mariën 1982). Das Depot Croix à Terrasson (dép. Dordogne, FR)

Abb. 45: Blanot (dép. Côte-d'Or, FR). Musée archéologique de Dijon (François Jay).

enthält 150 Ringchen, dreieckige Anhänger und Knöpfe, die von einem Gefäß bedeckt waren (Chevillot 1981).

Eines der relevantesten Depots in Ostfrankreich ist immer noch der nördlich von Hautes-Alpes in der Region von Burgund aufgefundene Hort von Blanot (dép. Côte d'Or, FR) (Thévenot 1991) (Abb. 45). Dort sind auch die Lederreste eines Mantels erhalten. Ein allen oben genannten Schmuckhorten gemeinsames und mit den bekannten dreieckigen Anhängern verziertes Gürtelband ist auch vorhanden. Aber Blanot weist eine kuriose Verbindung auf, zwischen einem für die Schmuckhorte so charakteristischen Objektensemble und einem eine andere Art von Depotgruppe kennzeichnenden Gefäß, sodass man bei Blanot von einem Schmuckdepot in einem Gefäßhort sprechen kann.

Mathay (dép. Doubs, FR), im Osten Frankreichs in der Region der Bourgogne-Franche-Comté hat ein Depot zu Tage gebracht, das ausschließlich aus Schmuck besteht (Abb. 44). Anders als bei Blanot, mit einer Ausstattung für eine Person in drei Altersstufen oder für drei Individuen (Verger 1998), ist bei Mathay die Rede von einer Ausstattung für nur ein einziges weibliches Individuum (Piningre 2014, 399). Dennoch machen die Fundanzahl, die einheitliche funktionale Gegenstandskategorie und der gute Zustand der Funde diesen Hort außergewöhnlich. Der Vergleich mit anderen Hortfunden, die ebenfalls auffällig sind, wie Blanot, die Horte in Hautes-Alpes und das Depot aus dem Hérault in Südfrankreich, fällt sofort ein. Und auch hier waren sie in ein Gefäß aus Ton gesteckt. Eine Art Schale bedeckte das Gefäß als Deckel. Der Fundinhalt in dem Gefäß ist in außergewöhnlich gutem Zustand.

Ein gegliedertes Gürtelband wurde gefaltet auf dem Boden des Keramikgefäßes gefunden. Neunhundert Ringe mit rhombusförmigem Querschnitt haben eine Kette irgendeiner Art ausgemacht (Piningre 2014, 403). Sie bildeten viele Kettensätze, die mit organischem Material verbunden waren. Dieses ist nicht erhalten. Aus der Siedlung Hauterive-Champréveyres (Kt. Neuenburg, CH) am Neuenburgersee sind weitere Fundensembles bekannt, die jeweils aus 400 bzw. 250 Ringen dieser Art bestehen (ebd.; Fischer 2016, 212 Abb. 5). Wenn diese Funde in Zusammenhang mit Hortfunden auftauchen, dann immer in einer Verbindung zu anderen Schmuckformen wie in Blanot, Réallon (dép. Hautes-Alpes, FR), Bénévent-en-Champsaur (dép. Hautes-Alpes, FR), Lazer (dép. Hautes-Alpes, FR), Jenisovice (kraj Böhmen, CZ), Zaluzi (kraj Böhmen, CZ) und Wasserburg Buchau (Lkr. Bad Buchau, DE) (ebd.). Zwei kammförmige Anhänger mit Wasservogelverzierung könnten ebenfalls an die Reihe der Ringe angeschlossen gewesen sein. Die Entdecker gehen in diesem Fall von einer bis zum Bauch reichenden Halskette mit zwei Kammanhängern an beiden Spitzen aus (Abb. 44- Detail). Es gibt weiterhin einige Glasperlen in dunkelblauer und hellblauer Farbe, einige Bronzeblech- und Goldblechröhren. Eigentlich kennt man solche Ausstattungen aus Gräbern und auch aus Siedlungen, aber die Funde aus Mathay sind allein wegen der Fundanzahl und des Fundzustands die wichtigsten, die bisher aus einem geschlossenen Kontext bekannt sind. Das außergewöhnlich gut erhaltene Collier Nr. 2 aus Blanot (Thévenot 1991, Abb. 59-65), welches aus einigen gerollten Lederreihen innerhalb solcher gerillten Blechröhren besteht, weist starke Ähnlichkeit zu den kannelierten Goldblechröhren aus Mathay (dép. Doubs, FR) auf.

Es gibt in Mathay noch zwei Bronzebleche, die mit einer dünnen Folie aus Gold überzogen sind (Piningre 2014, 406). Vergleichstücke für die rechteckigen Bleche gibt es in dem Grab *„sépulture Lapierre"* in Barbuise-Courtavant (dép. Aube, FR) und in dem Depot von Theil bei Billy (dép. Loir-et-Cher, FR) (ebd.). Ein Rasiermesser, das vermutlich als letztes deponiert wurde, gehört auch zum Ensemble, was die französischen Archäologen überrascht hat, da sie das Rasiermesser für männliches Zubehör halten, während das Depot hauptsächlich weiblichen Schmuck beinhaltet (ebd.). Das könnte eine Art symbolische Handlung darstellen (ebd. 407), die das Ensemble abschließen sollte mit dem Rasiermesser als Amulett. Stimmt die Interpretation einer Korrelation zwischen Objektkategorie und Geschlecht (Schmuck = Weiblichkeit, Waffen = Männlichkeit), könnte es sich hier alternativ um eine Metapher für eine Lebenspartnerschaft oder eine Hochzeit handeln. Piningres Vermutung eines symbolischen Wertes ist nicht verfehlt, aber die Hypothese ist ganz weit hergeholt. Aus der Saône gibt es einen Fund, der mit dem Rasiermesser von Mathay verglichen werden kann. Dort wurde ein Gürtel ausgebaggert, der ein Rasiermesser als Anhänger hatte, zusammen mit typischen dreieckigen Anhängern und einem lanzettförmigen Anhänger. Das weist darauf hin, dass Rasiermesser auch als Ornament in Kombination mit einem Gürtel verwendet werden konnten (ebd.). Schließlich fanden sich in dem Hort von Mathay noch ein Biberzahn, ein Schneckenhaus und Fragmente eines polierten Beils aus grünem Gestein (ebd.). Die Funde von Mathay werden in das 11. Jh. v. Chr. datiert.

Diverse Gegenstände stellen Verbindungen zu der typischen Symbolik der Spätbronzezeit her. Die Sonnensymbolik und konzentrische Kreise sind bekannt von anderen Schmuckobjekten und Gefäßen (Jockenhövel 2003; Wirth 2006). Die Anhänger, oder *pendeloques*, mit der Gestalt eines Kammes sind aus den Westalpen, insbesondere aus dem Neuenburgersee bekannt und aus Norditalien, Ostfrankreich und Südwestdeutschland. Die kammförmigen Anhänger aus Mathay (dép. Doubs, FR) tragen eindeutige Wasservogelfiguren. Man tut gut daran, sich zu erinnern, dass diese Symbolik auch auf skandinavischen Rasiermessern vorkommt und es gibt sie gleichfalls auf Angriffswaffen wie Schwertern, Defensivwaffen wie Brustpanzern oder Beinschienen und auch auf Kesseln und Eimern wie z. B. in Hajdúböszörmény (kom. Hajdú-Bihar, HU), aber sie ist auch am gegliederten Gürtel von Guillestre (dép. Hautes-Alpes, FR) und an anderen Anhängern wiederzufinden. Darüber hinaus schlägt Piningre einen Vergleich der Kämme, welche einer Schiffform ähneln, mit den skandinavischen Schiffsdarstellungen auf den Felsen vor (Piningre 2014, 412). Die Schiffsdarstellungen bestehen aus zwei parallelen, gekurvten Linien. Die Spitzen der inneren Linie enden in Vogelfiguren, und in regelmäßigen Abständen stehen vertikale Striche auf den Linien. Diese vertikalen Striche können in der Tat an einen Kamm erinnern. Man kann hier allein auf eine allgemeine Verbindung schließen, die zwischen Gewässern, Kämmen, Schmuck und Wasservögeln besteht, und vermuten, dass all diese Gegenstände gleichermaßen an einem religiösen Bedeutungszusammenhang teilhaben, über den wir uns beispielsweise vorstellen können, dass diese Verbindungen auf einen Lebensbereich referenzieren, wie das Baden und Kämmen insbesondere von Frauen am Rand der Flüsse oder Seen[33]. Es könnte sich auch um Instrumente für die Webkunst handeln.

Derartige Vollausstattungen sind aus der Früheisenzeit nicht aus Hortfunden belegt. Und die Zahl der Schmuckhorte geht zwar zurück (Abb. 46), aber das Phänomen verschwindet nicht ganz. Was sich durchaus feststellen lässt ist, dass der Brauch nicht aufhört, Schmuck an liminalen Orten zu deponieren. Aus dem Fluss Lot bei der Grotte von Roucadour bei Thémines ist eine Beinschiene geborgen worden zusammen mit 25 Ringchen, die in einem Metallgefäß lagen (Arnal u. a. 1969) (Abb. 47.1). Außerdem beinhaltet das Depot Armringe, Beinringe, Torques, Nadeln und Ringchen aus Bronze und aus Eisen. Auch ein Wolfszahn wird von den Archäologen erwähnt. Aber die Dokumentation ist irritierend in Bezug auf die Trennung der Schmuckobjekte von anderen Objekten, die ebenfalls in derselben Grotte entdeckt wurden, wie z. B. Schwertfragmente und Eisenäxte (ebd.). Aus der Grotte ist ein spätbronzezeitliches Schwert in gutem Zustand überliefert. Der Armschmuck, den man dort findet, ist ebenso erwähnenswert wie die übrigen Ringchen. Ein solcher *brassard* besteht aus 25 Bronzeringen. Ein Vergleichsstück liefert der Hort von Souesmes „La Blinerie" (Milcent 2004, 537 Taf. 75.2) (Abb. 47.2). Dort bilden 20 Ringe die Armreife, die als paar eines identischen Typs dokumentiert sind. Diese Funde wiegen insgesamt 3,860 kg (ebd. 177). Die Beschreibung der Auffindungssituation hat dazu geführt, dass man sowohl einen

---

33 Die Verbindungen zwischen Kämmen und Schiffen, Schmuck und Gewässern, Adorantenfiguren und Wasservögeln oder Sonnenbarken erinnern den Autor stark an die Gottheit des Flusses in der afrobrasilianischen Religion des *Candomblé*. Unten den *Orixás*, welches das Wort für Gottheit ist, gibt es eine Weibliche namens *Oxum*, wie die Gottheit der fließenden Gewässer heißt. Jedes Orixá wird durch einen eigenen Tanz geehrt. Und die Tänzerin für Oxum streckt einen Arm nach vorne, wo sie einen Spiegel vor dem Gesicht hält, während die andere Hand sich über den Kopf von vorne nach hinten bewegt, als würde die Gottheit, welche bekanntlich eitel ist, sich kämmen. Bewegungen des sich am See Waschens kommen auch vor. Diese Praktiken hat Pierre Verger (1982; 1995) dokumentiert. Ich will hiermit keine strukturelle Analyse oder einen Beweis für die Verbindungen solcher Phänomene vorschlagen, ich halte die Anmerkung, dass so etwas tatsächlich dokumentiert ist, aber für wertvoll. Demgegenüber sollen Römer fließende Gewässer männlich und Stillgewässer weiblich anthropomorphisiert haben.

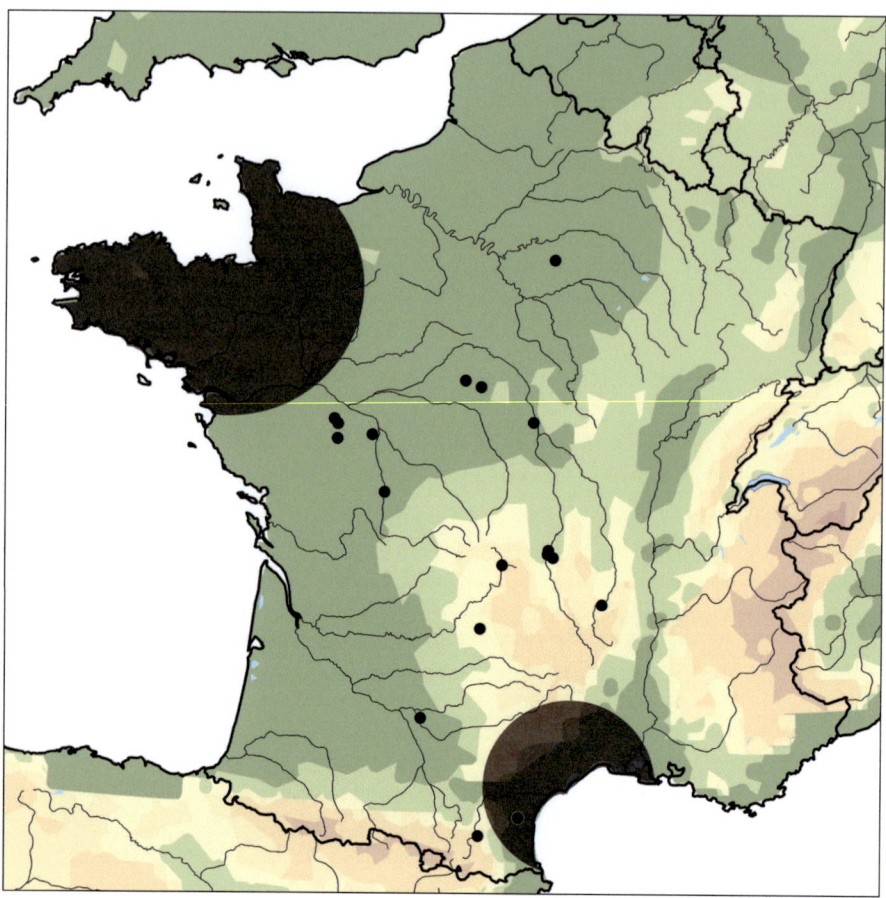

Abb. 46: Verbreitungskarte der eisenzeitlichen Schmuckhorte in Frankreich. Die Zonen mit einem Anstieg von Brucherzhorten in der Eisenzeit sind schattiert.

Kontext als Grabfunde wie auch als Flussfund in Erwägung zog. Zwei Beinringe sind als Flussfunde gemeldet worden bei Saint-Julien-de-Concelles (dép. Loire-Atlantique, FR) (Santrot u. a. 1999, 128). Der Erhaltungsgrad der Gegenstände ist gut, Beschädigungen sind lediglich auf die Baggerarbeiten bei der Bergung zurückzuführen. Diese Situation ist ähnlich wie bei Pérignat-sur-Allier (dép. Puy-de-Dôme, FR) mit neun Beinringen in gutem Erhaltungszustand (Verger u. a. 2007, 148). Die Auffindungsverhältnisse können eine Unvollständigkeit solcher Funde nicht ausschließen. Ein älteres Fundjahr wie 1865 bei Antoigné (dép. Maine-et-Loire, FR) sorgt für den schlechten Dokumentationsgrad der vier gemeldeten Beinringe. Die Armringe von Ternay (dép. Vienne, FR) aus der Divenquelle sind Indizien eines Verhaltensmusters, das in veränderter Form die Eisenzeit prägen wird, nämlich die Weihung an Flussquellen (Tauvel 1973, 4-12 Fig. XII) (Abb. 47.3). Mondion und Rossay (dép. Vienne, FR) haben Schmuckfragmente zu Tage gebracht. Béliet (dép. Gironde, FR) (Mohen 1980, 270) zählt zu den Horten mit Schmuck, der in einem Gefäß deponiert wurde. Ringschmuck, tordierter Halsschmuck, Nadeln und vermutliche, konische Gürtelbeschläge sind enthalten. Die Funde sind nur teilweise erhalten und das Gefäß selbst ist verloren gegangen.

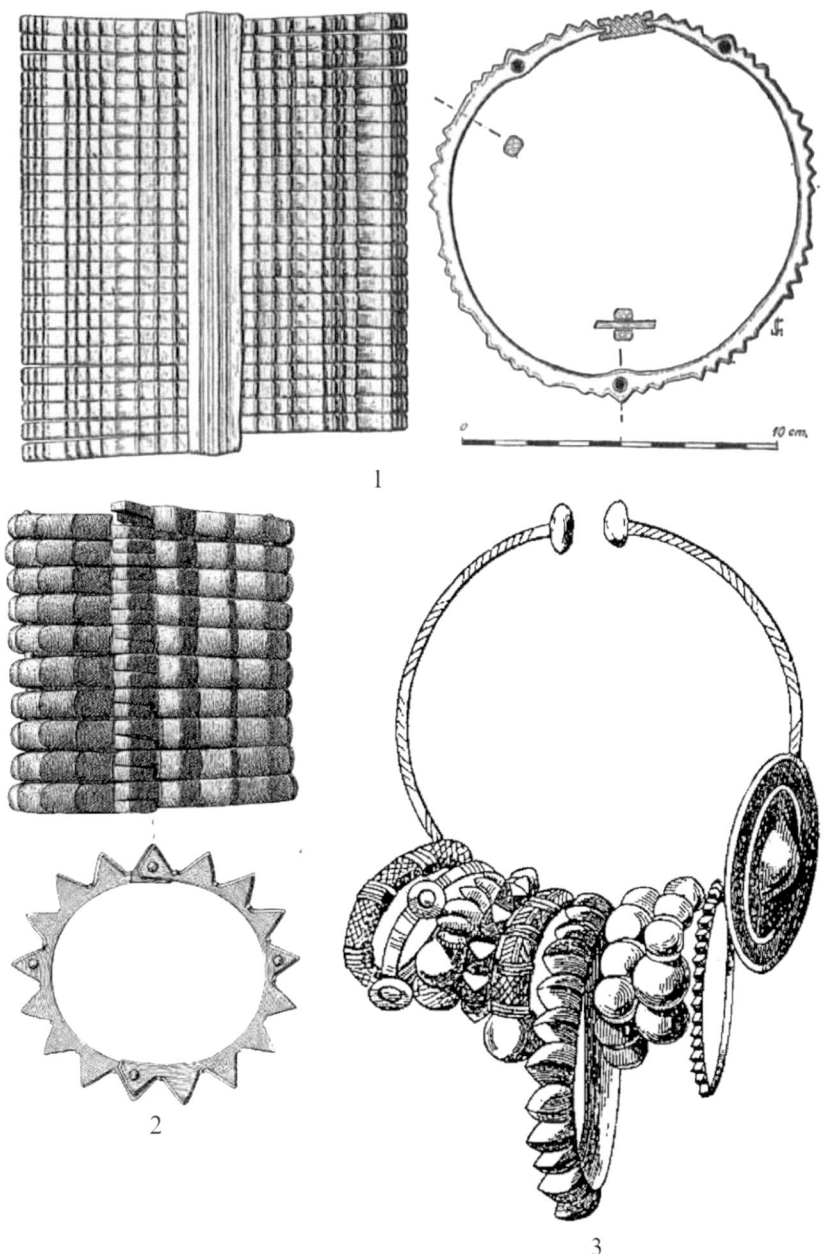

Abb. 47: 1: Brassard, La Grotte du Roucador (dép. Lot, FR) (Arnal u. a. 1969, 16 Abb. 5). 2: Souesmes (dép. Loir-et-Cher, FR) (Milcent 2004, 537 Taf. 75.2). 3: Divenquelle, Ternay (dép. Vienne, FR) (Tauvel 1973, 8 Abb. 8).

Auf den Sinn hinter diesen Schmuckhorten kommt man jedoch wieder nur durch einen rekonstruktiven Weg, der mit den eisenzeitlichen Heiligtümern anfängt – allerdings nicht in der Form, wie Autoren wie Verger es bisher getan haben (Verger u. a. 2007). Er hat die Funde einfach direkt mit ähnlichen Objekten aus griechischen Heiligtümern verglichen, wie z. B. mit den Weihegaben in dem Heiligtum von Bitalemi auf Sizilien (prov. Caltanissetta, IT). Aus diesem Vergleich hat man auf die gleiche Absicht und den gleichen Handlungszusammenhang geschlossen, für die Heiligtumsfunde und für die Hortfunde. Die Lage ist jedoch viel komplizierter. Ein Hinweis auf einen religiösen Zusammenhang spricht noch längst nicht für eine gleiche, eine von den Griechen stammende oder beeinflusste Religion (Maraszek 2006, 295). Der Zusammenhang ist nicht einer von Einfluss aus einer ursprünglichen Quelle in Griechenland, sondern ein entwicklungsgeschichtlicher Zusammenhang, der strukturell ähnlich in Griechenland wie Italien und auch in Frankreich erfolgt ist. Der Gewinn aus dem Vergleich mit den Tempelreligionen ist viel feiner und erhellt nicht alle Aspekte der französischen oder mitteleuropäischen Hortfunde.

Dafür werden meist die Funde aus dem Tempel von Bitalemi (prov. Caltanissetta, IT) in die Diskussion gebracht. Dort findet man unter anderen weiblichen Schmuckelementen den konischen Schmuck, eine kreisförmige Blechscheibe und Bronzeröhren, die in Süd-, Zentral- und Ostfrankreich weitverbreitet sind. Der Tempel wird in das letzte Viertel des 7. Jh. und das erste Viertel des 6. Jh. (625-575 v. Chr.) datiert. Damit ist er deutlich jünger als die spätbronze- und früheisenzeitlichen Horte. Auch Rohmetall kommt in den griechischen Tempeln vor, aber man muss nicht zwanghaft dieselbe Logik wie in Frankreich dahintersteckend sehen. Die Rohmetallbarren machen in dieser Kultur als Votivgaben Sinn, denn erwartungsgemäß können eine griechische Gottheit und ihre Akolythen mit Rohmetall auch etwas anfangen. In einer griechischen Kultur mit institutionalisierten Religionen können Priester bekanntlich auch wirtschaftlichen Ertrag verwalten wie z. B. im Apollontempel. Der Vergleich zwischen Tempel- und Siedlungsfunden in Sizilien weist auf Ähnlichkeiten in Fundspektrum und -auswahl, typologische Verbreitung bzw. Einzugsgebiet, chronologische Aufteilung und Fragmentierungsgrad (Baitinger 2016) hin. Die Launac-Depots weisen typgleiche Objekte in einem ähnlichen fragmentierten Zustand auf. Die chronologische Stellung vor der Einführung einer Währung und das Vorkommen eines ähnlichen Fundspektrums sowohl in Tempeln als auch in Siedlungen sprechen dafür, dass im Sizilien des 7. und 6. Jh. der Materialwert entscheidend war. Holger Baitinger (2016) kommt zu dem Schluss, dass es sich um Rohstoff mit einem Tauschwert handelt. Der Begriff eines prämonetären Tauschmittels ist irreführend. Dennoch habe ich oben bereits erwähnt, dass ein ähnliches Fundbild aus Horten und Siedlungen als ein mögliches Indiz für die Interpretation von Hortfunden als prämonetäres Phänomen gelten würde. Ein weiterer Hinweis wäre eine Einheitlichkeit in Fragmentgröße bzw. -gewicht. Beide Aspekte fehlen in den mitteleuropäischen Hortfunden, einschließlich in den Launac-Horten. Die Einheitlichkeit fehlt in Sizilien übrigens auch. Demgegenüber spricht Baitingers ausführliche Analyse und Vergleich zwischen den Funden in Tempeln und in Siedlungen eindeutig gegen die Idee, die Situation in Sizilien, im Speziellen im Tempel von Bitalemi, auf Mitteleuropa zu übertragen.

Gerade die Abwesenheit von Rohmaterial ist hingegen ein wichtiges Merkmal zur Kategorisierung mancher Horte als sakrale Deponierungen in Mitteleuropa, die von den üblichen Brucherzhorten abweichen. Man kommt zu dem gegenteiligen Schluss (alle Horte als „Gaben an die Götter") nur, wenn Unterschiede in Fundumständen und Fundinhalt übersehen werden. Das Depot von La Motte (dép. Hérault, FR) spricht am meisten für einen rituellen Kontext, aber beinhaltet kein Rohmaterial. Es ist selbst keine eindeutige Deponierung im Gewässer (Weihe- oder Opfergabe), da es sich hier ebenso um einen verlagerten Siedlungsfund handeln könnte. Im Gegensatz dazu ist in griechischen Tempeln sowohl Schmuck als auch Rohmaterial vorhanden. Selbst Vertreter der Theorie der „Gaben an die Götter" kritisieren direkte Vergleiche mit den Weihe- und Opfergaben in griechischen Tempeln. Sie halten den Vergleich für relevant, weil er zeigt, wie Rohmaterial wie in den Brucherzhorten auch Gaben darstellen können (Hänsel 1997, 15; Hansen 1994, 383). Diese Interpretation der „Gaben an die Götter" ist eine anachronistische Projektion gegenwärtiger Verhältnisse, da wir daran gewöhnt sind, durch wirtschaftlichen Tausch eigene Interessen zu befriedigen. Und dies ist vielleicht die wichtigste Argumentation gegen diese Theorie für die Hortfunde Mitteleuropas. Warum sollten die Gottheiten bronzezeitlicher Bauern solch „kapitalistisches" Verhalten aufzeigen? Mit unserer Verfolgung eigener Interessen im Netz des Marktes haben diese nur eines gemeinsam, nämlich die selbstreferenzielle Sorge um sich. Es gibt z. B. keinen Beweis oder empirische Anhaltspunkte für die Existenz von Priesterinnen in der mitteleuropäischen Spätbronzezeit in Frankreich oder für eine Hypothese der Zunahme des Status von Frauen im Allgemein in der Gesellschaft als Folge eines Kontakts mit Griechen und ihren Tempelreligionen. Die französische Forschung scheint sich tatsächlich für ein „einfaches, szenisches" Epochenbild der Bronzezeit einzusetzen: „das Bild eines friedlichen Bauerntagewerkes, ausgebeutet von einer Macht habenden Elite von Waffenträgern, **vervollkommnet von jungen Mädchen als Priesterinnen**" (Maraszek 2006, 295, Herv. d. Verf.). Vergleichbar sind Hypothesen von einem Zusammenhang zwischen Schmuckhorten und der sozialen Bedeutung von Frauen in der nordischen Bronzezeit. „Rein spekulativ ist die Aussage, dass der Anstieg des Schmuckrepertoires in der nordischen Spätbronzezeit als Nachweis für die wachsende Bedeutung der Frau im Arbeitsprozess interpretiert werden kann" (ebd. 297).

Schmuckstücke in den griechischen Tempeln klären einfach nur den religionsgeschichtlichen Zusammenhang, in dessen Rahmen die Deponierungen in Gewässern und deren Hinterlassenschaften einen historischen Sinn in der Entwicklungsgeschichte der religiösen Handlungen wiederfinden. Bereits im Griechenland der geometrischen Zeit treten die Heiligtümer neben den Gräber als „höchst bedeutsame Fundgattung" (Kilian-Dirlmeier 1984, 7) auf. Die Anmerkung des wichtigen Quellenwerts bezieht sich sowohl auf Schmuck im Allgemeinen, als auch spezifisch auf Nadeln, welche in den Heiligtümern in großen Mengen vorkommen (ebd.). Allein die „immense Materialfülle" (ebd.) sollte die Bedeutung der Heiligtumfunde bereits unterstreichen. Vor allem „Nadeln fanden sich in beinahe jedem Heiligtum aller Landschaften der Peloponnes [...]" (ebd.). „Während die Gräber, über Fragen der Chronologie hinaus, Hinweise auf die Trachtzugehörigkeit, den Gebrauch im täglichen Leben also, geben, erschließt sich mit dem Vorkommen in Heiligtümer als ein weiterer Aspekt ihre Funktion im religiösen Leben" (ebd.). Die Autorin des zitierten PBF-Bandes weiß jedoch, dass nur eine schriftliche Quelle Einblick geben kann in die „Motive für das Weihen" (ebd.), in den „Ablauf der rituellen Handlung" (ebd.) und in weitere Aspekte der empfangenden Gottheit, obgleich eine Gabe auch eine Aussage über die empfangende Entität ist, in der Weise, dass Weihegaben den Empfängern gefallen oder mindesten nützlich sein müssen (Huth 2016, 32). Weihinschriften sind auf einigen dieser Nadeln in Griechenland belegt, ein ähnlicher Befund wie auf den Waffenbildern der eisenzeitlichen Heiligtümer in Italien. Das Weihen von Nadeln war außerdem ein überregionaler Brauch (Kilian-Dirlmeier 1984, 7). Ähnlich wie mit den Waffen sind aus dem venetischen Heiligtum aus Este-Caldevigo in Italien Schmuck und Kleidungszubehör wie Fibeln, Nadeln, Gürtelblechteile als Votive bekannt. Dort findet

Abb. 48: 1-2: Bilder auf Votivbleche und 3: Statuette, aus dem Reitia Heiligtum, Este-Caldevigo, Italien. 5.-4. Jh. v. Chr. (1-2: Umzeichnung D. Heller nach Aspes 1984, 722, 723 und 717; 3: Umzeichnung aus Kossack 1999, 81 Abb. 57).

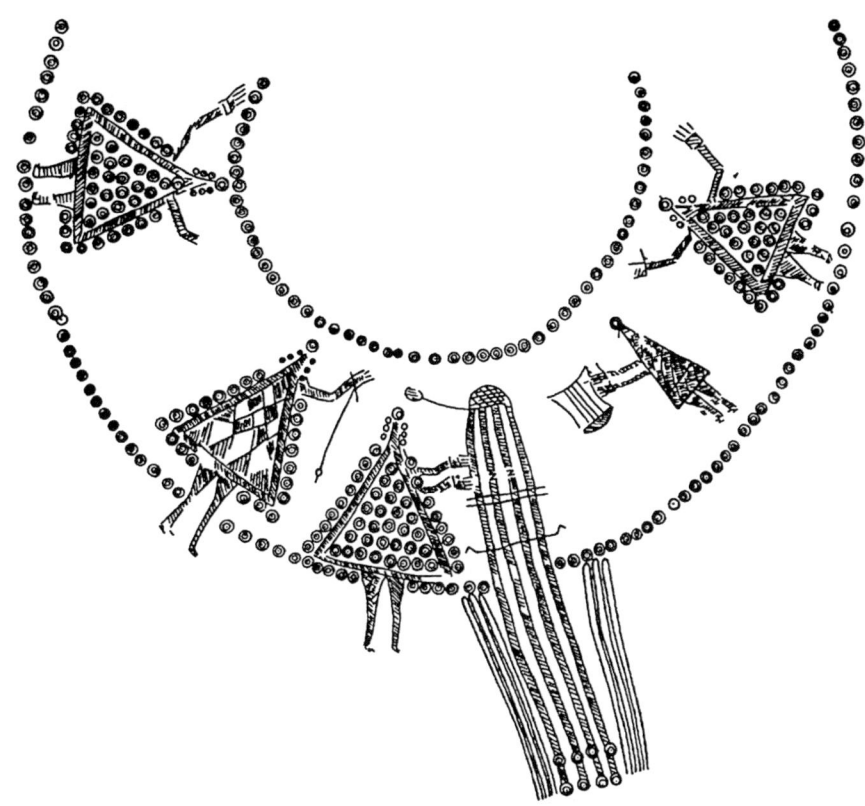

Abb. 49: Mit Ringschmuck verzierte Figuren. Sopron, Hgl. 27 (Huth 2017, 178 Abb. 4).

man eine Frauenstatuette und eine weibliche Abbildung auf Gürtelblech in aspektiver Manier (Abb. 48.1 und 48.3). Die detaillierte Wiedergabe von Attributen der Figuren auf den Votivblechen ist auffällig und bedeutend. Wenn zum Krieger Schild, Lanzen, Helm und trainierte Beine gehören, dann müssen bei der weiblichen Figur Gürtel, Kopf- und Beinschmuck, Ohrring, Halsschmuck, Kleid, Anhänger und Ketten (Abb. 26, Abb. 35, Abb. 48, Abb. 49), die entweder an stilisierte Webstühle und gewichte erinnern oder sie explizit nachmachen, dargestellt werden (vgl. Die Ketten in Blanot, Bénévent, Réallon, Guillestre, La Motte, Mathay und Moriez, die Kette und Knöpfe vom Lac de Morat (Schwab 1985, 427); der Depot von Monte Cavanero bei Chiusa di Pesio, Piemont, Italien (Verger 2013c, 154); die daunischen Stelen Nava 1988, 146, Abb. 170; 195 Abb. 214; Eisenzeitliche Pektorale Franchi Dell'Orto 1999, Kat. Nr. 57, 476, 538, 537). Votivbleche, Statuetten und Inschriften künden vom Wandel in der Beziehung zum Numinosen – zu der dinglichen Kommunikation mittels Besitztums gesellen sich langsam die Zeugnisse einer symbolischen, bildlichen Beziehung zum Göttlichen. Der Kontakt wird dadurch natürlich nicht oberflächlicher. Ganz im Gegenteil weisen Votive *ex-votos* und Inschriften auf Weihegaben darauf hin, dass der Kontakt in Heiligtümern auch intimer und personalisierter gestaltet werden kann. Heiligtümer sind Plätze, welche über Jahrhunderte hinweg besucht werden. Dort wird man größere Fundmengen erwarten. Fundmasse und -spektrum in Heiligtümern weisen außerdem auf ein überregionales Besucherpublikum hin, was von einem schrittweisen Ablösungsprozess des Kultes von engen Familienkreisen oder lokalen Siedelgemeinschaften zeugt. Das Einzugsgebiet der Heiligtümer reicht über die lokalen Gemeinschaften hinaus.

Ein durch Bild- und Schriftsprache vermittelter religiöser Akt ist erst für die Eisenzeit belegt. Die der Welt innewohnenden subjektivischen Kräfte werden zahmer. Manche Gemeinschaften haben die Gelegenheit, die wesentliche Eigentümlichkeiten dieser Kräfte zu präzisieren und ihnen einen innerlichen Charakter zuzuschreiben. Vielerorts werden die numinosen, kosmischen Kräfte recht personifiziert bzw. anthropomorphisiert. Erst in diesem eisenzeitlichen Kontext werden die Götter auf ihre Fachgebiete spezialisiert und verlangen nach spezifischen Gaben. Theologien werden entwickelt. Priester übernehmen die immer komplexer werdende Mittlerrolle in dieser institutionalisierten Relation und die Gemeinschaftsmitglieder werden sich des handelsmächtigen Anteils der Menschen im rituellen Leben bewusster. In diesem Zusammenhang sind metallurgische Gottheiten durchaus möglich, die nach Rohmaterial verlangen. Die Priesterschaft weiß allerdings, was man damit macht. Die religiöse Praxis während der Spätbronzezeit muss man im Vergleich dazu verstehen. Den Anhaltspunkt bildet die Tatsache, dass die dingliche Beziehung zu den Göttern während der Eisenzeit nicht aufhört, sondern neben den neuen Formen weitergeführt wurde.

Die Schmuckhorte unterscheiden sich von den Waffendeponierungen in einigen Aspekten, die erwähnenswert sind, weil sie eine realistische Deutung beeinflussen werden. Zum einen häufen sich die Nadeln sehr dicht aneinander in den zirkumalpinen Seen und Mooren. Die Waffen sind stärker verstreut an verschiedenen Stellen in den Flüssen. Die Schmuckausstattungen weisen eine Tendenz zur Vollkommenheit in den Fällen von Blanot (dép. Côte-d`Or, FR), La Motte (dép. Hérault, FR), Mathay (dép. Doubs, FR) oder Vallon-Pont-d'arc (dép. Ardèche, FR) auf. Die Waffen stellen keine vollkommene Ausrüstung dar. Nur Teile der Rüstung kommen in den Gewässern vor. Schwerter findet man ohne Schwertgurt oder Ähnliches. Das kann durch die schlechtere Beobachtungschance solch kleiner Teile bedingt sein. Aber auch die defensiven Waffen wie Helme, Schilde und Panzer sind separat niedergelegt worden. Komplette Ausrüstungen fehlen, aber es gibt eine Wiederholung der Niederlegung von Waffen gleicher Art an derselben Stelle. Die Mehrfachfunde gleicher Waffen geben den Anlass zu der Vorstellung, dass es sich um die Waffen mehrerer Personen handelt. Allein der Schmuckhort von Blanot weist auf eine Ausstattung hin, die mehreren Frauen in unterschiedlichem Alter oder aber einer Person in unterschiedlichen Altersstufen gehören könnte (Verger 1998). Die Horte von La Motte oder Mathay gehen eher in die Richtung einer einzigen Person, und einige Teile wie die Gürtelbänder sind nicht mehrfach niedergelegt worden in einem Depot, sondern sie sind in einem geschlossenen Kontext einmalig. Bei den Schmuckhorten gibt es keine Indizien für eine vorherige Vorbereitung der Funde, z. B. durch Verbrennung oder Einschmelzung, wie bei den Waffenhorten. Auch die Schmuckhorte, die als rituelle Deponierungen gelten, sind als Weihegaben und nicht als Opfergaben zu kategorisieren. Das allein hilft jedoch nicht bei der Deutung. Darüber hinaus unterscheiden sich die Funde aus den Schmuckhorten und die Waffenhorte in einem wesentlichen Aspekt. Die Schmuckhorte weisen Berührungspunkte zu Funden aus Gräbern auf. Der Zusammenhang kann sowohl mit den Gräbern derselben Zeitperiode wie mit Gräbern aus der folgenden Epoche der frühen Eisenzeit hergestellt werden – z. B. La Colombine (dép. Yonne, FR) (Abb. 39.2) oder Cazevieille (dép. Hérault, FR). Die Interpretation ist trotzdem nicht eindeutig. Eine Deutung als Ausstattung für das Jenseits ist im Fall der Schmuckhorte nicht ausgeschlossen. Aber Ausstattungen wie in den Horten z. B. in Blanot findet man nicht in den Gräbern wieder. Die Übereinstimmungen sind nur punktuell und segmentär (vgl. Coutavant (dép. Aube, FR) ebd. Taf. 465.C, Veuxhaulles (dép. Cote d'Or, FR) Müller-Karpe 1980, Taf. 465.M, Lübz (Ldk. Mecklenbrug, DE) ebd. Taf. 515.E). Man kann die Beinschienen von Blanot mit denen in Grab 101 von La Colombine (Abb. 39.2) vergleichen oder die *pendeloques* Anhänger mit den Funden aus Grab C4 in Cazevieille. Der Vergleich zwischen den Quellenkategorien geht nicht über die Hinweise auf Tragweise und eine Feststellung der Typgleichheit hinaus.

Bei den Schmuckhorten wirken strukturell ähnliche Argumentationsketten wie bei Waffendeponierungen meist noch wie Spekulationen, weil es keine überwältigende Fülle an Literatur gibt, die das Thema ernst nimmt für die Konstruktion des Epochenbildes. Nichtsdestotrotz unterscheiden sich Schmuck- und Waffenhorte strukturell in vielen Aspekten eben nicht. Die Seltenheit der Schmuckhorte weist außerdem auf sporadische Handlungen hin, im Gegensatz zu nach festem Kalendertermin institutionalisierten Ritualen, wie sie in Heiligtümern oder Wallfahrtsorten bekannt sind. Das bekräftigt die Vermutung, dass es bei den Schmuckhorten auch um die Verarbeitung punktueller Ereignisse geht. Die Sonderstellung der metallurgischen Technik, die wir aus anderen Kontexten in Zusammenhang mit Gottheiten kennen, kommt sowohl in Waffen wie auch in Schmuckgegenständen und Gefäßen zum Ausdruck. Auch die kognitiven Bedingungen für das Mensch-Ding-Verhältnis sind dieselben. Aufgrund von konzeptuellem Realismus und der Verdinglichung von Essenzen können die Menschen sich selbst auf getragene Objekte projizieren, so dass ein Stück der Kleidung in den Fluss zu werfen dem Werfen eines Stücks von sich selbst entspricht. Die Pointe daran ist, dass man nicht auf griechische religiöse Einflüsse zurückgreifen muss, um die rituelle Bedeutung von Schmuckhorten zu akzeptieren. Für sich allein genommen erzählen die sonderlichen Schmuckhorte jedoch nichts über mögliche Veränderungen in der Machtverfassung der spätbronzezeitlichen und früheisenzeitlichen Gemeinschaften. Ja, wir müssen Schmucksätze und -deponierungen zu den rituellen Handlungen dieser Zeitphase rechnen. Aber nein, wir wissen nicht genau, was das für die Gesamtgesellschaft bedeutete.

Eine einheitliche Deutung ist nicht für alle Schmuckhorte zu erwarten, abgesehen von der Tatsache, dass Schmuck am Körper getragen wird und dies mit substanzlogischen Vorstellungen und emotionalen Bindungen einhergeht. Schmuckhorte in Verbindung zu Gefäßen wie Blanot (dép. Côte-d'Or, FR) könnten auf Festlichkeiten hindeuten. Die Nadeln aus den Gewässern sind wahrscheinlich Zeugnis einer durch die Dinge vermittelten Begegnung mit numinosen Mächten im Medium des Wassers. Eine Vorstellung von der Bedeutung dieses Verhaltens und dem langen Leben dieser Tradition liefern die Funde aus den Heiligtümern der Eisenzeit. Die Schmuckhorte aus Hautes-Alpes sind in eine ähnliche Richtung zu deuten, als Selbstausstattung und Deponierungen an liminalen Orten. Vallon-Pont-d'Arc (dép. Ardèche, FR) aus einer Höhle auch. Die Deutung eines Depots wie La Motte (dép. Hérault, FR) ist umstritten, denn es könnte sich möglicherweise um einen getragenen Fund aus einem anderen Kontext handeln (z. B. der Siedlung in der Nähe). Immerhin belegt dieser Hort die Existenz eines außergewöhnlichen Schmucksatzes im geschlossenen Kontext, was in der Form weder aus Gräbern der Zeit noch aus Siedlungen bekannt ist.

Anhaltspunkte für die Signifikanz dieser Funde bietet möglicherweise die Diskussion um die Prunkgräber der Hallstattzeit. Frauen und die sog. „weiblichen" Gegenstände sind in den Prunkgräbern der frühen Eisenzeit eine relevante Erscheinung (Huth 2005c). Man spricht in diesem Zusammenhang sogar von der Matrilinearität (notabene: nicht Matriarchat[34]) einiger dieser Gemeinschaften der Hallstattzeit und nicht von einem Einfluss anderer Kulturen aus dem Mittelmeerraum (Bräuning 2009; Huth 2005c). Folglich musste die Macht durch Rückgriff auf die Mutterlinie legitimiert werden. Auch der Gründungsmythos der griechischen Koloniestadt von Massalia berichtet von der entscheidenden Rolle der Häuptlingstochter für die griechisch-keltische Zusammenarbeit bei der Errichtung der Siedlung (Pralon 1992). Die Tochter sollte einen jungen Mann zum Heiraten wählen, indem sie ihm einen Kelch überreichte. Griechische Seefahrer waren in der Region unterwegs und als sie den Anführer der Griechen sah, überreichte sie ihm den Kelch (ebd. 2). Französische Autoren weisen darauf hin, dass Schmucksätze wie von La Motte mit Beschreibungen, die die Griechen über fremde Völker verfassten, übereinstimmen (Verger 2003; Verger u. a. 2007, 163).

Die Unterscheidungen im Grabmaterial der Früheisenzeit sind eher auf eine geschlechtliche Dichotomie und weniger auf speziellen Status zurückzuführen. Dieser Sachverhalt weist Züge von Kontinuität auf von Ha C bis in Ha D1-D2. *„L'absence ou la sobriété des elements métalliques du costume sont les traits marquants des contextes masculins"* (Milcent 2004, 176). Wichtiger und auffälliger Bestandteil dieser Tradition ist das Gewicht der Schmuckstücke (ebd. 177). Dies spricht dafür, dass die beigegebenen Gegenstände keineswegs alltägliche Kleidungen wiedergeben. Die Schmuckbeigaben werden im Laufe von Ha D1-2 leichter und weisen starke Spuren von Nutzung auf. Milcent stellt in diesem Kontext die Frage, ob es sich hier um einen kulturellen Wandel handelt – von der Beigabe von zeremoniellem Schmuck zu alltäglicher Kleidung (ebd. 177 f.). Allerdings irrt er sich in der Einschätzung der Bedeutung des Quellenvergleiches zwischen Gräbern und Hortfunden, insbesondere hinsichtlich der Schmuckhorte. Ausstattungen wie in den Hortfunden gibt es in Gräbern nicht und die Berührungspunkte sind nur segmentär. Einzelne Elemente der Kleidungen wie die *pendeloques* und ihr Vorkommen in Gräbern werden überschätzt. Direkte Vergleiche wie mit dem Grab C4 aus Cazevieille (dép. Hérault, FR) sind somit hinfällig. Gräber geben höchstens Einblicke in Tragweise und Kleidungssitten. Aber es ist bemerkenswert, wenn ein scheinbar vollständiger Schmucksatz wie in Blanot (dép. Côte-d'Or, FR), Mathay (dép. Doubs, FR), La Motte (dép. Hérault, FR) oder Réallon (2) (dép. Hautes-Alpes, FR) nicht in derselben Weise in den Gräber vorkommt. Das weist darauf hin, dass die Auswahlprozesse von Grabbeigaben und die von Bestandteilen eines Depotfunds auf unterschiedliche Anlässe zurückgehen.

Möglicherweise weist das Fundbild der Hortfunde in seinen Verbindungen (Schmuck und Gefäße, Waffen und Gefäße) und in seiner Divergenz (Schmuck taucht nicht mit Waffen auf) auf eine Trennbarkeit der Frauen- und Männerwelt im Ritualgeschehen hin.

---

34 Eine Anmerkung, dass die matrilineare Legitimation die Vorherrschaft der Männer in der Machtverfassung der Zeit (z. B. Außenzuständigkeit der Männer, die in urbanen Gesellschaften zum Ausschluss der Frauen aus der Öffentlichkeit geführt hat, was ein Hindernis für die Machtpotenziale der weiblichen Individuen war) nicht verhindert, ist hier unangebracht. Die Reduktion der Gesellschaft als Vernetzung der Lebenspraxen auf ihre fundamentale Vernetzung, nämlich Macht, ist ein subjektivistischer Vorgang. Das machen Archäologen ständig, wenn sie in Bezug auf Matrilinearität behaupten, dass Frauen trotzdem einen ‚niederen Status' hätten. Individuen, die im Laufe der Geschichte ihre Interessen an Selbstbestimmung nicht vollständig befriedigen konnten, sind nicht ‚niedriger'. Das scheint mir absurd zu sein und das sagt mehr über die Archäologen aus, als über die Art und Weise wie Menschen andere Menschen in vergangenen Kulturen geschätzt haben.

Abb. 50: Tintinnabulum, Bologna, Tomba degli ori (Huth 2003, Taf. 81).

Ein Dualismus hinsichtlich der Geschlechter in Verbindung mit Waffen für Männer oder Schmuck für Frauen ist in der Urgeschichte auch nichts Neues. Ein dualistisches Denken ist in den kupferzeitlichen Stelen bekannt (vgl. die kupferzeitlichen Stelen: Arco I (H: 215 cm, B: 94 cm, D: 23cm) und Arco IV (H: 86 cm, B: 30 cm, D: 20 cm), wo die Verbindung von Waffen mit männlichen Geschlechtsmerkmalen und Schmuck mit weiblichen eindeutig belegt ist). Der Dualismus ist ebenso in den Gräbern der frühen Eisenzeit belegt. Und es gibt aus der frühen Eisenzeit ausreichend Belege für weibliche Aktivität im Ritualgeschehen (Abb. 26, Abb. 35, Abb. 49, Abb. 50). Die zeitliche Nähe und die Kontinuität gewisser Symbole legen die Vermutung nahe, dass es sich in der Spätbronzezeit um Vorläufer für die Motive oder um einschlägige Vorstellungen handeln könnte. Stimmt die Interpretation der Figuren von Gefäßträgerinnen als Priesterinnen, so handelt es sich kognitionstheoretisch um eine folgenreiche Entwicklung. Sobald der Mensch sich ihrer Mittlerrolle in der Beziehung mit dem Numinosen bewusst wird, werden nicht männliche, sondern weibliche Figuren in dieser wichtigen medialen Position dargestellt.

Außerdem haben Frauen in den kosmologischen Vorstellungen der Eisenzeit eine bedeutsame Rolle, wie die Szenen aus dem Umfeld der Situlenkunst belegen. Das Motiv der Trankspenderin kommt auch in der Situlenkunst vor und bei dem Kesselwagen von Strettweg. Allerdings könnten die Vorstellungen aus dem Situlenfest ebenso in den Prunkgräbern dinglich inszeniert worden sein. Die Betonung liegt hierbei auf der heiligen Hochzeit, welche für die durch die Mutter oder Frauenlinie legitimierte Macht extrem wichtig ist. Die Praxis der Mitgift ist für die Hallstattzeit auf der Thronlehne von Verucchio aus dem Kreis der Situlenkunst als Tüchertausch bekannt (Huth 2017, 178), wobei feine

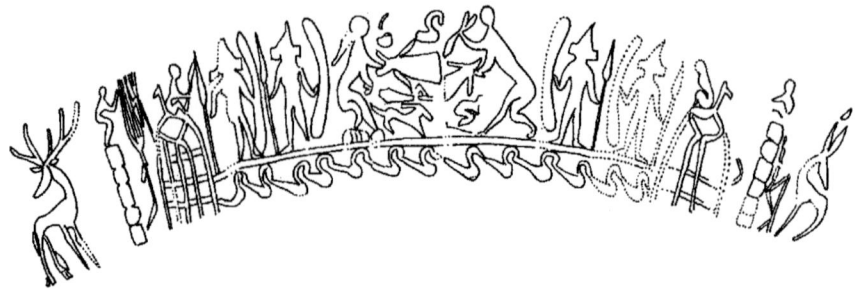

Abb. 51: Tüchertausch auf der Thronlehne von Verucchio Grab 89 (Kossack 1999, 66 Abb. 44 – Detail).

Textilien in der Rolle der Mitgift abgebildet werden (Abb. 51). So deuten einige Forscher die Präsenz von Textilien in den Prunkgräbern der Zeit zu Recht als Inszenierung für die Erzählung dieser wichtigen Hochzeit. Während der Eisenzeit übernehmen feine Textilien die Rolle als Attribut der Frauen, weil sie diese auch selbst herstellen. Penelope ist der bekannteste Fall einer treuen Ehefrau, die eine neue Hochzeit verzögert, indem sie ihr Tuch absichtlich zerstört und nie wirklich zum Ende bringt. Aber ein Fragment, das der Dichterin Sappho zugeschrieben wird, weist auch auf die assoziative Bedeutung des Webens hin (s. u.). Die hergestellten Textilien hatten sicherlich eine beeindruckende Qualität, für die die Adjektive im Boethius Zitat oben übernommen werden könnten. Nirgendwo kommt die Bedeutung der Textilherstellung als weibliche Tätigkeit so deutlich zum Vorschein wie in Daunien (Nava 1979; Norman 2009), wo die Zahl der Stelen mit dieser Thematik beeindruckt. Hätte man sich darauf ideologietheoretisch konzentriert, wäre das „Weibliche" in den Vordergrund der Vorgeschichte gerückt – auch für die Spätbronzezeit. Der Hort von Drouwen in Holland (Louwe Kooijmans u. a. 2005, 642 Abb. 27.6) stellt einen interessanten Vergleich dar. Es ist nicht sicher, ob die Deponierung zu einem Grab gehört oder sekundär auf dem Grab deponiert wurde. Es ist in diesem Zusammenhang bemerkenswert, wie ein Gerät zur Verzierung von Bronze (möglicherweise zum Eingravieren von konzentrischen Kreisen) (Butler 1979) mit einem Bronzehandwerker in Verbindung gebracht wird. Es ist genauso möglich, dass Instrumente zur Verzierung zu den sozial relevanten Tätigkeiten des mit dem Depot zusammenhängenden Subjekts zählen, das wahrscheinlich eine Frau war (Louwe Kooijmans u. a. 2005, 643).

Es gibt ethnographische Vergleiche für Hochzeitskleider mit Kleidungszubehör von großem Gewicht und kostbaren Textilien (siehe Baldizzone und Baldizzone 2001, 182) wie die Suntiang Krone der Minangkabau in Sumatra, die ca. 6 kg wiegen (Abb. 52). Schwere Schmucksätze und feine Textilien schließen sich nicht aus (vgl. Abb. 49 und Abb. 51). Vorstellbar ist jedoch, dass der materielle Reiz vom Metall während der Spätbronzezeit stärker ist, während Textilien in der Eisenzeit durchaus begehrte Waren und in Griechenland für den ökonomischen Wert – wortwörtlich: für den Haushalt – geschätzt werden (Norman 2011, 45). Im Gewicht der Schmucksätze kann sich spürbar der Wert ausdrücken. In diesem Zusammenhang von Hochzeitsnarrativen repräsentieren die Kleider und Schmucksätze die Würde der Frauen (Braut oder Mutter) und ihre ursprüngliche Familie, mit der sie eine substanzielle Einheit bilden. Im Kontext der frühen Eisenzeit (anbrechende, archaische Machtakkumulation durch lokale Herrschaften und ein matrilineares Familienverständnis) haben weder die Herkunftsfamilien noch der neue Familiennukleus ein Interesse daran, dass die Braut sich vollständig von der

Abb. 52: Eine *Suntiang*, die Hochzeitskrone der Minangkabau in Sumatra. (Umzeichnung D. Heller nach Wikipedia).

Substanz ihrer Herkunftsfamilien ablöst. Herkunftsfamilien haben schon immer die Trennung von der Tochter als einen diffusen Verlust wahrgenommen, was zu der Praxis des Brautpreises geführt hat. Der Brautpreis geht mit der Gefahr einer Herabwürdigung sowohl der Braut, die möglicherweise missverständlich als Ware gesehen werden könnte, als auch der Familien, die in Gesellschaften mit fortschreitender Differenzierung im sozialen Ansehen viel Wert auf den eigenen Status legen, einher (Goody und Tambiah 1973; Dux 1994; 1992). Eine derartige Herabwürdigung interessiert niemanden mit einer matrilinearen Organisation der Familien. Die Vermutung liegt nahe, dass zeremonielle Kleidungen und Schmuckausstattungen auch schon in der Spätbronzezeit ähnlichen Zwecken der Repräsentation der Würde der Frauen und ihre Familien dienten, wobei die anbrechende soziale Differenzierung und archaische Machtakkumulation der lokalen Herrschaften der Eisenzeit die Darstellung der Aristeia der Bräute für eine matrilineare Legitimation gerade notwendig macht.

Abb. 53: Das Motiv des Symplegmas 1: auf einem Gürtelblech, Brezje, Slowenien, Grab (Kossack 1999, 89 Abb. 63) und 2: auf einer Situla, Sanzeno, Italien, Grab (Huth 2003, Taf. 60).

Bestattungspraxen verbindet man mit Trennung, Verlust, Übergang, Veränderung, Ende und Neuanfang oder mit einer hygienischen Haltung. Man kann magisch und rituell versuchen, den Tod zu einem neuen Anfang zu machen oder die Wiederkehr der Weltsubstanz zu fördern. Auch eine Hochzeit ist ein Übergangsritus. Und trotz aller Trennung und Veränderung setzt sich mit einer Hochzeit das Leben *realiter* durch – wenn alles wie erwartet läuft. Vor dem Hintergrund versteht man die symbolische Verbindung zwischen Bestattung und Hochzeit in archaischen Kulturen. Die Hochzeitspraxen sind in Verbindung mit den Bedürfnissen nach Liebe und Autonomie zu verstehen. Familien bzw. Geschlechter entstehen dadurch und sie werden zum „Bodensatz der Gesellschaft" (Dux 1992; 1994). Im daunischen Gebiet errichtet man Grabstelen mit der Hochzeitsthematik im Zentrum und man zelebriert gleichzeitig die Webtechnik (Norman 2011). Die Situlen im nördlichen Bereich der italischen Halbinsel weisen auf eine Vergöttlichung der Praxen hin. Dies hat dem Machtanspruch der wettkämpfenden lokalen Herrschaften gedient. Stimmt die Interpretation der abgebildeten Frau auf der Situla als Priesterin aufgrund dessen, dass alle Figuren unter dem Hauptgeschehen der Apotheose untergeordnet sind (Huth 2003), so kommt das Symplegma mit einer Priesterin (Abb. 53), die eine Gottheit vertritt resp. verkörpert, der legitimatorischen Funktion sehr gelegen. Und es ähnelt den Praxen in anderen Kulturen, u. a. in der sumerischen (Kramer 1969; Lapinkivi 2008; vgl. Nissinen und Uro 2008b). Der Verstorbene ist mit der Gottheit. Der Hinterbliebene mit der Priesterin, die ihre Kraft aus dem göttlichen Ursprung schöpft – eventuell mit einer Schöpfkelle. Die numinose Substanz der Welt findet so ihren Weg unter Menschen zurück.

Der Tod und die Hochzeit sind wichtige Momente im Leben. Als archäologische Quellen liefern die Gräber Hinweise auf die Art, wie man mit dem Tod umgeht. Waffen können unter Umständen ebenso an das Morbide erinnern. Die Zeugnisse für die andere Zeremonie, die das Leben feiert wie keine andere, sind spärlich. Die Spezialisten in der Eisenzeit können darauf verweisen, dass Hochzeitszeremonien in den Gräbern der Zeit dinglich und bildlich inszeniert werden. Aber die Inszenierung einer „Heiligen Hochzeit" und die Vereinigung mit einer Gottheit hat kosmologische und politische Folgen (wie die Verbindung zu Fruchtbarkeitskulten, die rituelle Wiederbelebung der ursprünglichen Lebenskraft der Welt, Sakralisierung des Herrschers, Legitimierung der Herrschaft) (Nissinen und Uro 2008a; Lapinkivi 2008), die für die Bronzezeit zwar vorstellbar (wie Fruchtbarkeitsriten), aber schwieriger sind, stichhaltig nachzuweisen.

Darüber hinaus gelangt man dadurch zu keiner konkreten Erklärung, warum diese außergewöhnlichen Horte im Boden verblieben sind. Der Vorschlag, die Auswahl der Objekte in den Schmuckhorten geht auf ihre Anwendung als zeremonielles Kleid bei einer Hochzeit, und zwar einer echten zwischenmenschlichen, zurück, muss für den Moment ausreichen.

Immerhin baut die göttliche, herrschaftliche Version einer Hochzeit auf die zwischenmenschliche Zeremonie auf (Avagianou 2008, 148). Die kulturelle Universalität des Heiratens ist beeindruckend und hat fast etwas von einer Naturkonstanten – wie der Tod. Die Vielfalt der zeremoniellen Praxen ist jedoch sehr groß (Baldizzone und Baldizzone 2001; Westermarck 1925). Deswegen kann man über die konkreten Formen der rituellen oder solennen Aktivitäten sowie über die Organisationsformen der Familien nur spekulieren.

Mit diesen Überlegungen wird ein Kontext vorgeschlagen, in dessen Rahmen sich derartige Schmucksätze einfügen und ihre Nutzung einen historischen Sinn hatte. Aber der Grund für den Verbleib im Boden wird aus dieser rekonstruktiven Analyse nicht einsichtig. Aufgrund der negativen Definition dieser Quellenkategorie dient die Untersuchung von Hortfunden wie eine Metapher für das Leben – wo Dinge auch aus „unbekannten Gründen" passieren und Absichten nicht immer einsichtig sind. Dies gilt auch für die Riten. Denn das Faszinosum liegt im Netz der verwobenen Absichten. Unterschiedliche Motivationen wie konkurrierende Interessen spielen immer eine Rolle. Man kann das sapphische Fragment 102 unterschiedlich interpretieren. Man denkt zunächst daran, dass die lyrische Stimme nicht in der Lage ist, aus Liebeskummer eine alltägliche Tätigkeit auszuüben. Man kann diesen Text auch als ein Spiel mit der Idee deuten, dass die Braut vor der Hochzeit oder vor dem Übergang ins Erwachsenenleben ihre Textilkleidungen selber weben muss. Vor diesem Hintergrund erscheint das lyrische Ich jedoch in ihren Motivationen sehr geteilt:

Truly, sweet mother, I cannot weave my web, for I am overcome with desire for a boy because of slender Aphrodite (Fr. 102: Campbell 1982, 127)

Die Thematik, der lyrische Ton, die Empfindung und das Bewusstsein Sapphos entstehen unter anderen Bedingungen als Penelopes Treue oder die Subjektivität der „Damen" von Blanot, Mathay oder Agde. Aber es ging im Laufe der Geschichte nicht nur der lyrischen Dichterin so, dass sie ihre Augen auf einen anderen kurz vor der Hochzeit wirft. Vielleicht sind einige Schmuckdeponierungen Zeugnisse von geplatzten Hochzeiten. Man hat die Mitgift weggeworfen, mit dunkler Magie überzogen, geopfert oder geweiht, um eine Beziehung herzustellen oder sie zu reparieren. Oder weil die Mitgift verloren ging, durfte das Paar nicht heiraten – *Hélas*! Abschließend ist es nicht hilfreich, menschliche Angelegenheiten vor einer Matrix von Absichten zu verstehen. Ein Hochzeitslied aus Indien über das Thema der Mitgift weist auf die Vielfalt an Interessen in einer Hochzeit hin:

Today the dowry comes from Janakpur
O Mother, take the dowry.
Today the dowry comes from Janakpur
O Mother, take the dowry.
"Father growls the dowry is too small."
Today the dowry comes from Janakpur

O Mother, take the dowry.
"Pick up the dowry and take it away
My boy will stay a bachelor."
Today the dowry comes from Janakpur
O Mother, take the dowry. (Archer 1985, 60: The Dowry Song)

Eine königliche Mitgift wird gebracht. Die Mutter muss annehmen, damit die Zeremonie weitergeht. Aber sie empfindet es schwer, sich vom Sohn zu trennen. Auch der Vater schätzt die Mitgift gering. Die Braut und der Bräutigam wollen wahrscheinlich heiraten. Die Eltern haben auch ein Interesse an der Autonomieentwicklung der Kinder. Möglicherweise inszenieren sie das alles im Gesang, um negative Gefühle, die der Hochzeit entgegenstehen könnten, rechtzeitig zu verarbeiten. Der Rückgriff auf die Niederlegungsabsicht verstellt den Blick auf die Vielschichtigkeit der Quellenkategorie „Hortfunde", sowie man die Komplexität des Ritualgeschehens übersehen würde, will man die Hochzeit aus einer Hierarchie der Absichten her verstehen. Am Ende gewinnt das facettenreiche Leben.

6

Fazit

Der interpretative Ansatz in der Untersuchung der Hortfunde der Spätbronzezeit und frühen Eisenzeit ist bisher auf eine sehr synthetische Weise erfolgt. Die Hortfunde sind alle auf ein und dieselbe Weise kategorisiert worden, was empirisch nicht haltbar ist. Darüber hinaus beziehen sich die Deutungen sehr oft auf eine einzelne Aktion oder eine einzige Handlungsabsicht für die Deponierung, oder nur einen einzigen Kontext menschlicher Tätigkeit, gleichgültig, ob sie sakral, wirtschaftlich oder sozial aufgefasst ist. Wenn man verstehen will, warum das ein Problem ist und wie man darüber hinauskommt, muss man diese Denkblockade verstehen und erklären. So ging ich auf die Frage nach dem Paradigmenwechsel in den Sozialwissenschaften als Ganzes ein. Es geht darum, die reduktive Erklärungsstruktur und den wenig differenzierten Blick auf das Fundbild auf die Auswirkung eines Denkvorgangs zurückzuführen, der einem Paradigma folgt, das langsam überholt ist. Ich habe einige Gedanken von Joseph Déchelette als Beispiel benutzt. Der bis heute noch sehr respektierte, große französische Archäologe aus dem 19. Jh. staunte über die geometrische Verzierung der Bronzezeit und er fragte sich dabei, ob die Vielfalt der geometrischen Dekorationen nicht eher der Ausdruck eines Wunsches wäre, Langweile zu vermeiden. Mein Interesse richtete sich dann auf diese Verbindung der dekorativen Empfindung mit Trieben. Déchelettes Schreiben ist zwar elegant und seiner Zeit voraus, aber es zeigt ebenso, wie in den Momenten des Zweifels die Gewohnheit wieder erscheint, aus subjektiven Strukturen Erklärungen zu liefern, in der Form von Bemühungen, Trieben, Wünschen oder Werten. Ich leugne nicht, dass diese ja möglicherweise sogar für einige Ornamente eine Erklärung anbieten könnten, aber eben nicht für alle.

Auf die Rezeption von Schmuck wirken andere psychologische Strukturen ein, die ebenso zu einem Fetischismus führen. Das kann den Aussagewert dieser Gegenstandskategorie minimieren. Schmuckobjekte eignen sich aufgrund einer wohlgefallenden Eigenschaft im visuellen Feld hervorragend für libidinöse Besetzungsvorgänge. Sowie im Fetischismus mit Frauen, wo das männliche Subjekt lernt, die Frau als Lustobjekte auf Teilobjekte (z. B. Schuhe) zu reduzieren, aus einer Angst, das Lustobjekt als unabhängiges Subjekt anzuerkennen, so kann die ganze Lebenswelt der Menschen verloren gehen in einer phänomenologischen, deskriptiven Auseinandersetzung mit Schmuck und seiner phänomenalen Wirkung auf die visuelle Erfahrung. Psychologische Faktoren beeinflussen das Epochenbild der Spätbronzezeit und der frühen Eisenzeit ebenso stark wie kognitive. Es ist ein kognitiver Fehler, die Diskussionen um die Lebenswelt (der Frauen) auf Macht und Stand in der Gesellschaft zurückzuführen. Das ist reduktionistisch, denn man reduziert die multidimensionalen Vernetzungen der Lebenspraxen auf ihre grundlegende Verbindung, nämlich Macht.

Der handlungslogische Absolutismus besteht in der Moderne gleichzeitig mit dem Bewusstsein der Konvergenz der Welt auf einen Erkenntnisprozess des Subjekts. Dies führt zu einer zugespitzten Aufwertung der subjektiven Eigenschaften des Selbst, wie dem Bewusstsein, der Affektivität oder dem substanzlogisch und als handelsmächtig aufgefasstem Ich. Deswegen ist das Denken der Moderne dadurch gekennzeichnet, dass das Selbst als ein erstes in der Welt gesetzt wird. Das Selbst wirkt wesentlicher als die Welt, welche als bloße Möglichkeit von Vereinzelungen aufgefasst wird. Die Erfahrung, die Erlebnisse, die Ästhetik und die Empfindung sind dann im Grunde der Welt gedacht. Diese moderne Eigentümlichkeit im Denken, wovon wir uns in unserer Zeit nur langsam distanzieren, kann zu Missverständnissen über die Rolle der Empfindung in anderen Kulturen führen. Hinzu kommt, dass die Vorliebe für die Perspektive des Einzelnen genau das übersieht, was wir eigentlich gewinnen können: ein Verständnis für den realen Entwicklungsprozess der Empfindung des Subjekts. Wenn also die Empfindung, hier mit der Schmuckkategorie in einer Ebene zusammengebracht, nicht durch eine phänomenologische oder intuitive Vision zugänglich ist, so bleibt ein strukturelles Verständnis für die Art und Weise, wie die mannigfaltigen Qualitäten der Empfindung zu einer Welt für die menschliche Lebensform durch Denken und Sprache gestaltet werden.

Verzierungsmuster entstehen nicht aus einem Kunstantrieb oder einem Wunsch heraus, sondern Muster entstehen im Herstellungskontext, der von den Möglichkeiten des Materials und der Produktivkräfte der Menschen abhängt. Gemäß dem naturvorgegebenen, visuellen Apparat des menschlichen Organismus werden Muster wie Symmetrien, virtuelle Zentren und abstrahierte Gestalten in visuellem Feld erkannt. Da Menschen sich seit der Kindheit an Herstellungsweisen und visuelle Formen in ihrer Umgebung gewöhnen und diese frühe Phase der Subjektentwicklung auch emotional beladen ist, werden bekannte Umgebungen auch affektiv verarbeitet. Das Gehirn speichert viele Informationen in der Umwelt und das führt zur Konstruktion eines Zuhausegefühls. Das Zuhausegefühl ist also Beispiel für die Konvergenz der Welt auf die bewusste Perspektive des Subjekts. Eine Schwerpunktsetzung auf dieses Gefühl ist der Hinweis auf das Aufblühen dieses Bewusstseins in der Moderne. Die Art und Weise, wie die Affektivität die Umgebungen verarbeitet, hängt jedoch vom historischen Kontext der Sozialisation ab. Eine Subjektbildung unter modernen Gesellschaftsverhältnissen fordert einen Grad an Subjektivität, welchen schriftlose Gesellschaften nicht nötig haben. Der Grad an Aufmerksamkeit auf die Innenwelt einschließlich der Affektivität, der in der Moderne erreicht wurde, ist nicht für alle Sozialisationsformen anzunehmen. Die prozesslogische Erklärung ist eine historisch-genetische Theorie. Neben dem Herstellungskontext ist es ebenso wichtig, die genetische Dimension der Verarbeitung von Erfahrungsfeldern und die historischen Kontexte, in denen dies geschieht, aufzuzeigen.

Die traditionelle Erklärungsstruktur ist auch präsent in den Interpretationen der iberischen Stelen der Spätbronzezeit und in Fragen von Macht und Ideologie. Die Beschäftigungen mit diesen Themen weisen eine substanzlogische Auffassung von Gesellschaft, eine Subjektivierung von Kommunikationsmedien (wie Denken und Sprache) und eine Substanzialisierung von mächtigen Subjekten auf. All diese Aspekte stehen einer kritischen Auseinandersetzung im Wege. Außerdem führt die Diskussion über die Stelen die Thematik der Konzentration in der Forschung auf Gewalt und Waffen ein, welche der

Untersuchung von Ornamenten in der Spätbronzezeit schadet. Ein Formenschatz, der Unterschiede nur mit größeren Abständen deutlich werden lässt, und wiederkehrende Motive in den Bildern verstärken den Eindruck von Einheitlichkeit in der Spätbronzezeit. Es war eine Periode von weiträumigen Kontakten und konstanten Tauschbeziehungen, was den Aufbau eines Kommunikationsnetzes förderte. Aber ein substanzlogisches Verständnis von wiederkehrender Vergesellschaftung und Gemeinsamkeiten ist immer falsch, denn es setzt die soziale Ordnung voraus, die tatsächlich durch die Verhaltensweise der Subjekte gestaltet wird. Die traditionelle Erklärung ist auch subjektivisch. Sie sucht eine Erklärung für Ereignisse in einem das Ereignis verursachenden Subjekt. Diese Erklärungsweise ermöglicht auch eine Subjektivierung von Objekten und Medien wie dem Denken oder der Sprache. Dementsprechend sind in den Interpretationen der Stelen Aussagen darüber zu finden, wie die Bilder handelten, um ideologische Effekte und Affekte in den anderen Gemeinschaftsmitgliedern zu erzeugen. Wenn man auf diese Weise denkt, subjektiviert man Objekte, wie die Stelen oder deren Bilder, in einem Denkprozess, der nicht unähnlich ist, wie die urgeschichtlichen Gemeinschaften ihre Konstruktionen selbst erklären würden. Aber das größte Problem dabei ist, dass diese Art und Weise, die Welt zu erklären, Geschichte als eine Abfolge von Handlungen versteht, was die Handlungen der Medien (des Denkens und der Sprache) einschließt. Das geschieht jedoch unabhängig davon, dass Denken und Sprache nicht wirklich handeln, da die einzigen Agenten in der Welt die einzelnen Subjekte sind. Diese handeln mittels des Denkens und der Sprache. Dem traditionellen Paradigma nach errichtet jemand oder lässt die Stelen errichten, damit das Bild dann die Wirkung schafft, das Publikum zu dominieren. Was aber, wenn das Publikum das nicht einfach so akzeptiert, oder an den Bildinhalt nicht glaubt? So kommt diese Lesart der Welt zum Stillstand, in dem Moment, wo man versucht, irgendeine Autonomie den wahren Subjekten der Geschichte zuzubilligen, nämlich unseren Gattungsmitgliedern. Außerdem führt dieser Blick auf die Vergangenheit dazu, dass einige Autoren in der Geschichte nur die dramatischsten Handlungen beobachten, wie z. B. Kriege. Dabei substanzialisieren sie die Subjekte einer bestimmten Epoche. Man wandelt einige geschichtliche Subjekte in Helden um. Das ist möglicherweise die Art und Weise, wie die mächtigen Subjekte sich selbst gern betrachten würden. Aber das ist nicht die wissenschaftliche Form der Beschäftigung mit der Vergangenheit. Die Geschichte ist nämlich nicht eine Abfolge der Handlungen der Helden, sondern die Veränderungen in der Organisation der Lebensformen, mit denen die Menschen sich der Welt öffnen (Dux 2017b, 12). Damit wir die wahren Konstrukteure von vergangen Sinnwelten nicht vergessen, ist es wichtig, den Paradigmenwechsel zu verstehen.

Zu einer modernen Erklärung gehört die Rekonstruktion der sozialen Strukturen auf einer historischen Ebene. Die Rekonstruktion der Subjektbildung bildet die andere Ebene. Macht kann in diesen Gesellschaften durch Gewalt vermittelt werden und seit dem Neolithikum ist die Strategie bekannt, Prestige und Einfluss durch die Akkumulation von Eigentum zu steigern. Waffen kann man also eine Funktion sowohl in der Eigentums- als auch in der Machtverfassung der Zeit zusprechen. Auf der subjektiven Ebene kann man viele Informationen aus den bildlichen Darstellungen entnehmen, wie z. B. in Bezug auf die kognitive Kompetenz, bildliche Darstellungen umzusetzen, um dreidimensionale Objekte in zweidimensionalen Flächen zu befestigen. Aber ganz deutlich wird auch die Substanzlogik in diesen Bildern, indem die Bildmacher versuchten, irgendeinen hervorgehobenen Teil der Welt aufzuzeigen, andere Menschen aber schnell merkten, dass auch andere Eigenschaften, die aus ein und demselben Ursprung emanieren, wichtig sind. Das erklärt die Hinzufügung weiterer, neuer Elemente auf den Stelen. Selbst wenn dies in unterschiedlichen Perioden geschah, setzten diese Darstellungen und Implementierungen die gleiche Substanzlogik um. Die Grammatik selbst ist subjektivisch strukturiert und die Erwartung, dass die Darstellung der Bildsujets die Form von Narrativen annimmt, geht aus der handlungslogischen und ursprunglogischen Struktur berechtigt hervor. Dies nachzuweisen ist eine andere Geschichte, denn die Unterschiede in Motivauswahl und - zusammensetzung sind genauso deutlich wie Ähnlichkeiten im Bildmotiv (z. B. zwischen iberischen Stelen und skandinavischen Felsbildern). All dies verstärkt nun den Eindruck, es handele sich in der Urgeschichte häufiger um die Konvergenz der Ausdrucks- und Kommunikationsformen in verschiedenen Kulturen als um Austauschbeziehungen und Einflüsse. Ein weiterer diskutierter Aspekt bezieht sich auf die systemtheoretische Deutung dieser Abbildungen, welche Unterstützung in einer sogenannten paneuropäischen Ideologie sucht, wobei die Abbildungen die Werte des Sozialsystems bildlich umsetzen sollen. Die Argumentation eines Autors wie Harrison, der als ein hervorragendes Beispiel für eine ganze Denktradition innerhalb der Archäologie dienen kann, tendiert in seinem ganzen Werk dazu, Ideologien und Kommunikationsmittel subjektivisch aufzufassen. Sie vereinzelt die Zeichen selbst als soziale Agenzien, wenngleich, ganz im Gegenteil, allein die Gattungsmitglieder der Menschheit in der Welt handeln. Die Rekonstruktion auf der subjektiven Ebene führt überdies zu der Anerkennung, dass gerade die Perspektive, die eine Verbindung von Gewalt, Prestige und Selbstdarstellung für sinnvoll hält, aus ähnlichen Bedingungen entsteht, wie es ein Blick auf die Spätbronzezeit tut, der sich allein auf die Männerwelt konzentriert. Gerade die Unsicherheit, zu den hegemonialen Gruppen zu gehören, und der Konflikt zwischen Autonomie und Angewiesenheit schaffen das Bedürfnis von Selbstdarstellung.

Schließlich sind die Deutungen der Hortfunde ein passendes Beispiel dafür, wie das althergebrachte Paradigma die Forschung beeinträchtigt und retardiert, solange die Autoren allein eine reduktionistische und einzige Erklärung verlangen. Eine einzige Erklärung, die alles erklären sollte, kann am Ende nichts wirklich erklären. Dies ist eine dem alten Paradigma folgende Erklärungsgewohnheit: hinter ein Geschehen oder Objekt zu denken, um seinen Ursprung als letzte Ursache zu suchen. Man erwartet dadurch, dass die Erklärung für alle weiteren an das Thema gebundenen Erscheinungen gültig sei. Die Suche nach einer einzigen Absicht, welche alle Horte erklärt, steht jedoch in einem direkten Widerspruch zu der Definition von Hortfunden selbst, denn die Quellenkategorie ist negativ definiert, als eine absichtliche Auswahl von Objekten aus unbekannten Gründen. Dennoch, unter dem Zwang der alten Deutungsstruktur des althergebrachten Paradigmas suchen die Forscher unaufhörlich weiter nach irgendeiner konkreten Absicht oder einer anderen subjektivischen Struktur hinter dem Problem, woraus sie eine endgültige Aufklärung der (gesamten) Quelle beanspruchen. Und da Depotfunde nur negativ definierte Erscheinungen betiteln, verwechseln viele Autoren weiterhin die negative Definition mit einer Erlaubnis, basierend auf der subjektivischen Handlungslogik diverseste Szenarien zu entwerfen, wobei die Objektivität jeder Aussage verloren geht. Diese Ansätze suchen dann eine Lizenz in der Verabsolutierung von Postulaten der Moderne (der Konvergenz der Wahrheit auf das erkennende Subjekt und der Konstruktivität). Sie vergessen dabei, an den Vorrang der Natur zu denken.

Die Annahmen, dass die Natur und die organische Ausstattung konstant bleiben und alle Menschen ihr kulturelles Wissen aus einem Nullpunkt erwerben müssen, bringen mit sich zwei Konsequenzen. Zunächst ist die Handlungsebene als die Ebene des Organismus ein und dieselbe für alle Menschen. Zweitens müssen primäre Denksysteme strukturelle Ähnlichkeiten haben. Das ermöglicht Verstehen und die Untersuchung von urgeschichtlichen Denkformen, an die Handlungen angeschlossen wurden. Das führt dazu, dass vieles, was im Leben praktisch ist, eigentlich nicht sehr fremd sein kann und vieles, was fremd erscheint, eigentlich von einem im Subjekt entwickelten Deutungssystem der Realität abhängt. Dieses Deutungssystem nennt man subjektivisch. Die Brucherzhorte z. B. konnten nur in einem bestimmten wirtschaftlichen Kontext vorkommen, mit ausgefeilter Bronzetechnologie, Austausch, und Schwankungen in letzterem, v. a. zu Beginn der Eisenzeit. Die praktische Dimension des Entstehungsprozesses dieser Quelle steht außer Frage. Die anderen, sog. besonderen Hortfunde ritueller Art sind in einem Kontext entstanden, wo die Welt der Subjekte über subjektivische Strukturen vorgestellt wird. Die Ursprungs- und die Substanzlogik bilden die Bedingungen der Möglichkeit einer gegenständlichen Repräsentation von Menschen oder Gottheiten. Der Sinn dahinter ist durch die Bildung des Denksystems in archaischen Verhältnissen erklärbar. Dass man handelnd versucht, mit Situationen zurechtzukommen, ist sowohl durch die kognitive Entwicklung der Menschen zu erklären, als auch dadurch, dass in einer subjektivischen Welt, wo alles lebt, und Kommunikation wesentlich sein kann, es besser ist zu handeln und etwas zu machen, als es zu unterlassen und die Konsequenzen von bösen Absichten zu erfahren. Aus einer biologischen Nötigung heraus lernen Subjekte früh, dass sie Interessen und Motivationen nur durch Handlung durchsetzen können. All das macht die konkreten Operationen und das handelnde Denken von archaischen Denksystemen auch verständlich – wenn nicht faszinierend.

All die oben genannten Probleme helfen uns den Grund zu verstehen, warum die subjektivische Struktur der Argumentation so widerstandsfähig ist in den Hortfunddiskussionen. Allein die Erwartung selbst, eine einzige Erklärung in der Niederlegungsabsicht der jeweiligen Subjekte zu finden, ist Opfer eines Trugschlusses: einen festen Punkt in der Existenz zu untersuchen, um daraus einen absoluten Ursprung für die vorgefundenen Erscheinungen zu finden, die erklärungsbedürftig erscheinen. Im Fall der Stelen werden sie als fertige Produkte im Verstand vereinzelt, wobei der Grund, warum sie auf spezifische Art gebaut worden sind, in den Machtinteressen der Subjekte gesucht wird. Aber sobald diese Machtinteressen als diffus und nicht hundertprozentig durchsetzungsfähig gedacht werden und die erwartungsgemäße Erklärungssituation problematisch wird, treten die Machtzeichen und -insignien in den Stelen in die aktive Rolle als Ursache der Ideologie, welche wie ein Subjekt die Handlungskraft hätten, Überzeugung bei den Unterdrückten zu erzeugen. Die Niederlegungsabsichten erfüllen eine ähnliche Rolle in der Forschung zu den Hortfunden wie die Ideologie in Bezug auf die Bilderwelten. Die Absichten haben als heuristisches Werkzeug ihren forschungsgeschichtlichen Beitrag für die Analyse der Hortfunde bereits geleistet. Unterstützt durch diese Kategorien hat man es geschafft, aufgrund der Beschaffenheit der Quelle hilfreiche Deutungsrichtungen (rituell, profan) vorzuschlagen, die zur Orientierung dienen. Trotzdem muss man ihren Aussagewert kritisch beurteilen und als Erklärungsbestandteil relativieren.

Zusammengefasst war die Frage, ob wir mit irgendeiner Quellengattung auf eine differenzierte, ausbalancierte und qualifizierte Sicht auf die Spätbronzezeit kommen könnten. Die Antwort war, fast wie eine Ironie der Forschungsgeschichte, eine affirmative. Gerade die Hortfunde, welche bisher reduktionistisch verstanden wurden, weisen auf diese anderen Lebensbereiche hin. Und durch die Auswahl der Funde in den Depots sind Zeugnisse kognitiver Vorgänge und Lebenspraxen bekannt, die sich zu Gewohnheiten institutionalisiert haben. Die Einen schließen sich an eine wirtschaftliche Handlungskette an. Andere schließen sich an eine Evolution der rituellen Formen von der Bronze- bis in die Eisenzeit an. Aber warum die für das Recycling sinnvollen Brucherzdepots im Boden niedergelegt wurden, oder aus welchem einzigartigen Anlass die Gewässer-, Waffen-, Schmuck-, und Gefäßhorte deponiert worden sind, sind Fragen, die nicht völlig aufgeklärt werden können. Die Absichten, und darin liegt das Schicksal der Hortfunde, sind nicht mehr erlebbar.

7

Literaturverzeichnis

Adam, J.-P. 1975, *L'archéologie devant l'imposture*, Paris: Laffont.
Adorno, T. W. 1955, Kritik des logischen Absolutismus, in: *Archiv für Philosophie*, Stuttgart: W. Kohlhammer Verlag.
------ 1993, Einleitung in die Soziologie (1968), *Nachgelassene Schriften*, Bd. 15, Gödde, C. (Hg.), Frankfurt (Main): Suhrkamp.
------ 1995, Kants „Kritik der reinen Vernunft" (1959), *Nachgelassene Schriften*, Bd. 4, Tiedemann, R. (Hg.), Frankfurt am Main: Suhrkamp.
Alford, R. 1996, Adornment, in: Levinson, D. und Ember, M. (Hg.), *Encyclopedia of cultural anthropology*, 1, 7-9.
Almgren, O. 1934, *Nordische Felszeichnungen als religiöse Urkunden*, Frankfurt am Main: Diesterweg.
Alt, K. W. und Betschart, M. 2007, *La Tène: die Untersuchung – die Fragen – die Antworten; die Publikation zum Stand der Forschung und ihrer Geschichte; Keltenjahr 2007*, Biel: Verlag Museum Schwab.
Althin, C.-A. 1945, *Studien zu den bronzezeitlichen Felszeichnungen von Skåne*, Lund: Gleerup.
Araque Gonzalez, R. 2014, Social Organization in Nuragic Sardinia: Cultural Progress Without 'Elites'?, *Cambridge Archaeological Journal*, 24/1: 141-161.
------ 2018, *Inter-cultural Communications and Iconography in the Western Mediterranean During the Late Bronze Age and the Early Iron Age*, Rahden/Westf: Verlag Marie Leidorf.
Archer, W. G. 1985, *Songs for the bride: wedding rites of rural India*, New York: Columbia Univ. Pr.
Arnal, J., Couchard, J. L. und Lorblanchet, M. 1969, La grotte de Roucadour (Thémines, Lot), *Archivode Prehistoria Levantina*, 12: 55-91.
Aspes, A. (Hg.) 1984, *Il Veneto nell'antichitá: 1-2. Preistoria e protoistoria*, Verona: Banca Popolare di Verona.
Audouze, F. 1976, Les ceintures et ornements de ceinture de l'Age du Bronze en France (suite). Ceintures et ornements de ceinture en bronze, *Gallia préhistoire*, 19: 69-172.
Avagianou, A. A. 2008, Hieros Gamos in Ancient Greek Religion: The Human Aspect of Sacralized Ritual, in: Nissinen, M. und Uro, R. (Hg.), *Sacred marriages: the divine-human sexual metaphor from Sumer to early Christianity*, Winona Lake, Ind.: Eisenbrauns, 145-172.

Baitinger, H. 2002, *Das Rätsel der Kelten vom Glauberg: Glaube, Mythos, Wirklichkeit*, Darmstadt: Wiss. Buchges.

------ 2016, Metallfunde in sizilischen Kontexten des 8. bis 5. Jahrhunderts v. Chr: Anzeiger von Identität oder „Internationalität"?, in: Baitinger, H. (Hg.), *Materielle Kultur und Identität im Spannungsfeld zwischen mediterraner Welt und Mitteleuropa*, Mainz: Verlag des Römisch-Germanischen Zentralmuseums, 33-48.

Baldizzone, T. und Baldizzone, G. 2001, *Wedding ceremonies: ethnic symbols, costume and rituals*, Paris: Flammarion.

Barbour, I. G. 1997, *Religion and science: historical and contemporary issues*, San Francisco: HarperSanFrancisco.

Baron, J. 2012, Ritual context of pottery deposits from late Bronze Age settlement in Wrocław Widawa, south-western Poland, *Journal of Archaeology and Ancient History*, 3.

Becker, C. J. 1947, Mosefunde lerkar fra yngre Stenalder, in: *Aarbøger*, 1–318.

------ 1970, Zur Frage der eisenzeitlichen Moorgefäße in Dänemark, in: *Vorgeschichtliche Heiligtümer und Opferplätze in Mittel- und Nordeuropa*, Göttingen, 119–166.

Bellah, R. N. 1964, Religious Evolution, *American Sociological Review*, 29/3: 358-374.

Belley, A. M. 1998, *Dei di pietra: la grande statuaria antropomorfa nell'Europa del III millennio a.C.*, Milano: Skira.

Bernbeck, R. 2003, Die Vorstellung der Welt als Wille: Zur Identifikation von intentionellem Handeln in archäologischen Kontexten, in: Heinz, M., Eggert, M. K. H. und Veit, U. (Hg.), *Zwischen Erklären und Verstehen? Beiträge zu den erkenntnistheoretischen Grundlagen archäologischer Interpretation*, Münster: Waxmann, 201-237.

Bertilsson, U. 1989, Space, Economy and Society: The Rock Carvings of Northern Bohuslän, in: Larsson, T. B. und Lundmark, H. (Hg.), *Approaches to Swedish prehistory: a spectrum of problems and perspectives in contemporary research*, Oxford: B.A.R, 287-321.

Blanchet, J.-C. 1984, *Les premiers métallurgistes en Picardie et dans le Nord de la France: Chalcolithique, Âge du Bronze et début du premier Âge du Fer*, Paris: Société Préhistorique Française.

Bloch, M. 2012, *Anthropology and the cognitive challenge*, Cambridge: Cambridge Univ. Pr.

Boethius, A. M. S. 1981, *Trost der Philosophie: lateinisch und deutsch*, Zürich: Artemis-Verl.

Bonnamour, L. 1990a, *Du silex à la poudre. 4000 ans d'armement en val de Saône. Catalogue de l'exposition [Chalon-sur-Saône] 1990-1991*, Montagnac: Mergoil.

------ 1990b, Les armes de l'Âge du Bronze dans la Vallée de la Saône, in: *Du silex à la poudre: 4000 ans d'armement en val de Saône. Exposition 1990-1991*, Montagnac: Mergoil, 21-51.

------ (Hg.) 2000, *Archéologie des fleuves et des rivières*, Paris: Editions Errance.

Boulud, S. 1998, Les épées de l'Âge du Bronze final dans la vallée de la Saône, in: Mordant, C. und Pernot, M. (Hg.), *L'atelier du bronzier en Europe (3) du 20e au 8e siècle avant notre ère. Actes du Colloque International „Bronze '96", Neuchâtel et Dijon, 1996. 3. Production, circulation et consommation du bronze*, Paris: CTHS, 103-114.

Boulud, S. und Fily, M. 2009, Les dépôts métalliques de l' extrême fin du bronze final en Bretagne: Nouvelle évaluation des données à la lumière des découvertes récentes, in: *De l'Âge du Bronze à l'Âge du fer en France et en Europe Occidentale. (10e-7e siècle av. J.-C.). La moyenne vallée du Rhône aux Âges du Fer, actualité de la recherche. Actes du 30e Colloque International de L'A.F.E.A.F., co-organisé avec L'A.P.R.A.B. Saint-Roman-en-Gal 26-28 mai 2006*, Revue archéologique de l'Est. Supplément, Dijon: Musee Gallo-Romain du Rhône, 283-298.

Bradley, R. 2007, The prehistory of Britain and Ireland, Cambrigde: Cambridge Univ. Pr.

Brandherm, D. und Rovira Llorens, S. 2007, *Las espadas del Bronce Final en la península Ibérica y Baleares*, Stuttgart: Steiner.

Brather, S. 2004, *Ethnische Interpretationen in der frühgeschichtlichen Archäologie: Geschichte, Grundlagen und Alternativen*, Berlin: W. de Gruyter.

Bräuning, A. 2009, Überlegungen zu reich ausgestatteten Frauengräbern im westlichen Späthallstattkreis, in: Biel, J., Heiligmann, J., Krausse, D. und Planck, D. (Hg.), *Landesarchäologie. Festschrift für Dieter Planck zum 65. Geburtstag*, Stuttgart: Theiss, 131-142.

Briard, J. 1984, Les tumulus d'armorique, *L'Âge du Bronze en France*, 3, Paris: Picard.

------- 1996, Symboles religieuses, lieux de culte et dépôts votifs de l'Âge du Bronze en Armorique, in: Almagro Gorbea, M. (Hg.), *Archäologische Forschungen zum Kultgeschehen in der jüngeren Bronzezeit und frühen Eisenzeit Alteuropas. Ergebnisse eines Kolloquiums in Regensburg, 4.-7. Oktober 1993*, Regensburg: Univ.-Verl., 169-181.

Brunner-Traut, E. 1996, *Frühformen des Erkennens: Aspektive im Alten Ägypten*, Darmstadt: Wissenschaftliche Buchgesellschaft.

Buchdahl, G. 1969, *Metaphysics and the philosophy of science: the classical origins Descartes to Kant*, Cambridge, Mass.: MIT-Press.

------- 1992, *Kant and the dynamics of reason: essays on the structure of Kant's philosophy*, Oxford [u.a.]: Blackwell.

Burgess, C., Coombs, D. und Davies, G. 1972, The Broadward Complex and Barbed Spearheads, in: Lynch, F. und Burgess, C. (Hg.), *Prehistoric Man in Wales and the West. Essays in honour of Lily F. Chitty*, Bath, 211-283.

Butchvarov, P. 1979, *Being qua being: a theory of identity, existence, and predication*, Bloomington, Ind.: Indiana Univ. Pr.

Butler, J. J. 1979, A Late Bronze Age drawing instrument?, *Palaeohistoria*, 21: 195-203.

Campbell, D. A. (Hg.) 1982, Greek lyric, *The Loeb classical library, 142, 144, 461, 476*, Bd. 1, Cambridge [u. a.]: Harvard Univ. Pr.

Camus, A. 2006, *Oeuvres complètes*, 1-4, Paris: Gallimard.

Capelle, T. 2008, *Bilderwelten der Bronzezeit: Felsbilder in Norddeutschland und Skandinavien*, Mainz am Rhein: von Zabern.

Chevillot, C. 1981, *La civilisation de la fin de l'Âge du Bronze en Périgord: le Bronze final III du Xe au VIIe siècle avant notre ère*, Périgueux: Éditions Médiapress.

Clarke, D. V., Cowie, T. G. und Foxon, A. 1985, *Symbols of power at the time of Stonehenge*, Edinburgh: National Museum of Antiquities of Scotland.

Clausing, C. 2002, Geschnürte Beinschienen der späten Bronze- und älteren Eisenzeit, *Jahrbuch des Römisch-Germanischen Zentralmuseums Mainz*, 49: 149-187.

Coles, J. M. 1994, *Bilder vergangener Zeiten: ein Wegweiser zu den Felsritzungen und anderen Altertümern in Nord Bohuslän*, Uddevalla: Bohusläns Museum.

Colpe, C. 1970, Theoretische Möglichkeiten zur Identifizierung von Heiligtümern und Interpretation von Opfern in ur-und parahistorischen Epochen, in: Jankuhn, H. (Hg.), *Vorgeschichtliche Heiligtümer und Opferplätze in Mittel-und Nordeuropa*, Göttingen: Vandenhoeck & Ruprecht, 18-39.

Courtois, J.-C. 1960, L'âge du bronze dans les Hautes-Alpes, *Gallia préhistoire*, 3/1: 47-108.

Coutil, L. 1913, La cachette de fondeur de Larnaud (Jura), in: *Congrès Préhistorique de France*, 45-69.

------ 1933, Ceintures à pendeloques et ornements de la fin de l'Age du Bronze et du Hallstatt, *Bulletin de la Société préhistorique française*, 30/5: 297-318.

Czarniawska, B. 2004, *Narratives in social science research*, London: Sage.

Czyborra, I. 1997, Gefäßdeponierungen Speise und Trank für Götter und Menschen, in: Hänsel, B. (Hg.) *Gaben an die Götter : Schätze der Bronzezeit Europas. Ausstellung der Freien Universität Berlin*, Berlin: Staatliche Museen, 87–92.

Dämmer, H.-W. 1986, San Pietro Montagnon *(Montegrotto): ein vorgeschichtliches Seeheiligtum in Venetien un santuario protostorico lacustre nel Veneto*, Mainz am Rhein: P. von Zabern.

David, W. 2002, Studien zu Ornamentik und Datierung der bronzezeitlichen Depotfundgruppe Hajdúsámson-Apa-Ighiel-Zajta: 1-2, *Bibliotheca Musei Apulensis, 18*, Alba Iulia: ALTIP S. A.

David-Elbiali, M. 2000, *La Suisse occidentale au 2e millénaire av: J.-C. Chronologie, culture, intégration européenne*, Lausanne: Cahiers d'Archéologie Romande.

------ 2009, Des femmes et des hommes dans l'arc alpin occidental entre le 12e et le 8e siècle av: J. – C, in: *De l'Âge du Bronze à l'Âge du fer en France et en Europe Occidentale. (10e-7e siècle av. J.-C.). (Thème spécialisé). La moyenne vallée du Rhône aux Âges du Fer, actualité de la recherche (Thème régional). Actes du 30e Colloque International de L'A.F.E.A.F., thème spécialisé co-organisé avec L'A.P.R.A.B. Saint-Roman-en-Gal 26-28 mai 2006*, Dijon: Musee Gallo-Romain du Rhône, 343-360.

------ 2011, A la recherche du guerrier dans les sépultures du Bronze ancien et moyen (2200-1300 av. J.-C.) en Europe centre-occidentale et en Italie du Nord, in: Baray, L., Honegger, M. und Dias-Meirinho, M.-H. (Hg.), *L'armement et l'image du guerrier dans les sociétés anciennes: de l'objet à la tombe: actes de la table ronde internationale et interdisciplinaire, Sens, CEREP, 4-5 juin 2009*, Collection Art, archéologie & patrimoine, Dijon: Éd. universitaires de Dijon, 189-224.

de Medeiros, J. E. M. 2018, Os desafios da educação patrimonial à altura do nosso tempo. in: Campos, J. B.; Rodrigues, M. H. S. G.; Santos, M. C. P. (Org.), *Patrimônio cultural, direito e meio ambiente, 3*, Curitiba: Multideia, 19-43.

Déchelette, J. 1924, *Manuel d'archéologie préhistorique celtique et gallo-romaine*, Bd. 2, Paris: Picard.

Despriée, J. 1978, Note sur les coupes en bronze du dépôt de Fresnes (Loir-et-Cher), *Revue archéologique du Centre de la France*, 17/1: 7-26.

Díaz-Guardamino, M. 2010, *Las estelas decoradas en la Prehistoria de la Península Ibérica*, PhD Thesis, Universidad Complutense de Madrid. Madrid.

Dissanayake, E. 2001, *Homo aestheticus: Where art comes from and why*, Seattle, London: Univ. of Washington Pr.

Dondio, W. 1995, *La regione atesina nella preistoria*, Bolzano: Raetia.

Dumont, A. 2002, *Les passages à gué de la Grande Saône: approche archéologique et historique d'un espace fluvial, (de Verdun-sur-le-Doubs à Lyon)*, Dijon: RAE.

Dumont, A. und Benoit, P. 2006, *Archéologie des lacs et des cours d'eau*, Paris: Ed. Errance.

Dux, G. 1987, Das Ende der Werte-Zur Selbstbehauptung des Subjekts, in: Olk, T. und Otto, H.-U. (Hg.), *Soziale Dienste im Wandel*, 139ff.

------ 1988, *Der Täter hinter dem Tun: zur soziologischen Kritik der Schuld*, Frankfurt am Main: Metzner.

------ 1989, *Die Zeit in der Geschichte: ihre Entwicklungslogik vom Mythos zur Weltzeit; mit kulturvergleichenden Untersuchungen in Brasilien (J. Mensing), Indien (G. Dux, K. Kälble, J. Meßmer) und Deutschland (B. Kiesel)*, Frankfurt am Main: Suhrkamp.

------ 1992, *Die Spur der Macht im Verhältnis der Geschlechter: über den Ursprung der Ungleichheit zwischen Frau und Mann*, Frankfurt am Main: Suhrkamp.

------ 1994, *Geschlecht und Gesellschaft: warum wir lieben; die romantische Liebe nach dem Verlust der Welt*, Frankfurt am Main: Suhrkamp.

------ 2004, *Die Moral in der prozessualen Logik der Moderne: warum wir sollen, was wir sollen*, Weilerswist: Velbrück Wissenschaft.

------ 2008, *Warum denn Gerechtigkeit. Die Logik des Kapitals: die Politik im Widerstreit mit der Ökonomie*, Weilerswist: Velbrück.

------ 2009, *Von allem Anfang an: Macht, nicht Gerechtigkeit: Studien zur Genese und historischen Entwicklung des Postulats der Gerechtigkeit*, Weilerswist: Velbrück.

------ 2013, *Demokratie als Lebensform: die Welt nach der Krise des Kapitalismus*, Weilerswist: Velbrück.

------ 2014, Die Genese der Philosophie. Ihre gattungsgeschichtliche Bedeutsamkeit, in: Dux, G. und Rüsen, J. (Hg.), *Strukturen des Denkens. Studien zur Geschichte des Geistes*, Springer, 103-123.

------ 2017a, *Die Evolution der humanen Lebensform als geistige Lebensform: Handeln • Denken • Sprechen*, Springer VS.

------ 2017b, *Die Logik der Weltbilder*, Wiesbaden: Springer VS.

------ 2017c, *Historisch-genetische Theorie der Kultur: Instabile Welten – Zur Prozessualen Logik im kulturellen Wandel*, Wiesbaden: Springer VS.

------ 2018, *Strukturwandel der Legitimation – Das Ende absoluter Werte*, Springer VS.

Egg, M. 1996, *Das hallstattzeitliche Fürstengrab von Strettweg bei Judenburg in der Obersteiermark*, Bonn: Verlag des Römisch-Germanischen Zentralmuseums.

Egg, M., Naso, A. und Rollinger, R. (Hg.) 2016, Waffen für die Götter: Waffenweihungen in Archäologie und Geschichte: Akten der internationalen Tagung am Institut für Archäologien der Leopold-Franzens-Universität, Innsbruck, 6.- 8. März 2013, *RGZM-Tagungen, 28*, Mainz: Verlag des Römisch-Germanischen Zentralmuseums.

Eggers, H. J. 2006, *Einführung in die Vorgeschichte*, scrîpvaz.

Eggert, M. K. H. 1995, Anthropologie, Ethnologie und Urgeschichte: zur Relativierung eines forschungsgeschichtlichen Mythologems, *Mitteilungen der Berliner Gesellschaft für Anthropologie, Ethnologie und Urgeschichte*, 16: 33-38.

------ 1998, Archäologie und Analogie: Bemerkungen zu einer Wissenschaft vom Fremden, *Mitteilungen der Anthropologischen Gesellschaft in Wien*, 128: 107-124.

------ 2003, Über Zimelien und Analogien: Epistemologisches zum sogenannten Südimport derspäten Hallstatt- und frühen Latènekultur, in: Heinz, M., Eggert, M. K. H. und Veit, U. (Hg.), *Zwischen Erklären und Verstehen? Beiträge zu den erkenntnistheoretischen Grundlagen archäologischer Interpretation*, Münster: Waxmann, 175-194.

------ 2008, *Prähistorische Archäologie: Konzepte und Methoden*, Tübingen [u. a.]: A. Francke.

Fernandes, S. L. de C. 1985, *Foundations of Objective Knowledge*, Reidel.

------ 1995, *Filosofia e consciência*, Rio de Janeiro: Areté.

------ 2005, *Ser Humano – um ensaio em antropologia filosófica*, Rio de Janeiro: Mukharajj.

Feugère, M. 1994, *Les casques antiques: visages de la guerre de Mycènes à l'Antiquité tardive* , Paris: Errance.

Feyerabend, P. 1995, *Wider den Methodenzwang*, Frankfurt a. M.: Suhrkamp.

Fischer, V. 2012, *Les bronzes en contexte palafittique sur les rives du Léman et des Trois-Lacs (Suisse occidentale)*, Lausanne: Cahiers d'Archéologie Romande.

------ 2016, The metal abundance in Swiss lakeshore settlements: an attempt to explain the phenomenon, in: Baitinger, H. (Hg.), *Materielle Kultur und Identität im Spannungsfeld zwischen mediterraner Welt und Mitteleuropa*, Mainz: Verlag des Römisch-Germanischen Zentralmuseums, 209-220.

Fontijn, D. R. 2012, Landscapes without boundaries? Some thoughts on Bronze Age deposition areas in north-west Europe, in: Hansen, S., Neumann, D. und Vachta, T. (Hg.), *Hort und Raum*, Berlin [u. a.]: De Gruyter, 49-68.

Forrer, R. 1910, Brandgrab der Bronzezeit von Geispolsheim-Lingolsheim, *Cah. d'Arch. et d'Hist. d'Als.*, 1.

Franchi Dell'Orto, L. 1999, *Die Picener – ein Volk Europas: Schirn-Kunsthalle, Frankfurt, 12. Dezember 1999 – 6. Februar 2000*, Roma: DeLuca.

Frey, O.-H. 2002, Menschen oder Heroen? Die Statuen vom Glauberg und die frühe keltische Grossplastik, in: Baitinger, H. (Hg.), *Das Rätsel der Kelten vom Glauberg: Glaube – Mythos – Wirklichkeit. Eine Ausstellung des Landes Hessen in der Schirn Kunsthalle Frankfurt 24. Mai bis 1. September 2002*, Stuttgart: Theiss, 208-218.

------ 2005, Situlenkunst, in: Beck, H., Geuenich, D. und Steuer, H. (Hg.), *Reallexikon der Germanischen Altertumskunde*, Berlin, New York: De Gruyter, 527-535.

Gabillot, M. und Gomez de Soto, J. 2007, Trésors et cachettes de l'Âge du Bronze en France: cent ans de recherches et d'évolution des méthodees d'analyse, in: *Un siècle de construction du discours scientifique en préhistoire. 2. „Des idées d'hier ...". 26e Congrès Préhistorique de France. Congrès du Centenaire de la Société Préhistorique Française, Avignon, 21-25 septembre 2004*, Paris: Société Préhistorique Française, 55-69.

Gasiet, S. 1981, *Menschliche Bedürfnisse: eine theoretische Synthese*, Frankfurt/Main [u.a.]: Campus Verl.

Geißlinger, H. 1984, Depotfund, in: *Reallexikon der Germanischen Altertumskunde*, Berlin, New York: De Gruyter,

Gell, A. 1998, *Art and agency: an anthropological theory*, Oxford: Clarendon Press.

Gerloff, S. und Northover, J. P. 2010, Atlantic cauldrons and buckets of the late bronze and early iron ages in Western Europe: with a review of comparable vessels from Central Europe and Italy, *Prähistorische Bronzefunde, Bd. 18*, Stuttgart: Steiner.

Glob, P. V. 1969, Helleristninger i Danmark, *Jysk Arkaeologisk Selskabs Skrifter*, 7, København: Nordisk.

Godelier, M. 1999, *Das Rätsel der Gabe: Geld, Geschenke, heilige Objekte*, München: Beck.

Gomes, M. V. und Monteiro, J. P. 1977, Las estelas decoradas do Pomar (Beja-Portugal). Estudio comparado, *Trabajos de Prehistoria*, 34: 212.

Goody, J. und Tambiah, S. J. 1973, *Bridewealth and dowry*, Cambridge: Cambridge Univ. Press.

Gosden, C. und Marshall, Y. (Hg.) 1999, The cultural biography of objects, in: *World archaeology*, London: Routledge, 170-324.

Grawe, K. 2000, *Psychologische Therapie*, Göttingen [u.a.]: Hogrefe, Verl. für Psychologie.

Grawe, K., Donati, R. und Bernauer, F. 1994, *Psychotherapie im Wandel: von der Konfession zur Profession*, Göttingen [u.a.]: Hogrefe, Verl. für Psychologie.

Guilaine, J., Garcia, D. und Gasco, Y. 2013, Le programme „Launac et le Launacien", in: Verger, S. und Pernet, L. (Hg.), *Une Odyssée gauloise: parures de femmes à l' origine des premiers échanges entre la Grèce et la Gaule*, Arles: Édition Errance, 119-120.

Hallpike, C. R. 1972, *The Konso of Ethiopia: a study of the values of a Cushitic people*, Oxford: Clarendon Press.

—— 1975, Two Types of Reciprocity, *Comparative Studies in Society and History*, 17/1: 113-119.

——— 1977, *Bloodshed and vengeance in the Papuan mountains: the generation of conflict in Tauade society*, Oxford: Clarendon Press.

——— 1979, *The foundations of primitive thought*, Oxford: Clarendon Press.

——— 2004, *The evolution of moral understanding*, Alton: Prometheus Research Group.

——— 2011, Memetics: a Darwinian pseudo-science, in: *On Primitive Society, and other forbidden topics*, AuthorHouse UK, 104-127.

——— 2014, Constructivism and selection: two opposed theories of social evolution, in: Dux, G. und Rüsen, J. (Hg.), *Strukturen des Denkens Studien zur Geschichte des Geistes*, Wiesbaden: Springer VS,

Hänsel, B. 1997, Gaben an die Götter: Schätze der Bronzezeit Europas. Eine Einführung, in: *Gaben an die Götter: Schätze der Bronzezeit Europas. Ausstellung der Freien Universität Berlin*, Berlin: Staatliche Museen Preussischer Kulturbesitz, Museum für Vor- u. Frühgeschichte, 11-22.

Hänsel, B., und Hänsel, A. (Hg.), 1997, *Gaben an die Götter: Schätze der Bronzezeit Europas*, Berlin: Staatliche Museen.

Hansen, S. 1994, *Studien zu den Metalldeponierungen während der älteren Urnenfelderzeit zwischen Rhônetal und Karpatenbecken*, Bonn: Habelt.

——— 2002, „Überausstattungen" in Gräbern und Horten der Frühbronzezeit, in: Müller, J. (Hg.), *Vom Endneolithikum zur Frühbronzezeit: Muster sozialen Wandels? (Tagung Bamberg 14.-16. Juni 2001)*, Bonn: Habelt, 151-173.

—— 2012, Bronzezeitliche Horte: zeitliche und räumliche Rekontextualisierungen, in: Hansen, S., Neumann, D. und Vachta, T. (Hg.), *Hort und Raum*, Berlin [u. a.] De Gruyter, 23-48.

——— 2016, A short history of fragments in hoards of the Bronze Age, in: Baitinger, H. (Hg.), *Materielle Kultur und Identität im Spannungsfeld zwischen mediterraner Welt und Mitteleuropa*, Mainz: Verlag des Römisch-Germanischen Zentralmuseums, 185-208.

Hansen, S., Neumann, D. und Vachta, T. 2012a, Einführung, in: Hansen, S., Neumann, D. und Vachta, T. (Hg.), *Hort und Raum: aktuelle Forschungen zu bronzezeitlichen Deponierungen in Mitteleuropa*, Berlin [u. a.]: De Gruyter.

Hansen, S., Neumann, D. und Vachta, T. (Hg.) 2012b, Hort und Raum: aktuelle Forschungen zu bronzezeitlichen Deponierungen in Mitteleuropa, *Topoi. Berlin studies of the ancient world, v. 10*, Berlin [u. a.]: De Gruyter.

Harding, A. F. 2000, *European societies in the Bronze Age*, Cambridge: Cambridge Univ. Pr.

—— 2007a, *Warriors and weapons in Bronze Age Europe*, Budapest: Archaeolingua Alapítvány.

Harding, D. W. 2007b, *The archaeology of Celtic art*, London [u.a.]: Routledge.

Harrison, R. J. 2004, *Symbols and warriors: images of the European Bronze Age*, Bristol: Western Academic & Specialist Press.

Henning, R. (Hg.) 1912, *Denkmäler der Elsässischen Altertums-Sammlung zu Strassburg i: Els. Von der neolithischen bis zur Karolingischen Zeit*, Strassburg: Ludolf Beust.

Horkheimer, M. 2007, *Zur Kritik der instrumentellen Vernunft*, Frankfurt am Main: Fischer Taschenbuch Verlag.

Horst, F. 1977, Bronzezeitliche Speiseopfer in Gefässen, in: *Geneza Kultury*, Wroclaw.

Hoskins, J. 1998, *Biographical objects How things tell the story of people's live*, London: Routledge.

Huth, C. im Druck, Scrapping over scrap metal. Late Bronze Age hoards of north-west Europe and their archaeological interpretation, in: Toune, B. und Warmenbol, E. (Hg.), *Choice pieces. The destruction and manipulation of goods in the Later Bronze Age: from reuse to sacrifice*, Rom,

------- 1997, *Westeuropäische Horte der Spätbronzezeit: Fundbild und Funktion*, Regensburg: Universitätsverlag.

------- 2003, *Menschenbilder und Menschenbild: anthropomorphe Bildwerke der frühen Eisenzeit*, Berlin: Reimer.

------- 2005a, Situlenfest, in: Beck, H., Geuenich, D. und Steuer, H. (Hg.), *Reallexikon der Germanischen Altertumskunde*, Berlin, New York: De Gruyter, 522-527.

------- 2005b, Val Camonica, in: Beck, H., Geuenich, D. und Steuer, H. (Hg.), *Reallexikon der Germanischen Altertumskunde*, Berlin, New York: De Gruyter, 34-40.

------- 2005c, Vix, in: Beck, H., Geuenich, D. und Steuer, H. (Hg.), *Reallexikon der Germanischen Altertumskunde*, Berlin, New York: De Gruyter, 477-487.

------- 2008, Horte als Geschichtsquelle, in: Schmotz, K. (Hg.), *Vorträge des Niederbayerischen Archäologentages*, 131-162.

------- 2010, Früheisenzeitliche Bildwelten-Eigenschaften und Aussagewert einer archäologischen Quellengattung, in: Juwig, C. und Kost, C. (Hg.), *Bilder in der Archäologie-eine Archäologie der Bilder*, Münster [u. a.]: Waxmann, 127-153.

------- 2011, Wasser zwischen den Welten – Überlegungen zum archäologieschen Quellenwert einer bronzezeitlichen Flusslandschaft, in: *Siedlungs- und Küstenforschung im südlichen Nordseegebiet*, 47-57.

------- 2012, Waffenweihungen in der Bronzezeit Mitteleuropas, in: Meighörner, W., Sölder, W. und Höck, A. (Hg.), *Waffen für die Götter*, Innsbruck: Tiroler Landesmuseum Ferdinandeum, 90-99.

------- 2016, Bronzezeitliche Waffendeponierungen – Überlegungen zur Ordnung und Bestimmung einer Denkmälergruppe, in: Egg, M., Naso, A. und Rollinger, R. (Hg.), *Waffen für die Götter: Waffenweihungen in Archäologie und Geschichte : Akten der internationalen Tagung am Institut für Archäologien der Leopold-Franzens-Universität, Innsbruck, 6.- 8. März 2013*, Mainz: Verlag des Römisch-Germanischen Zentralmuseums, 27-45.

------- 2017, Frög – Sopron – Nové Košariská. Überlegungen zum Quellenwert früheisenzeitlicher Grabbeigaben, in: Pare, C., Miroššayová, E. und Stegmann-Rajtár, S. (Hg.), *Das nördliche Karpatenbecken in der Hallstattzeit Wirtschaft, Handel und Kommunikation in früheisenzeitlichen Gesellschaften zwischen Ostalpen und Westpannonien*, Budapest: Archaeolingua Alapítvány,

Jockenhövel, A. 2003, Querverbindungen in Handwerk und Symbolik zwischen Gold- und Bronzetoreutik, in: Grebe, A. (Hg.), *Gold und Kult der Bronzezeit : Germanisches Nationalmuseum, Nürnberg, 22. Mai bis 7. September 2003*, Nürnberg: Germanisches Nationalmuseum, 107-118.

Kant, I. 1957, *Kritik der Urteilskraft und Schriften zur Naturphilosophie*, Wiesbaden: Insel-Verl.

------- 1980, *Anthropologie in pragmatischer Hinsicht*, Hamburg: Felix Meiner.

Kerndʼl, A. 1973, Ein bronzezeitlicher Opferplatz im Groß-Glienicker See, Berlin-Spandau, in: *Ausgrabungen in Berlin 4*, 36–42.

Kiesel, D. 2012, Die Kultur der Anderen, in: Lutz, R. (Hg.), *Erschöpfte Familien*, Wiesbaden: VS Verlag für Sozialwissenschaften, 287-315.

Kilian-Dirlmeier, I. 1984, Nadeln der frühhelladischen bis archaischen Zeit von der Peloponnes, *Prähistorische Bronzefunde, 8*, München: Beck.

Koschik, H. 1986, Ein Keramikdepot der Hallstattzeit von Hartmannshof, Gde. Pommelsbrunn, Lkr. Nürnberger Land, Mittelfranken, in: *Aus Frankens Frühzeit. Festgabe für Peter Endrich,* Würzburg.

Kossack, G. 1999, *Religiöses Denken in dinglicher und bildlicher Überlieferung Alteuropas aus der Spätbronze- und frühen Eisenzeit (9.-6. Jahrhundert v. Chr. Geb.)*, München: Verlag der Bayerischen Akademie der Wissenschaften.

Kraft, G. 1926, *Die Kultur der Bronzezeit in Süddeutschland: auf Grund der Funde in Württemberg untersucht*, Augsburg: Filser.

Kramer, S. N. 1969, *The sacred marriage rite: aspects of faith, myth, and ritual in ancient Sumer*, Bloomington [u.a.]: Indiana Univ. Pr.

Kruta, V. 1971, *Le trésor de Duchcov dans les collections tschéchoslovaques*, Duchcov: Severočeské Naklad.

Kuhn, T. 1997, *Die Struktur wissenschaftlicher Revolutionen*, Frankfurt a. M.: Suhrkamp.

La Baume, W. 1963, *Die pommerellischen Gesichtsurnen*, Bonn: Verl. d. Römischgerman. Zentralmuseums.

Lapinkivi, P. 2008, The Sumerian Sacred Marriage and Its Aftermath in Later Sources, in: Nissinen, M. und Uro, R. (Hg.), *Sacred marriages : the divine-human sexual metaphor from Sumer to early Christianity*, Winona Lake, Ind.: Eisenbrauns, 7-42.

Leach, E. R. 1976, *Culture and communication: the logic by which symbols are connected; an introduction to the use of structuralist analysis in social anthropology*, Cambridge [u.a.]: Cambridge Univ. Pr.

Lichardus, J. 1976, Das Keramikdepot von Bozice und seine chronologische Stellung innerhalb des frühen Aneolithikums in Mitteleuropa, in: *Jahresschrift Für Mitteldeutsche Vorgeschichte Berlin,* 60, 161–174.

Ling, J. und Rowlands, M. J. 2015, The ‚Stranger Kingʻ (bull) and rock art, in: Ling, J., Skoglund, P. und Bertilsson, U. (Hg.), *Picturing the Bronze Age*, Oxford: Oxbow Books, 89-104.

Logel, T. 2007, Les dépôts de métal en milieu humide et les gués sur le Rhin et lʼILL à lʼÂge du Bronze: présentation préliminaire, *Cahiers Alsaciens dʼArchéologie, dʼArt et dʼHistoire*, 50: 27-50.

Löhlein, W. 2006, Stark, schnell und mutig. Zur Deutung figürlicher Grossplastik der frühen Eisenzeit, *Archäologisches Korrespondenzblatt*, 36/4: 495-510.

Lohmann, H. M. 2005, *Deutschland Funk, 21.2.2005, Pohl, Rolf: Feindbild Frau – Männliche Sexualität, Gewalt und die Abwehr des Weiblichen*, https://www.offizin-verlag.de/Pohl-Rolf-Feindbild-Frau---Maennliche-Sexualitaet-Gewalt-und-die-Abwehr-des-Weiblichen-Mit-einer-a, [9.4.2019].

Louwe Kooijmans, L. P., Fokkens, H. und Broeke, P. W. van den (Hg.) 2005, *The prehistory of the Netherlands*, Amsterdam: Amsterdam Univ. Pr.

Löwith, K. 1981, *Von Hegel zu Nietzsche : der revolutionäre Bruch im Denken des neunzehnten Jahrhunderts*, Hamburg: Meiner.

Lumley, H. de, Bégin-Ducornet, J. und Échassoux, A. 1995, *Le grandiose et le sacré: gravures rupestres protohistoriques et historiques de la région du mont Bego*, Aix-en-Provence: Édisud.

Lyotard, J.-F. 2007, *Libidinöse Ökonomie*, Zürich [u. a.]: Diaphanes-Verl.

MacIntyre, A. C. 2007, *The tasks of philosophy*, Cambridge: Cambridge Univ. Pr.

Malmer, M. P. 1981, A chorological study of north european rock art, *Kungl. Vitterhets historie och antikvitets akademiens handlingar, 32*, Stockholm: Almquist & Wiksell.

Maraszek, R. 2006, Spätbronzezeitliche Hortfundlandschaften in atlantischer und nordischer Metalltradition, *Veröffentlichungen des Landesamtes für Archäologie--Landesmuseum für Vorgeschichte--Sachsen-Anhalt, Bd. 60*, Halle: Landesamt für Denkmalpflege und Archäologie Sachsen-Anhalt.

Mariën, M. 1982, Appliques de ceinture de la civilisation des Champs d'Urnes découvertes à la grotte de Han, *Hélinium*, 22/1: 40-42.

Marx, K. 2013, Die Deutsche Ideologie, *Werke, Schriften. Frühe Schriften, 2*, Darmstadt: Lambert Schneider.

Marx, K. und Engels, F. 1973, *Werke. Anti-Dühring. Dialektik der Natur*, Bd. 20, Berlin: Dietz.

McBrearty, S. und Brooks, A. S. 2000, The revolution that wasn't: a new interpretation of the origin of modern human behavior, *Journal of human evolution*, 39/5: 453-563.

Metzner-Nebelsick, C. 2003, Ritual und Herrschaft: Zur Struktur von spätbronzezeitlichen Metallgefässdepots zwischen Nord- und Südosteuropa, in: Metzner-Nebelsick, C. (Hg.), *Rituale in der Vorgeschichte, Antike und Gegenwart. Studien zur Vorderasiatischen, Prähistorischen und Klassischen Archäologie, Ägyptologie, Alten Geschichte, Theologie und Religionswissenschaft. Interdisziplinäre Tagung vom 1.-2. Februar 2002 an der Freien Universität Berlin*, Rahden/Westf: Leidorf, 99-117.

Milcent, P.-Y. 2004, *Le premier âge du fer en France centrale*, Paris: Société préhistoirque fránçaise.

Mohen, J.-P. 1977, *L'âge du bronze dans la région de Paris. Catalogue synthétique des collections conservées au Musée des antiquités nationales*, Paris.

------- 1980, *L'Age du Fer en Aquitaine du VIIIe au IIIe siècle avant Jésus-Christ*, Paris: Société préhistorique française.

Mordant, C., Mordant, D. und Prampart, J. Y. 1976, Le dépôt de bronze de Villethierry, Yonne, *Supplément à „Gallia préhistoire" 9*, Paris: Centre national de la recherche scientifique.

Mottier, Y. 1988, Die Bronzepanzer von Fillinges aus der späten Bronzezeit, 800 v.Chr, in: *Helvetia archaeologica*, 19: 110-145.

Müller, A. 1991, L'Âge du Bronze dans les Hautes-Alpes, in: Barruol, A. und Dusserre, G. (Hg.), *Archéologie dans les Hautes-Alpes: Catalogue des collections du Musée Départementale de Gap*, Gap: Musée départemental, 103-112.

Müller-Karpe, H. 1959, *Beiträge zur Chronologie der Urnenfelderzeit nördlich und südlich der Alpen*, Berlin: de Gruyter.

------- 1980, *Handbuch der Vorgeschichte. Bd. 4. Bronzezeit. Tafeln*, München: Beck.

------- 1985, *Frauen des 13. Jahrhunderts v. Chr*, Mainz am Rhein: von Zabern.

------- 2009a, Bronzezeitliche Heilszeichen, in: *Religionsarchäologie: archäologische Beiträge zur Religionsgeschichte*, Frankfurt am Main: Lembeck,

------- 2009b, Bronzezeitliche Waffen als Symbole göttlicher Macht, in: *Religionsarchäologie: archäologische Beiträge zur Religionsgeschichte*, Frankfurt am Main: Lembeck,

------ 2009c, Religionszeugnisse der Urnenfelderzeit aus Bayern, in: *Religionsarchäologie: archäologische Beiträge zur Religionsgeschichte*, Frankfurt am Main: Lembeck,

------ 2009d, Zur Religionsgeschichte der Urmenschheit, in: *Religionsarchäologie: archäologische Beiträge zur Religionsgeschichte*, Frankfurt am Main: Lembeck,

Naue, A. W. 1905, *Die Denkmäler der vorrömischen Metallzeit im Elsass*, Strassburg: Druck u. Verlag Anst.

Nava, M. L. 1979, *Stele daunie: vita, culti e miti nella publia protostorica; Azienda Autonoma Soggiorno e Turismo Manfredonia, Guigno – Ottobre 1979*, Milano: Edizioni ET.

------ (Hg.) 1988, *Le Stele della Daunia*, Milano: Electa.

Needham, S. und Burgess, C. 1980, The later Bronze Age in the lower Thames Valley: the metalwork evidence, *Settlement and society in the British later Bronze Age*, 83: 437.

Neumann, D. 2012, Hort und Raum: Grundlagen und Perspektiven der Interpretation, in: Hansen, S., Neumann, D. und Vachta, T. (Hg.), *Hort und Raum*, Berlin [u. a.]: De Gruyter, 5-21.

Nissinen, M. und Uro, R. 2008a, Sacred Marriages, or the Divine-Human Sexual Metaphor: Introducing the Project, in: Nissinen, M. und Uro, R. (Hg.), *Sacred marriages: the divine-human sexual metaphor from Sumer to early Christianity*, Winona Lake, Ind.: Eisenbrauns, 1-6.

------ (Hg.) 2008b, *Sacred marriages: the divine-human sexual metaphor from Sumer to early Christianity*, Winona Lake, Ind.: Eisenbrauns.

Norman, C. 2009, Warriors and weavers: sex and gender in Daunian stelae, in: *Gender identities in Italy in the First Millennium BC*, Oxford: Archaeopress, 37-54.

------ 2011, Weaving, Gift and Wedding. A Local Identity for the Daunian Stelae, in: *Communicating identity in Italic Iron Age communities*, Oxford: Oxbow Books, 33-49.

------ 2013, The Iron Age Stelae of Daunia (Italy).

Osgood, R., Monks, S. und Toms, J. 2000, *Bronze Age warfare*, Stroud: Sutton Publishing.

Paitier, H. 2019, *Les neuf casques de Bernières-d'Ailly (Calvados)*, Inrap. https://multimedia.inrap.fr/archeologie-preventive/periode/8/Age-du-Bronze-et-age-du-Fer/45/Arts-et-biens-de-prestige-/43/Les-neuf-casques-de- [15.2.2019].

Pare, C. 1989, From Dupljaja to Delphi. The ceremonial use of the wagon in later prehistory, *Antiquity*, 63: 80-100.

------ 2002, Milavče, in: *Reallexikon Germ. Altertumskde*, Berlin: De Gruyter,

Passard, F., Piningre, J.-F. und Hurtrelle, J. 1984, Un dépôt de l'âge du Bronze final à Bouclans (Doubs), *Revue Archéologique de l'Est et du Centre-Est Dijon*, 135-136: 85-111.

Pedrotti, A. und Tecchiati, U. 2012, Neolithische und kupferzeitliche Waffen als Opfergaben im alpinen Raum, in: Meighörner, W., Sölder, W. und Höck, A. (Hg.), *Waffen für die Götter*, Innsbruck: Tiroler Landesmuseum Ferdinandeum, 82-89.

Pétrequin, A.-M. und Pétrequin, P. (Hg.) 2006, *Objets de pouvoir en Nouvelle Guinée: approche ethnoarchéologique d'un système de signes sociaux*, Paris: Réunion des musées nationaux.

Pétrequin, P. (Hg.) 2012, *Jade*, Besançon: Presses Univ. de Franche-Comté.

Pfaffenberger, B. 2001, Symbols do not create meanings-activities do: or, why symbolic anthropology needs the anthropology of technology, in: Schiffer, Michael B. (Hg.), *Anthropological perspectives on technology*, Albuquerque: Univ. of New Mexico Press, 77-86.

Piningre, J.-F. 2014, A propos du dépôt de Mathay (Doubs): Quelques réflexions sur les dépôts de parures féminines de prestige au Bronze final, in: Pétrequin, P., Arbogast, R.-M. und Greffier-Richard, A. (Hg.), *Entre archéologie et écologie: une préhistoire de tous les milieux: mélanges offerts à Pierre Pétrequin*, Besançon: Presse Universitaires de Franche-Comté, 399-416.

Piningre, J.-F., Pernot, M. und Ganard, V. 2015, *Le dépôt d'Évans (Jura) et les dépôts de vaisselles de bronze en France au bronze final*, Dijon [u.a.]: RAE.

Pinker, S. 2012, *The better angels of our nature: a history of violence and humanity*, London [u. a.]: Penguin.

Pohl, R. 2004, *Feindbild Frau: männliche Sexualität, Gewalt und die Abwehr des Weiblichen*, Hannover: Offizin-Verl.

Popper, K. R. 1984, *Objektive Erkenntnis: ein evolutionärer Entwurf*, Hamburg: Hoffmann u. Campe.

Porr, M. 2013, Kunst und Kontext: Zur Interpretation paläolithischer Bildwerke, in: Eggert, M. K. H. (Hg.), *Theorie in der Archäologie: zur jüngeren Diskussion in Deutschland*, Münster [u.a.]: Waxmann.

Pralon, D. 1992, La légende de la fondation de Marseille, in: Bertucchi, G., Congès, G. und Bats, M. (Hg.), *Marseille grecque et la Gaule. Actes du Colloque International d'Histoire et d'Archéologie du 5e Congrès Archéologique de Gaule Méridionale, Marseille, 18-23 novembre 1990*, Études Massaliètes, Marseille, 51-56.

Primas, M. 1988, Waffen aus Edelmetall, in: *Jahrbuch des Römisch-Germanischen Zentralmuseums Mainz*, 35: 161-185.

Richter, J. 1907, Der Fund von Landau, Kreis Neumarkt, in: *Schlesiens Vorzeit in Bild und Schrift NF*, Vol. 44, 44–45.

Roberts, B. W. 2013, Britain and Ireland in the Bronze Age: Farmers in the landscape or heroes on the high seas?, in: Fokkens, H. und Harding, A. F. (Hg.), *The Oxford handbook of the European Bronze Age*, Oxford: Oxford Univ. Pr., 531-549.

Roediger, E. 2018, *Was ist Schematherapie? Eine Einführung in Grundlagen, Modell und Anwendung*, Junfermann Verlag.

Roudil, J.-L. 1990, Le trésor du Déroc, *Ardèche archéologie*, 7: 29-33.

Ruiz-Gálvez Priego, M. L. (Hg.) 1995, Ritos de paso y puntos de paso: La ría de Huelva en el mundo del Bronce final europeo, *Complutum, 5*, Madrid: Universidad Complutense.

Ruta Serafini, A. 2002, *Este preromana: una città e i suoi santuari*, Treviso: Canova.

Sahlins, M. D. 1995, *Stone Age Economics*, Hawthorne, NY: Aldine de Gruyter.

------- 2008, The stranger-king or, elementary forms of the politics of life, *Indonesia and the Malay world*, 36/105: 177-199.

Santrot, M.-H., Santrot, J. und Meuret, J.-C. (Hg.) 1999, *Nos ancêtres les Gaulois: Aux marges de l'Armorique*, Nantes: Musée Dobrée.

Sartre, J.-P. 1966, *La transcendance de l'ego esquisse d'une description phénoménologique*, Paris: Librairie Philosophique J. Vrin.

Schauer, P. 1996, Naturheilige Plätze, Opferstätten, Deponierungsfunde und Symbolgut der jüngeren Bronzezeit Süddeutschlands, in: Schauer, P. (Hg.), *Archäologische Forschungen zum Kultgeschehen in der jüngeren Bronzezeit und frühen Eisenzeit Alteuropas*, Regensburg, 381–416.

Scheler, M. 1963, *Gesammelte Werke 6 Schriften zur Soziologie und Weltanschauungslehre*, Bern: Francke.

Schmid-Merkl, C. 2016, *Der Oberrhein: Archäologie einer metallzeitlichen Flusslandschaft*, Darmstadt: Kommissionsverlag, Konrad Theiss Verlag,.

Schmitz, H. 2009, *Kurze Einführung in die Neue Phänomenologie*, Freiburg [u. a.]: Alber.

Scholz, H. 2012, Lageuntersuchungen als Mittel zur Hortbeschreibung und -interpretation: Lageverhältnisse bronzezeitlicher Horte in Mecklenburg-Vorpommern, in: Hansen, S., Neumann, D. und Vachta, T. (Hg.), *Hort und Raum*, Berlin: De Gruyter, 69-91.

Schwab, H. 1985, Un pectoral de l'âge du Bronze au Musée de Morat, in: Millotte, J. P. (Hg.), *Eléments de pré- et protohistoire européenne: hommages à Jacques-Pierre Millotte*, Paris: Les Belles Lettres, 423-427.

Searle, J. R. 1995, *The construction of social reality*, New York [u.a.]: Free Pr.

Seger, H. 1916, Die keramische Stilarten der jüngeren Steinzeit Schlesiens, in: *Schlesiens Vorzeit in Bild und Schrift NF 7*, 1–89.

Sestieri, A. M., Giardino, C. und Salzani, L. 2012, Das Votivdepot von Pila des brancón, nogara, Provinz Verona, in: Meighörner, W. (Hg.), *Waffen für die Götter. Krieger, Trophäen, Heiligtümer Ausstellungskat.*, Innsbruck, 125-126.

Sperber, L. 2006, Bronzezeitliche Flussdeponierungen aus dem Altrhein bei Roxheim, Gde. Bobenheim-Roxheim, Lkr. Ludwigshafen, ein vorbericht, *Archäologisches Korrespondenzblatt*, 36/2: 195-214 u. 359-368.

Sprockhoff, E. und Höckmann, O. 1979, *Die gegossenen Bronzebecken der jüngeren nordischen Bronzezeit*, Mainz: Verlag des Röm.-German. Zentralmuseums Habelt.

Strawson, P. F. 1966, *The Bounds of Sense. An Essay on Kant's Critique of Pure Reason*, London: Methuen & Co LTD.

Tatarkiewicz, W. 2003, *Geschichte der sechs Begriffe: Kunst, Schönheit, Form, Kreativität, Mimesis, ästhetisches Erlebnis*, Frankfurt am Main: Suhrkamp.

Tauvel, D. 1973, Le premier Age du Fer dans la Vienne, *Revue archéologique du Centre de la France*, 12/3: 227-242.

Taylor, C. 1996, *Quellen des Selbst: die Entstehung der neuzeitlichen Identität*, Frankfurt am Main: Suhrkamp.

Teržan, B. 2003, Goldene Ohrringe in der späten Bronze- und frühen Eisenzeit, Zeichen des Sakralen?, *Anzeiger des Germanischen Nationalmuseums*, 2003: 68-82.

Testart, A. (Hg.) 2012, *Les armes dans les eaux: questions d'interprétation en archéologie*, Paris: Errance.

Thévenot, J.-P. 1991, *L' âge du bronze en Bourgogne: Le dépôt de Blanot (Côte d'or)*, Dijon.

Tilley, C. Y. 1991, *Material culture and text: the art of ambiguity*, London [u.a.]: Routledge.

Torbrügge, W. 1970, Vor- und Frühgeschichtliche Flussfunde. Zur Ordnung und Bestimmung einer Denkmälergruppe, in: *Bericht der Römisch-Germanischen Kommission, 51.1970-71,*

Tschurtschenthaler, M. und Wein, U. 2002, Das Heiligtum auf der Pillerhöhe, in: *Kult der Vorzeit in den Alpen. Opfergaben, Opferplätze, Opferbrauchtum. Culti nella preistoria delle Alpi. Le offerte, i santuari, i riti*, Bozen: Athesia, 635-673.

Uckelmann, M. 2012, *Die Schilde der Bronzezeit in Nord-, West- und Zentraleuropa*, Stuttgart: Steiner.

Uelsberg, G. (Hg.) 2016, *Eva's Beauty Case: Schmuck und Styling im Spiegel der Zeiten*, München: Hirmer.

Vachta, T. 2012, Multidepotstellen in Böhmen, in: Hansen, S., Neumann, D. und Vachta, T. (Hg.), *Hort und Raum*, Berlin [u. a.]: De Gruyter, 179-197.

Verger, P. 1982, *Orisha les dieux Yorouba en Afrique et au Nouveau Monde*, Paris: Mtailié.

------- 1995, *Dieux d'Afrique culte des Orishas et Vodouns à l'ancienne Côte des Esclaves en Afrique et à Bahia, la Baie de tous les Saints au Brésil*, Paris: Editions Revue noire.

Verger, S. 1998, Les trois âges de la dame de Blanot, in: *L'atelier du bronzier en Europe. 3. Production, circulation et consommation du bronze*, Paris, 33-39.

------- 2003, Des objets gaulois dans les sanctuaires archaïques de Grèce, de Sicile et d'Italie, *Comptes Rendus des Séances de l'Année*, 2003/1: 525-573.

------ 2013a, Le dépôt de Roque-Courbe à Saint-Saturnin (Hérault), in: Verger, S. und Pernet, L. (Hg.), *Une odyssée gauloise: parures de femmes à l'origine des premiers échanges entre la Grèce et la Gaule*, Éditions Errance, 116-118.

------ 2013b, Les dépôts launaciens, in: Verger, S. und Pernet, L. (Hg.), *Une odyssée gauloise: parures de femmes à l'origine des premiers échanges entre la Grèce et la Gaule*, Arles: Éditions Errance, 100-108.

------ 2013c, Trésors de femmes en France centrale et méridionale (Xe-VIe siècles avant J.-C.), in: Verger, S. und Pernet, L. (Hg.), *Une odyssée gauloise: parures de femmes à l'origine des premiers échanges entre la Grèce et la Gaule*, Arles: Éditions Errance, 152-156.

Verger, S., Dumont, A., Moyat, P. und Mille, B. 2007, Le dépôt de bronzes du site fluvial de La Motte à Agde (Hérault), *Jahrbuch des Römisch-Germanischen Zentralmuseums*, 54: 85-171.

Verger, S. und Pernet, L. (Hg.) 2013, *Une Odyssée gauloise: parures de femmes à l' origine des premiers échanges entre la Grèce et la Gaule*, Arles: Édition Errance.

Vulpe, A. 1995, Der Schatz von Perşinari in Südrumänien, in: *Festschrift für Hermann Müller-Karpe zum 70. Geburtstag*, Bonn: Habelt, 43-62.

Warmenbol, E. 1996, Le neuf chez les Anciens: Une autre approche des dépôts de l'âge du Bronze final, in: *La préhistoire au quotidien. Mélanges offerts à Pierre Bonenfant*, Grenoble: Millon, 237-274.

Wegner, G. 1976, *Die vorgeschichtlichen Flussfunde aus dem Main und aus dem Rhein bei Mainz*, Kallmünz/Opf.: Lassleben.

Wells, P. S. 2012, *How ancient Europeans saw the world: vision, patterns, and the shaping of the mind in prehistoric times*, Princeton, NJ [u.a.]: Princeton Univ. Pr.

Westermarck, E. 1925, *The history of human marriage*, London: Macmillan and Co.

Willats, J. 1997, *Art and representation: new principles in the analysis of pictures*, Princeton, N.J.: Princeton Univ. Pr.

Windholz-Konrad, M. 2012, Das Deponierungsareal bei der Rabenwand im steirischen Kainischtal in Österreich: zum ausgeprägten Hortphänomen entlang der Traun im Alpendurchgang zwischen Zinkenkogel und Hohem Sarstein., in: Hansen, S., Neumann, D. und Vachta, T. (Hg.), *Hort und Raum*, Berlin [u. a.]: De Gruyter, 117-149.

Wirth, S. 2006, Le mystère de la barque solaire: quelques considérarions à propos des décors sur les situles de type Hajdúböszörmény et sur une situle inédite du Bronze final, in: *Artisanats, sociétés et civilisations. Hommage à J.-P. Thevenot. Actes du colloque organisé par l'UMR 5594, Dijon et le Centre de Recherche et d'Étude du Patrimoine (CEREP), Sens. Sens, 2-3 avril 2003*, Dijon: Revue Archéologique de l'Est, 331-345.

------ 2007, Tombé dans l'eau? Les découvertes de casques en milieu humide, in: *L'âge du Fer dans l'arc jurassien et marges. Dépôts, lieux sacrés et territorialité à l'âge du Fer. Actes du 29e colloque international de l'AFEAF, Bienne, 5-8 mai 2005*, Besançon: Presses Universitaires de Franche-Comté, 449-461.

------ 2012, Le mobilier archéologique de la Saône et la nécessité d'une approche comparative et diachronique des trouvailles fluviales, in: *L'homme au bord de l'eau*, Lausanne: Cahiers d'Archéologie Romande, 157-164.

Wölfflin, H. 2004, *Kunstgeschichtliche Grundbegriffe: das Problem der Stilentwicklung in der neueren Kunst*, Basel: Schwabe.